G. W. F. HEGEL

Frühe Schriften

Frankfurter Manuskripte
und Druckschriften

Mit einer Einleitung und Anmerkungen
herausgegeben von

WALTER JAESCHKE

FELIX MEINER VERLAG
HAMBURG

PHILOSOPHISCHE BIBLIOTHEK BAND 745

Bibliographische Information der Deutschen Nationalbibliothek

Die Deutsche Nationalbibliothek verzeichnet diese Publikation in der Deutschen Nationalbibliographie; detaillierte bibliographische Daten sind im Internet über <http://portal.dnb.de> abrufbar.

ISBN 978-3-7873-3873-3
ISBN eBook 978-3-7873-3874-0

Satz: post scriptum, Hüfingen. Druck und Bindung: Beltz, Bad Langensalza. Gedruckt auf alterungsbeständigem Werkdruckpapier, hergestellt aus 100 % chlorfrei gebleichtem Zellstoff. Printed in Germany.

INHALT

Einleitung VII

BERNER MANUSKRIPTE
MIT FRANKFURTER ÜBERARBEITUNGEN

ZUM GLAUBEN UND ZUR RELIGION

Text 40: Positiv wird ein Glauben genannt 5

Text 41: Religion 8

Text 42: Glauben ist die Art 10

ZUR GESCHICHTE ISRAELS

Text 43: Die Geschichte der Juden lehrt 17

Text 44: Fortschreiten der Gesetzgebung 20

Text 45: Joseph. Jüd. Alterth. 26

Text 47: Zu Abrahams Zeiten 29

Text 48: Abraham in Chaldäa geboren 32

FRANKFURTER MANUSKRIPTE

ÜBER VEREINIGUNG UND LIEBE

Text 49: Welchem Zwekke 55

Text 50: So wir sie mehrere Gattungen 61

ZUR VERFASSUNG WÜRTTEMBERGS. VIER FRAGMENTE

Text 51: Daß die Magistrate von den Bürgern gewählt werden müssen 65

ZUR CHRISTLICHEN RELIGION

Text 52: Zu der Zeit da Jesus 77

Text 53: B Moral 97

Text 54: Jesus trat nicht lange ... 103
Text 55: Der Tugend ist nicht nur Positivität ... 121
Text 56: Am interessantesten wird es seyn ... 150
Text 57: Reines Selbstbewußtseyn – Reines Leben 151
Text 58: Man kann den Zustand ... 155
Text 59: Das Wesen des Jesus ... 164
Text 60: Mit dem Muthe ... 179

ZUR JÜDISCHEN RELIGION

Text 61: Mit Abraham ... 201
Text 62: Die schönen, ihrer Natur nach ... 204

ÜBER RELIGION. ZWEI FRAGMENTE

Text 63: absolute Entgegensezung ... 209
Text 64: ein objektiven Mittelpunkt ... 213

ZUM BEGRIFF DER POSITIVEN RELIGION

Text 65: Der Begriff der Positivität ... 219

GEOMETRISCHE STUDIEN

Text 66: Erstes Fragment. 1 Buch 237
Text 67: Zweites Fragment. Figuren dekken sich 242

ÜBER SCHILLERS WALLENSTEIN

Text 68: Der unmittelbare Eindruk ... 253

ÜBERSETZUNG

Text 70: Vertrauliche Briefe über das vormalige staatsrechtliche Verhältniß des Waadtlandes (Pays de Vaud) zur Stadt Bern 257

Anmerkungen 379

EINLEITUNG

Dieser Band enthält zwei Gruppen von Texten: Die erste, in sich sehr heterogene Gruppe umfaßt Manuskripte Hegels aus seinen späten Berner (1795–1796) und aus den Frankfurter Jahren (1797–1800), und zwar seine religionsphilosophischen Entwürfe aus dieser Zeit, sodann vier Fragmente seiner Flugschrift über die Verfassung Württembergs, gefolgt von Bemerkungen über Schillers *Wallenstein* und schließlich zwei Fragmente seiner *Geometrischen Studien.* Diese Heterogeneität ist jedoch nicht als ein Mangel anzusehen; sie bildet vielmehr ein getreues, aber nicht einmal vollständiges Spiegelbild der Vielfalt der Interessenfelder, auf denen Hegel bereits in diesen frühen Jahren tätig gewesen ist. Sie wird noch entscheidend verstärkt durch den einzigen Text der zweiten Gruppe: durch Hegels erste Publikation, seine im Jahr 1798 unter dem Titel *Vertrauliche Briefe über das vormalige staatsrechtliche Verhältniß des Waadtlandes (Pays de Vaud) zur Stadt Bern* anonym erschienene Übersetzung einer flammenden Anklage der Berner Patrizierherrschaft über das Waadtland, aus der Feder des Schweizer Advokaten Jean-Jacques Cart.[1] Mit Ausnahme der Bemerkungen zu *Wallenstein* sind beide Textgruppen erst fast ein Jahrhundert nach Hegels Tod bekannt geworden.

In die von den Freunden und Schülern Hegels gestaltete ›Freundesvereinsausgabe‹ sind Hegels religionsphilosophische Manuskripte – als dem Entwurf eines Systems der Philosophie fremde Juvenilia – nicht aufgenommen worden. Sie sind inhaltlich zwar nicht völlig unbekannt gewesen, da Karl Rosenkranz in seiner Hegel-Biographie von ihnen berichtet und Partien aus ihnen mit-

[1] *Lettres de Jean-Jaques Cart a Bernard Demuralt, Trésonnier du Pays de Vaud, Sur le droit publique de ce Pays, et sur les événements actuels.* Paris 1793.

geteilt hat,[2] doch sind sie erst im Jahr 1907 insgesamt veröffentlicht worden,[3] und auch Hegels *Geometrische Studien* sind erst seit 1936 bekannt.[4] Ein nicht minder bedauerliches Schicksal hat Hegels Übersetzung der Schrift Carts gehabt: Sie ist, obwohl sie im Druck erschienen und Hegels Verfasserschaft Anfang des 19. Jahrhunderts bekannt gewesen ist, in Vergessenheit geraten, und ihre Existenz ist erst 1909 von Hugo Falkenheim bekannt gemacht geworden.[5] Hegel hat sich nie zu dieser Schrift geäußert, aber es ist leicht zu sehen, daß sein Schweigen keine Distanzierung von ihr bedeutet, sondern politischen Rücksichten geschuldet ist. Diese Texte erweitern somit das von den Freunden Hegels gestaltete Corpus Hegelianum durch seine frühen, lange unbekannt gebliebenen bzw. vergessenen Schriften, und vor allem: Sie erweitern es in sehr unterschiedlichen Richtungen, die markant über das zuvor allein bekannte Bild des Hegelschen Werkes hinausweisen.

Der vorliegende Band ist textidentisch mit dem im Jahre 2014 veröffentlichten Band 2 der *Gesammelten Werke* Hegels.[6] Dessen Paginierung wird hier im Kolumnentitel mitgeteilt; auch die Anmerkungen sind – abgesehen von einigen erforderlichen Modifikationen – identisch mit denjenigen in GW 2. Für den vorliegenden Band sind jedoch einige Kürzungen unvermeidlich gewesen: Diejenigen religionsphilosophischen Manuskripte, die in mehreren Fassungen vorliegen, sind in GW 2 in zwei parallelen Vertikalkolumnen ediert; im vorliegenden Band wird nur die jeweils spätere Fassung

[2] Karl Rosenkranz: *Georg Wilhelm Friedrich Hegel's Leben.* Berlin 1844, 51–59, 94–99.

[3] *Hegels theologische Jugendschriften nach den Handschriften der Kgl. Bibliothek in Berlin* herausgegeben von Dr. Herman Nohl. Tübingen 1907.

[4] *Dokumente zu Hegels Entwicklung.* Hrsg. von Johannes Hoffmeister. Stuttgart 1936.

[5] Hugo Falkenheim: Eine unbekannte politische Denkschrift Hegels. In: *Preußische Jahrbücher 138 (1909),* 193–210.

[6] Georg Wilhelm Friedrich Hegel: *Gesammelte Werke.* Bd. 2: Frühe Schriften II. Bearbeitet von Friedhelm Nicolin, Ingo Rill und Peter Kriegel. Hrsg. von Walter Jaeschke. Hamburg 2014.

mitgeteilt – erkennbar an der Hinzufügung des Buchstabens b (zur Bezeichnung der rechten Kolumne) zur Paginierung von GW 2. Lediglich in einem Fall, bei Text 57, sind die Erst- und die Letztfassung abgedruckt, da sie sehr weit auseinanderliegen: zunächst die Erstfassung mit dem Beginn »Reines Selbstbewußtseyn …«, danach die Letztfassung »Reines Leben …« (151 f. bzw. 152–154). Doch neben den Erstfassungen sind in GW 2 noch weitere Texte enthalten, auf deren Einbeziehung in den vorliegenden Band aus Gründen des Umfangs verzichtet werden mußte: das zur Beurteilung von Hegels Übersetzung in Form einer Synopse mitgeteilte französische Original der Cart-Schrift, ferner die in der Hegel-Biographie von Karl Rosenkranz[7] sekundär überlieferten kleineren Texte wie insbesondere die *Fragmente historischer Studien*, sodann Hegels Gedichte aus der Frankfurter Zeit (einschließlich seines im Manuskript vorliegenden *Festgedichts für die Prinzessinnen von Hessen-Homburg*) und schließlich der ebenfalls in Hegels Handschrift vorliegende, in GW 2 unter die Überschrift »Ungesichertes« gestellte Text *eine Ethik*, den Franz Rosenzweig – ebenfalls zu Beginn des letzten Jahrhunderts – unter dem ebenso zugkräftigen wie unzutreffenden Titel *Das älteste Systemprogramm des deutschen Idealismus* publiziert und Schelling zugeschrieben hat und über dessen Verfasserschaft bis heute kein Einvernehmen besteht.

* * *

Die bereits genannte Vielfalt der Interessengebiete Hegels macht eines unwidersprechlich deutlich: Das durch die Biographie von Wilhelm Dilthey inaugurierte und durch Herman Nohls Edition eines Teils der frühen Schriften kanonisierte Bild des Frankfurter Hegel als eines vornehmlich mit religiösen oder gar theologischen Fragen Befaßten bedarf dringend der Revision. Die überlieferten Texte dieser Zeit sprechen eine deutliche Sprache: Neben dem Interesse an der biblischen Überlieferung steht ein ebenso starkes

[7] Rosenkranz: *Hegel's Leben,* 23 f., 85 f., 87 f.; 515–532.

Interesse am Politischen, ja an politischer Agitation, das uns in den Fragmenten zu Hegels Flugschrift über die staatsrechtliche Situation in seinem Heimatland Württemberg wie auch in den damals entstandenen Partien seiner geplanten Schrift zur Verfassung Deutschlands entgegentritt, deren Fragmente in GW 5 veröffentlicht sind. Von diesem agitatorischen Interesse ist auch seine Übersetzung der Cart-Schrift getragen, einer Schrift, deren Besitz und Verbreitung vom Berner Patriziat – wie Hegel schreibt – »bei einer schweren Geldstrafe verboten« wurde und die ihren Autor zur Flucht ins Exil – zunächst nach Frankreich, dann in die Vereinigten Staaten von Amerika – getrieben hat. Hegel hat Carts Schrift auch nicht einfach übersetzt, sondern er hat etliche Partien und die weniger provokativen Briefe Carts vom 13. Dezember 1792 und vom 20. Januar 1793 (GW 2. 515–528) in seiner Übersetzung übergangen und vor allem: Er hat den radikal-kritischen, subversiven Charakter dieser Schrift noch durch eigene, als solche kenntlich gemachte Ergänzungen verstärkt. Daß Hegel diese Streitschrift übersetzt und auch andere auf diese Problematik zielende Schriften exzerpiert hat (GW 3. 207–233), ist fraglos durch die Erfahrungen während seiner Hauslehrerzeit in Bern motiviert – aber doch nicht nur durch sie. Rosenkranz berichtet, Hegel habe damals auch noch weiter auf dem Gebiet der Staatslehre gearbeitet:

> Alle Gedanken Hegel's über das Wesen der bürgerlichen Gesellschaft, über Bedürfniß und Arbeit, über Theilung der Arbeit und Vermögen der Stände, Armenwesen und Polizei, Steuern u.s.w. concentrirten sich endlich in einem glossierenden *Commentar,* zur Deutschen Uebersetzung von *Stewart's* Staatswirthschaft, den er vom 19. Februar bis 16. Mai 1799 schrieb und der noch vollständig erhalten ist.[8]

Als weitere Schwerpunkte der Studien Hegels nennt Rosenkranz für den Spätsommer 1798 Kants *Metaphysik der Sitten,* ferner die Naturphilosophie Schellings, das preußische *Allgemeine Land-*

[8] Ib., 86.

recht und die griechische Philosophie.[9] Diese – Rosenkranz noch vorliegenden – Arbeiten sind ausnahmslos der gezielten Vernichtung anheim gefallen; aufbewahrt haben Hegels Erben hingegen diejenigen Manuskripte, die sich mit der biblischen Tradition befassen.

Diese Manuskripte Hegels, die im ersten Teil des vorliegenden Bandes veröffentlicht sind, bilden wie schon die in GW 1[10] edierten Berner Manuskripte fraglos Zeugnisse für seine langjährige und intensive Auseinandersetzung mit der jüdischen und der christlichen Religion – aber dies ist doch nur *ein* Gegenstand seines Interesses neben zahlreichen anderen. Insofern ist der Eindruck zu korrigieren, den ihre erste Veröffentlichung durch Herman Nohl im Jahre 1907 sehr gezielt hervorgerufen hat. Um diesen Eindruck noch zu unterstreichen, hat Nohl ihre Publikation zudem unter den Titel *Theologische Jugendschriften* gestellt, obschon er sie gleich zu Beginn seiner Vorrede den »philosophischen« Arbeiten zurechnet. Es handelt sich bei ihnen – neben Texten allgemein-religionsphilosophischen Charakters – um eine weit ausholende kritische Sichtung des religiösen Potentials der gesamten biblischen Tradition – und diese Sichtung fällt keineswegs uneingeschränkt günstig aus. Offenkundig ist dies für sein Urteil über die jüdische Tradition von Abraham bis zur Zerstörung des Tempels im Krieg mit den Römern im Jahre 70. An ihr läßt Hegel gleichsam kein gutes Haar – und in seiner Perspektive, im Lichte der in den biblischen Texten gelungenen oder mißlungenen »Vereinigung« und Verwirklichung von »Schönheit« ist dies auch schwerlich anders möglich. Weniger augenfällig ist jedoch, daß sein kritisches Urteil auch vor den neutestamentlichen Texten nicht Halt macht. Zwar hebt er stets Jesum und seinen Gedanken der Aufhebung der Trennungen, des Lebens, der Vereinigung in der Liebe, gegen seine jüdische Umwelt ab, und fraglos sind es diese Partien, die sowohl Nohls Rede von

[9] Ib., insbesondere 86 f.

[10] Hegel: *Gesammelte Werke.* Bd. 1. Frühe Schriften I. Hrsg. von Friedhelm Nicolin und Gisela Schüler. Hamburg 1989, 73–164, 205–378.

»theologischen Jugendschriften« als auch das zeitweise überaus große Interesse an diesen Texten veranlaßt haben: am Gedanken einer Verwirklichung eines solchen von Liebe getragenen »reinen Lebens«. Aber Hegel warnt doch auch vor dem »Widerspruch«, in den »die widernatürliche Ausdehnung des Umfangs der Liebe« einmündet (178), und er arbeitet sehr klar heraus, daß gerade das prononcierte Ziel der Aufhebung der harten Trennung unter den gegebenen Bedingungen zum Gegenteil des Angestrebten, nämlich zu einer noch härteren Form der Trennung führt: zum Durchtrennen aller Bande der Liebe, zur Isolierung Jesu »von seiner Mutter, seinen Brüdern und Verwandten« (182) wie auch von seinem Volke. Die hierin bereits spürbaren Reibungsflächen mit dem Gedanken einer liebenden Vereinigung lassen sich prinzipiell nicht eliminieren, und sie bestimmen deshalb strukturell auch die fernere Entwicklung der christlichen Religion: Wegen der Individualisierung Jesu, wegen des Bildes seiner Objektivität – man könnte sagen: weil er zum Gegenstand der Theologie geworden ist –, sei die Vereinigung mit ihm, nach der die »die höchste Liebe athmenden Seelen« verlangen, »ewig unmöglich, da es ihnen immer gegenüber, ewig in ihrem Bewußtseyn bleibt, und die Religion nie zum vollständigen Leben werden läßt«. Selbst die Gestalt des Auferstandenen sei ein Objektives, eine Wirklichkeit, »die dem Vergötterten immer wie Blei an den Füßen hängt, das ihn zur Erde zieht« und ihn zum Objekt macht (190). So bleibe auch in der christlichen Religion der »Grundcharakter der Entgegensetzung in dem Göttlichen« bestehen, der Charakter der »Entgegensetzung Gottes und der Welt, des Göttlichen und des Lebens«. »Kirche und Staat, Gottesdienst und Leben, Frömmigkeit und Tugend, geistliches und weltliches Thun« könnten nie »in Eins zusammenschmelzen« (197 f.). Nicht zuletzt durch die geschichtliche Entwicklung sei die christliche Religion in der Folge zunehmend und unausweichlich positiv geworden, nur noch »ein Erbstük vergangner Zeiten«, dessen Forderungen »desto höher geehrt und gefürchtet [werden], je unbekannter ihr Wesen ist« (221). Doch ist dies keine zufällige Entwicklung, die abwendbar gewesen wäre: Die eigentlich schöne Voraussetzung,

»daß alles höhere, alles edle und gute des Menschen etwas göttliches ist, von Gott kommt, sein Geist ist, der von ihm ausgeht«, wird »zum grellen positiven, wenn die menschliche Natur absolut geschieden wird von der göttlichen, wenn keine Vermittlung derselben, – ausser nur in Einem Individuum, – zugelassen, sondern alles menschliche Bewußtseyn des guten und göttlichen, nur zur Dumpfheit und Vernichtung eines Glaubens an ein durchaus fremdes und übermächtiges herabgewürdigt wird« (228). Genau diese Trennung der göttlichen und der menschlichen Natur und die Zulassung der Vermittlung nur durch *ein* Individuum, den Gottes- und Menschensohn, ist aber die Signatur der christlichen Religion – und so bleibt nur die Alternative, entweder die Religion aufzugeben, die in eine derart prekäre Situation treibt, oder diesen Maßstab der Vereinigung und der Liebe als dem Phänomen ›Religion‹ unangemessen aufzugeben.

* * *

In der Vorrede zu seiner – für die damalige Zeit sehr verdienstvollen – Edition schreibt Herman Nohl: »Das Hauptresultat meiner Arbeit ist neben der völlig durchgeführten chronologischen Ordnung die Rekonstruktion eines der schönsten Werke Hegels über den Geist des Christentums und sein Schicksal, in dem die Glut seines metaphysischen Erlebens zum erstenmal und unmittelbarer als je wieder aufleuchtet«.[11] Die vorliegende Ausgabe beruht auf der Überzeugung, daß Nohl die Ziele dieser beiden Arbeitsschritte – chronologische Ordnung und Rekonstruktion – verfehlt habe und deshalb eine neue Präsentation der Texte erforderlich sei.[12] Zur Herstellung der chronologischen Ordnung hat Nohl sich

[11] Nohl: *Hegels theologische Jugendschriften,* [V].

[12] Für eine ausführlichere Begründung dieser Kritik siehe Jaeschke: Hegels Frankfurter Schriften. Zum jüngst erschienenen Band 2 der Gesammelten Werke Hegels. In: Jaeschke: *Hegels Philosophie.* Hamburg 2020, 11–31.

auf die Methode der Buchstabenstatistik gestützt – doch um sie erfolgreich anzuwenden, bedarf es einer Mehrzahl umfangreicher gleichartiger datierter Textzeugnisse, und diese fehlen für die Frankfurter Jahre Hegels.[13] Die Überlieferungslage der Frankfurter Texte Hegels ist einerseits zu dürftig, andererseits zu komplex für die Anwendung der buchstabenstatistischen Methode. Es fehlen nicht nur gesicherte Vergleichsdaten, die eine Datierung erlauben würden; einige Texte sind fraglos Abschriften früherer Ausarbeitungen, anderen Manuskripten, die Hegel aus Abschriften und neu verfaßten Partien zusammengesetzt hat, fehlt die für eine Datierung erforderliche innere Einheit, nochmals andere sind zu kurz, als daß die buchstabenstatistische Methode verläßliche Resultate erbringen könnte, und bei vielen Fragmenten variiert mit der Zusammensetzung aus großzügig-reinschriftlichen und minutiös-kleinen entwurfsartigen Partien die Schreibweise so erheblich, daß die Buchstabenformen kaum erkenntlich sind und die Vergleichsmöglichkeiten somit entfallen. Der historisch-kritischen Ausgabe GW 2 und somit auch der vorliegenden Ausgabe ist deshalb die Datierung der einzelnen Manuskriptblätter durch die Wasserzeichen-Analyse zu Grunde gelegt worden.[14] Sie kann zwar auch nicht alle Probleme lösen, doch führt sie insgesamt zu

[13] Nohl: *Hegels theologische Jugendschriften*, 402, nennt selber nur zwei Briefe Hegels an Nanette Endel, die – als Briefe – einen anderen Schriftcharakter aufweisen, sodann das – für sichere Resultate entschieden zu kurze – erste Fragment der Württemberg-Schrift und schließlich zwei Texte vom Ende der Frankfurter Jahre. Damit fehlen jedoch Vergleichstexte für die Zuordnung der rund 20 Frankfurter Fragmente zu den Jahren 1797–1800. Unter dem gleichen Mangel leidet auch die Chronologie von Gisela Schüler, die bisher als Basis für die buchstabenstatistische Datierung der Fragmente gedient hat; siehe Schüler: Zur Chronologie von Hegels Jugendschriften, in: *Hegel-Studien* 2 (1963), 111–159.

[14] Eva Ziesche: *Der handschriftliche Nachlaß Georg Wilhelm Friedrich Hegels und die Hegel-Bestände der Staatsbibliothek zu Berlin – Preussischer Kulturbesitz.* Teil 2: Die Papiere und Wasserzeichen der Hegel-Manuskripte. Analytische Untersuchungen von Eva Ziesche und Dierk Schnitger. Wiesbaden 1995.

verläßlichen Resultaten – und diese unterscheiden sich überdeutlich von der Chronologie Nohls. So stammt zum Beispiel der Text, mit dem Nohl Hegels »Werk« »Der Geist des Christentums und sein Schicksal« beginnen läßt, der Text 61 »Mit Abraham«, erst vom Ende des Jahres 1799 oder gar vom Anfang 1800, und einige von ihm in die mittleren Frankfurter Jahre datierte Fragmente sind auf demselben Papier geschrieben wie Hegels Berner Ausarbeitung *Das Leben Jesu* aus dem ersten Halbjahr 1795 – und dies legt nahe, daß sie ebenfalls dieser Zeit entstammen.

„Der Geist des Christentums«: Nohl hat, wie bereits erwähnt, die »Rekonstruktion eines der schönsten Werke Hegels über den Geist des Christentums und sein Schicksal« als das zweite »Hauptresultat« seiner Edition angesehen – aber dieses »Werk« Hegels ist allein die Frucht seiner schöpferischen Phantasie. Die Geläufigkeit dieses Titels hat vergessen lassen, daß Hegel – anders als Johann Gottfried Herder – nie von einem »Geist des Christentums« gesprochen hat, und ebensowenig von einem »Geist des Judentums«. Hegel hat deshalb auch kein »Werk« dieses Titels verfaßt, sondern er hat rund zwanzig zumeist fragmentarische Studien hinterlassen, von denen die meisten um Probleme der biblischen Tradition insgesamt kreisen, daneben aber auch Texte zu Fragen des Rechts, der Liebe und Moral, und es gibt keinen Anhaltspunkt dafür, daß er sie je zu *einem* »Werk«, und schon gar nicht zu einem »Der Geist des Christentums« überschriebenen »Werk« zusammenfassen wollte. Daß sich nicht alle Manuskripte für ein solches »Werk« vereinnahmen lassen, ist auch Nohl nicht verborgen geblieben, und so hat er im Interesse seiner »Rekonstruktion« alle Texte, die sich ihr nicht fügen wollten, in einen »Anhang« verwiesen, zu dessen Abtrennung vom Haupttext jedoch keinerlei Berechtigung ersichtlich ist; Hegel hat ja – abgesehen von den zwei im Folgenden genannten Ausnahmen – nirgends zwischen abgeschlossenen Fragmenten und unausgereiftem Arbeitsmaterial unterschieden. Allein die beiden späten, von Hegel auf den 14. September 1800 datierten Fragmente *Über Religion* (207–216), die Nohl unter den wiederum irreführenden Titel »Systemfragment von 1800« gestellt hat, entstammen ausweislich der Bogenzählung einem größeren, zum Zweck der Publikation niedergeschriebenen Zusammenhang – aber ihr allgemein religionsphilosophischer Charakter deutet nicht darauf hin, daß sie Teile eines Werkes mit dem Titel »Der Geist des Christentums« gewesen seien. Und auch die von Hegel mehrfach angekündigte »Abhandlung« über den Begriff der Positivität, zu der er in seinem letzten, auf den 24. September 1800 datierten Text eine Einleitung geschrieben hat (217–234), würde sich nicht unter den Titel »Der Geist des Christentums« stellen lassen.[15]

Doch auch abgesehen von solchen speziellen Fragen: Entscheidend ist, daß der durch Nohls Edition hervorgerufene Eindruck, der junge Hegel habe sich vor allem, wenn nicht gar ausschließlich mit »theologischen« Fragen beschäftigt, nicht länger aufrechterhalten werden kann. Schon der Berner und mehr noch der Frankfurter Hegel läßt die weitgespannten, geradezu enzyklopädischen Interessen erkennen, die auch den späteren Hegel auszeichnen: Neben den religionsphilosophischen stehen gleichberechtigt die politischen und historischen Interessen, und Hegel hätte sich im Jahr seiner Übersiedelung nach Jena, 1801, schwerlich mit einem naturphilosophischen Thema habilitiert, wenn er sich nicht – wie wir auch von seinem Biographen wissen – schon während seiner Frankfurter Jahre intensiv mit naturphilosophischen Problemen befaßt hätte; ebenso gut belegt sind auch seine philosophiegeschichtlichen, literarischen und mathematischen Interes-

[15] Zudem muß es offenbleiben, ob Hegel die Absicht hatte, seine in Bern verfaßten Ausarbeitungen zum Begriff einer positiven Religion hier einfach anzuschließen. Nohl suggeriert die Absicht eines derartigen Anschlusses: Auf S. 151 seiner Edition fügt er dem Ende des Frankfurter Fragments, ohne dies zu kennzeichnen, den folgenden Satz aus dem in Bern geschriebenen Fragment an: »Da unsre Absicht nicht ist, zu untersuchen wie diese oder jene positive Lehre in das Christentum gekommen ist, oder welche Veränderungen mit ihr nach und nach vorgegangen sind etc. etc.« und verweist auf S. 157 seiner Edition, wo dieser Satz steht. Durch diese Montage täuscht er einen fließenden Übergang vom spätesten Frankfurter zum viele Jahre früher geschriebenen Berner Text vor.

sen. In seinen späteren Jahren hat er sie kontinuierlich erweitert und inhaltlich konkretisiert – aber doch nicht nur dies. Neu hinzugetreten zu ihnen ist das für das Bild Hegels als Philosophen Entscheidende: sein Interesse an der Ausbildung der Philosophie zum »System«, zu dem »System der reinen Vernunft«, auf dessen Verwirklichung die dominierenden Bestrebungen der damaligen Philosophie gerichtet gewesen sind.

BERNER MANUSKRIPTE MIT FRANKFURTER ÜBERARBEITUNGEN

ZUM GLAUBEN UND
ZUR RELIGION

POSITIV WIRD EIN GLAUBEN GENANNT …

Positiv wird ein Glauben genannt, in dem das praktische, theoretisch vorhanden ist – das ursprünglich subjektive nur als ein objektives eine Religion die Vorstellungen von etwas objektivem, das nicht subjektiv werden kan, als Princip des Lebens und der Handlungen aufstellt. Die praktische Thätigkeit handelt frei, ohne Vereinigung eines Entgegengesezten, ohne durch dieses bestimmt zu werden – sie bringt nicht Einheit in ein gegebnes Mannichfaltiges, sondern ist die Einheit selbst[1] – die sich nur rettet gegen das Mannichfaltige Entgegengesezte, das in Rüksicht auf das praktische Vermögen immer unverbunden bleibt, die praktische Einheit wird dadurch behauptet, daß das entgegengesezte ganz aufgehoben wird.

Alle moralischen Gebote sind Foderungen diese Einheit zu behaupten gegen Triebe; jene sind nur verschieden, daß sie gegen verschiedene Triebe gerichtet sind – diese Einheit vorgestellt –

Was ist: Begrif von Moralität?

die Moralischen Begriffe haben nicht in dem Sinne Objekte, in dem die theoretischen Begriffe Objekte haben. das Objekt jener ist immer das Ich; das Objekt dieser das NichtIch – Das Objekt des moralischen Begrifs ist eine gewisse Bestimmung des Ichs, die um ein Begrif zu werden, um erkannt, um Objekt werden zu können, dem Ich anders bestimmt entgegengesezt wird, als ein Accidens des Ich betrachtet, von der Bestimmung des Ich, das izt erkennt ausgeschloßen | wird – Begrif ist eine reflektirte Thätigkeit; Ein moralischer Begrif der nicht auf diese Art entstanden, ein Begrif ohne die Thätigkeit ist ein positiver Begrif; doch soll er zugleich praktisch werden; er ist nur etwas erkanntes, ein gegebenes, etwas

[1] *Am Rande:* die theoretische Einheit ist leer, Bedeutungslos, ohne ein Mannigfaltiges nur in Beziehung auf dieses denkbar

objektives und erhält seine Macht, seine Kraft, seine Wirksamkeit nur durch ein Achtung oder Furchterwekendes Objekt vor dem wir vergehen, dem wir unterliegen müßten, wenn nicht in jenen Begriffen uns der Weg zu jenem Objekt, zur Hofnung der Verschonung eröfnet würde, dadurch Einigkeit möglich würde.

Der positive moralische Begrif, ist fähig den Charakter der Positivität zu verlieren, wenn die Thätigkeit die er ausdrükt, selbst entwikelt wird, und Kraft bekommt – aber das was [man] gewöhnlich positiv nennt, ist von der Beschaffenheit, daß es nicht eine reflektirte Thätigkeit unserer selbst ist, sondern etwas objektives und diesen Charakter nie ablegen kan.

Das moralische kan zwar auch objektiv werden, indem es vorgestellt und begriffen wird, aber das Bewustseyn ist immer damit verbunden, oder kann sogleich hergestellt werden, daß wir selbst, unsre eigne freie Kraft und Thätigkeit das Objekt des Erkennens ist. Moralisches und objektives im gewöhnlichen Sinn sind einander gerade entgegengesezt.

Das unendliche Objekt, seine Handlungsweise sind auch fürs Erkenntnißvermögen positiv; Wunder, Offenbahrungen, Erscheinungen

1 In der Anschauung soll kein Ganzes gegeben seyn, das ErkenntnißVermögen soll die Geseze seines Wesens zu einem Theil ein Ganzes sich einzubilden aufgeben – ein Leiden kennen, und nicht die gleiche Quantität von Thätigkeit soll ihm in der Erscheinung gegeben seyn, und der [Mensch] soll sich die Anschauung nie als ein solches Ganzes denken – die Thätigkeit die Ursache soll etwas unbe|kanntes seyn, das eine Glied des Wechsels kein Objekt kein Nicht-Ich, und auch kein Ich, nicht wie bei den Wirkungen von Menschen wo ein Glied ein Ich ist.

2 Das Wesen des praktischen Ich besteht im hinausgehen der idealen Thätigkeit über das wirkliche, und in der Foderung daß die objektive Thätigkeit gleich seyn soll der unendlichen – der praktische Glauben ist Glauben an jenes Ideal – positiv ist nun der Glauben,

wenn jenes Hinausgehen sowohl als die Foderung der Gleichheit gegeben ist – gegeben kan diese Foderung werden nur durch ein mächtiges uns beherrschendes Objekt Autorität; das und dessen Handlungsweise von uns aber nicht kan begriffen werden, indem wir es begriffen, würde es von uns bestimmt – seine Wirkungsarten müssen für uns Wunder seyn, die für uns unmöglich sind, d.h. sie sezen eine Thätigkeit voraus, die wir nicht für die Thätigkeit eines Ich erkennen – dadurch unterscheiden [sie] sich von den Handlungen die wir als Handlungen freier Wesen erkennen, daß es Handlungen eines Ich sind –

Bei dem moralischen Zwek, den wir der Vorsehung der Gottheit beilegen, reflektiren wir nicht auf ihr übriges uns unbekanntes Wesen, sondern hier urtheilen wir daß seine Thätigkeit insofern die Thätigkeit eines Ich sey. |

RELIGION ...

Religion
Eine Religion
eine Religion stiften.

Das andre Extrem von dem, von einem Objekte abzuhängen, ist das – die Objekte fürchten, die Flucht vor ihnen, die Furcht vor Vereinigung die höchste Subjektivität.

Objektiv
1. das wirkliche, im Raum
2.) innere Bestimmungen objektiv mit dem Bewustseyn, daß sie innere Bestimmungen sind
3.) innere Bestimmungen, ohne Bewustseyn daß sie innere Bestimmungen sind

Religion ist freie Verehrung der Gottheit. Blos subjektive Religion ohne Einbildungskraft – ist Rechtschaffenheit –
Begreiffen ist beherrschen
die Objekte beleben, ist sie zu Göttern machen.

Einen Bach betrachten, wie er nach Gesezen der Schwere in die tiefern Gegenden fallen muß, und von dem Boden und den Ufern eingeschränkt und gedrükt wird, heist ihn begreifen – ihm eine Seele geben, als an seines Gleichen Antheil an ihm nehmen, ihn lieben – heist ihn zum Gotte machen. – Doch weil ein Bach ein Baum zugleich auch ein Objekt, der blossen Nothwendigkeit unter-| worfen seyn kan, so wie vergötterte Menschen auch unterschieden werden von dem Zustande da sie blos Menschen waren, so sind es blosse Halbgötter, nicht die Ewigen Nothwendigen. Wo Subjekt und Objekt – oder Freiheit und Natur so vereinigt gedacht wird, daß Natur Freiheit ist, daß Subjekt und Objekt nicht zu trennen sind, da ist Göttliches – ein solches Ideal ist das Objekt jeder Religion. eine Gottheit ist Subjekt und Objekt zugleich, man [kan] nicht von ihr sagen, daß sie Subjekt sey in Gegensaz gegen Objekte oder daß sie Objekte habe –

Die theoretischen Synthesen werden ganz Objekt, dem Subjekt ganz entgegengesezt – die praktische Thätigkeit vernichtet das Objekt, und ist ganz subjektiv – nur in der Liebe allein ist man eins mit dem Objekt, es herrscht nicht, und wird nicht beherrscht – diese Liebe von der Einbildungskraft zum Wesen gemacht, ist die Gottheit; der getrennte Mensch hat dann Ehrfurcht, Achtung für ihr – der in sich einige Liebe; jenem gibt sein böses Gewissen – das Bewustseyn der Zertheilung Furcht – vor ihr.

Jene Vereinigung kan man Vereinigung des Subjekts und Objekts, der Freiheit und Natur, des wirklichen und möglichen nennen – Wenn das Subjekt, die Form des Subjekts, das Objekt die Form des Objekts behält, – die Natur immer noch Natur, so ist keine Vereinigung getroffen – das Subjekt das freie Wesen ist das übermächtige. und das Objekt die Natur das beherrschte

In alten Zeiten wandelten die Götter unter den Menschen; je mehr die Trennung zunahm, die Entfernung, desto mehr lösten sich auch die Götter von den Menschen ab, sie gewannen dafür an Opfern, Weihrauch und Dienst – wurden mehr gefürchtet bis die Trennung soweit vor sich gieng, daß die Vereinigung nur durch Gewalt geschehen kan. Liebe kan nur – statt finden, gegen das gleiche gegen den Spiegel, gegen das Echo unsers Wesens. |

GLAUBEN IST DIE ART …

Glauben ist die Art, wie das vereinigte wodurch eine Antinomie vereinigt ist, in unserer Vorstellung vorhanden ist. Die Vereinigung ist die Thätigkeit; diese Thätigkeit, reflektirt als Objekt ist das Geglaubte. Um zu vereinigen müssen die Glieder der Antinomie als widerstreitende, ihr Verhältniß zu einander als Antinomie gefühlt oder erkannt werden; aber das widerstreitende kan als widerstreitendes nur dadurch erkannt werden, daß schon vereinigt worden ist; die Vereinigung ist der Maasstab, an welchem die Vergleichung geschieht, an welchem die entgegengesezte, als solche, als unbefriedigte erscheinen. Wenn nun gezeigt wird, daß die entgegengesezten beschränkten als solche nicht bestehen könnten, daß sie sich aufheben müßten, daß sie also um möglich zu seyn, eine Vereinigung voraussezen, (schon um zeigen zu können, daß sie entgegengesezte seyen, wird die Vereinigung vorausgesezt) so wird damit bewiesen, daß sie vereinigt werden müssen, daß die Vereinigung seyn soll. Aber die Vereinigung selbst, daß sie ist, ist dadurch nicht bewiesen, sondern diese Art von Vorhandenseyn der Vorstellung von derselben, wird geglaubt; und kan nicht bewiesen werden, denn die entgegengesezten sind die abhängigen, die Vereinigung in Rüksicht auf sie, das unabhängige; und beweisen heißt die Abhängigkeit [aufzeigen]; das in Rüksicht auf diese entgegengesezte unabhängige kan freilich in anderer Rüksicht wieder ein abhängiges entgegengeseztes seyn; und dann muß wieder zur neuen Vereinigung fortgeschritten werden, die jezt wieder das Geglaubte ist. |

Vereinigung und Seyn sind gleichbedeutend; in jedem Saz drükt, das Bindewort: ist, die Vereinigung des Subjekts und Prädikats
3 aus – ein Seyn; Seyn kan nur geglaubt werden; Glauben sezt ein Seyn voraus; es ist also widersprechend zu sagen, um glauben zu können müsse man sich von dem Seyn vorher überzeugen; Diese Unabhängigkeit, die Absolutheit des Seyns ist es, woran man sich

stößt; es soll wohl seyn, aber dadurch daß es ist, sey es deswegen nicht für uns; die Unabhängigkeit des Seyns, soll darin bestehen, daß es ist, es sei nun für uns oder nicht für uns; das Seyn soll etwas schlechthin von uns getrenntes seyn können, in dem es nicht nothwendig liege, daß wir mit ihm in Beziehung kommen; in wiefern kan etwas seyn, von welchem es doch möglich wäre, daß wir es nicht glaubten? d.h. es ist etwas möglich, denkbar, das wir doch nicht glauben, d.h. das deswegen doch nicht nothwendig ist – Aus der Denkbarkeit folgt nicht das Seyn; es ist zwar insofern als Gedachtes; aber ein gedachtes ist ein getrenntes, dem denkenden entgegengesezt; es ist kein Seyendes. Nur hiedurch kan ein Misverstand entstehen, daß es verschiedene Arten von Vereinigungen, von Seyn gibt; und daß man also insofern sagen kan; es ist etwas, aber deswegen ist nicht nothwendig, daß ich es glaube – mit einer Art des Seyns kommt ihm deswegen nicht eine andre Art des Seyns zu; Ferner ist glauben nicht Seyn, sondern ein reflektirtes Seyn; auch insofern kan man sagen, daß das was ist, deswegen doch nicht reflektirt [werden], nicht zum Bewustseyn kommen muß. das was ist muß nicht geglaubt werden, aber was geglaubt wird, muß seyn. Das gedachte nun als ein getrenntes, muß vereinigtes werden, und dann erst kan es geglaubt werden; der Gedanke ist eine Vereinigung, und wird geglaubt; aber das gedachte noch nicht.

Das getrennte findet nur in Einem Seyn seine Vereinigung; denn ein verschiednes Seyn in Einer Rüksicht sezte eine Natur, die auch nicht Natur wäre, also einen Widerspruch voraus; eine Vereinigung könnte in derselben Rüksicht, auch nicht Vereinigung seyn; ein positiver Glauben nun ist ein solcher, der statt | der einzig möglichen Vereinigung, eine andre aufstellt; an die Stelle des einzig möglichen Seyns, ein anders Seyn sezt; der also die entgegengesezte auf eine Art vereinigt, wodurch sie zwar vereinigt, aber unvollständig, d.h. nicht in der Rüksicht vereinigt sind, in der sie vereinigt seyn sollen

Alle Vereinigung soll in der positiven Religion etwas gegebnes seyn; was gegeben wird das hat man noch nicht, eh man es empfangt; und nach dem Empfangen soll es etwas gegebnes theils bleiben können; allein etwas gegebnes ist insofern nie ein andres als ein entgegengeseztes, und demnach wäre die Vereinigung etwas entgegengeseztes, und zwar insofern es vereinigt ist, welches ein Widerspruch ist. Dieser Widerspruch entsteht aus einer Taüschung, indem unvollständigere Arten von Vereinigungen, die in anderer Rüksicht noch entgegengesezt sind, ein unvollkommnes Seyn, für das in der Rüksicht, in der vereinigt werden soll vollkommne Seyn [genommen werden], und eine Art des Seyns wird mit einer andern Art verwechselt. Die verschiednen Arten des Seyns sind die vollständigern oder unvollständigern Vereinigungen. In jeder Vereinigung ist ein bestimmen und ein bestimmtwerden, die eins sind; in der positiven Religion aber soll das bestimmende, auch insofern es bestimmt, bestimmt seyn; seine Handlung soll nicht eine Thätigkeit seyn, sondern ein Leiden; das bestimmende, wodurch es leidet, ist aber auch ein vereinigtes; in dieser Vereinigung konnte das handelnde thätig gewesen seyn; aber diß ist eine niedrigere Art von Vereinigung; denn in der Handlung die aus positivem Glauben geschieht, ist diß vereinigte selbst wieder ein entgegengeseztes, das sein entgegengeseztes bestimmt, und hier ist nur eine unvollständige Vereinigung denn beide bleiben entgegengesezte, das eine ist das bestimmende und das andre das bestimmte; und das bestimmende selbst, ist als thätiges, aber die Form der Thätigkeit ist durch ein andres bestimmt; das heist gegeben seyn, das thätige, insofern es thätig ist soll ein bestimmtes seyn; das die Thätigkeit bestimmende, muß als ein Seyendes, vorher vereinigt worden seyn, soll auch in dieser Vereinigung das bestimmende ein bestimmtes gewesen | seyn, so war es bestimmt durch ein anderes, u. s. f. müßte der positiv Glaübige ein schlechterdings passives, ein absolut bestimmtes seyn, welches widersprechend ist. – Alle positiven Religionen sezen daher eine mehr oder weniger enge Gränze, worein sie die Thätigkeit einschränken, sie geben gewisse Vereinigungen zu; z. B. Anschauung, sie gestehen dem Menschen ein gewisses Seyn zu, z. B. daß er ein sehendes, hörendes ist – bewegendes, ein thätiges, aber von einer leeren Thätigkeit, in jeder bestimmten Thätigkeit hat nicht das thätige bestimmt, sondern ist als ein insofern thätiges ein bestimmt thätiges.

Das bestimmende ist eine Macht, durch welche die Thätigkeit ihre Richtung ihre Form erhält; auch wenn aus Zutrauen geglaubt und gehandelt wird – Zutrauen ist Identität der Person, des Willens, des Ideals, bei Verschiedenheit der Zufälligkeit – Wenn ich da, wo ich nicht er bin, und er nicht ich ist, und ich ihm glaube, und nach ihm handle, da werde ich bestimmt, er ist eine Macht gegen mich, und ich verhalte mich positiv gegen ihn.

Der positive Glaube fodert Glauben an etwas, das nicht ist – das was nicht ist, kan nun entweder werden, – oder gar nicht werden – dasjenige das bestimmt ist, ist insofern kein seyendes, und da an dasselbe geglaubt werden soll, so soll es doch ein seyendes seyn. Eine Macht wird gefühlt, man ist leidend gegen sie, und sie ist nicht in diesem Gefühl, sondern in der Trennung des Gefühls, in welchem das leidende, das auf diese Art Objekt wird, dem, leiden bewirkenden (das insofern Subjekt wird) entgegengesezt wird.

Alle positive Religion geht von etwas entgegengeseztem, einem, das wir nicht sind, aus, und das wir seyn sollen; sie stellt ein Ideal vor seinem Seyn auf; um an dasselbe glauben zu können, muß es eine Macht seyn – In der positiven Religion ist das seyende die Vereinigung nur eine Vorstellung ein Gedachtes – ich glaube, daß es ist, heißt ich glaube an die Vorstellung ich glaube, daß ich mir etwas
vorstelle – ich glaube an etwas geglaubtes (Kantische Gottheit) 4
Kantische Philosophie – positive Religion (Gottheit heiliger Wille, Mensch, absolute Negation; in der Vorstellung ist vereinigt – Vorstellungen sind vereinigt – Vereinigte Vorstellung ist ein Gedanke, aber das gedachte ist kein seyendes – |

ZUR GESCHICHTE ISRAELS

DIE GESCHICHTE DER JUDEN LEHRT …

Die Geschichte der Juden lehrt, daß diß Volk sich nicht unabhängig von fremden Nationen gebildet, daß die Form seines Staates sich nicht freiwillig entwikelt hat, ohne gewaltsames Herausreissen, aus einem schon angenommenen Charakter, der Ubergang vom Hirtenleben zum Staate geschah nicht allmählig und von selbst, sondern durch fremden Einfluß und dieser Zustand war gewaltsam, und mit dem Gefühle eines Mangel begleitet; diß Gefühl aber war nicht allgemein nicht auf alle Seiten des Zustandes ausgedehnt; Gewohnheit hatte mit einigen derselben einen Frieden geschloßen, und dieser ließ kein vollständiges oder helles Ideal aufkommen, um
jenem Zustande entgegengesezt zu werden. Nur in der Seele eines 5
Mannes, der in der Schule der Priester und am Hofe eine grössere Mannichfaltigkeit von Kenntnissen und Genüßen durchloffen, und dann damit entzweit in der Einsamkeit sie nicht mehr zu vermissen gelernt und zu einer Einheit des Wesens gelangt war, konnte der Plan der Befreiung seines Volkes hervorgehen. Im Anfang konnte er zunächst nur in ihm das Gefühl seines Drukks und ein dunkles
zimlich kraftloses Andenken an einen andern Zustand ihrer Väter 6
benuzzen, um es zum Wunsche der Unabhängigkeit zu führen, und zu einem freilich passiven Glauben an die Möglichkeit der Ausführung begeisterte sie der Glauben an seine göttliche Sendung. Bei der Ausführung selbst verhielten sie sich freilich fast ganz
leidend; und die Versuche Mosis, durch 40jahrelange fortgesezte 7
veränderte Lebensart, sie von der Sklaverei ihrer Gewohnheiten, Sitten und Denkungsart zu befreien, sein Ideal in ihrer Phantasie zu fixiren, und einen Enthusiasmus für dasselbe zu pflanzen[, blie-
ben ohne Wirkung]. Auch beweist eine Menge seiner Geseze, die 8
auf den Gottesdienst sich beziehen, und besonders die Strafen, die auf die Übertrettung derselben gesezt sind, daß gegen das Ganze in dem Geiste seines Volkes manches lag, das mit Zwang gebändigt,

das in andre Sitten umgeändert werden sollte. Aber ihr Charakter blieb immer Wankelmüthigkeit, sie wurden ihrem Staate immer wieder | ungetreu, und nur die Noth führte sie wieder dahin zurük. Von thätigem Interesse am Staate war der einzele ganz ausgeschloßen; ihre politische Gleichheit als Bürger war das Gegentheil republikanischer Gleichheit, es war nur die Gleichheit der Un-
9 bedeutsamkeit. Erst unter den Königen entstand mit der Ungleichheit, die mit ihnen eintretten mußte, doch eine Beziehung auf den Staat in vielen untergeordneten, für viele eine Bedeutsamkeit in Rüksicht der untern und für mehrere wenigstens die Möglichkeit eine solche zu erlangen.

Nur in spätern Zeitaltern als seine Herrn oder seine Feinde nicht mehr Gleichgültigkeit gegen seinen Glauben zeigten, den es so gerne verließ, so lange man ihm keinen Widerstand entgegensezte, da warf sich ein kleiner Theil des Volks, erst in den hartnäkkigen Fanatismus, der es späterhin charakterisirte. Doch konnte auch dieser Theil des Volks nimmermehr dazu gelangen ein Ganzes zu werden; die Zeit der Phantasie der Theophanien und Propheten war längst vorbei, und die Nation stund auf verschiedenen Stufen der Reflexion. In einigen Momenten wurde die Thätigkeit noch nach aussen getrieben, um die unabhängige Existenz des Staates zu erhalten, aber als diese vollends ganz zernichtet war, wurde die Kraft nach innen auf sich selbst getrieben, und es entstanden Sekten, und Meinungen, und Parthien dagegen und dafür. Diese Thätigkeit innerhalb des Menschen selbst, und auf sich selbst, diß innre Leben, das nicht wie das Interesse eines großen Bürgers sein Objekt ausser sich hat, und es zugleich aufzeigen und darstellen kan, aüssert sich nur durch Zeichen; und vermittelst dieser, durch sie zum lebendigen zu gelangen, unter ihrer Leitung dieses zu erschaffen, misräth in den meisten Fällen; und dieses todte empört am meisten, weil es unmittelbar auf Leben hinweist, und doch das Gegentheil davon ist. In einer solchen Periode, wo dem nach innerm Leben durstigen (mit den Objekten um ihn kan er sich nicht vereinigen, er müste ihr Sklave seyn, und im Widerspruch mit dem bessern in ihm, leben, er wird von ihnen nur feindlich behandelt,

und behandelt sie ebenso[)], – wo nun dem etwas besseres suchenden, in dem er leben könnte, kaltes priviligirtes todtes geboten, und ihm dabei gesagt wurde, diß ist Leben; in einer solchen Periode hatten die Essener, hatte ein Johannes ein Jesus, in sich selbst Leben 10 11
geschaffen, und stunden in Kampf gegen das ewigtodte auf. |

FORTSCHREITEN DER GESEZGEBUNG …

Fortschreiten der Gesezgebung mit erweiterter Trennung

12 Noah – Erlaubniß Thiere zu schlachten, doch das Blut nicht zu
13 trinken, (Kant, Jägerverbot ewiger Frieden; Beute von lebendigem Vieh –) und Verbot des Todtschlags – höchste Noth

14 Abraham Seegen: Eigenthum und Besiz für sich und seine Nachkommen mindre Noth

15 Moses 10 Gebote: GottesVerehrung und Feiertage; neu: Ehrfurcht gegen Eltern, Ehbruch; Lügen, und Gelüste.

× höhere Noth, mindere d. h. weniger mannichfaltige Trennung – mehrere Trennung, mindere Noth

× dort im Anfang der Kultur, weil weniger verbunden war; – in höherer Kultur kan bei mannichfaltigerer Trennung mindere Noth seyn, weil noch immer vieles vereinigt ist – aber Noth bei hoher Kultur zerreist umso mehr, und macht die Menschen um so schreklicher – wie sich die Kultur mehrt, mehren sich die Bedürfnisse, die Trennungen und Vereinigungen –

eine Gottheit, – die ihrem Volk ein animalisches Daseyn sichert; jene der Innbegriff aller Wahrheit, und alles Rechts – diesem bleibt nichts als ein vorgöttliches animalisches Daseyn übrig – das unendliche Subjekt, gegen das unendliche bleibt nichts übrig – diese Beziehung immer fest zu halten, in jeder Handlung des Menschen daran erinnern, sie an jede Thätigkeit knüpfen, daher unsichtbar – Opfer –

Die Beziehung der Juden als Staatsbürger aufeinander konnte keine andre seyn, als die gleiche Abhängigkeit aller vom Priesterthum, und dadurch war die Bedingung aller politischen Geseze, d. h. Freiheitsgeseze weggenommen. |

die Israeliten verhielten sich sehr leidend dabei, Mosis und Aarons Thaten wirkten gerade wie auf die Egypter, wie eine Macht auf sie – die dadurch veranlaßte grössere Härte reizte nicht ihre

SelbstThätigkeit; sie reagirten izt nicht stärker; sondern litten nur tiefer. 2 B. 5,21.

6,9. die Israeliten verhalten sich ganz unthätig; blos Mose wirkt
auf den König und erzwingt die Erlaubnis von seiner Furcht nicht 16
vor den Israeliten denn diese machen ihm keine, sondern vor dem
Gott Mosis – auch im freiwerden sind sie Sklaven; das einzige Bei-
spiel des gezwungenwerdens zur Freiheit. Die Vorsteher machen 17 18
immer nur tiefe Verbeugungen nach jedem Vortrag; Exod. 12,27 und vorher sonst – ihre einzige Reaktion war Murren gegen ihr Freiwerden; sonst leidender Gehorsam; die Egypter trieben sie fort, Ex. 12,33.34.

Sie beginnen nicht mit einer Heldenthat aber in ihrer Phantasie wird grosses für sie gethan; für sie leidet Egipten die mannichfaltigsten Plagen und Elend, unter Jammergeschrei ziehen sie aus; – aber sie haben nichts gethan, sie haben nicht gekämpft, sie waren menschlicher aber aus Feigheit – als ihr Gott –

die Gewalt, gegen deren Angriff man vertheidigt, rechtfertigt Tod und Verderben; denn der unglüklich gewordne hat diß für den einen oder den andern als Ziel gesezt; es gilt den einen oder den andern; so hat jeder gleiche Rechte – die Israeliten leiden, aber sie wehren sich nicht; die Egypter unterliegen aber nicht durch ihre
Feinde – die Thätigkeit die die Israeliten sich vorbehalten haben, ist,
die Gefässe ihrer Nachbarn, die in Vertrauen sie ihnen leihen, die- 19
bisch mitzunehmen; sonst haben sie nichts gethan. der Geist dieser so eben freigewordnen Leute 13,17. 14,11.12. es ist besser wir sind ihre Sklaven, als daß wir draussen in der Wüste umkommen.

Vergleichung – der Unsichtbarkeit des jüdischen Gottes, Un-
nennbarkeit – Verbot ihn zu bilden (Mosis Angesicht glänzte 20
so, daß sie ihn nicht ansehen konnten) Aufenthalt im innersten Tempel,

mit den Eleusinischen Geheimnissen wo gelehrt durch Worte, 21
Bilder, Opfer wurde, aber nicht davon gesprochen werden durfte – mosaische Geseze und | Ceremonien schlechterdings nicht aus der Phantasie des Volks, wenigstens unbekannt, wie weit, vieles willkührliche – die Förmlichkeiten, auf Kleinigkeiten hinaus so auf

einmal. Der Auszug – die That, des Volks, sein Geist darin, sein Zwek, sein Ideal, denn hier realisirte es denselben

Eh Moses noch ein Zelt hatte, zeigte er Gott den Israeliten in
22 Feuer – FeuerSaüle und Rauch – es mußte ihm so lang etwas sichtbares – aber unbestimmtes formloses wie Feuer geben, eh er das unsichtbare in dem Allerheiligsten fixirt hatte –

23 das Blut als das lebendige, Gott geweiht;

24 25 Ganz egyptisch ist der besondre Stand der Priester – die Reini-
26 gungen, die Unreinigkeit vieler Vögel und Thiere –

Die Religion die die Israeliten sich frei gegeben hätten mußte entweder höchst einfach, oder mehr oder weniger egyptisch, oder mit Beziehung darauf ihr entgegengesezt seyn – Weil die Mosaische Religion so gar nicht aus dem Geiste der Nation selbst hervorgegangen war, mit ihm nicht zusammenhieng, ihr gegeben, ihr fremd, todt für sie; daher ihr Wankelmuth

Mosis Blutverbot 3 B. 17,10ff.

die Mosaische Religion eine Religion aus Unglük und für Unglük; nicht fürs Glük, das frohe Spiele will; der Gott zu ernsthaft

Da die Juden als Staatsbürger[1] nichts waren und nur durch die Beziehung auf Gott einen Werth erhielten so mußte soviel als möglich ihrer Handlungen in Bezug mit Religion gebracht werden.

Menge Reinigungen; es gibt eine Reinheit der Unbefangenheit, die nicht weiß, daß sie sich verunreiniget haben und eine Reinheit der Verdorbenheit; – | eine Jungfraülichkeit deren Phantasie verdorben, die sich durch alles verunreinigt – eine Unreinheit der Reflexion – Trennung der Welt von sich

Wenn das unendliche Objekt alles ist, so ist der Mensch nichts; was er noch ist, ist er durch jenes Gnade; jenes hat etwas entaüssert,

[1] *Daneben am Rande:* als Staatsbürger nichts seyn, keine Freiheit keine Rechte, weil noch nichts bestimmt Natur – oder aus Vernichtung, lezteres der Fall der Israeliten der Werth des Sklaven nicht Selbstthätigkeit um seiner selbst willen, Selbstzwek, – sondern der Dienst, den er dem Herrn erweist – der Staat ein fremdes, ausser dem Menschen; – die Menge der Dienste bei allen freien (Ehre) zugleich Zeichen der Knechtschaft, wie die Leibeignen

und das Etwas, dem das unendliche das Seyn zuläst, ist ihm heilig; denn was in ihm ist, das ist es durch jenes. Es muß sich also rein erhalten; die Heiligen wollten sich vernichten und verachteten also alles, was an ihnen war, wälzten sich im Kothe herum und liessen sich von den Laüssen fressen – damit die Gottheit sey – aber den Juden ertheilte diese auch noch ein Seyn – was aber rein war, oder unrein, das mußte ihnen auch geboten seyn; alles mußte in Beziehung auf die Gottheit seyn –

Aus der Idee fließt die ganze Gesezgebung Mosis – Gott ist Herr; 27
alles euer Thun – entweder sein Dienst; oder euer Genuß, den er euch erlaubt hat, Bannung in das wirkliche; alles idealische alles freie, alles schöne verbannt denn es ist kein wirkliches – keine Unsterblichkeit, denn sie ist Selbstständigkeit des Menschen; beständiges Erhalten in dem, was einen Gott seyn läst, diß ehren, rein halten, so wenig als möglich andre mit sich in Beziehung sezen; sich selbst in strenger Einheit erhalten, nach dem Ideale; in so wenig positiven Beziehungen als möglich – eine Religion des Unglüks; denn im Unglük ist die Trennung vorhanden, da fühlen wir uns als Objekt und müssen zum bestimmenden fliehen. im Glük ist diese Trennung verschwunden – es herrscht die Liebe, die Einigkeit, diese aber darf nicht zum Gotte erhoben werden, durch Befreiung von den vorhandnen zufälligen Trennungen; denn da wäre ein Gott, der nicht herrschte, sondern ein freundliches Wesen, eine Schönheit, ein lebendiges dessen Wesen Vereinigung ist; da hingegen der JudenGott höchste Trennung ist, und alle freie Vereinigung ausschliest, nur die der Herrschaft oder der Knechtschaft zuläst.

Erwerb des Eigenthums kan die Gleichheit der Bürger stöhren,
und die Solonischen Geseze haben weise dafür gesorgt, die Gleich- 28
heit der Erbtheile zu | erhalten (da die Lykurgischen, die diß auch
erreichen wollten, den Zwek nicht erreichten s. Pauw) bei Moses 29
das gleiche einen ganz andern Grund; es war Unfähigkeit, Eigenthum zu erwerben – Gott spricht: ihr könnt nichts veraüssern, denn der Boden ist mein; ihr seyd bei mir Fremde und Einheimische von fremder Nation – das 3 B M. 25,23ff. ib., v. 55. – wie die Leibeignen

30 31 das Besthaupt, so die Israeliten die Erstgeburt von Menschen, Vieh und Feldfrüchten.

Androhen (das oft vorkommt) der Strafen, und Versprechen von Belohnungen ein grosser Unterschied ob darauf reflektirt wird, bei den Handlungen, oder nicht – in einer positiven Gesezgebung sind sie ganz an ihrem Ort; denn die Aufhebung dessen was zur Abhelfung der Noth gethan wird, bringt die alte Noth wieder hervor; aber sobald nicht von Noth die Rede ist – nicht an ihrem Plaz – und die Israelitische Gesezgebung, wie jede half nur der Noth ab. Die Noth hat Zweke, und handelt aus Zwekken; aber weder die Freude, noch der Scherz, noch die Liebe; aber die jüdische Religion die nur aus Noth hervor[ging], mußte Zwekke haben – sie half auch nur der Noth ab, sie vereinigte nur unvollständig, daß eins neben dem andren bestehen konnte, – oder durch Vernichtung, Essen

Die Gleichheit des Nichts fühlte Kora, Dathan, sie zürnten darüber, daß Moses sich eines Vorzugs und einer Herrschaft über göttliche Unterthanen anmasse. 4 B. 16,3.

Eine einzige selbstthätige Regung Mosis zog ihm die Strafe zu, daß er nicht nach Kanaan kam. 4 B. 27,14.

5 B. 4,19. ihr müßt nicht Sonne Mond Sterne anbeten, denn Gott hat sie zum gemeinen Nuzen aller Nationen gemacht – weil Feindseeligkeit das Princip ihrer Religion war,

5 B. 30,11 – dise Geseze sind nicht im Himmel, sie sind euch nahe genug gelegt worden; ihr könnt davon sprechen –

5. B. 7,7.8. Reflexion darauf warum sie Gott allen Nationen so sehr vorgezogen, – aus einer besondren Liebe zu euch, und weil er seinen Eidschwur erfüllen wollte, den er euern Vorfahren gethan
32 hat – hier braucht es wieder Ursachen und Zwekke. 9,5–6. um Abrahams Isaaks und Jacobs willen; die Juden hätten nicht verdient – |

die Feindschaft gegen fremde Götter soll stärker seyn, als alle Liebe; man soll solche die insgeheim einen Götterdienst haben, weder aus Mitleiden noch aus Freundschaft verschonen, sondern sie angeben – 5 B. 13,6.7. ganz verschieden bei andren Nationen, bei denen nie fremder Götterdienst, eines einzelnen, Feindschaft gegen seine Nation schon vorausgesezt hätte.

Wer ohne ins gelobte Land gekommen zu seyn – oder 5 B. 20,5ff.
sein Weib, seinen Weinberg, sein neues Haus noch nicht genos-
sen hatte der hatte den Zwek seines Lebens verfehlt – jenes aus
Strafe – diesem sezten sie sich nicht aus, denn es wäre thörigt, für
die Wirklichkeit die ganze Möglichkeit, die Bedingung, das Leben
zu wagen

Strenge der Ehgeseze und die Wichtigkeit der ehlichen Geburt
(5 B 23,2. daß kein unehliches Kind, oder dessen Nachkommen als
Glieder des Staats aufgenommen werden konnte)

5 B. 32,11. er ist mit ihnen umgegangen wie ein Adler mit sei-
nen Jungen, schönes Gleichnis, aber die jungen sind keine Adler
geworden – insofern unpassend – eher das Bild, als ob ein Adler 33
Steine erwärmt, und sie das Fliegen zu lehren versucht hätte, deren
Wärme aber nie zur Flamme des Lebens aufschlug.

Solange der Kampf mit fremden Nationen noch nicht entschie-
den war, so lange noch das ganze des jüdischen Staats bestand, und
Hofnung es zu erhalten, so entstanden begeisterte für diß Ganze –
Propheten, als aber diß ganze zertrümmert, 34

Erst in der Folge in spätern Zeiten, da die Juden unter Druk leb-
ten, sie Knechte fremder Nationen waren, da ihrer Noth zwar ab- 35
geholfen war, daß sie physisch bestehen konnten, da wurden sie
einerseits wieder zu ihrem Gott getrieben, da man ihnen diesen
ließ, da sie von andren Seiten angegriffen wurden, so mußten sie
anders reagiren andre Kräfte aufbieten, andre Bewußtsein ent-
wikeln |

die Juden hielten nur die objektive Einheit fest, und den Dienst
derselben, aber bewahrten sie nicht in sich, zerstreuten zerrissen
sich – die bessern thaten Verzicht auf die bisherige Einheit (ruhiges
Essen und Trinken, da soviel für dasselbe zerrissen wurde) und
machten sich eine strengere, rissen sich los davon – Essener – oder 36
hielten die Einheit und den Dienst fest, um so fester, um ihr übriges
zerrissenseyn zu deken nicht zum Bewußtseyn kommen zu lassen
(Pharisäer) oder durch kluge Tyrannei und Einheit Sadducäer |

JOSEPH. JÜD. ALTERTH.

37 Joseph. jüd. Alterth. I B. 4 C.

Zu dieser Schmach und Verachtung Gottes (vorher war davon die Rede, daß die Menschen dem Befehl Gottes sich zu zerstreuen
38 nicht gehorchten) verleitete sie Nabrod (Nimrod) ein Enkel Chams, ein tollkühner und auf seinen starken Arm trozender Mann. Dieser machte ihnen weiß, sie sollten ja nicht so einfältig seyn, und glauben, ihr Glük und Wohlfahrt komme einzig und allein von der Hand Gottes; sondern alles Gute haben sie sich selber durch ihre Tapferkeit und Tugend erworben; und so veränderte er in kurzem alles und führte ein Tyrannisches Regiment ein; denn auf solche Manier glaubte er wäre es ihm am leichtesten, die Ehrfurcht gegen Gott den Menschen aus dem Herzen zu verbannen, und sie durch vermessenes und gewaltthätiges Verfahren an sich zu lokken. Er drohte auch im fall sich Gott gelüsten ließe, die Welt noch einmal mit einer Sündfluth zu überschwemmen; wollte er es an Macht und Mittel nicht fehlen laßen, demselben genugsamen Widerstand zu thun: denn er hätte beschloßen, einen Thurn zu bauen, der weit höher werden sollte, als die Wasserwogen und Wellen sich aufthürmen könnten, und auf solche Weise den Untergang seiner Vor-
39 fahren zu rächen. (Anm. Evpolemus bei Euseb. de præpar. Evang. hat angezeigt, daß dieser Thurn zuerst von denen sei erbaut worden, welche von der Sündfluth übrig geblieben.)

Durch diese Fluth scheint es haben die Menschen den Glauben an die Natur[1] verloren, und sie sich izt erst als ein feindliches Wesen sich entgegengesezt, gegen das sie izt ihre Kräfte aufboten. Und diese Entzweiung mit der Natur (sie sey geschehen auf welche Art

40 [1] *Am unteren Seitenrand:* theils Nimrod – theils Noah, der nunmehr Thiere schlachtete und als Eigenthum von Gott sie erhielt – nur das Blut schonen, weil darin das Leben ist –

sie wolle bei den alten Deutschen wohl durch Bekannt|schaft mit Produkten eines mildern Klima's) zieht nothwendig den Ursprung von Staat u.s.w. nach sich.

Daß Isaak den Seegen den er dem Jakob gegeben hatte, nicht mehr 41
auch nachdem er sah, daß er betrogen worden war, zurüknehmen konnte, zeigt das Ansehen, das Hohe eines bloß subjektiven; ein Traum, eine Vision kan als etwas von aussen gegebenes angesehen werden; aber ein Seegen ist doch nothwendig überall mit dem Bewustseyn von selbst hervorgebracht zu seyn, begleitet, und ein Seegen, der von einem Vater seinem Kind, das seine Liebe verdient, gegeben wird, kan allerdings als von Glük und Wohlgehen begleitet gedacht werden – so wie ein Fluch vom Gegentheil; wenn schon nicht als eigentliche Wirkung – aber wie heilig mußte ein Seegen seyn, der nicht auch nach der Einsicht des Irrthums zurükgenommen werden konnte, und wie tief der Glauben einer Herrschaft über die Natur durch ein solches subjektives, dessen Würde hier so erhaben erscheint, als die Würde eines Ausspruches oder einer That der Gottheit im Glauben eines Volkes, und ebenso unwiderruflich

Als Moses dem Pharao seine Absicht, die Juden aus Egypten fort- 42
zuführen bekannt gemacht, und diß die Folge nach sich gezogen
hatte, daß die Juden noch mehr gedrükt wurden, so machte dieser
Befehl nur den Eindruk auf sie, daß sie sich über Moses beklagten,
als den Urheber dieser Vermehrung ihrer Lasten, so wenig tiefes
Bedürfniß war Befreiung aus ihrem Zustande ihnen geworden,
auch machten sie keinen Versuch dafür, sondern ließen den Mo- 43
ses allein dem Pharao bange machen, und zeigten nirgends daß
sie ihre Befreiung ihrer eignen Kraft zu verdanken hatten; diß
zeigte auch ihre Muthlosigkeit am rothen Meere, als Pharao mit 44
einer Armee gegen sie zog.

Jos. Jüd. Gesch. 4tes Buch 4tes K. 45

Die Ursache der Meuterey nach Korah, etc. Tode: obwohl die Leute dafür hielten, daß ohne den Willen und Verhängnis Gottes nichts geschehen möchte; so beredeten sie sich doch dahin, daß Gott Mosi alles zu Gefallen thäte, was er dieses Falls gegen sie fürnehme, legten alle Schuld auf Mosen, als plage sie | Gott nicht für sich selbst und um deßwillen, daß sie seinen Zorn mit Sünden verdient haben, sondern um Mosis willen, der ihn ohne Unterlaß gegen sie verbittere.

Der Geist der Griechen ist Schönheit; der Geist der Orientalen Erhabenheit und Grösse.

46 Abraham war ein reicher Hirte, ein unabhängiger Fürst. Der Boden, auf dem er stand, eine unermesliche Ebene, der Himmel über ihm ein unermesliches Gewölb; er baute den Boden nicht, sein Vieh weidete ihn ab, er war nicht genöthigt sich mit ihm zu beschäftigen, der Erde zu schmeicheln, daß sie ihm Früchte brächte, sich an einzele Stükke zu gewöhnen, und sie liebzugewinnen, sie als Theile seiner kleinen Welt aufzunehmen, sich in freundliche Be-
47 ziehung mit ihr zu sezen; die Brunnen bei denen er und sein Vieh Wasser [fand], die Wälder, deren Schatten ihn erfrischte, verließ er bald wieder – |

ZU ABRAHAMS ZEITEN…

Zu Abrahams Zeiten Städte, – und Nomaden nicht mehr Plaz
nebeneinander – Abraham rieß sich von seiner Verwandschaft
los, – blos aus einem Trieb zur Unabhängigkeit, ohne beleidigt,
vertrieben zu seyn, daß er sich ein neues Vaterland hätte suchen
müssen – Er zerriß die Bande der Freundschaft des Zusammen- 48
lebens von selbst – der erste Akt, wodurch er sich unabhängig, als
StammVater eines Volkes machte, war eine Trennung – er hatte
die Liebe aufgegeben – ein Vertriebner (wie die griechischen Kolo- 49
nisten) hat sie nicht aufgegeben, sie kamen in Noth, sie flohen um
sie zu retten bewahren [zu] können, sie suchen sie anders wo zu
finden, alle nahmen ihre Götter mit[1] – Abraham ging um frei zu
seyn; diesen Anstrich hatte seine Gottheit, überall war und blieb
er Fremder; nicht so unabhängig, daß er in gar keine Beziehung mit
andern gekommen wäre – sondern er kam in feindselige, mußte
sich herumbehelfen, in Egypten und bei Abimelech in Gerar, durch 50
Zweideuteleien – oder Krieg mit den Königen – er lebte unter Men-
schen die ihm immer fremd blieben, mehr oder weniger feindselig,
immer gegen sie reagiren um sich frei zu erhalten – oft kämpfen –
so sein Gott das Ideal der Entgegensezung

Er wollte seinen Sohn schlechterdings keine Kanaaniterin heura- 51
then lassen; – er [wollte sich] von dem gutmeinenden Ebron den Be- 52
gräbnißPlaz für Sara schlechterdings nicht schenken lassen – und
doch brauchte er Korn, hieng insofern ab von den Städtern – Isak 53
baute Korn

Abrahams Gott war von den Laren darin verschieden, die auch
einer Familie eigen sind, – daß eine Familie die Laren zwar für sich,
aber das unermesliche ge|theilt sich isolirt hat, aber damit anders

[1] *Am unteren Rande:* keine Spur einer polemischen Einrichtung – Ab- 54
raham Beschneidung

zugleich auch Theile läst, – d.h. andern die gleiche Rechte ein-
raümt, insofern zwar nicht in Verbindung mit ihnen – aber doch
im Rechtsverhältniß mit ihnen ist – aber Abraham sonderte sich
aus von allen Menschen, und behielt das ganze unermesliche für
sich da FamilienLaren andern ebensolche zugestehen.

Abrahams Gott kein Familien oder NationalGott in dem Sinne
wie die der andern Völker; nur so, daß die jüdische Nation, die
einzige hätte seyn sollen. Abraham ganz getrennt von der ganzen
55 Welt und der ganzen Natur – sollte in seiner Familie herrschen
über alles; aber sein Gedanke war der Wirklichkeit entgegen, denn
in dieser war er beschränkt und wand sich mit Noth überall durch;
also die Herrschaft sein Ideal, in diesem alles vereinigt durch Un-
terdrükkung – Abraham Tyrann in Gedanken; das realisirte Ideal
Gott – an dem nichts in der Welt mehr Antheil hatte, sondern
alles von ihm beherrscht wurde – Wo seine Nachkommen Macht
hatten, wo sie in der Wirklichkeit etwas realisiren konnten, da be-
herrschten sie, und also mit der empörendsten, härtesten Tyrannei;
56 so die teuflische Abscheulichkeit an den Bewohnern zu Sichem; –
denn wo das unendliche beleidigt ist, da muß auch unendlich ge-
rochen, d.h. vertilgt werden – weil ausser dem unendlichen alles
Materie, weil es ausser ihm ist keinen Theil an ihm hat, recht- und
liebloser Stoff, verfluchtes ist das sich dadurch rettet, daß es ruhig
57 bleibt, oder daß man ihm nicht beikommen kan; auch Jakobs Emp-
58 findung bei jener Satansthat, ist: daß er dadurch den Kenanen und
Perissen verhaßt werde, und dadurch, daß er und die seinigen nur
59 eine handvoll seyen, in Gefahr komme; sein Gott sagte ihm darauf,
er solle aus diesem Lande ziehen; erst im Augenblikke des Todes
wagt' er es ihnen stark davon zu sprechen. Gen. 49,5.6. Das strenge
60 61 im Güterbesiz; alle Beispiel Isak bei Laban; Abrahams Bastarte aus-
62 geschlossen. Jakob und Esau – am auffallendsten 38,28. |

Auch Joseph so wie er Gewalt bekam machte alle Egypter zu Skla-
ven und führte die politische Hierarchie ein Gen. 47,19.23. brachte
die Egypter in eben das Verhältniß zum Könige, in dem alles zu
Gott stand, realisirte seine Gottheit

אל שדי, der verheerer 63

Objektivität Gottes Ex. 20,19.20.

Nach dem Tode Mosis Abwechslung von Sclaverei unter fremden 64
Völkern, und von Staatsunabhängigkeit; in der leztern entweder uneinig unter sich oder im Glük, fremder Götterdienst; das Glük machte den Haß schweigen, und Vereinigung mit andern Völkern hervorgehen. diese Vereinigungen angeschaut Götter.

die Juden verloosten die Völker vorher zu Erbtheilen, ehe sie noch 65
den Krieg angefangen hatten. 24,13.

Strafe nur über ein Gesez möglich das uns fremde ist, und an das wir angebunden sind. |

ABRAHAM IN CHALDÄA GEBOHREN …

66 Abraham in Chaldäa gebohren hatte schon in der Jugend mit sei-
nem Vater ein Vaterland verlassen; nun riß er sich auch in den Ebe-
67 nen Mesopotamiens vollends von seiner Familie los, um ein ganz
selbstständiger, unabhängiger Mann selbst Oberhaupt zu seyn;
Ohne beleidigt, oder verstossen zu seyn, ohne den Schmerzen der
nach einem Unrecht, oder einer Grausamkeit das bleibende Bedürf-
nis der Liebe kundthut, die zwar verlezt, aber nicht verlohren, ein
neues Vaterland aufsucht, um dort zu blühen und ihrer selbst froh
zu werden – der erste Akt, durch den Abraham zum Stammvater
einer Nation wird, ist eine Trennung welche die Bande des Zusam-
menlebens, und der Liebe zerreist, fast das Ganze der Beziehungen,
in denen er mit Menschen und Natur bisher gelebt hatte, | diese
68 schönen Beziehungen seiner Jugend (Jos. 24,6.) stieß er von sich.
69 Auch Kadmus, Danaus, u.s.w. hatten ihr Vaterland, aber im
Kampfe verlassen, sie suchten, einen Boden auf, wo sie frei wären,
um lieben zu können; Abraham wollte *nicht* lieben und darum
frei seyn. jene (was ihnen in ihrem Lande nicht mehr vergönnt war)
um in unbeflekten schönen Vereinigungen leben zu können, sie
trugen diese Götter mit sich fort, – Abraham selbst wollte frei von
diesen Beziehungen seyn; jene lokten durch ihre milden Künste
und Sitten die rohern Eingebohrnen an sich, und vermischten | sich
mit ihnen zu einem frohen und geselligen Volke – Eben der Geist,
der Abraham von seiner Verwandtschaft weggeführt hatte, leitete
ihn durch die fremden Nationen, mit denen [er] in der Folge seines
Lebens zusammenstieß; der Geist, sich in strenger Entgegensezung
gegen alles fest zu erhalten, das Gedachte erheben zur herrschen-
den Einheit über die unendliche feindselige Natur, denn feindseli-
ges kan nur in die Beziehung der Herrschaft kommen – Abraham
irrte mit seinen Heerden auf einem Gränzelosen Boden umher, von
dem er nicht einzelne Stükke sich durch Bebauung, Verschöne-

rung näher gebracht, und so liebgewonnen, und als Theile sei-
ner Welt aufgenommen hätte; den Boden weidete nur sein Vieh
ab. Das Wasser ruhte in tiefen Brunnen, ohne lebende Bewegung,
mühsam war es gegraben, theuer erkauft oder erstritten ein er-
zwungnes Eigenthum, ein Bedürfnis der Noth für ihn und sein
Vieh. Die Haine, die ihm oft Schatten und Kühlung gaben, verließ 70
er bald wieder, er hatte zwar Theophanien, Erscheinungen seines 71
ganzen | hohen Objekts in ihnen, aber auf ihnen selbst verweilte er
nicht mit der Liebe, welche sie der Göttlichkeit werth und theil-
haftig gemacht hätte. Er war ein Fremdling auf Erden, | wie gegen
[den] Boden, so auch gegen die Menschen; unter denen er immer
ein Fremder war und blieb; von ihnen nicht so entfernt und un-
abhängig, daß er gar nichts von ihnen zu wissen gebraucht, gar
nichts mit ihnen zu thun gehabt hatte; das Land war schon so be-
völkert, daß er auf seinen Zügen immer an Menschen anstieß, die
sich bereits in kleine Völkerschaften vereinigt hatten, er lies sich in
keine solche Beziehung ein; auch brauchte er Korn von ihnen, und
dessenungeachtet straübte er sich gegen sein Schiksal, das ihm ein
stillstehendes Zusammenleben mit andern geboten hätte. Er hielt
an seiner Absonderung fest die er auch durch eine sich und seinen
Nachkommen auferlegte körperliche Eigenheit | auffallend machte; 72
um mächtigere herum wie in Egypten und in Gerar, bei den nichts 73
böses denkenden Königen, behalf er sich mistrauisch durch List
und Zweideutigkeiten – wo Er der stärkere zu seyn glaubte, wie
gegen die fünf Könige, da schlug er mit dem Schwerdt drein. Mit 74
andern, durch die er nicht in Noth kam, erhielt er sich sorgfältig
in der rechtlichen Beziehung. Was er brauchte, kaufte er; von dem
gutmüthigen Ebron lies er sich den BegräbnisPlaz für Sara schlech- 75
terdings nicht schenken, und vermied es gegen einen ihm gleichen
Mann [sich] in die Beziehung dankbarer Empfindungen zu sezen.
Seinen Sohn ließ er ja keine Kanaaniterin heurathen, sondern ihm 76
von seinen Verwandten, die weit entfernt von ihm wohnten, eine
Frau hohlen.

Die ganze schlechthin entgegengesezte Welt, wenn sie nicht ein Nichts seyn sollte, war von dem ihr fremden Gott getragen, an dem

nichts in der Natur Antheil haben sollte, sondern von dem alles beherrscht wurde. Auch von ihm hatte das andere der ganzen Welt entgegengesezte, das als solches ebensowenig hätte seyn können, – hatte Abraham Haltung welcher durch ihn auch allein in mittelbare Beziehung[1] mit der Welt kam, – sein Ideal unterjochte sie für ihn, | schenkte ihm so viel von ihr als er brauchte, und gegen das übrige sezte es ihn in Sicherheit. Nur lieben konnte er nichts; selbst die einzige[2] Liebe, die er hatte, die zu seinem Sohne und Hofnung der Nachkommenschaft, die einzige Art, sein Seyn auszudehnen, die einzige Art der Unsterblichkeit, die er kannte und hofte, konnte ihn drükken, sein von allem sich absonderndes Gemüthe stöhren, und es in eine Unruhe versezen, die einmal so weit gieng daß er auch diese Liebe zerstöhren wollte, und nur durch die Gewisheit des Gefühls beruhigt wurde daß diese Liebe nur so stark
77 sey, um ihm doch die Fähigkeit zu lassen, den geliebten Sohn mit eigner Hand zu schlachten.

Da Abraham selbst die einzige mögliche Beziehung, welche für die entgegengesezte unendliche Welt möglich war, die Beherrschung nicht realisiren konnte, so blieb sie seinem Ideale überlassen; er selbst stand zwar auch unter seiner Herrschaft, aber, er in dessen Geiste die Idee war, er der ihm diente, genoß seiner Gunst – und da die Wurzel seiner Gottheit seine Verachtung gegen die ganze Welt war, so war auch er ganz allein der Günstling. Darum ist Abrahams Gott wesentlich von den Laren, und NationalGöttern verschieden; eine Familie, die ihre Laren, eine Nation, die ihren NationalGott verehrt, hat sich zwar auch isolirt, das einige getheilt, und aus seinem Theile die übrigen ausgeschlossen, aber sie läst dabei zugleich andre Theile zu, und hat nicht das unermesliche sich vorbehalten, und alles daraus verbannt; sondern raümt den andern mit sich gleiche | Rechte ein, und erkennt

[1] *Am unteren Rand:* die einzige ihm mit der Welt mögliche Art von Verbindung,

78 [2] *Etwas tiefer:* seinen Sohn Ismael mit seiner Mutter lies er von Sara in die Wüste hinausschiken, weil jene die Einheit im Hausregiment stöhrte.

die Laren und Götter der andern, als Laren und Götter an; da hingegen in Abrahams und seiner Nachkommen eifersüchtigem Gotte die entsezliche Foderung lag, daß er allein, und diese Nation die einzige sey, die einen Gott habe.

Wo es aber seinen Nachkommen vergönnt wurde, daß ihre Wirklichkeit von ihrem Ideal weniger getrennt war, wo sie selbst mächtig genug waren ihre Idee der Einheit zu realisiren, wo sie subjektiv wurde, da herrschten sie denn auch ohne Schonung mit der empörendsten, härtesten, alles Leben vertilgendsten Tirannei; denn nur über dem Todte schwebt die Einheit –

So rächten die Söhne Isaaks, die Beleidigung ihrer Schwester, 79 80
die die Sichemiten mit beispielloser Gutmüthigkeit wieder gut zu
machen suchten, mit satanischer Abscheulichkeit; ein fremdes
hatte sich in ihre Familie gemischt, sich mit ihnen in Verbindung
sezen, und so ihre Absonderung stöhren wollen – Ausser der un-
endlichen Einheit, an der ausser ihnen den Lieblingen, nichts Theil
haben kan, ist alles Materie[1], ein lieb- und rechtloser Stoff, ein ver-
fluchtes, das denn, sobald die Kraft dazu da ist, auch so behandelt,
ihm, das sich regen wollte, seine Stelle angewiesen wird –

Als Joseph in Egypten Gewalt bekam, führte er die politische 81
Hierarchie [ein], in der alle Egyptier zum Könige das Verhältnis
erhielten, in dem in seiner Idee | alles zu seinem Gotte stand – er
realisirte seine Gottheit. Durch das Getraide, das sie ihm selbst
verehrt hatten, und mit dem er sie nun in der Hungersnoth speißte,
brachte er alles ihr Geld, dann alles ihr Vieh, ihre Pferde, ihre
Schafe und Ziegen, ihr Rindvieh und ihre Esel, dann alles Land
und ihren Leib an sich; so weit sie eine Existenz hatten, machte er
sie zu des Königs Eigenthum.

Dem Schiksal, gegen das Abraham und auch noch Jakob ge- 82
kämpft hatte, bleibende Wohnsize zu haben, und sich zu einem
Volke zu halten, unterlag endlich Jakob, und je mehr er aus Noth,
gegen seinen Geist und nach Zufall in dieß Verhältniß tratt, um

[1] *Auf dem Rande angeschlossen:* das Haupt der Gorgo verwandelte alles in Stein

so schwerer mußte es ihn und seine Nachkommen treffen. Der Geist der sie aus dieser Sklaverei führte, und dann zu einem unabhängigen Volk organisirte, wirkt und entwikelt sich von hier an in mehrern Verhältnissen, als er bei den noch einfachern Familien erschien, und charakterisirt sich dadurch noch bestimmter und in mannichfaltigern Folgen. Wie wir diese Begebenheit der Freiwerdung der Israeliten mit unserm Verstande auffassen könnten, davon kan wie bei dem vorhergehenden hier gar nicht die Rede seyn, sondern wie sie in der Phantasie und in dem erinnernden Leben der Juden vorhanden war, so handelte ihr Geist in derselben. |

83 Als Moses, in der Einsamkeit für die Befreiung seines Volks be-
geistert, zu den Ältesten der Israeliten kam, und ihnen von seinem
Vorhaben sprach, so fand sein göttlicher Beruf nicht in einem Hasse
ihrer Gemüther gegen Unterdrükkung, nicht in einer Sehnsucht
84 nach Luft und Freiheit, seine Legitimation, sondern in einigen
Künsten, die Moses ihnen vorwunderte, und die nachher von den
egyptischen Künstlern ebenso gut gemacht wurden. Moses und
Aarons Thaten wirken gerade auf ihre Brüder wie auf die Egiptier
als eine Macht, und wir sehen, daß die leztern sich doch noch gegen
die Unterjochung durch dieselbe wehren.

Durch die auf den Vortrag Mosis bei Pharao erfolgte grössere
Härte wurden die Juden nicht stärker gereizt, sie litten nur tiefer;
wurden nicht zorniger, als gegen Moses, dem sie fluchten 2 B. 5,21. 6,9.
85 Moses allein wirkt, er erzwingt die Erlaubnis der Abreise von der
Furcht des Königs, dem der Glauben der Juden auch nicht die
Selbstthätigkeit läßt, seine Furcht zu vergessen und sich seinen abgedrungnen Entschluß reuen zu lassen, sondern diese Aüsserung, die sich ihrem Gotte nicht unterwirft, ist bei ihnen selbst eine Wirkung ihres Gottes – |

Für die Juden wird grosses gethan, aber sie beginnen nicht mit
86 Heldenthaten; für sie leidet Egipten die mannichfaltigsten Pla-
87 gen und Elend, unter allgemeinem Jammergeschrei ziehen sie weg
fortgetrieben von den unglüklichen Egiptern Ex. 12,33.34. aber sie
haben selbst nur die Schadenfreude des Feigen, dessen Feind, aber
nicht durch ihn zu Boden geworfen wird, nur das Bewußtseyn des

für sie verübten Wehes, nicht das der Tapferkeit, die doch eine
Thräne über das Elend, das sie anrichten muß, weinen darf; *ihre*
Wirklichkeit ist unbeflekt, aber ihr Geist muß sich alles des so
nüzlichen Jammers freuen. Die Juden siegen, aber sie haben nicht 88
gekämpft; die Egipter unterliegen, aber nicht durch ihre Feinde.
sie unterliegen, wie vergiftete, oder im Schlaf ermordete – einem
unsichtbaren Angriff und die Israëliten mit dem Zeichen an ihren 89
Haüsern, und dem Nuzzen, den alles | diß Elend bringt, sehen dabei
aus, wie die berühmten Diebe während der Pest zu Marseille. Die 90 91
einzige That, welche Moses den Israeliten vorbehielt, ist, am Abend,
den Moses den lezten wußte, an welchem sie ihre Nachbarn und
Freunde sprächen, ein Entlehnen vorzulügen, und dem Zutrauen
durch Diebstahl zu entsprechen.

Es ist kein Wunder, daß dieses in seinem Freiwerden sich am
sklavischsten betragende Volk bei jeder in der Folge vorkommen-
den Schwierigkeit, oder Gefahr, durch die Reue Egypten verlassen 92
zu haben, und den Wunsch, wieder dahin zurükzukehren, zeigte,
daß es ohne Seele und eignes Bedürfnis der Freiheit bei seiner Be-
freiung gewesen war.

Der Befreier seines Volkes wurde auch sein Gesezgeber; – konnte 93
nichts anders heissen, als, derjenige der es von einem Joch losge-
macht hatte, legte ihm ein andres auf. eine passive Nation, die sich
selbst Geseze gäbe, wäre ein Widerspruch |

Das Princip der ganzen Gesezgebung war der von den Voreltern ererbte Geist, das unendliche Objekt, der Innbegriff aller Wahrheit, und aller Beziehungen, also eigentlicher da es nur erst Objekt genannt werden kann, in sofern der Mensch mit seinem geschenkten Leben vorausgesezt wird, und das lebendige das absolute Subjekt heißt, das einzige, unendliche Subjekt; so zu sagen die einzige Synthese, und die Antithesen sind das Jüdische Volk einerseits, und anderer Seits das ganze übrige Menschengeschlecht, und Welt – Diese Antithesen sind die wahren, reinen Objekte, das was diese gegen ein außer ihnen befindliches – unendliches sind, ohne Gehalt und leer, ohne Leben, nicht einmal todt, – ein Nichts – nur ein Etwas, so weit das unendliche Objekt sie zu etwas macht,

ein gemachtes kein Seyendes, das kein Leben, kein Recht, keine Liebe für sich | hat.[1] – Eine allgemeine Feindschaft läßt nur physische Abhängigkeit, eine animalische Existenz, übrig, die also nur auf Kosten der übrigen gesichert werden kan, und welche die Juden als Lehen empfiengen. Diese Ausnahme, diese erwartete isolirte Sicherheit folgt nothwendig aus der unendlichen Trennung; und dieses Geschenk, das Befreien von der ägyptischen Sklaverei, der
94 Besiz eines Honig und Milchreichen Landes, ein gesichertes Essen Trinken und Begatten sind die Ansprüche die das Göttliche auf Verehrung hat; wie der Titel der Verehrung, so die Verehrung; jener Abhelfung der Noth, diese Knechtschaft.

Das unendliche Subjekt mußte unsichtbar seyn; denn alles sicht-
95 bare ist ein beschränktes; ehe Moses noch sein | Zelt hatte, zeigte
96 er den Israeliten nur Feuer und Wolken, die in immer neu sich entwikelndem unbestimmtem Spiele den Blik beschäftigen, ohne
97 ihn in einer Form zu fixiren. Ein Götterbild ist ihnen eben Stein oder Holz – es sieht nicht, es hört nicht u.s.w. mit dieser Litanei dünkten sie sich wunderbar weise, und verachten es weil es sie nicht behandelt, und ahnden nichts von seiner Vergöttlichung in der Anschauung der Liebe, und im Genuße der Schönheit.

Wenn keine Gestalt für Empfindung, so mußte der Andacht, der Verehrung eines unsichtbaren Objekts doch die Richtung und eine
98 dasselbe einschliessende Umgränzung gegeben werden – Moses gab sie durch das Allerheiligste des Zeltes, und des nachherigen
99 Tempels. Pompejus mag sich wohl sehr | verwundert haben, als er sich dem innersten des Tempel genähert, dem Mittelpunkte der Anbetung, und in ihm die Wurzel des NationalGeistes, wohl die belebende Seele dieses ausgezeichneten Volkes in einem Mittelpunkte zu erkennen, auch ein Wesen für seine Andacht etwas sinnvolles für seine Ehrfurcht zu erblikken gehoft hatte und bei dem

100 [1] *Am Rande mit Verweiszeichen:* die Priester der Cybele, der erhabenen Gottheit, die Alles ist, was ist, was war, und was seyn wird, und ihren
101 Schleyer hat kein Sterblicher aufgedekt, – ihre Priester waren verschnittene, an Leib und Geist entmannte

Eintritt in das Geheimnis in Ansehung des leztern getaüscht, und jenes in einem leeren Raume fand.

Und sonst sollte an das Nichts-Seyn des Menschen, und an das wenige durch Gunst erhaltner Existenz bei jedem Genuß, bei
jeder menschlichen Thätigkeit erinnert werden. Als Zeichen des 102
göttlichen Eigenthumsrechtes, und als Antheil muß von jedem Erzeugnisse des Bodens an Gott der Zehente entrichtet werden, alle Erstgeburt gehörte ihm; die menschliche konnte ausgelöst werden.
Der Körper, der nur verliehen war, und ihnen nicht eigentlich | zu- 103
gehörte, muß rein gehalten werden, wie der Bediente die Livree, die ihm der Herr gibt, rein zu erhalten hat, jede Verunreinigung ausgesöhnt, d. h. durch das Hingeben irgend einer Sache die der Israelit sein nannte anerkannt werden, daß die Veränderung des fremden Eigenthums eine Anmassung und unrechtmässig war, und
daß ihm überhaupt kein Eigenthum zukommt. Was ihm aber ganz 104
zugehörte, ihm ganz heilig war, wie manche über Feinde gemachte Eroberungen und Beute, in dessen völligen Besiz wurde er dadurch gesezt, daß es vernichtet wurde.

Wie das israelitische Volk nur theilweise sich gab, und als was 105
es sich im allgemeinen bezeichnete, das war ein Stamm derselben ganz; nemlich ein völliges, aber dienendes Eigenthum | ihres Gottes,[1] welche Diener denn auch ganz nur vom Herrn genährt wurden, unmittelbar seine Haushaltung besorgten, seine Einnehmer im ganzen Lande und Hausdienerschaft ausmachten, seine Rechte zu behaupten hatten und von Besorgern der niedrigsten Dienste bis zum unmittelbaren Minister in verschiedenem Range aufstiegen. Lezterer selbst, war nicht Bewahrer des Geheimnisses, nur der geheimen Dinge, so wenig, als die übrigen Priester etwas anders als den Dienst lernen und lehren konnten. Das Geheimnis selbst war etwas durchaus fremdes, in das kein Mensch eingeweiht, von dem er nur abhängen konnte; und die Verborgenheit des Gottes

[1] *Am Rande:* was dienen sollte, in dessen vollständigen Besizstand – die Vernichtung, – konnte der Herr nicht kommen, es mußte doch noch wenigstens eine Vegetation behalten.

im Allerheiligsten hat einen ganz andern [Sinn] als das Geheim-
106 nis der Eleusinischen Götter. | Von den Bildern, den Gefühlen, der
Begeisterung und Andacht zu Eleusis, von diesen Offenbahrun-
gen des Gottes war keiner ausgeschlossen, gesprochen durfte von
ihnen nicht werden, denn sie würden durch Worte entweiht; von
ihren Dingen, und Handlungen, und den Gesezen ihres Dienstes
konnten die Israeliten wohl schwazen, 5 B. 30,11, denn daran ist
nichts heiliges, das heilige war ewig ausser ihnen, ungesehen und
ungefühlt.

107 Die 3 grossen jährlichen Feste die gröstentheils mit Mahlzei-
ten und Tänzen gefeiert wurden, sind das menschlichste in Moses
108 Verfassung; aber sehr charakteristisch ist die Feyer jedes siebenten
Tages; Sklaven muß diß Ausruhen von der Arbeit willkommen seyn,
ein Tag des Nichtsthuns nach 6 mühevollen Tagen; aber für sonst
freie, lebendige Menschen, sich einen Tag in einer blossen Leerheit,
in einer unthätigen Einheit des Geistes zu halten, und die Zeit die
sie Gott weihten, zu einer leeren Zeit zu machen, und dise Leerheit
so oft widerkehren zu lassen, konnte nur dem Gesezgeber | eines
Volkes einfallen, dem die traurige, ungefühlte Einheit das höchste
[ist], das das 7tägige Leben seines Gottes im neuen Leben einer
Welt, seinem Gotte entgegensezt, es als ein fremdes Herausgehen
aus sich betrachtet. und ihn darauf ausruhen läßt.

109 Die Erscheinungen bei der feierlichen Gesezgebung auf Sinai
hatten alle Juden so betaübt, daß sie den Moses baten, sie doch da-
mit zu verschonen, sie Gott so nahe zu bringen, sondern er möchte
nur allein mit ihm sich unterreden, und ihnen dann seine Befehle
überbringen.

Bei dieser durchgängigen Passivität blieb ihnen ausser der Be-
zeugung ihrer Dienstbarkeit, nichts übrig, als das blosse, leere Be-
dürfnis, die physische Existenz zu erhalten, und sie gegen diese
Noth zu sichern. Diese erhielten sie dann auch, mehr wollten sie
110 mit ihrem Leben nicht; sie bekamen ein Land zu bewohnen, worin
Milch und Honig floß; als ein sizzendes und aker|bauendes Volk
wollten sie nun das Land als Eigenthum besizen das ihre Väter
schlechterdings nur als Hirten durchziehen wollten, bei welcher

Lebensart sie die im Lande in Städten sich sammelnden aufkei-
menden Völker doch ruhig lassen konnten, welche auch sie das
unbebaute Land ruhig abweiden liessen, und als sie nicht mehr
um sie herum zogen, noch ihre Gräber ehrten; als solche Noma- 111
den kamen ihre Nachkommen nicht zurük; sie waren dem Schiksal
unterlegen, gegen das ihre nomadische Voreltern so lange ange-
kämpft hatten, und durch welchen Widerstand sie ihren Dämon
und den Dämon ihres Volkes nur immer mehr verbittert hatten.
Sie verliessen zwar die Lebensart ihrer Voreltern, aber wie hätte
ihr Genius aus ihnen weichen sollen? er mußte um so mächtiger
und entsezlicher in ihnen werden, da mit veränderten Bedürfnis-
sen eine Hauptscheidewand zwischen ihren Sitten und den Sitten
anderer Völker wegfiel; und | keine andere Macht zwischen der Ver-
einigung mit ihnen mehr stand, als ihr Gemüthe allein; die Noth
machte sie zu Feinden, aber die Feindseligkeit durfte nicht weiter
als die Noth gehen, nicht über die Erzwingung der Niederlassung
unter den Canaanitern; die Verschiedenheit der Lebensart der
Hirtenvölker und der Akkerbauer war weggefallen; wodurch die
Menschen einig sind, ist ihr reiner Geist; was die Juden von den
Canaanitern schied, war ihr Geist allein; dieser Dämon des Hasses
hieß sie die alten Einwohner ganz zu vertilgen; es rettet auch hier 112
noch zum Theil die Ehre der menschlichen Natur der Umstand,
daß sie, wenn auch ihr innerster Geist sich verkehrt, und in Haß
verwandelt hat, sie ihr ursprüngliches Wesen, doch nicht ganz ver-
leugnet, und ihre Verkehrtheit nicht völlig konsequent, nicht ganz
durchführt; die Israeliten liessen doch eine Menge der Bewohner, 113
zwar geplündert und als Sklaven, doch leben –

Diejenigen, die der Tod in der Wüste das versprochene Land 114
nicht erreichen ließ, hatten ihre Bestimmung, die Idee ihres Da-
seyns nicht erfüllt; denn ihr Leben war einem Zwekke untergeord-
net, nicht ein für sich selbst bestehendes, sich genügsames – und
ihr Tod | konnte daher nur als ein Übel und wo alles unter einem
Herrn steht, nur als Strafe angesehen werden.

Vom Kriegsdienste, waren alle frei, die ihr neugebautes Haus 115
noch nicht bewohnt, vom neuangelegten Weinberg noch keine

Trauben gegessen, mit der Braut noch nicht Hochzeit gemacht hatten – denn sie, denen ihr Leben izt bevorstand, hätten thörigt gehandelt, für die Wirklichkeit die ganze Möglichkeit, die Bedingung des Lebens zu wagen; es ist widersprechend, für Eigenthum und Existenz, diß Eigenthum und diese Existenz selbst aufs Spiel zu sezen; nur heterogenes kan für einander aufgeopfert werden; Eigenthum und Existenz nur für Ehre, Freiheit oder Schönheit, für etwas ewiges; aber an irgend einem ewigen hatten die Juden keinen Theil.

116 Moses versiegelt seine Gesezgebung mit einer orientalisch-schönen Drohung des Verlustes alles Genusses und alles Glüks; er brachte vor den knechtischen Geist die Vorstellung seiner selbst, den Schrekken vor der physischen Macht. |

Andre Reflexionen auf den menschlichen Geist, andre Arten des
Bewustseyns, kommen unter den Religionsgesezen nicht vor, und
117 Mendelssohn rechnet es seinem Glauben zum hohen Verdienst,
118 daß in ihm keine ewige Wahrheiten geboten seyen. Daß ein Gott
ist, steht an der Spize der Staatsgeseze, und wenn man ein in dieser Form gebotenes eine Wahrheit nennen könnte so liesse sich freilich sagen, welche tiefere Wahrheit gibt es für Knechte, als die daß sie einen Herrn haben. Aber Mendelssohn hat Recht, jene nicht eine Wahrheit zu nennen, denn die Wahrheit ist etwas freies, das wir weder beherrschen, noch von ihm beherrscht werden; deswegen kommt das Daseyn Gottes nicht als eine Wahrheit vor, sondern als ein Befehl; von Gott sind die Juden durch und durch | abhängig, und das von dem man abhängig ist, kan nicht die Form einer Wahrheit haben; denn die Wahrheit ist die Schönheit, mit dem Verstande vorgestellt, der negative Charakter der Wahrheit ist Freiheit. Aber wie hätten Schönheit diejenige ahnen können, die in allem nur Stoff sahen, diejenige Vernunft und Freiheit üben, die nur beherrscht wurden, oder beherrschten, diejenige nur auf die niedrige Unsterblichkeit, in der das Bewußtseyn des Individuums gerettet werden [sollte,] hoffen, selbstständig beharren wollen, die auf Willensfähigkeit, auf Seyn selbst im Daseyn Verzicht gethan hatten, und nur Fortdauer des Besizzes ihres Akkers durch einen

ihrer Nachkommen, Fortdauer eines verdienst- und ruhmlosen Namens in einem von ihnen erzeugten wollten, die sich durchaus keines über Speise und Trank erhobnes Lebens und Bewußtseyns freuten. Wie sollte es also ein Verdienst seyn, dasjenige nicht durch Einschränkung verunreinigt, was nicht vorhanden war, das frei gelassen zu haben, was man nicht kannte? | Wie wenn Eskimaus sich eines Vorzugs über irgend einen Europäer deswegen rühmen wollten, daß man bei ihnen vom Weine keine Accise bezahle, der Akkerbau nicht durch harte Auflagen erschwert werde.

Auf eben die Art, wie hier eine gleiche Folge, das Freilassen von Wahrheiten aus dem entgegengesezten fließt, so hat in Rüksicht auf die Unterordnung der bürgerlichen Rechte unter Staatsgeseze eine Einrichtung des mosaischen Staats mit den Verhältnissen, die 2 berühmte Gesezgeber in ihren Republiken gründeten eine auffallende Ähnlichkeit, aber eine sehr verschiedne Quelle. Um die Gefahr, womit der Freiheit die Ungleichheit des Reichthums
droht, von ihren Staaten abzuwenden hatte Solon und Lykurg die 119
Rechte über Eigenthum auf mancherlei Art beschränkt und manche Willkühr ausgeschlossen, die zu ungleichem Reichthum hätte
führen können – Ebenso war im mosaischen Staate das Eigenthum 120
einer Familie auf immer in dieser befestigt; | wer aus Noth seine Habe und sich selbst verkauft hatte, sollte im grossen Jubeljahre wieder in seine Sach-Rechte und sonst im 7ten Jahr in seine Personrechte eintretten, wer mehr Felder erworben hatte, in den alten
Umfang seines AkkerBesizes zurükkehren; Wer aus einem andern 121
Stamme, oder einem andren Volke, ein Mädchen, das keine Brüder hatte, und dadurch eine Güterbesizerin wurde, heirathete, trat dadurch in den Stamm und die Familie ein, zu welcher diese Güter gehörten, und einer Familie anzugehören hing also [weniger] von dem eigentlichsten, was ihm zukommt, von einem sonst unauslöschlichen Charakter, der | Abstammung von gewissen Eltern, als von etwas empfangenem ab.

Die Quelle dieser Geseze in den griechischen Republiken war, weil durch die sonst entstehende Ungleichheit die Freiheit der Verarmten in Gefahr kommen, und sie in eine politische Vernichtung hätten gerathen können; bei den Juden, weil diese keine Freiheit und keine Rechte hatten, da sie alles nur als geliehen, nicht als Eigenthum besassen,[1] weil sie als Staatsbürger alle Nichts waren – jene Griechen sollten gleich seyn, weil alle frei, selbstständig; die Juden gleich, weil alle ohne Fähigkeit des Selbstbestehens waren.

so gehörte jeder Jude einer Familie an, weil er einen Antheil an ihrem Boden | hatte, und diesen Boden konnte sie auch nicht ihr eigen nennen, er war ihr aus Gnade nur eingeraümt; die Unfähigkeit jedes Juden seine liegenden Gründe zu vermehren, war freilich nur ein Zwek des Gesezgebers und sein Volk scheint [sich] nie recht [daran] gehalten zu haben; wenn sie in der Seele des Gesezgebers zur Ursache die Absicht gehabt hätte, die Ungleichheit des Reichthums zu verhindern, so hätten ganz andre Anstalten gemacht, viele andre Quellen der Ungleichheit verstopft werden, so hätte der grosse Zwek seiner Gesezgebung Freiheit der Bürger seyn müssen, ein Ideal einer Verfassung, dem kein Ton in Moses und seines Volkes Geiste entsprach – Die Unfähigkeit die liegenden Güter zu vermehren, war nicht eine Folge der Gleichheit der Rechte an Boden, sondern der Gleichheit gar keine Rechte an ihn zu haben

Das Gefühl dieser Gleichheit erregte die Empörung Dathans und Koras, welche den Vorzug, den Moses sich | gab, den Vorzug, etwas zu bedeuten, inkonsequent fanden 4. B. 16,3.

Jener Schein eines innern staatsrechtlichen Verhältnisses verschwand bei der Ansicht des Princips, aus dem jene Geseze geflossen waren; da die Beziehung der Juden als Staatsbürger aufeinander keine andre war, als die Gleichheit der Abhängigkeit aller von ihrem unsichtbaren Regenten und dessen sichtbaren Dienern und Beamten, also eigentlich gar keine Staatsbürgerschaft stattfand, und in jener Abhängigkeit die Bedingung aller politischen d. h. FreiheitsGeseze weggenommen war, so konnte sich auch gar

[1] *Am Rande mit Verweiszeichen:* 3 B. M. 25,23ff. u. v. 55. ihr könnt nichts veraüssern, denn der Boden ist mein, ihr seyd bei mir Fremde, und Einheimische von fremder Nation.

nichts, das einem innern Staatsrecht, einer gesezgebenden, ein Staatsrecht bestimmenden Gewalt ähnlich sah, bei ihnen finden; wie in jeder Despotie die Frage nach einem innern Staatsrecht widersprechend ist – Gerichte und Beamte (Schreiber) auch eine Art von beständigen Regenten (in den Haüptern der Stämme) oder nach Willkühr zufälliges Bedürfnis, oder durch Gewalt entstandene und verschwindende Anfüh|rer oder Regierer können und müssen sich finden. Auch nur bei einer solchen Form der gesellschaftlichen Verbindung konnte es gleichgültig seyn und unbestimmt bleiben, ob königliche Gewalt eingeführt würde, oder nicht;
auf den Fall daß die Israeliten den Einfall hätten, wie andre Völker 122
von einem König regiert zu werden, gab Moses nur einige Befehle, die theils so beschaffen sind daß die königliche Macht sie nach Belieben befolgen konnte, oder nicht, theils sich auf die Gründung einer Konstitution einiger Volksrechte gegen die Könige auch nur im allgemeinen, gar nicht bezogen. denn für welche Rechte hatte ein Volk Gefahr zu fürchten, das keine hatte, und bei dem es nichts mehr zu unterdrükken gab, –

Moses erlebte die vollständige Ausführung seiner Gesezgebung nicht mehr; welche wohl überhaupt in keiner Periode der israelitischen Geschichte in völlige Kraft gekommen ist; er starb zur Strafe
einer einzigen Regung der geringen Selbstthätigkeit in einem | ein- 123
zigen unbefohlnen Schlag; in dem Überblik seines politischen Lebens vergleicht er die Art, wie die Juden ihr Gott durch ihn führte, 5 B. 32,11. mit dem Benehmen des Adlers, der seine Jungen zum Fluge gewöhnen will; er schwingt beständig die Flügel über dem Neste, nimmt sie auch auf seine Flügel, und trägt sie auf denselben fort – Nur vollendeten die Israëliten dieses schöne Bild nicht, diese Jungen sind keine Adler geworden; sie geben eher im Verhältniß mit
ihrem Gotte das Bild eines Adlers, der getaüscht Steine erwärmte, 124
ihnen seinen Flug vormachte, und [sie] auf seinen Flügeln mit sich in die Wolken nahm, deren Schwere aber nie zum Flug, deren geliehene Wärme aber nie zur Flamme des Lebens aufschlug.

Alle folgende Zustände des jüdischen Volks, bis auf den schäbigten, niederträchtigen laüsigten Zustand, in dem es sich noch heutigstags befindet, sind weiter nichts als Folgen und Entwiklungen ihres ursprünglichen Schiksals, von dem – einer unendlichen Macht, die sie sich unüberwindlich gegenüber sezten, sie mishandelt wurden, und so lang werden mishandelt werden, bis sie es durch den Geist der Schönheit aussöhnen und so durch die Versöhnung aufheben. |

Auf Mosis Tod folgte eine lange Periode der Abwechslung von Staatsunabhängigkeit, und von Unterwürfigkeit unter fremde Völker. Das Schiksal, durch Glük die Unabhängigkeit zu verlieren, und durch die Unterdrükkung den Muth zu derselben wieder zu erhalten, diß gemeinschaftliche Schiksal aller Völker mußte als Schiksal des jüdischen Volkes zwei besondre Modifikationen haben a) daß der Übergang zur Schwäche im Zustande des Glüks als ein Übergehen zu einem Götterdienst, und der Muth sich aus der Unterdrükkung zur Unabhängigkeit emporzuringen, als eine Wiederkehr zu ihrem eigenthümlichen Gott erschien. Mit der Noth war der Geist der Feindschaft und der Verheerung von den Juden
126 gewichen, ihr El Schadai, ihr Gott der Noth. Menschlichere Gefühle stiegen in ihren Gemüthern auf, und damit giengen freundlichere Verhältnisse hervor; sie ahndeten schönere Geister und dienten fremden Göttern. Aber izt, in diesem Dienste selbst ergriff sie ihr Schiksal; sie konnten nicht Verehrer nur Knechte dieser Götter werden, sie wurden nun abhängig von der Welt, die ihnen vorher entweder selbst, oder ihrem Ideale unterwürfig war; und damit war ihre Kraft von ihnen gewichen, die nur auf | Feindschaft ruhte, und das Band ihres Staates hatte sich völlig aufgelöst; er konnte nie dadurch einen Halt haben, daß alle Bürger einen Halt hätten; nur dadurch konnten sie als in einen Staat vereinigt bestehen, daß alle von einem gemeinschaftlichen abhiengen, aber von einem gemeinschaftlichen, das nur ihnen wäre, allen Menschen
127 entgegengesezt sey. (5. B. M. 14,19.20. daß du auch nicht deine Augen aufhebest gen Himmel, und sehest die Sonne, den Mond, und die Sterne, das ganze Heer des Himmels, und fallest ab, und betest sie an, welche der Herr dein Gott verordnet hat *allen* Völkern unter dem ganzen Himmel; euch aber hat der Herr angenommen.)

Durch fremden Götterdienst wurden sie zwar noch keinem einzelen der Geseze, die wir Staatsgeseze nennen, ungetreu, aber dem Princip ihrer ganzen Gesezgebung und Staats ungetreu und ganz consequent war daher ein Verbot der Abgötterei, eines ihrer ersten und am meisten verpönten Geseze. Durch die Vermischung mit andern Völkern, durch Bande der Ehe, der | Freundschaft, durch jede Art eines nicht knechtischen sondern freundschaftlichen Zusammenlebens entwikelte sich ein gemeinschaftliches zwischen ihnen, sie geniessen zusammen der Sonne, sie blikken zusammen zum Monde und zu den Sternen auf, oder wenn sie auf ihre Empfindung selbst reflektiren, so finden sie Bande, Empfindungen, in denen sie vereinigt sind; und indem sie jene Gestirne, mit ihrer Vereinigung in denselben, die Vorstellung der Empfindung, in der sie eins sind, also als ein lebendiges sich vorstellen, so haben sie Götter – Sowie die Seele der jüdischen Nationalität, das odium 128
generis humani, im geringsten nachließ, und freundlichere Dämonen sie mit Fremden einigten und über die Grenzen, die jener Haß stekte, hinübertrugen, so waren sie Überlaüfer, sie schweiften in das Gebiet eines Genußes, das nicht in gleicher Knechtschaft stand, wie ihr bisheriges, diese Erfahrung, daß ausser ihrem geschenkten Erbtheil noch Raum für etwas wäre, das ein menschliches Gemüthe in sich aufnehmen könnte; diese | Erfahrung war ein Ungehorsam der Knechte, die ausser dem vom Herrn empfangenem noch etwas kennen, ihr eigen nennen wollen. Mit der Menschlichkeit, wenn sie auch rein sie empfinden konnten, und nicht wieder Knechte des in seinem Ursprung freyen wurden, wich ihre Kraft von ihnen, es war nun ein Widerspruch [in] ihnen, wie hätten sie ihr ganzes Schiksal den alten Bund des Hasses auf einmal abschütteln, und eine schöne Vereinigung organisiren können? Sie wurden bald wieder zu jenem zurük gepeitscht; denn in dieser Auflösung ihrer Gemeinschaft, und ihres Staats wurden sie ein Raub Mächtigerer, ihre Vermischung mit andern Völkern wurde eine Abhängigkeit von ihnen. Der Drukk erwekte wieder den Haß; und damit wachte ihr Gott wieder auf; ihr Trieb nach Unabhängigkeit war eigentlich Trieb nach Abhängigkeit von etwas eignem.

b.) diese Veränderungen, die andre Nationen oft nur in Jahrtausenden durchlauffen, mußten beim jüdischen Volke so schnell seyn; jeder seiner Zustände war zu gewaltsam, als daß er | hätte lange anhalten können; der Zustand der Unabhängigkeit an allgemeine Feindschaft geknüpft konnte nicht festhalten, er ist zu sehr der entgegengesezte der Natur; der Zustand der Unabhängigkeit anderer Völker ist ein Zustand des Glüks, ein Zustand schönerer Menschlichkeit; der Zustand der Unabhängigkeit der Juden, sollte ein Zustand einer völligen Passivität, einer völligen Häßlichkeit seyn. Weil ihre Unabhängigkeit ihnen nur Essen und Trinken, eine dürftige Existenz sicherte, so war mit der Unabhängigkeit mit diesem wenigen auch alles verlohren, oder in Gefahr, es blieb nichts lebendiges mehr übrig, das sie sich erhalten und dessen sie sich hätten erfreuen [können,] dessen Genuß sie manche Noth ertragen, vieles hätte aufopfern gelehrt; in dem Drukk kam das kümmerliche Daseyn unmittelbar in Gefahr, zu dessen Rettung sie losschlugen; diß thierische Daseyn war nicht mit der schönern Form der Menschheit verträglich, die ihnen Freiheit gegeben hätte. |

129 Als die Juden die königliche Gewalt (die Moses für verträglich mit der Theokratie, Samuel aber damit für unverträglich hielt,) bei sich einführten, erhielten viele einzelne eine politische Wichtigkeit, die sie zwar mit den Priestern theilen, oder gegen sie vertheidigen mußten; wie in freyen Staaten die Einführung der Monarchie alle Bürger zu PrivatPersonen hinabwirft, so erhob sie dagegen in diesem Staate, in welchem jeder ein politisches Nichts war, wenigstens einzelne zu einem mehr oder weniger eingeschränktem Etwas.

Nach dem Verschwinden des ephemerischen aber sehr drükken-
130 den Glanzzes der Salomonischen Regierung zerrissen die neuen Mächte, die die Einführung des Königthums – noch in die Geissel ihres Schiksal eingeflochten hatten, – unbändige Herrschsucht, und unmächtige Herrschaft das jüdische Volk vollends, und kehrten gegen seine eignen Eingeweide eben die rasende Lieb- und Gottlosigkeit, die | es vorher gegen andre Nationen gewendet hatte; sie leiteten sein Schiksal durch seine eignen Hände auf es selbst. Fremde Nationen lernte es wenigstens fürchten, es wurde aus einem in der

Idee herrschenden ein in der Wirklichkeit beherrschtes Volk, und
erhielt das Gefühl seiner aüssern Abhängigkeit durch Demüthi-
gungen. Eine Zeitlang erhielt es sich noch eine traurige Art von
Staat, bis es am Ende – wie der Politik der listigen Schwäche nie der
Unglükstag ausbleibt, – vollends zu Boden getretten wurde, ohne 131
die Kraft des Wiederaufstehens zu behalten. Den alten Genius hat-
ten von Zeit zu Zeit begeisterte festzuhalten, den ersterbenden wie-
derzubeleben gesucht; doch den entflohnen Genius einer Nation
kan die Begeisterung nicht zurükbeschwören, das Schiksal eines
Volkes nicht unter ihren Zauber bannen, wohl einen neuen Geist |
aus der Tiefe des Lebens hervorrufen, wenn sie rein und lebendig
ist. Aber die jüdischen Propheten zündeten ihre Flamme an der
Fakel eines erschlaften Dämons an, sie suchten ihm seine alte Kraft,
und mit der Zerstöhrung des mannichfaltigen Interesses der Zeit
ihm seine alte schauderndrhabne Einheit wiederherzustellen; sie
konnten also nur kalte, und bei ihrer Einmischung in Politik und
Zwekke nur eingeschränkte und wirkungslose Fanatiker werden,
nur eine Erinnerung vergangner Zeiten geben, die gegenwärtigen
durch [sie] noch mehr verwirren, aber nicht andere Zeiten herbei-
führen. Die Beimischung der Leidenschaften vermochte nie wieder
in einförmige Passivität überzugehen, aber aus passiven Gemüthern
mußten sie um so gräßlicher wüthen. Dieser schauderhaften Wirk-
lichkeit zu entfliehen, suchten die Menschen in Ideen Trost; der
gemeine Jude der sich wohl aber nicht sein Objekt aufgeben wollte,
in der Hofnung eines kommenden Messias; die Pharisäer in dem
Treiben des Dienstes | und Thun des gegenwärtigen Objektiven, und
völligen Vereinigung des Bewußtseyns mit demselben; weil sie aus-
ser dem Kraise ihres Wirkens, in welchem sie Herrn waren, bei
seiner Unvollständigkeit noch ihnen fremde Mächte fühlten, so
glaubten sie an die Vermengung eines fremden Schiksals mit der
Macht ihres Willens und ihrer Thätigkeit. die Sadducäer in der gan- 132
zen Mannichfaltigkeit ihrer Existenz, und der Zerstreuung eines
wandelbaren Daseyns das nur durch Bestimmtheiten erfüllt, und
[in dem] die Unbestimmtheit nur als Möglichkeit eines Übergan-
ges zu andern Bestimmtheiten wäre. die Essener in einem ewigen, 133

in einer Verbrüderung, die alles scheidende Eigenthum, und was damit zusammenhängt ausschlösse, und sie zu einem lebendigen Einen, ohne Mannichfaltigkeit machte in einem gemeinsamen Leben, das von allen Verhältnissen der Wirklichkeit unabhängig wäre, dessen Genuß sich auf die Gewohnheit des Zusammenseyns gründete, eines Zusammenseyns, das durch | die völlige Gleichheit der Mitglieder von keiner Mannichfaltigkeit gestört würde. Um so durchgängiger die Abhängigkeit der Juden von ihrem Geseze war, um so grösser mußte ihr Eigensinn seyn in dem, worin sie noch einen Willen haben konnten, und diß einzige war ihr Dienst selbst, wenn er eine Entgegensezung fand – Mit so leichtem Sinn sie sich verführen liessen, ihrem Glauben untreu zu werden, wenn das ihm Fremde sich ihnen, wenn sie nicht in Noth [waren], und ihr dürftiger Genuß befriedigt war, nicht als feindliches nahte, so hartnäkkig kämpften sie für ihren Dienst, wenn er angegriffen wurde. Sie stritten für ihn als verzweifelte sie waren selbst fähig im Kampf
134 für ihn seine Gebote z.B. die Feyer des Sabbaths zu übertreten, die sie auf Befehl eines andern mit Bewußtseyn zu verlezen durch keine Gewalt vermocht werden konnten. Und so wie das Leben in ihnen mishandelt, wie in ihnen nichts unbeherrschtes nichts heiliges gelassen war, so wurde ihr Handeln zur unheiligsten Raserei, zum wüthendsten Fanatismus. |

Die Hofnung der Römer, der Fanatismus werde unter ihrer gemässigten Herrschaft sich mildern, schlug fehl, er erglühte noch
135 einmal, und begrub sich unter seine Zerstöhrung.

Das grosse Trauerspiel des jüdischen Volks ist kein griechisches Trauerspiel, es kan nicht Furcht noch Mitleiden erwekken denn beide entspringen nur aus dem Schiksale des nothwendigen Fehltritts eines schönen Wesens; jenes kan nur Abscheu erwekken.
136 Das Schiksal des jüdischen Volkes ist das Schiksal Makbeths, der aus der Natur selbst tratt, sich an fremde Wesen hieng, und so in ihrem Dienste alles heilige der menschlichen Natur zertretten und ermorden, von seinen Göttern, – denn es waren Objekte, er war Knecht – endlich verlassen, und an seinem Glauben selbst zerschmettert werden mußte. |

FRANKFURTER
MANUSKRIPTE

ÜBER VEREINIGUNG UND LIEBE

WELCHEM ZWEKKE …

welchem Zwekke denn alles übrige dient, nichts im Kampfe mit diesem, in gleichem Rechte steht; – wie z.B. Abraham sich und seine Familie, und nachher sein Volk – oder die ganze Christenheit sich zum Endzwekke sezt – Aber je weiter dieses Ganze ausgedehnt je mehreres in die Gleichheit der Abhängigkeit versezt wird, wenn der Kosmopolit das ganze Menschengeschlecht, in seinem Ganzen begreift, so kommt von der Herrschaft über die Objekte, und von der Gunst des regierenden Wesens desto weniger auf einen; jeder einzele verliert um so mehr an seinem Werth, an seinen Ansprüchen, seiner Selbstständigkeit; denn sein Werth war der Antheil an der Herrschaft; ohne den Stolz, der Mittelpunkt der Dinge zu seyn, ist ihm der Zwek des kollektiven Ganzen das Höchste, und [er] verachtet sich, als einen so kleinen Theil wie alle einzelne.

Weil diese Liebe um des todten willen nur mit Stoff umgeben, der Stoff, an sich ihr gleichgültig ist, und ihr Wesen darin besteht, daß der Mensch in seiner innersten Natur ein entgegengeseztes, selbstständiges ist, daß ihm alles Aussenwelt ist, welche also so ewig ist als er selbst, so wechseln zwar seine Gegenstände, aber sie fehlen ihm nie; so gewiß er ist, sind sie und seine Gottheit; daher seine Beruhigung bei Verlust, und sein gewisser Trost, daß der Verlust ihm ersezt werde, weil er ihm ersezt werden kan.

Die Materie ist auf diese Art für den Menschen absolut; aber freilich wenn er selbst nimmer wäre, so wäre auch nichts mehr für ihn, und warum müßte auch er seyn? daß er seyn mochte, ist sehr begreiflich; denn ausser seiner Sammlung von Beschränktheiten, seinem Bewußtseyn liegt nicht die in sich vollendete, ewige Vereinigung, nur das dürre Nichts, aber in diesem sich zu denken | kan freilich der Mensch nicht ertragen. Er ist nur als entgegengeseztes, das entgegengesezte ist sich gegenseitig Bedingung und bedingtes; er muß sich ausser seinem Bewußtseyn denken, kein bestimmendes, ohne bestimmtes, und umgekehrt, keins ist unbedingt, keines trägt die Wurzel seines Wesens in sich, jedes ist nur relativ nothwendig; das Eine ist für das andere und also auch für sich nur durch eine fremde Macht das andre ist ihm durch ihre Gunst und Gnade zugetheilt; es ist überall nirgend als in einem fremden ein unabhängiges Seyn, von welchem fremden dem Menschen alles geschenkt ist, und dem er sich und Unsterblichkeit zu danken haben muß um welche er mit Zittern und Zagen bettelt.

Wahre Vereinigung, eigentliche Liebe findet nur unter Lebendigen die an Macht sich gleich, und also durchaus füreinander lebendige, von keiner Seite gegeneinander todte sind statt; sie schliest alle Entgegensezungen aus, sie ist nicht Verstand, dessen Beziehungen das mannichfaltige immer als mannichfaltiges lassen und dessen Einheit selbst Entgegensezungen sind; sie ist nicht Vernunft, die ihr Bestimmen dem Bestimmten schlechthin entgegensezt; sie ist nichts begränzendes, nichts begränztes, nichts endliches; sie ist ein Gefühl |

aber nicht ein einzelnes Gefühl; aus dem einzelnen Gefühl weil es nur ein Theilleben nicht das ganze Leben ist drängt sich das Leben durch Auflösung, zur Zerstreuung in der Mannichfaltigkeit der Gefühle, und um sich in diesem Ganzen der Mannichfaltigkeit zu finden; in der Liebe ist diß Ganze nicht als in der Summe vieler Besonderer Getrennter enthalten; in ihr findet sich das Leben selbst, als eine Verdopplung seiner Selbst, und Einigkeit desselben; das Leben hat von der unentwikelten Einigkeit aus, durch die Bildung den Krais zu einer vollendeten Einigkeit durchlaufen; der unentwikelten Einigkeit stand die Möglichkeit der Trennung, und die Welt gegenüber; in der Entwiklung producirte die Reflexion | immer mehr entgegengeseztes, das im befriedigten Triebe vereinigt wurde, bis sie das Ganze des Menschen selbst, ihm entgegensezte, bis die Liebe die Reflexion in völliger Objektlosigkeit aufhebt, dem entgegengesezten allen Charakter eines fremden raubt, und das Leben sich selbst ohne weitern Mangel findet. In der Liebe ist das getrennte noch aber nicht mehr als getrenntes, als einiges, und das Lebendige fühlt das Lebendige

Weil die Liebe ein Gefühl des lebendigen ist, so können liebende sich nur insofern unterscheiden, als sie sterblich sind, als sie die Möglichkeit der Trennung denken nicht insofern als wirklich etwas getrennt wäre, als das Mögliche mit einem Seyn verbunden, ein Wirkliches wäre. An Liebenden ist keine Materie, sie sind Ein lebendiges Ganzes; liebende haben Selbstständigkeit, eignes Lebensprincip heist nur: sie können sterben. Die Pflanze hat 137
Salz- und Erdtheile, die eigne Geseze ihrer Wirkungs-art in sich tra|gen, ist die Reflexion eines fremden, und heißt nur: die Pflanze kan verwesen. Die Liebe strebt aber auch, diese Unterscheidung, diese Möglichkeit als blosse Möglichkeit aufzuheben und selbst das sterbliche zu vereinigen, es unsterblich zu machen. Das trennbare, solang es vor der vollständigen Vereinigung noch ein eignes ist, macht den liebenden Verlegenheit, es ist eine Art von Widerstreit zwischen der völligen Hingebung, der einzig möglichen Vernichtung, der Vernichtung des Entgegengesezten in der Vereinigung – und der noch vorhandnen Selbstständigkeit; jene fühlt sich durch diese gehindert – die Liebe ist unwillig über das noch getrennte, über ein Eigenthum; dieses Zürnen der Liebe über Individualität ist die Schaam; sie ist nicht ein: Zuken des sterblichen, nicht eine Aüsserung der Freiheit sich | zu erhalten, zu bestehen; bei einem Angriff ohne Liebe wird ein liebevolles Gemüthe durch diese Feindseeligkeit selbst beleidigt, seine Schaam wird zum Zorn, der izt nur das Eigenthum, das Recht vertheidigt – Wäre die Schaam nicht eine Wirkung der Liebe, die nur darüber, daß etwas feindseliges ist, die Gestalt des Unwillens hat, sondern ihrer Natur nach selbst etwas feindliches, das ein angreifbares Eigenthum behaupten wollte, so müßte man von den Tyrannen sagen, sie haben am meisten Schaam, so wie von Mädchen, die ohne Geld ihre Reize nicht preisgeben – oder von den eiteln, die durch sie fesseln wollen – Beide lieben nicht, ihre Vertheidigung des Sterblichen ist das Gegentheil des Unwillens über dasselbe – sie legen ihm in sich einen Werth bei, sie sind schaamlos. Ein rei|nes Gemüthe schämt sich der Liebe nicht, es schämt sich aber, daß diese nicht vollkommen ist, sie wirft es sich vor daß noch eine Macht ein feindliches

ist, das der Vollendung Hindernisse macht – Die Schaam tritt nur ein durch die Erinnerung an den Körper, durch persönliche Gegenwart, beim Gefühl der Individualität – sie ist nicht eine Furcht für das Sterbliche, Eigene sondern vor demselben, die, so wie die
138 Liebe das trennbare vermindert, mit ihm verschwindet; denn die Liebe ist stärker als die Furcht; sie fürchtet ihre Furcht nicht; aber von ihr begleitet, hebt sie Trennungen auf, mit der Besorgnis, eine widerstehende, gar eine feste Entgegensezung zu finden, sie ist ein gegenseitiges Nehmen und Geben; schüchtern, ihre Gaben möchten verschmäht, schüchtern, ihrem Nehmen möchte ein entgegengeseztes nicht weichen, versucht sie, ob die Hofnung sie nicht getaüscht, ob sie sich selbst durchaus findet; dasjenige das nimmt, wird dadurch nicht reicher, | als das andre; es bereichert [sich] zwar, aber um ebensoviel das andere; ebenso dasjenige das gibt, macht sich nicht ärmer; indem es dem andern gibt, hat es um ebensoviel
139 seine eignen Schäze vermehrt; Julia in Romeo: je mehr ich gebe, desto mehr habe ich, u. s. w.

Diesen Reichthum des Lebens erwirbt die Liebe, in der Auswechslung aller Gedanken, aller Mannichfaltigkeiten der Seele indem sie unendliche Unterschiede sucht und unendliche Vereinigungen sich ausfindet, an die ganze Mannichfaltigkeit der Natur sich wendet, um aus jedem ihrer Leben die Liebe zu trinken. Das eigenste vereinigt sich das noch getrennte in der Berührung, in der Befühlung, bis zur | Bewußtlosigkeit, der Aufhebung aller Unterscheidung. das Sterbliche hat den Charakter der Trennbarkeit abgelegt, und ein Keim der Unsterblichkeit, ein Keim des ewig aus sich [sich] entwikelnden und zeugenden ein lebendiges ist geworden. Das vereinigte trennt sich nicht wieder; die Gottheit hat gewirkt, erschaffen – Dieses vereinigte aber ist nur ein Punkt, die liebenden können ihm nichts zutheilen, daß in ihm ein mannichfaltiges sich befände, denn in der Vereinigung ist nicht ein entgegengeseztes behandelt worden, sie ist rein von aller Trennung; alles, wodurch es ein Mannichfaltiges seyn, ein Daseyn haben kan, muß das neugezeugte selbst in sich gezogen – entgegengesezt und vereinigt haben; der Keim windet sich immer mehr zur Entgegensezung los, und beginnt, jede Stuffe seiner Entwiklung, ist eine Trennung, um wieder den ganzen Reichthum des Lebens selbst zu gewinnen: Und so ist nun, das einige, die getrennten und das wiedervereinigte, die Vereinigten trennen sich wieder, aber im Kind ist die Vereinigung selbst ungetrennt geblieben |

Diese Vereinigung der Liebe ist zwar vollständig aber sie kan es nur soweit seyn als das getrennte nur so entgegengesezt ist, daß das eine das liebende, das andre das geliebte ist, daß also jedes getrennte, ein Organ eines lebendigen ist; ausserdem stehen die liebenden aber noch mit vielem todten in Verbindung, jedem gehören viele Dinge zu, d.h. jedes steht in Beziehung mit entgegengesezten, die auch für das beziehende selbst noch entgegengesezte, Objekte sind. und so sind sie noch einer mannichfaltigen Entgegensezung, in dem mannichfaltigen Erwerb und Besiz von Eigenthum und Rechten fähig – das unter der Gewalt des einen befindliche todte ist beiden entgegengesezt, und es scheint nur die Vereinigung darüber statt finden zu können, daß es unter die Herrschaft beider käme. Das liebende, das das andre im Besize eines Eigenthums erblikt, [muß] diese Besonderheit des andern, die es | gewollt hat fühlen; selbst kan es die ausschließliche Herrschaft des andern nicht aufheben, denn diß wäre wieder eine Entgegensezung gegen die [...] aber dieser Furcht, die sein Eigenthum erwekt, kommt das besizende dadurch zuvor, daß es sein Recht des Eigenthums das ihm gegen jedermann zukömmt, selbst gegen das liebende aufhebt; Geschenke sind Entaüsserungen einer Sache, die schlechterdings den Charakter eines Objekts nicht verlieren kan; was todt ist, ist nur Eigenthum, und da die Liebe nichts einseitiges thut, so kan sie nichts nehmen, was auch in der Bemächtigung, in der Vereinigung der Herrschaft noch ein Mittel, ein Eigenthum bleibt; Ein Ding, etwas das ausser dem Gefühl der Liebe ist, kan nicht gemeinschaftlich seyn, ebenweil es ein Ding ist; sollte es gemeinschaftlich seyn, so gehört es entweder keinem der liebenden, oder jedem gehört | ein besonderer Theil. GüterGemeinschaft heist das Recht eines jeden an das Ding, der entweder gleiche oder unbestimmte Antheil; sie schliest immer eine Theilung und zwar Nothwendigkeit dieser

Theilung, besonderes, Rechte, Eigenthum zwar nicht der ruhenden Mittel des ungenuzten, todten, aber eine nothwendige Theilung desselben in dem Gebrauche in sich; durch jene NichtAbsonderung des Eigenthums, solang es nicht gebraucht ist, taüscht die GüterGemeinschaft mit einem Schein der völligen Aufhebung der Rechte und im Grunde ist auch ein Recht an den Theil des Eigenthums, der nicht unmittelbar gebraucht, nur benuzt wird, beibehalten, nur wird davon stillegeschwiegen. Das gleiche Recht das das besizende an Eigenthum dem Andern übertragen hat *(bricht ab)*

es sezte eine Beherrschung der Herrschaft des andern entgegen; und höbe | eine Beziehung des andern, seine Ausschliessung aller auf; und wenn der Besiz und Eigenthum einen so wichtigen Theil des Menschen seiner Sorgen und Gedanken ausmacht, so können auch Liebende sich nicht enthalten, auf diese Seite ihrer Verhältnisse zu reflektiren; und wenn schon der Gebrauch gemeinschaftlich ist, so würde damit das Recht an Besiz unentschieden bleiben der Gedanke des Rechts würde zwar nicht vergessen, weil alles, in dessen Besiz izt die Menschen sind, die Rechtsform des Eigenthums hat; sezt aber das Besizende das andre auch ins gleiche Recht des Besizes, so ist doch die Gütergemeinschaft nur das Recht eines jeden von beiden an [das Ding] |

SO WIE SIE MEHRERE GATTUNGEN…

so wie sie mehrere Gattungen kennen lernen, die ihnen nicht feind-
lich sind, nehmen sie mehrere Götter in ihr Pantheon auf – Euer 140
Gott sey auch unser Gott, d.h. last uns uns nicht mehr als be-
sondre sondern als vereinigte betrachten – Ein Volk das alle frem-
den Götter verschmäht, muß den Haß des ganzen menschlichen 141
Geschlechts im Busen tragen.

Wo die Trennung zwischen dem Trieb und der Wirklichkeit so groß ist, daß wirklicher Schmerz entsteht, so ist die Vereinigung unmöglich und wenn der Mensch Kraft genug hat, diese Trennung doch tragen zu können, sich noch dem Schiksal entgegenstellen zu können so stellt er sich noch dem Schiksal entgegen ohne ihm zu unterliegen; hat er diese Kraft nicht, so sezt er diese Vereinigung in einen zukünftigen Zustand, und holt sie von einem fremden vereinigenden Objekt da jener nichts in sein Objekt sezt, was nicht in ihm ist. Wo der Mensch das unvereinbare vereint, da ist Positivität so sezt er als Grund dieses Leiden zwar eine unabhängige Thätigkeit und belebt sie, aber da die Vereinigung mit dem Schmerz unmöglich ist, indem er ein Leiden ist so ist auch die Vereinigung mit jener Ursache des Leidens unmöglich und er sezt sie sich als ein feindliches Wesen gegenüber; hätte er nie keine Gunst von ihm genossen, so würde er ihm eine feindliche Natur, die sich nicht ändert, zuschreiben; hatte er schon Freude von ihm gehabt, hat er es schon geliebt, so muß er die feindliche Gesinnung nur als vorübergehend denken, und ist er sich irgend einer Schuld bewust, so erkennt er in seinem Schmerz die strafende Hand der Gottheit, mit der er vorhin freundlich lebte – Ist er aber seiner Reinheit sich bewust, und hat Kraft | genug diese völlige Trennung ertragen zu können, so stellt er sich einer unbekannten Macht, in der nichts menschliches ist, dem Schiksal mächtig gegenüber, ohne sich zu unterwerfen, oder sonst eine Vereinigung mit ihm zu treffen, die mit einem mächtigern Wesen nur eine Knechtschaft seyn könnte.

Wenn da, wo in der Natur ewige Trennung ist, wenn unvereinbares vereinigt wird, da ist Positivität. Dieses vereinigte, dieses Ideal ist also Objekt; und es ist etwas in ihm, was nicht Subjekt ist.

Das Ideal können wir nicht ausser uns sezen, sonst wäre es ein Objekt, – nicht in uns allein, sonst wäre es kein Ideal.

die Religion ist eins mit der Liebe; der geliebte ist uns nicht entgegengesezt, er ist eins mit unserm Wesen; wir sehen nur uns in ihm – und dann ist er doch wieder nicht wir – ein Wunder, das wir nicht zu faßen vermögen.

142 »Der eingeweihte (Plato Phädr. p. 330.) der der ewigen Schönheit vollen Anblik einst genoß, wenn er ein Gottähnliches Gesicht anschaut, das eine gute Nachbildung der Schönheit oder sonst einer unkörperlichen Idee ist, so erschrikt er anfangs, und einer der ehmaligen Schauer ergreift ihn; hernach sieht er näher zu, und verehrt ihn wie einen Gott; und fürchtete er nicht den Ruf des Wahnsinnes, so würde er dem Geliebten, wie einer BildSaüle und einem Gotte opfern.« |

ZUR VERFASSUNG WÜRTTEMBERGS

VIER FRAGMENTE

Ein Fragment 63

~~Daß~~

~~die Magistrate von dem Volke die Bürgern~~
~~gewählt werden müssen.~~

Über die neuesten innern Verhält-
nisse Würtembergs, besonders über die
Gebrechen der Magistratsverfassung

~~An~~

~~das Wirtembergische Volk gewidmet~~
~~[illegible]~~

1798.

ERSTES FRAGMENT

Daß

die Magistrate von den Bürgern

gewählt werden müssen.

An

das Wirtembergische Volk

1798. |

Es wäre einmal Zeit, daß das Wirtembergische Volk aus seinem Schwanken zwischen Furcht und Hofnung, aus seiner Abwechslung von Erwartung und von Taüschung in dieser Erwartung heraustäte, ich will nicht sagen, daß es auch Zeit wäre, daß jeder, der in einer Veränderung der Dinge, oder in der Erhaltung des Alten, nur seinen beschränkten Nuzen oder den Nuzen seines Standes wünscht, nur seine Eitelkeit um Rath frägt, – jene dürftigen Wünsche aufgebe, diese kleinlichen Sorgen fahren ließe, und die Sorge fürs allgemeine sich auf die Seele bände. Für die Menschen von bessern Wünschen, von reinerem Eifer wäre es besonders Zeit, ihrem unbestimmten Willen, die Theile der Verfassung vorzuhalten, welche auf Ungerechtigkeit gegründet sind, und auf die nothwendige Veränderung solcher Theile ihre Wirksamkeit zu richten.

Die ruhige Genügsamkeit an dem wirklichen, die Hofnungslosigkeit, die geduldige Ergebung in ein zu grosses, allgewaltiges Schiksal, ist in Hofnung, in Erwartung, in Muth zu etwas anderem übergegangen. Das Bild besserer, gerechterer Zeiten ist lebhaft in die Seelen der Menschen gekommen, und eine Sehnsucht, ein Seufzen nach einem reinern, freiern Zustande hat alle Gemüther bewegt, und mit der Wirklichkeit entzweyt. Der Drang, die dürftigen Schranken zu durchbrechen, hat seine Hofnungen an jedes Ereignis, an jeden Schimmer, selbst an Frevelthaten geheftet. Woher konnten die Wirtemberger gerechtere Hilfe erwarten, als von der Versammlung ihrer Landstände? Das Aufschieben der Befriedigung dieser Hofnungen, die Zeit kan jene Sehnsucht nur laütern, das reine vom unreinen scheiden, aber sie wird den Trieb nach dem, was einem wahren Bedürfnis abhilft, nur verstärken, jene Sehnsucht wird sich durch die Zögerung nur desto tiefer in die Herzen einfressen; sie ist kein zufälliger Schwindel, der vorübergeht; nennt sie einen FieberParoxysmus, aber er endigt nur mit dem Tode, oder wenn die kranke Materie ausgeschwizt ist, er ist eine Anstrengung der noch gesunden Kraft, das Übel auszutreiben.

Allgemein und tief ist das Gefühl, daß das Staatsgebaüde, so wie es izt noch besteht, unhaltbar ist, – allgemein ist die Ängstlichkeit daß es zusammenstürzen und in seinem Falle jeden verwunden werde – Soll mit jener Überzeugung im Herzen, diese Furcht so mächtig werden, daß man es aufs gute Glük ankommen | lassen will, was umgestürzt, was erhalten werden, was stehen oder was fallen möge? Soll man nicht das unhaltbare selbst verlassen wollen? mit ruhigem Blik untersuchen, was zu dem unhaltbaren gehört? Gerechtigkeit ist in dieser Beurtheilung der einzige Maasstab; der Muth, Gerechtigkeit zu üben, die einzige Macht, die das Wankende mit Ehre und Ruhe vollends wegschaffen, und einen gesicherten Zustand hervorbringen kan.

Wie blind sind diejenigen, die glauben mögen, daß Einrichtungen, Verfassungen, Geseze, die mit den Sitten, den Bedürfnissen, der Meinung der Menschen nicht mehr zusammenstimmen, aus denen der Geist entflohen ist, länger bestehen, daß Formen, an denen Verstand und Empfindung kein Interesse mehr nimmt, mächtig genug seyen, länger das Band eines Volkes auszumachen! – Alle Versuche, Verhältnissen, Theilen einer Verfassung, aus welchen der Glauben entwichen ist, durch großsprechende Pfuschereien wieder Zutrauen zu verschaffen, die Todtengräber mit schönen Worten zu übertünchen, bedekken nicht nur die sinnreichen Erfinder mit Schande, sondern bereiten einen viel fürchterlichern Ausbruch, in welchem dem Bedürfnisse der Verbesserung sich die Rache beigesellt, und die immer getaüschte, unterdrükkte Menge an der Unredlichkeit auch Strafe nimmt. Bei dem Gefühle eines Wankens der Dinge sonst nichts thun, als getrost und blind den Zusammensturz des alten überall angebrochnen in seinen Wurzeln angegriffnen Gebaüdes zu erwarten, und sich von dem einstürzenden Gebälke zerschmettern zu lassen, ist ebenso sehr gegen alle Klugheit, als gegen die Ehre.

Wenn eine Veränderung geschehen soll, so muß etwas verändert werden. Eine so kahle Wahrheit ist darum nöthig gesagt zu werden, weil die Angst, die muß, von dem Muthe, der will, dadurch sich unterscheidet, daß die Menschen, die von jener getrieben werden, zwar die Nothwendigkeit einer Veränderung wohl fühlen und zugeben, aber wenn ein Anfang gemacht werden soll, doch die Schwachheit zeigen, alles behalten zu wollen, in dessen Besize sie sich befinden, wie ein Verschwender, der in der Nothwendigkeit ist, seine Ausgaben zu beschränken, aber jeden Artikel seiner bisherigen Bedürfnisse, von dessen | Beschneidung man ihm spricht, unentbehrlich findet, nichts aufgeben will, bis ihm endlich sein unentbehrliches wie das entbehrliche genommen wird. Das Schauspiel einer solchen Schwäche, darf ein Volk, dürfen Deutsche nicht geben; nach kalter Überzeugung, daß eine Veränderung nothwendig ist, dürfen sie sich nun nicht fürchten, mit der Untersuchung ins Einzelne zu gehen, und was sie ungerechtes finden, dessen Abstellung muß der, der Unrecht leidet, fodern, und der, der im ungerechten Besiz ist, muß ihn freiwillig aufopfern.

Diese Stärke sich über sein kleines Interesse zur Gerechtigkeit erheben zu können, wird bei der folgenden Untersuchung ebensosehr vorausgesezt, als die Redlichkeit es zu wollen, und es nicht nur vorzugeben; nur zu oft liegt hinter den Wünschen und dem Eifer fürs allgemeine Beste der Vorbehalt verborgen, soweit es mit unserem Interesse übereinstimmt; eine solche Bereitwilligkeit, zu allen Verbesserungen das Jawort zu geben, erschrikt, erblaßt, sobald auch einmal eine Anfoderung an diese Bereitwillige selbst gemacht wird.

Fern von dieser Heuchelei fange jeder einzelne, jeder Stand, ehe er Foderungen an andre macht, ehe er die Ursache des Übels ausser sich sucht, bei sich selbst damit an, seine Verhältnisse, seine Rechte abzuwägen, und wenn er sich im Besiz ungleicher Rechte findet, so strebe er darnach, sich ins Gleichgewicht mit den übrigen zu sezen. Wer will, mag diese Foderung, bei sich selbst anzufangen für blind und unwirksam halten, die Hofnung, auf diese Art Unrecht abgestellt zu |

ZWEITES FRAGMENT

R. Haym: Hegel und seine Zeit. Vorlesungen über Entstehung und Entwickelung, Wesen und Werth der Hegel'schen Philosophie. Berlin 1857. S. 483–485:

»So lange man«, heißt es in der uns vorliegenden Abschrift des
Hegel'schen Originals, – »so lange man das Reformiren und das
Zurücknehmen versuchter und schädlich befundener Reformen
nicht in seiner Gewalt hat, so thut man wohl, wenn man bei sol-
chen Veränderungen stehen bleibt, deren Folgen sich in ihrem
ganzen Umfang übersehen und berechnen lassen, und wenn man
143 sich begnügt, die Quellen der Mißbräuche zu verstopfen. Die An-
maaßungen der höheren Officialen waren es vorzüglich, was in äl-
144 teren und neueren Zeiten alles Uebel über die Landschaft gebracht
145 hat. Der Ausschuß mußte es sehr bequem finden, sich Männer zu
halten, die für ihn redeten und schrieben, auch wohl im Nothfall
für ihn dachten. Ein großer Theil der Mitglieder des Ausschus-
ses verzehrte mittlerweile sein Einkommen in behaglicher Ruhe,
sorgte auch wohl nebenher für das Heil seiner Seele und ließ die
Angelegenheiten des Landes gehen, wie es die Vorsehung und seine
Führer wollten. Uebel war freilich die arme Heerde daran, wenn der
eine der Hirten sie gegen Morgen, der andre gegen Abend führen
wollte. Der größere Theil folgte natürlich dem, der den Schlüssel
zum Futterboden hatte, der mit soliderer Stimme zu locken und
unter seinem Schaafspelz die Wolfsnatur am geschicktesten zu
verbergen wußte. So wurde der Ausschuß und mit diesem das
Land von den Officialen des ersteren an der Nase herumgeführt.
146 Der Ausschuß selbst war nie anmaaßend. Seine Consulenten und
Advocaten waren es. Er war nur indolent und gab gedankenlos zu
allen Eigenmächtigkeiten jener den Namen her. Diese waren es,
die den Ausschuß zu einer Freigebigkeit gegen den Hof verleiteten,

der nichts gleichkömmt, als die Frivolität der Gründe, durch die
man dergleichen Devotionsbezeugungen zu rechtfertigen suchte.
Sie waren es, die der Hof zu gewinnen suchte, weil er sicher war,
seinen Zweck zu erreichen, wenn er den Advocaten und den Con-
sulenten in sein Interesse zu ziehen gewußt hatte. Sie waren es,
auf die es ankam, ob auf die Beschwerden und Wünsche einzelner
Stände Rücksicht genommen werden sollte. Sie waren es, die sich
der eingekommenen Actenstücke bemächtigten und das Dasein
derselben | dem Ausschusse so lange verborgen hielten, bis es ihnen
beliebte, die Sache zum Vortrag zu bringen. Und in der That hat
kein Geistlicher je eine größere Macht über das Gewissen seiner
Beichtkinder gehabt, als diese politischen Beichtväter über das
Amtsgewissen der Ausschußverwandten. Die Consulenten im en-
geren Sinne hatten übrigens nichts mit der Casse zu thun. Die Ope- 147
rationen der geheimen Truhe blieben ihnen Geheimniß. Von ihnen
hatte also der Eigennutz der Ausschußglieder keine Gefälligkeiten
zu erwarten. Deputationen wurden ohne ihren Rath vergeben; an
keiner Wahl hatten sie einen directen Antheil. Dies sicherte dem
Advokaten auch beim Mangel von Talenten und Kenntnissen ein
merkliches Uebergewicht. Doch war auch bei den Wahlen der in-
directe Einfluß der Consulenten unverkennbar. Der Amtscandidat
hatte viele Hoffnung, den Günstling des Advocaten zu verdrängen,
wenn der Lieblingsconsulent sein Freund und Fürsprecher war.
Zum Glück hat der Ausschuß auch zu Zeiten Männer zu Consu-
lenten gehabt, die Kopf und Herz am rechten Flecke hatten, die den
Ausschuß zwar gängelten, weil er nicht allein zu gehen gelernt hatte,
aber ihn doch nie, wenigstens nie wissentlich und wohlbedächtlich
in den Koth hineinführten. Mit dem Landtage hat der gefährliche 148
Einfluß dieses monströsen Amts eher zu- als abgenommen. Man
hat sich gewöhnt, die Consulenten als wesentliche Bestandtheile
der landschaftlichen Verfassung anzusehen. Man hat den officiel-
len Wirkungskreis derselben erweitert. Sie haben von der Rivalität
der Deputirten Vortheile gezogen. Sie haben sich von ihrem Vorge-
setzten, ihrem Richter in Amtssachen, dem Ausschuß, unabhängig
zu machen gewußt. Bis zum Landtage konnte der Ausschuß den

pflichtvergessenen Consulenten ohne Widerspruch entlassen. Er that es auch mehr als einmal. Jetzt würde vielleicht der Consulent fordern, daß der Fürst, an den er das Interesse der Landschaft verräth, sein Richter sein müsse u. s. w.« |

DRITTES FRAGMENT

R. Haym: Hegel und seine Zeit. Vorlesungen über Entstehung und Entwickelung, Wesen und Werth der Hegel'schen Philosophie. Berlin 1857. S. 66:

Er verhehlt sich nicht, daß jede wahrhafte Repräsentation mittelbare oder unmittelbare Wahl dessen voraussetzt, der repräsentirt werden soll. Ob es aber »in einem Lande, das seit Jahrhunderten Erbmonarchie hat, räthlich sei, einem unaufgeklärten, an blinden Gehorsam gewöhnten und von dem Eindruck des Augenblicks abhängigen Haufen plötzlich die Wahl seiner Vertreter zu überlassen« – das ist eine Frage, die er nicht bejahen möchte. Er citirt
zur Unterstützung dieser Ansicht eine Parlamentsrede von Fox, 149
und so lange also – bei diesem, theils negativen, theils ganz allgemeinen Resultate bleibt er hängen – »so lange alles Uebrige in dem alten Zustande bleibt, so lange das Volk seine Rechte nicht kennt, so lange kein Gemeingeist vorhanden ist, so lange die Gewalt der Beamten nicht beschränkt ist, würden Volkswahlen nur dazu dienen, den völligen Umsturz unserer Verfassung herbeizuführen. Die Hauptsache wäre, das Wahlrecht in die Hände eines vom Hofe unabhängigen Corps von aufgeklärten und rechtschaffenen Männern niederzulegen. Aber ich sehe nicht ein, von welcher Wahlart man sich eine solche Versammlung versprechen könnte, sei es auch, daß man die active und passive Wahlfähigkeit noch so sorgfältig bestimmte.« |

VIERTES FRAGMENT

R. Haym: Hegel und seine Zeit. Vorlesungen über Entstehung und Entwickelung, Wesen und Werth der Hegel'schen Philosophie. Berlin 1857. S. 67:

Er spottet jener Unterscheidung, hinter die sich die Trägheit und der Eigennutz der Privilegirten flüchte – der Unterscheidung »zwischen dem, was ist, und dem, was sein sollte.« Mit treffenden Worten charakterisirt und straft er jenes Beamtenthum, welches »allen Sinn für angeborne Menschenrechte« verloren habe, und, im Nachtrabe des fortschreitenden Zeitalters, im Gedränge zwischen Amt und Gewissen, sich immer nur nach »historischen Gründen für das Positive« umsehe. Wie ein echter Schüler Rousseau's sagt er von der Wirtembergischen Verfassung, daß sich in ihr »am Ende Alles um einen Menschen herumdrehe, der ex providentia majorum alle Gewalten in sich vereinigt, und für seine Anerkennung und Achtung der Menschenrechte keine Garantie giebt.«

ZUR CHRISTLICHEN RELIGION

ZU DER ZEIT DA JESUS ...

Zu der Zeit da Jesus unter der jüdischen Nation auftratt, befand sie sich in dem Zustande, der die Bedingung einer früher oder später erfolgenden Revolution ist, und immer die gleichen allgemeinen Charaktere trägt. Wenn der Geist aus einer Verfassung aus den Gesezen gewichen ist, und jener durch seine Veränderung zu diesen nicht mehr stimmt, so entsteht ein Suchen, ein Streben nach etwas anderem, das bald von jedem in etwas anderem gefunden wird, wodurch denn eine Mannichfaltigkeit der Bildungen, der Lebensweisen, der Ansprüche, der Bedürfnisse hervorgeht, die wenn sie nach und nach so weit divergieren, daß sie nimmer nebeneinander bestehen können, endlich einen Ausbruch bewirken, und einer neuen allgemeinen Form, einem neuen Bande der Menschen ihr Daseyn geben; je loser diß Band ist, je mehr es unvereinigt läßt, desto mehr Saamen zu neuen Ungleichheiten und künftigen Explosionen liegt darin.

So gibt das jüdische Volk zur Zeit Jesu uns nicht mehr das Bild eines Ganzen; ein allgemeines hält sie nothdürftig noch zusammen, aber es ist soviel fremdartiger und mannichfaltiger Stoff, so vielerlei Leben und Ideale vorhanden, soviel unbefriedigtes neugierig nach neuem umherschauendes Streben, daß jeder mit Zuversicht und Hoffnungen auftrettende Reformator sich eines Anhangs für eben so versichert halten kan, als einer feindlichen Parthie.

Die aüssere Unabhängigkeit des jüdischen Staates, war verlohren, 151
die Römer und von Römern geduldete oder gegebne Könige vereinigten darum zimlich den allgemeinen heimlichen Haß der Juden gegen sich; die Foderung der Unabhängigkeit lag zu tief in ihrer Religion, die andern Völkern kaum das Neben-ihr bestehen gönnte; wie sollte sie Herrschaft eines derselben über ihre Kinder er|träglich finden? Das Volk, dessen sonstige Wirklichkeit noch ungekränkt blieb, war noch nicht auf dem Punkte diese aufopfern wollen zu

müssen, und wartete daher auf einen fremden, mit Macht ausgerüsteten Messias, der für dasselbe thäte, was es selbst nicht wagte, oder es zum Wagen begeisterte, und durch diese Gewalt fortrisse.

Es zeichneten sich viele durch strengere und genauere Beobachtung aller religiösen Pünktlichkeiten aus, und schon daß sie sich dadurch auszeichneten, zeigt uns den Verlust der Unbefangenheit, die Mühe und einen Kampf etwas zu erreichen, was nicht aus sich selbst hervorging. Der Dienst, in dem sie standen, war der Dienst gegen ein blindes, nicht wie das griechische, innerhalb der Natur liegendes Fatum, und ihre grössere Religiosität ein beständigeres Anhängen und Abhängen von mannichfaltigerem, das sich auf das Eine bezöge, aber jedes andre Bewußtseyn ausschlösse.

Die Pharisäer suchten mit Anstrengung vollkommne Juden zu seyn, und diß beweißt, daß sie die Möglichkeit kannten es nicht zu seyn.

Die Sadducäer liessen ihr jüdisches als ein wirkliches in sich bestehen, weil es einmal da war, und waren mit wenigem zufrieden, aber es schien für sie unmittelbar kein Interesse zu haben, als nur insofern als es einmal Bedingung ihres übrigen Genusses war; sonst waren sie, und ihr Daseyn sich selbst höchstes Gesez.

Auch die Essener liessen sich nicht in Kampf mit ihm ein, sondern liessen es bei Seite liegen; denn dem Streite zu entfliehen warfen sie sich in ihre einförmige Lebensart.

Es mußte endlich einer auftreten, der das Judenthum selbst geradezu angrif, aber weil er in den Juden nicht fand, das ihm geholfen hätte es zu bestreiten, das er hätte festhalten, und mit welchem er es hätte stürzen können, so mußte er untergehn, und unmittelbar auch nur eine Sekte gestiftet haben

Die Wurzel des Judenthums ist das objektive das h. der Dienst, die Knechtschaft eines Fremden. dieß grif Jesus an. |

a.) Knechtschaft gegen ihr Gesez,[1] den Willen des Herrn – ihm entgegengesezt Selbst-Bestimmung, Selbstthätigkeit.

[1] *Am Rande mit Verweiszeichen:*
was ist Knechtschaft gegen ein Gesez

b.) der Herr, der unsichtbare Herr – ihm entgegengesezt Schiksallosigkeit, entweder der Unschuld, oder der Selbstmacht – jene nicht möglich. er konnte in sie nicht die beiden entgegengesezten vereinigen weil eigentlich nur eins der entgegengesezten ohne Widerstreit herrschte – diß nicht, als Gottlosigkeit – also die Herrschaft gemildert in Vaterschaft – Abhängigkeit von einem liebenden in Ansehung der Noth

c.) Andre bestimmt α) entweder von mir – diesem entgegengesezt Moralität

d.) oder β) von einem andern – Verachtung der Menschen, Egoismus und Hoffen auf objektive Hülfe. – Achtung andrer, Berichtigung oder Vernichtung dieser Hofnung.

Autorität gegen Autorität, allein auf Autorität der Glauben an Menschen-Natur – Johannes er wußte welche Kraft im Menschen war 152

Wunder – er hofte auch auf ihre Wirkung –

reelles nicht polemisches

Die Aufregungen des subjektiven in mancherlei Rüksichten – eine schöne Religion zu stiften, das Ideal davon findet man es?

Nur dann kann zwischen Ceremonial und Moral Gesezen unterschieden werden, wenn Moralität vindicirt ist; in der jüdischen Religion Moralität unmöglich weil keine Freiheit darin war – sondern durchgängige Herrschaft |

im allgemeinen Subjekt gegen das Gesez, dem Gesez sezte er Moralität entgegen? – Moralität ist nach Kant die Unterjochung des einzelnen unter das allgemeine, der Sieg des Allgemeinen über sein entgegengeseztes einzelnes – eher Erhebung des einzelnen zum Allgemeinen, Vereinigung – Aufhebung beider entgegengesezter durch Vereinigung

a.) im entgegengesezten – Willenslosigkeit

b.) in Beziehung auf andre Menschen – Gefühllosigkeit – Mangel schöner Beziehungen Liebe, Trennung

c.) Gottlosigkeit

a) Einigkeit im bestimmten, sezt Freiheit voraus, denn ein beschränktes hat ein entgegengeseztes

b.) Einigkeit des ganzen Menschen,

c.) Ideal der Einigkeit

[zu] a.) und die Einigkeit selbst auf diese Art eine beschränkte – nicht die VerstandesEinheit, die auch eine unvollständige Einigkeit ist, durch die VerstandesEinheit werden die getrennten als getrennte gelassen, die Substanzen bleiben getrennt; die Vereinigung ist objektiv; in der WillensEinigkeit sind die getrennten keine Substanzen; von den entgegengesezten wird eins völlig ausgeschlossen; das andre wird gewählt, d. h. es geht eine Vereinigung vor der Vorstellung und des Vorstellenden; das Vorstellende und das Vorgestellte werden eins; diß ist die Handlung; das moralische der Handlung ist in der Wahl, die Vereinigung in der Wahl ist, daß das ausgeschlossene ein trennendes ist; daß das vorgestellte das in der Handlung vereinigt wird mit dem vorstellenden der Thätigkeit, selbst schon ein vereinigtes sey, unmoralisch wenn es ein trennendes ist. die Möglichkeit der Entgegensezung ist Freiheit – das entgegensezen selbst ein Akt der Freiheit.

Die moralische Handlung ist darum unvollständig und unvollkommen, weil sie die Wahl weil sie Freiheit, entgegengesezte, Ausschliessung eines entgegengesezten voraussezt; je verbundner diß ausgeschloßne ist, desto grösser die Auf|opferung, die Trennung, desto unglüklicher das Schiksal desto grösser dieser einzelne, desto zerrissener die Idee des Menschen; desto intensiver sein Leben, desto mehr verliert es an Extension, und er trennt sich wieder desto mehr. Moralität Angemessenheit, Vereinigung mit dem Geseze des Lebens – ist dieses Gesez aber nicht Gesez des Lebens sondern selbst ein fremdes, so ist die höchste Trennung; Objektivität

Die Idee ihres Willens ist das Gegentheil des Willens; sein Zwek nicht zu wollen; aber das Objekt der Handlung der Gedanke, der Zwek, immer ein Trieb eine Thätigkeit, ein reflektirter nemlich aber nicht des passiven Menschen, also eines fremden Willens; zur bestimmten Handlung, ein bestimmter Wille, Trieb nothwendig; aber dieser bestimmte Willen nicht im passiven Menschen wirklich also nur in der Idee, in der Vorstellung; dieser fremde Wille ein objektives Gesez.

Dadurch daß er ihnen zeigte, sie haben einen schlechten Willen, zeigte er ihnen sie haben einen Willen

In der Bergpredigt immer ein Gegenüberstellen des objektiven 153
Gebotes – und der Pflicht; ein Opfer nicht deswegen etwas, damit etwas geschenkt und verziehen wird; sondern ihr sollt verzeihen – Eid nicht wegen des Tempels heilig sondern ihr sollt wahrhaftig seyn; die Handlung und eure Absicht sollen Eins seyn; ihr sollt die Handlung in ihrem ganzen Umfange thun, jede Handlung stammt aus einem Gesez, diß Gesez soll auch euer eignes seyn

Von moralischen Geboten sind nur die Verbote fähig, objektiv zu werden, moralische Gebote, sind Vereinigungen als Regeln ausgedrükt, Regeln sind die Beziehungen der Objekte aufeinander, die aüssre Beziehung d. h. die Beziehung getrennter kan nur negativ, d. h. als Verbot angegeben werden, denn die | lebendige Vereinigung, Einigkeit in der moralischen Handlung ist keine aüssere, d. h. die bezognen sind keine getrennten mehr

Moralität ist Aufhebung einer Trennung in Leben, theoretische Einheit ist Einheit entgegengesezter – das Princip der Moralität ist Liebe – Beziehung in Trennung bestimmen oder bestimmtwerden, jenes unmoralisch gegen andre, diß gegen sich selbst – denn beides ist nur Bewirkung einer theoretischen Einheit – Wollen ist das Ausschliessen des entgegengesezten – die That ist das Aufheben der Trennung zwischen dem gewollten izt noch vorgestellten und dem Streben, der Thätigkeit, [dem] Trieb, dem wollenden –

bei einem positiven Gesez ist die Handlung keine Vereinigung, sondern ein Bestimmtwerden, das Princip nicht Liebe; das Motif ist ein Beweggrund im eigentlichen Sinne, es verhält sich als Ursache, wirkendes; es ist ein fremdes nicht eine Modifikation des wollenden – das Objekt der Handlung ist im positiven nicht der reflektirte Trieb selbst, oder der Trieb als Objekt, sondern ein fremdes von dem Triebe verschiedenes.

Kants praktische Vernunft ist das Vermögen der Allgemeinheit
154 d.h. das Vermögen auszuschliessen; die Triebfeder, Achtung; diß ausgeschlossene in Furcht, unterjocht – eine Desorganisation, das Ausschliessen eines noch vereinigten – das ausgeschlossene ist nicht ein aufgehobenes, sondern ein getrenntes noch bestehendes. Das Gebot ist zwar subjektiv, ein Gesez des Menschen, aber ein Gesez das andern in ihm Vorhandnen widerspricht, ein Gesez das herrscht; es gebietet nur, die Achtung treibt zur Handlung, aber Achtung ist das Gegentheil des Princips dem die Handlung gemäß ist; das Princip ist Allgemeinheit; Achtung ist diß nicht; die Gebote sind für die Achtung immer ein gegebenes

Jesus sezt dem moralischen Gebote die Gesinnung gegenüber – d.h. die Geneigtheit so zu handeln; eine Neigung ist in sich gegründet, hat ihr idealisches Objekt in sich selbst; nicht in einem fremden (dem Sittengeseze der Vernunft) er sagte nicht: haltet solche Gebote, weil sie Gebote eures Geistes sind, – nicht weil sie euern Voreltern gegeben worden sind, sondern weil ihr sie selbst euch gebt – so sagt er nicht; er sezt die Gesinnung gegenüber die Geneigtheit moralisch zu | handeln, da eine moralische Handlung beschränkt ist so ist auch das Ganze aus dem sie kommt immer beschränkt, und zeigt sich nur in dieser Beschränkung, sie ist aber nur durch ihr Objekt, durch die besondere Art der Trennung, die sie aufhebt, bestimmt, sonst innerhalb dieser Gränze ist ihr Princip vollständige Vereinigung; da aber diese Gesinnung bedingt, beschränkt ist, so ruht sie, und handelt nur, wenn die Bedingung eintritt, dann vereinigt sie, sie ist also einerseits nur im Handeln sichtbar, in dem was sie thut (man kan von ihr nicht im vollen Sinn sagen: sie ist, weil sie nicht unbedingt ist) andererseits ist sie in der Handlung nicht vollständig dargestellt; denn die Handlung zeigt nur die bewirkte objektive Beziehung der bei der Handlung vorhandnen; nicht die Vereinigung die das lebendige ist; aber weil diese Vereinigung nur in dieser Handlung ist, so steht sie einzeln und isolirt; es ist nicht mehr vereinigt worden, als in dieser Handlung geschehen ist.

Ist zugleich ein Streben vorhanden, diese Akte zu vervielfältigen, so ist das Princip nicht mehr eine ruhende Gesinnung; ein Bedürfnis und das Bedürfnis eines Ganzen der Vereinigung ist vorhanden, das Bedürfnis der Liebe; (allgemeine Menschenliebe) sie sucht das Ganze in einer unendlichen Mannichfaltigkeit von Handlungen zu schaffen; dem beschränkten der einzelnen Handlungen durch die Menge und Vervielfältigung den Schein des Ganzen unendlichen zu geben – darum schöne Seelen, die unglüklich sind, entweder daß sie sich ihres Schiksals bewußt oder daß sie nur nicht in der ganzen Fülle ihrer Liebe befriedigt sind, so wohlthätig sind – sie haben schöne Momente des Genusses, aber auch nur Momente und die Thränen des Mitleidens, der Rührung über eine solche schöne Handlung sind Wehmuth über ihre Beschränktheit – oder die hartnäkkige Ausschlagung der Annehmung des Danks, die verborgne Großmuth (Montesquieu mit Robert in Mars[eille]) eine 155
Schaam über die Mangelhaftigkeit des Zustandes. der Wohlthäter ist immer grösser als der empfangende |

Fasten Matth. 9,14. menschliches Leben und Liebe darüber erhaben; 16.17. Unverträglichkeit des alten mit dem neuen; Gefahr die der Selbstbestimmung der Moralität durch das positive droht – fasten muß von der Stimmung des Gemüths zu Freude – oder Leid abhängen.

Matth 12,1–8. Entheiligung des Sabbaths[1] – entgegen das Beispiel ihrer Priester, (die Nichtnothwendigkeit)[2] und die Gesezgebung des Menschen. 11.12 Vorzug des Bedürfnisses des Menschen.

15,2. Hände waschen vor dem Brodtessen – den Pharisäern entgegen das Übertretten eines Gebotes durch die Pharisäer selbst, durch ihre objektiven Gebote. v. 11–20 dem übrigen Volke die

[1] *Daneben am Rande:* A. CeremonialGebote über heilige Dinge und Dienst.

[2] *Am Rande:* gegen die Privilegien der Juden: Matth. 8,10ss.

Gesinnung, das Subjektive des Menschen, nichts objektives rein, keine gegebne Reinheit.

156 17,25. Steuer – der König nimmt sie nur von fremden; so sind die Söhne frei; daß sie sich aber nicht ärgern (σκανδαλιζειν)

157 19,1. die Liebe, die Gesinnung über das Gesez – in Ansehung der Ehe

158 24 Kap.

Moralität erhält, sichert nur die Möglichkeit der Liebe, und ist daher ihrer Handlungsart nach nur negativ; ihr Princip ist die Allgemeinheit, d.h. alle als seinesgleichen – als gleiche zu behandeln, die Bedingung der Liebe; das Vermögen der Allgemeinheit ist die Vernunft – ein durchaus nur moralischer Mensch ist ein Geiziger, der sich immer Mittel zusammenscharrt und bewahrt, ohne je zu geniessen – die moralische Handlung ist immer eine beschränkte, weil sie eine Handlung ist, und die Gesinnung ist einseitig und unvollständig; weil sie der Handlung entgegengesezt ist. Bei Moralität ohne Liebe ist zwar in der All|gemeinheit die Entgegensezung gegen das einzelne objektive aufgehoben – eine Synthese objektiver; aber das einzelne ist als ein ausgeschlossenes entgegengeseztes vorhanden –

Immoralität hebt die Möglichkeit der Liebe auf, durch Mishandlung lebendiger. Rükkehr zur Moralität durch die Rükwirkung des Gesezes, durch Schiksal und Strafe, ist Furcht vor dem objektiven vor dem, das man mishandelt hat, und [durch] das man dann auch mishandelt wird. Rükkehr zur Legalität d.h. zur objektiven Regel. Zur Moralität nur durch Liebe, deren Bedürfnis [man] für sich gefühlt, ihre Befriedigung sich durch Immoralität unmöglich gemacht hat, und das lebendige achtet.

c) die[1] Gottheit, so unendlich das Objekt so unendlich die Passivität; durch Moralität und Liebe diese vermindert, aber nicht zur

[1] *Neben dem hier beginnenden Abschnitt am Rande:* Das Gesez als herrschendes durch Tugend aufgehoben; die Beschränkung der Tugend durch Liebe – Aber Liebe selbst Empfindung mit ihr die Reflexion nicht vereinigt –

vollendeten Selbstständigkeit gebracht, diese besteht durch Streit gegen das Objekt und auf diese Art keine Religion möglich. das Objekt nicht vernichten sondern versöhnen.

Liebe die Blüthe des Lebens; Reich Gottes der ganze Baum, mit allen nothwendigen Modifikationen, Stufen der Entwiklung; die Modifikationen sind Ausschliessungen, nicht Entgegensezungen d.h. es gibt keine Geseze d.h. das Gedachte ist dem wirklichen gleich, es gibt kein allgemeines keine Beziehung ist objektiv zur Regel geworden. alle Beziehungen sind lebendig, aus der Entwiklung des Lebens hervorgegangen, kein Objekt ist an ein Objekt gebunden, nichts ist fest geworden. Keine Freiheit der Entgegensezung. kein freyes Ich; kein freyes Du. aus der Entgegensezung durch Freiheit entspringen Rechte. Freiheit ohne Entgegensezung ist nur eine Möglichkeit. Die Menschen sind so, wie sie | seyn sollen; das Seyn sollen muß freilich dann ein unendliches Streben seyn, wenn das Objekt schlechthin nicht zu überwinden ist, wenn Sinnlichkeit und Vernunft – oder Freiheit und Natur, oder Subjekt und Objekt so schlechterdings entgegengesezt sind, daß sie absoluta sind. Durch die Synthesen: kein Objekt kein Subjekt – oder kein Ich kein Nichtich, wird ihre Eigenschaft als absoluta nicht aufgehoben.

Gesez ist eine gedachte Beziehung der Objekte auf einander, im Reich Gottes kan es keine gedachte Beziehung geben, weil es keine Objekte für einander gibt. eine gedachte Beziehung ist fest und bleibend, ohne Geist, ein Joch eine Zusammenkettung eine Herrschaft und Knechtschaft – Thätigkeit und Leiden – Bestimmen und Bestimmtwerden.

In Matthäus Markus und Lukas Christus mehr im Gegensaz gegen die Juden – mehr Moral

Im Johannes mehr er selbst, mehr religiösen Inhalts, seine Bezie- 159
hung auf Gott und seine Gemeine, seine Einheit mit dem Vater und wie seine Anhänger mit ihm und unter sich eins seyn sollen – Er der Mittelpunkt, und das Oberhaupt; wie bei der lebendigsten Vereinigung mehrerer Menschen immer noch eine Trennung stattfindet, so auch in dieser Vereinigung diß das Gesez der Menschheit –

im Ideal das völlig vereinigt, was noch getrennt ist, die Griechen in NationalGöttern; die Christen in Christus.

a) Moral
b.) Liebe –
c.) Religion – ich Christus – Reich Gottes, Gestalt desselben unter diesen Umständen – Wunder |

Gesinnung hebt die Positivität Objektivität der Gebote auf; Liebe die Schranken der Gesinnung; Religion die Schranken der Liebe.

Im objektiven Menschen ist er der Macht entgegengesezt, die ihn beherrscht, und er insofern leidend; sofern er thätig ist, verhält er sich eben so, es ist ihm ein leidendes gegenüber; er ist immer Sklav gegen einen Tyrannen, und zugleich Tyrann gegen Sklaven; in einer positiven Religion der Mensch einerseits bestimmt, beherrscht, Gott der Herrscher – auch sein entgegengeseztes objektives nicht allein, einsam; auch ein beherrschtes von Gott. Durch die Gesinnung ist nur das objektive Gesez aufgehoben, aber nicht die objektive Welt; der Mensch steht einzeln, und die Welt – die Liebe knüpft Punkte in Momenten zusammen; aber die Welt in ihr der Mensch und ihre Beherrschung besteht noch – die Beherrschung der Juden von Tyrannei verschieden, weil der Tyrann ein wirklicher ist; ihr Jehova ein unsichtbares; der wirkliche Tyrann ist feindseelig; die tyrannische Idee zugleich schüzend; denn jeder ist der Liebling seiner Idee – die herrschende Idee beherrscht mich ist gegen mich; aber zugleich in meiner Entgegensezung gegen die Welt ist sie auf meiner Seite

in der Beherrschung das wirkliche A thätig das wirkliche B leidend; die Synthese C der Zwek; C eine Idee in A, und insofern B ein Mittel; aber auch A das dem C gehorchende von C bestimmte; A ist in Rüksicht auf C beherrscht, in Rüksicht auf B beherrschend; da C zugleich ein Zwek [von] A ist so ist C dienend dem A und beherrscht das B.

Mit dem objektiven Geseze fällt ein Theil des Beherrschens und des Beherrschtwerdens weg, ein Gesez ist eine Thätigkeit als Wirkung also eine bestimmte beschränkte Thätigkeit, die eine Wirkung bei einer eintretenden Bedingung ist oder vielmehr der Zusammenhang selbst zwischen der Bedingung und der Thätigkeit als Wirkung – ist der Zusammenhang nothwendig, so muß; ist die Möglichkeit der NichtAüsserung der Thätigkeit möglich – ein Sollen. Ist der | Zusammenhang nothwendig, keine Freiheit; diß auf zweierlei Art; der vollständige Grund, d.i. der vollständige Zusammenhang in der Bedingung selbst. lebendige Wirkung, oder nicht in der Bedingung, todt

Zwischen beiden Freiheit, und Geseze

a) Tauglichkeit zur Bekämpfung des objektiven

b.) Mangelhaftichkeit

Die Moralität hebt nur das Beherrschtwerden des Ichs auf, und damit das Herrschen desselben über lebendige; aber dadurch ist das lebendige noch eine Menge schlechthin getrennter, unverbundner und noch ein unendlicher todter Stoff übrig – und dise vereinzelten bedarfen noch eines Herrschers eines Gottes, und das moralische Wesen selbst insofern eines Herrschers, insofern es nicht moralisch (nicht: unmoralisch) ist – es ist ein ruhendes, das keine Gewalt thut, und keine leidet; auch wo einem Wesen von einem dritten Gewalt geschieht, abhilft; die Allgemeinheit ist eine todte denn sie ist dem einzelnen entgegengesezt, und Leben ist Vereinigung beider – Moralität ist Abhängigkeit von mir selbst. Entzweiung in sich selbst.

Das Moralgesez hebt zugleich die reinpositiven Gebote auf indem sie kein Gesez anerkennt als ihr eignes; aber inkonsequent darin, indem sie doch nicht blos ein bestimmendes sondern bestimmbares ist; also immer noch unter einer fremden Macht steht.

Mit der Veränderung des objektiven Gesezes mußten sich auch die andern Seiten des Verhältnisses der Juden ändern. Hat der Mensch selbst Willen, so steht er in ganz anderm Verhältnisse zu Gott als der bloß passive – zwei unabhängige Willen, zwei Substanzen gibt

es nicht; Gott und der Mensch müssen also eins seyn – aber der
Mensch der Sohn, und Gott der Vater; der Mensch nicht unabhän-
gig und auf sich selbst bestehend, er ist nur insofern er entgegen-
gesezt, eine Modifikation ist, und darum auch der Vater in ihm; in
diesem Sohne sind auch seine Jünger, auch sie sind eins mit ihm,
eine wirkliche Transsubstantiation, ein | wirkliches Einwohnen des
Vaters im Sohne, und des Sohnes in seinen Schülern – diese alle
nicht Substanzen, schlechthin getrennte, und nur im allgemeinen
160 Begriffe vereinigt; sondern wie ein Weinstok und seine Reben; ein
lebendiges Leben der Gottheit in ihnen. – Diesen Glauben an ihn
foderte Jesus, – Glauben an den MenschenSohn; daß der Vater in
ihm wohne, und wer an ihn glaube, in dem wohne auch er und
der Vater – dieser Glauben ist der Objektivität der Passivität un-
mittelbar entgegen – und unterscheidet [sich] von der Passivität der
Schwärmer, die ein Einwohnen Gottes und Christi, in sich hervor-
bringen oder empfinden wollen indem sie hier sich und dieses in
ihnen regierende Wesen unterscheiden; also wieder die von einem
Objekt beherrschten sind – uns von einem objektiven historischen
Christus und der Abhängigkeit von demselben dadurch befreien
wollen, daß er so subjektiv gemacht wird, daß er ein Ideal sey, heißt
eben ihm das Leben, zu einem Gedanken machen, den Menschen
gegenüber zur Substanz – und ein Gedanke ist nicht der lebendige
Gott. Ihn zu einem blossen Lehrer der Menschen machen, heißt
die Gottheit aus der Welt, der Natur und dem Menschen nehmen –
161 Jesus nannte sich den Messias; ein MenschenSohn, und kein andrer
konnte es seyn, nur Unglauben an die Natur konnte einen andern,
einen übernatürlichen erwarten; – das übernatürliche ist nur beim
unternatürlichen vorhanden; denn das Ganze ob zwar getrennt,
muß immer daseyn – Gott ist die Liebe, die Liebe ist Gott, es gibt
keine andre Gottheit als die Liebe – nur was nicht göttlich ist,
was nicht liebt muß die Gottheit in der Idee haben, ausser sich.
Wer nicht glauben kan, daß Gott in Jesus war, daß er in Menschen
wohne, der verachtet die Menschen. Wohnt die Liebe, wohnt Gott
unter den Menschen so kan es Götter geben –, wo nicht, so muß
von ihm gesprochen werden und es sind keine Götter möglich, die

Götter nicht nur die Ideale der einzelnen Trennungen – ist alles getrennt so ist nur Ein Ideal |

die Objektivität der Gebote der Geseze zerstöhren, zeigen, daß etwas auf einem Bedürfnisse des Menschen auf der Natur gegründet ist; Sünden vergeben (ἀφειναι) erlassen gewöhnlich die Strafen 162
der Sünden aufheben – diß ein Wunder, denn die Wirkung kan nicht von der Ursache getrennt werden; vorzüglich aber kan das Schiksal nicht zernichtet werden; denkt man sich eine Aufhebung der Strafe so ist die Strafe etwas ganz objektives von einem objektiven kommendes, nicht ganz nothwendig mit der Schuld zusammenhängendes – überhaupt, wenn man auch Strafe als etwas von der Schuld ganz untrennbares nimmt, so ist sie doch soweit objektiv, daß sie Folge eines Gesezes ist, von dem man sich in der Übertretung losgemacht hat, aber doch noch von ihm abhängt; bei einem objektiven Gesez und Richter ist das Gesez befriedigt, wenn ich mishandelt worden bin, wie ich mishandelt habe, wenn die Trennung die ich gemacht, eben so auf mich zurükgewirkt hat – in der moralischen Strafe ist das getrennte nicht ein äusseres, dem ich entfliehen das ich überwältigen kan; die That ist die Strafe in sich selbst; so viel ich mit der That anscheinend-fremdes Leben verlezt habe, so viel habe ich eignes verlezt, Leben ist als Leben nicht vom Leben verschieden; das verlezte Leben steht mir als Schiksal gegenüber; befriedigt ist es, wenn ich seine Macht, – die Macht des todten gefühlt habe, so wie ich im Verbrechen blos als Macht handelte. versöhnt kan das Gesez nicht werden, denn es beharrt immer in seiner furchtbaren Majestät, und läßt sich nicht durch Liebe beikommen; denn es ist hypothetisch und die Möglichkeit kan nie aufgehoben, die Bedingung, unter der es eintritt, kan nie unmöglich werden, es ruht solange diese Bedingung nicht eintritt, aber ist nicht aufgehoben; aber diese Ruhe ist keine Versöhnung, weil das Gesez zwar kein so bestehendes ist, daß es immer wirksam seyn, und trennen müßte, aber weil es bedingt, weil es nur unter einer Trennung möglich ist – Das Schiksal hingegen kan versöhnt werden, weil es selbst eins der Glieder ein

getrenntes ist, das nicht als getrenntes durch sein Gegentheil vernichtet, aber durch Vereinigung aufgehoben werden kan. Schiksal ist das Gesez selbst, | das ich in der Handlung (diese sey Übertretung eines andern Gesezes) aufgestellt habe, in seiner Rükwirkung auf mich; die Strafe ist nur die Folge eines andern Gesezes – die nothwendige Folge eines geschehenen kan nicht aufgehoben werden, die Handlung müßte ungeschehen gemacht werden; wo nichts als Ursachen und Wirkungen, als getrennte sind, da ist keine Unterbrechung der Reihe möglich. Das Schiksal hingegen d.h. das rükwirkende Gesez selbst kan aufgehoben werden, denn ein Gesez, das ich selbst aufgestellt habe, eine Trennung die ich selbst gemacht habe, kan ich auch vernichten – Da Handlung und Rükwirkung eins ist, so versteht es sich von selbst, daß die Rükwirkung nicht einseitig aufgehoben werden kan. Die Strafe ist das Bewußtseyn einer fremden Macht, eines feindseligen, wenn sie ausgewirkt hat unter der Herschaft des Gesezes, so ist dieses Gesez befriedigt, und ich bin befreit von einem fremden, das von mir abläst, und sich wieder in die drohende Gestalt zurükzieht, das ich aber nicht zum Freunde gemacht habe. Das böse Gewissen ist das Bewußtseyn, einer bösen Handlung, eines geschehenen, eines Theils eines Ganzen über das ich keine Macht habe; eines geschehenen, das nie, nie ungeschehen, gemacht werden kan, denn es war ein bestimmtes, ein beschränktes. Das Schiksal ist das Bewußtseyn seiner selbst (nicht einer Handlung) seiner selbst, als eines Ganzen, diß Bewußtseyn des Ganzen, reflektirt, objektivirt; da diß Ganze ein lebendiges ist, das sich verlezt hat, so kan es wieder zu seinem Leben zu der Liebe zurükkehren; sein Bewußtseyn wird wieder Glauben an sich selbst; und die Anschauung seiner selbst ist eine andre geworden, und das Schiksal ist versöhnt. Liebe ist aber alsdenn Bedürfnis; in sich selbst in die Ruhe verlohren, diß ist die Wunde die zurükbleibt, die Anschauung seiner selbst als eines wirklichen; dem die Anschauung seiner als eines strebenden, das von dieser Wirklichkeit sich entfernt, entgegen ist; weil aber eben hier nur ein Streben ist, so ist es bedürfnis, und mit einer Wehmuth verknüpft, die in der Liebe, dem befriedigten Streben, allein wegfällt. |

Vergebung der Sünden ist daher nicht Aufhebung der Strafen (denn jede Strafe ist etwas positives, objektives das nicht vernichtet werden kan) nicht Aufhebung des bösen Gewissens, denn keine That kan zur Nichtthat werden; sondern durch Liebe versöhntes
Schiksal. daher die Regel Jesu: wenn ihr die Fehle vergebt, so sind 163
euch die eurigen vom Vater auch vergeben – Andern verzeihen kan nur die Aufhebung der Feindschaft, die zurükgekehrte Liebe, und diese ist ganz; die Verzeihung der Fehler kommt aus ihr, diese
Verzeihung ist nicht ein Fragment, eine einzelne Handlung. Richtet 164
nicht, daß ihr nicht gerichtet werdet; stellt ihr keine Geseze auf, denn diese gelten auch für euch.

Jesu zuversichtliche Aussprüche: dir sind deine Sünden verge- 165
ben; wo er Glauben und Liebe fand, wie bei Maria Magdalena.

Die Vollmacht, die er seinen Freunden gab, zu binden und zu 166
lösen, wenn er in ihnen den hohen Glauben an ihn (einen Menschen) gefunden hatte; einen Glauben, der die ganze Tiefe der Menschennatur gefühlt hatte; dieser Glauben schließt die Fähigkeit in sich, andre durchzufühlen, und die Harmonie oder Disharmonie ihres Wesens zu empfinden; ihre Schranken, und ihr Schiksal – ihre Bande zu erkennen. Rükkehr zur Moralität hebt die Sünden und ihre Straffen das Schiksal nicht auf; die Handlung bleibt, im Gegentheil wird sie nur um so peinigender; je grösser die Moralität um so tiefer wird das unmoralische derselben gefühlt, die Strafe, das Schiksal wird nicht aufgehoben, weil die Moralität noch immer eine objektive Macht sich gegenüberstehen hat – die Aufhebung der Handlung, Schadenersaz ist eine ganz objektive Handlung.

Joh 5,26. ὡσπερ γαρ ὁ πατηρ ἐχει ζωην ἐν ἑαυτῳ, ὁυτως ἐδωκε και τῳ ὑιῳ ζωην ἐχειν ἐν ἀυτῳ. και ἐξουσιαν ἐδωκεν ἀυτῳ και κρισιν ποιειν, ὁτι ὑιος ἀνθρωπου ἐστι.

jene das einige, ungetheilte – schöne – diß das modificirte – υἱος ἀνθρωπου herausgegangene aus der Einigkeit darum hat er Macht – gegen ein feindliches, | gegenüberstehendes – das Gericht – ein

Gesez gegen solche, die von ihm abtrünnig sind – Reich der Freiheit und Wirklichkeit.

Joh. 12,36. ἑως το φως ἐχετε, πιστευετε εἰς το φως, ἱνα υἱοι φωτος γενησθε.

Matth 4,17. μετανοειτε, ἠγγικε γαρ ἡ βασιλεια των οὐρανων – diß ist der erste Aufruf – und Versicherung das Himmelreich sey da – und die Folge seines Aufrufs und Kuren viele Anhänger.

Matth. 5,17.

πληρωσαι, ergänzen, vollständig machen durch die Gesinnung, durch Hinzufügung des innern zum aüssern – v. 20. die Rechtschaffenheit seiner Anhänger müsse mehr seyn, als die der Pharisäer und Gesezverständigen, es müsse ausser dieser auch noch das hinzukommen, daß das Gesez, dem sie folgen, ihr eignes sey.

[1]v. 21.22. Zu dem objektiven Verbot des Mords wird die Misbilligung des Zorns über seinen Bruder gefügt – zum Versöhnopfer,
167 wirkliche Versöhnung. u. s. w. v. 33. dem, daß nicht falsch geschworen werden soll dem Herrn der Eid gehalten [werden] soll, – gar nicht schwören, bei etwas fremdem, nicht bei [dem] Himmel, denn er ist nur der Thron Gottes u. s. w. nicht bei unserm Haar, das nicht ganz in unserer Gewalt ist. bei nichts fremdem also überhaupt, an diß nichts hängen, sondern wir selbst seyn; Aber wenn der Mensch nur eins mit sich selbst ist, jede Abhängigkeit, jeden Bund mit den Objekten verschmäht, so muß er doch mit der Noth einen
168 Bund machen [cap. 6] v. 25ss. Seyd unbekümmert über die Noth |

Mit der eignen Knechtschaft hört auch die Herrschaft, die man durch die Idee der moralischen Gebote über andre ausübt, auf, cap. 7,1ss. eigne Freiheit gesteht andern gleichfalls Freiheit zu – Sittenrichterei erkennt nicht für sich bestehendes, nur alles unter

[1] *Neben dem Folgenden am Rande:* ein anderer Maasstab entgegengesezt, die Gesinnung, und nach diesem leidenschaftliche Handlungen, die in dem Bestehen des andern nichts ändern ebenso verurtheilt als die Stöhrung seines für sich bestehenden Lebens, und zum Princip Versöhnlichkeit d. h. Geneigtheit die Trennung aufzuheben angegeben.

einem Geseze unter einer Herrschaft stehend, nicht das Wesen und das Gesez eins, in einer Natur. das Princip eures Verhältnisses gegen andre, ist ihre Freiheit zu ehren, und was ihr also von ihnen wollt, darum nur zu bitten.

Jesum charakterisirte als den Stifter einer neuen Religion unter einem verdorbnen Volke, die Entsagung den Bequemlichkeiten des Lebens, und die gleiche Foderung derselben an seine Gehülfen – auch das Entreissen [von] sonstigen Verhältnissen und heiligen Beziehungen des Lebens

Antwort die er seinem Anhänger gab, der seinen Vater begraben wollte Matth. 8,22.

Matth. 8,10. die erste Ausserung über Kälte bei den Juden, und ihre Verwerfung

9,15, Fasten nicht zu einem Zwekke, sondern nach den Umständen.

9,36. 10,1ff. Schikken der Apostel ins Land,[1] nicht die Menschen zu versöhnen und das Menschengeschlecht zu Freunden zu machen, – die Allgemeinheit seiner Reformation aufgegeben, – v. 21ss. ein Bruder wird den Bruder, der Vater das Kind zum Tode geben; Kinder die Eltern. v. 34. ich kam nicht um Frieden auf die Erde zu werfen, sondern das Schwerdt. ich kam den Mann gegen seinen Vater, die Tochter gegen die Mutter, die Braut, gegen die Schwieger zu entzweyen; die Hausgenossen werden die Feinde des Mannes seyn; wer Vater oder Mutter, Sohn oder Tochter mehr liebt, als mich, ist meiner nicht würdig

Gräßliches Zerreissen aller Bande der Natur die Zerstöhrung aller Natur –

Steigende Erbitterung gegen seine Zeit Matth 11,12ff.

v. 25. du hast diß den verständigen und klugen verborgen, und den einfältigen geoffenbahrt; so war dein Belieben.

12,8ff. der Mensch höher als der Sabbath. |

v. 16 er verbot den geheilten, diß nicht auszusagen.

[1] *Am Rande:* Marc, 6,7. schikt sie Jesus fort, 6,30. sammeln sie sich wieder zu ihm – Luc. 9,6 und 9,10. zurük, 10,1.17.20

v. 31. Sünde gegen den MenschenSohn wohl vergeben, aber nicht die Sünde gegen den heiligen Geist.

v. 48. wer ist meine Mutter und meine Brüder? diese, indem er sich zu seinen Anhängern wendete.

13,54.55. ist diß nicht der Sohn des Zimmermanns? Unglauben an MenschenNatur, Verachtung aller Menschlichen Verhältnisse – daher seine Entfernung von denselben, in der Meinung, weil sie nicht geheiligt waren. – ein Prophet gilt in seinem Vaterlande nichts; dazu s. oben 10,36ss. Reinheit durch alles verunreinigte nicht wiederherzustellen, es kan dem Schiksal nicht entgangen werden – wenn die Schönheit aus allem entflohen ist, so gab er alles auf, um sie allein zuerst wiederherzustellen

15,2. die Pharisäer halten ihm wieder ein positives Gebot vor, seine Antwort wie in der Bergpredigt

16,16.17. du bist Christus der Sohn des lebendigen Gottes – mein Vater hat es dir geoffenbahrt, nicht Fleisch noch Blut – 19, ich gebe dir die Schlüssel des Himmelreichs – was du auf Erden binden wirst, soll im Himmel gebunden, was du auf Erden lösen wirst, im Himmel gelöst seyn.

169 cap 18, wenn ihr nicht werdet wie die Kinder –

v. 20. wo zwei von euch eines Sinnes sind über etwas, wird es auch von meinem Vater gewährt werden –

ff. Verzeihung der Fehler

– 18,18. wohl Lösen; binden und lösen, Geseze geben – sobald Petrus den Glauben an Jesum als Messias gezeigt hatte, so zeigte er sich los vom Objekt und erfüllt von der Grösse der menschlichen Natur

19,8. Ehe erhaben über bürgerliche Gesezgebung

19,12. ἐισιν ἐυνουχοι, ὁι τινες ἐυνουχισαν ἑαυτους δια την βα-
170 σιλειαν των ὀυρανων, ὁ δυναμενος χωρειν, χωρειτω (nur der mag
diser Regel folgen, der es kan. Bahrdt) |

Matth

19,21. ἐι θελεις τελειος ἐιναι, [ὑπαγε] πωλησον σου τα ὑπαρχοντα και δος πτωχοις.

v. 29. και πας ὁς [ἀφηκεν] ὀικιας, ἡ ἀδελφους, ἡ ἀδελφας, ἡ πατερα, ἡ γυναικα, ἡ τεκνα ἡ ἀγρους, ἑνεκεν του ὀνοματος μου ἑκατονταπλασιονα ληΜψεται, και ζωην ἀιωνιον κληρονομησει.

Bitte der Frau des Zebedaus für ihre Söhne 20,20.

25,40. was ihr einem der geringsten gethan habt, habt ihr mir gethan.

26,7. das Weib, das wohlriechendes Wasser über ihn goß[1] – seine Anhänger – Moralität nach Zwekken, und tadelten die freie schöne Ergiessung einer liebenden Seele.[2]

v. 10. καλον ἐργον, eine schöne Handlung – die einzige Handlung in der Geschichte Jesu die den Beinahmen καλον verdient, auch die einzige schöne Handlung, die geschieht. (26,24. καλον ἠν αὐτῳ, daß er nicht wäre gebohren worden – καλον ist mehr bedeutungslose Phrase.) Im Abendmahl das Brod und Wein etwas heiliges, insofern es gemeinschaftlich genossen wird, von gleichem Stük, und aus dem gleichen Becher – Brod ist wirklich selbst der Leib der Wein selbst das Blut – der Geist die Gemeinschaft des Essens 1. Cor. 10,17

Marc. 16,17. Zeichen, die die Glaubigen begleiten werden; übernatürliche Kräfte, was die Natur vermochte, war vorhanden, war da als Erscheinung, als That; es war geschehen – alle Seiten der menschlichen Natur waren Sitte, Gewohnheit, Lebensweise der Völker, objektiv geworden, Thaten die als Thaten göttlich seyn sollten, mußten übernatürlich seyn – denn göttlich ist nichts was geschieht – sondern was ist. Etwas göttliches das geschieht, ist grösser als was andre thun, und also relativ. die That an sich ist der Zusammenhang der Aufeinanderfolgenden objektiv; soviel in den objektiven – soviel in dem einen Leiden soviel in dem andern Thätigkeit, und jedes objektive ist ein allgemeines eben darum weil es unter einem Gesez steht, |

[1] *Am Rande:* Luc. 7,37.

[2] *Am Rande:* Luc. 7,37. ihre vielen Sünden sind ihr vergeben, weil sie 171
viel geliebt hat.

172 Jesus fing seine Predigt damit an, zu verkündigen das Reich Gottes sey da; die Juden erwarteten die Wiederkehr der Theokratie; sie sollten es glauben, und das Reich Gottes kan im Glauben da seyn; was im Glauben vorhanden ist der Wirklichkeit und dem Begriff von ihr entgegengesezt.[1]

Das Reich Gottes ist der Zustand, wenn die Gottheit herrscht,
173 also alle Bestimmungen alle Rechte aufgehoben sind, (daher zum Jüngling, verkaufe das deinige, es ist schwer daß ein Reicher ins Reich Gottes eingehe – daher Christi Entsagung allen Besizungen und aller Ehre –)[2] entweder durch einen Sprung, oder durch successive Aufhebung der einzelnen Bestimmungen, durch Auflösung – jenes die Begeisterung versuchte Jesus, er versicherte, das Reich Gottes sei da, das Daseyn einer Sache aussprechen.

Die Juden erwarteten mit dem Reich Gottes daß vieles geschähe, daß sie von der Herrschaft der Römer befreit würden,[3] ihr Priesterthum in seinem alten Glanz widerhergestellt würde u.s.w. d.h. daß ausser ihnen viele Veränderungen vorgiengen; solche Juden konnten nicht glauben, das Reich Gottes seye da, wenn Jesus es ihnen verkündigte; die aber in sich selbst beruhten, vollendet waren, konnten es glauben; nicht als isolirte, denn Gott ist in nichts isolirtem, sondern in lebendiger Gemeinschaft, die im Individuum betrachtet – Glauben an die Menschheit ist, Glauben ans Reich Gottes – Glauben ist das individuelle gegen das lebendige – nicht die Geseze Gottes herrschen, denn Gott und seine Geseze sind nicht zweierlei.

Leben und Rükkehr zum Leben, aber keine Regel darüber Luc. 15,32 |

[1] *Am Rande:* Das allgemeine drükt ein soll aus, weil es ein gedachtes ist, weil es nicht: ist, aus dem gleichen Grunde warum Daseyn nicht bewiesen werden kan.

[2] *Am Rande:* diese Verhältnisse (zu Vater, Familie, Eigenthum) konnten nicht zu schönen Verhältnissen [werden] also sollten sie gar nicht da seyn, damit wenigstens nicht das Gegentheil da wäre –

[3] *Am Rande:* Luc. 24,21, nach dem Tode Christi sagen 2 seiner Anhänger, wir hoften er sey der, der Israel befreien werde.

B MORAL …

B Moral

Bergpredigt Matth. 5.

Jesus fängt mit Schreyen an, in denen er vor der versammelten
Menge seinem Herzen seiner andern Beurtheilungsart mensch-
lichen Werthes Luft macht. Begeistert schreyt er aus, daß es nun
um eine andre Gerechtigkeit, um andern Werth der Menschen zu 174
thun seye, begeistert entfernt er sich sogleich von der gemeinen
Schäzung der Tugenden, und kündigt eine andre Region des Lebens
an, in der eine ihrer Freuden seyn müsse, von der Welt verfolgt zu 175
werden, der sie ihre Entgegensezung gegen sie zeigen müssen. Diß
neue Leben zerbreche aber nicht die Materie der Geseze, sondern 176
es sey vielmehr ihre Erfüllung, die Ergänzung dessen, was unter
der Form eines entgegengesezten, als Gesez bisher vorhanden war –
Diese Form des Gebotenseyns soll durch ihr neues Leben vertilgt
werden, und vor der Fülle ihres Geistes ihres Wesen verschwinden

v. 21–26. Das Gesez gegen Todtschlag wird durch den höhern Genius der Versöhnlichkeit erfüllt, und zugleich für ihn aufgehoben; für ihn gibt es kein solches Gebot

v. 27–30. Erfüllt wird das Gesez gegen den Ehebruch durch die Heiligkeit der Liebe, und durch die Fähigkeit, wenn eine der vielen Seiten des Menschen sich einläßt, sich zu seiner Ganzheit zu erheben

v. 31.32 Ehescheidung; Aufhebung seiner Liebe seiner Freundschaft gegen ein Weib, in der sie noch ist, macht sie sich selbst ungetreu werden, und sündigen, und die Beobachtung der rechtlichen Pflicht, und Decenz, ist eine elende Beschönigung, eine neue Härte bei dieser Verlezung ihrer Liebe. |

v. 33–37. bist du wahrhaftig, so brauchst du den Zusammenhang zwischen deiner Rede – und der That oder Gedanken nicht an ein Fremdes zu knüpfen, in die Hand eines Fremden [zu] legen, ihn als

Herrn dieses Zusammenhangs zu erklären – du selbst bist über alle fremde Macht erhaben. Das Gesez nicht falsch zu schwören, Gott aber zur Macht über sein Wort zu machen ist durch die Wahrhaftigkeit erfüllt, und sie darüber erhaben.

v. 38–42. Gerechtigkeit – Gänzliche Erhebung über die Sphäre des Rechts oder Unrechts durch Aufgebung alles Eigenthums.

v. 43ss. Zusammenfassung des Ganzen.

Cap. 6,1–4. Allmosen, nicht vor den Leuten nicht vor dir selbst

v. 5–15. Gebet; auch hier sei nur das Beten rein; mischet nichts fremdes ein, gesehen zu werden; sondern betet in eurem Kämmerlein, und ein solches einsames und einzelnes Gebet ist das: Vater unser. Es ist nicht das Gebet eines Volks zu seinem Gotte, sondern das Gebet eines isolirten, unsichern, ungewissen: dein Reich komme, dein Name werde geheiligt; der Wunsch eines einzelnen, und ein Volk kan nicht wünschen; dein Wille geschehe, ein Volk von Ehre und Stolz thut seinen eignen Willen, und weiß von keinem andern, als einem feindlichen – der einzelne kan den Willen Gottes und den allgemeinen entgegengesezt sehen. Gib uns heut unser – eine Bitte der stillen Einfalt, die im Munde eines Volks nicht paßte, das sich seiner Herrschaft über die Nahrungsmittel bewußt ist, oder unmöglich nur den Gedanken an die Speise Eines Tages haben kan – sondern wohl um Gedeihen des Ganzen, um freundliche Natur beten kan, beten ist nicht bitten; Vergib uns – auch ein Gebet des einzelnen; Nationen sind getrennte, abgesonderte, es ist nicht gedenkbar wie sie einer andern Nation verzeihen sollen; es könnte [nicht] durch eine Vereinigung, sondern durch das Gefühl der Gleichheit oder des Übergewichts der Macht – Furcht geschehen – das Bewußtseyn eigner Sünden, diese Reflexion kan sie nur durch Schmerz erhalten; denn sie kan ihren Willen nicht unter einem Gesez anerkennen. Aber der einzelne kan beten, soviel Liebe ich habe soviel möge ich erfahren. |

v. 16–18 Fasten; wie beim Beten und Allmosengeben, nichts Fremdes einmischen.

v. 20–34. Sich nicht zu zerstreuen, und das Ganze nicht in Sorgen und Abhängigkeit verlieren; solche partielle Dinge Bedürfnisse:

Reichthum, Nahrung, Kleidung bringen Bestimmtheiten in den Menschen, die ihn objektiv des reinen Lebens unfähig machen.

Cap. 7,1–5. Richten über andere sie seiner Regel unterwerfen in Urtheil, Die Tyrannei in Gedanken.

v. 7–12. die Vereinigung der Menschen in Bitte, und Geben.

v. 13ss. Allgemeines Bild des vollendeten Menschen.

Matth. 12,31ss. ὁς ἀν ἐιπη λογον κατα του ὑιου του ἀνθρωπου, 177
ἀφεθησεται αὐτῳ, ὁς δ'αν ἐιπη κατα του πνευματος του ἁγιου, ὀυκ
ἀφεθησεται αὐτῳ u. v. 34. »aus dem Überfluß des Herzens spricht
der Mund, der gute Mensch gibt aus dem guten Schaze seines Her-
zens das Gute, der böse das Böse aus dem bösen Herzen.« Wer 178
den Menschen lästert, der lästert das Einzelne den besondern, wer
aber den heiligen Geist lästert, die Natur, und er ist unfähig Sün-
denVergebung zu erlangen; denn er ist unfähig mit dem Ganzen
sich zu vereinigen; er bleibt isolirt, und ausgeschlossen; eine sol-
che Lästerung kommt aus der Fülle des Herzens, und zeigt seine
Zerstöhrung; seine Zerrüttung; seine Unheiligkeit ist des heiligen
unfähig, das er gelästert hat; und das heilige nach Trennung und
Vereinigung betrachtet ist die Liebe. Ein Zeichen könnte euch
etwa erschüttern – aber der ausgetriebne Geist kommt mit sieben
andern zurük, und der Mensch wird zerrütteter als vorher.

zu C. Religion

Matth. 18,1–10. der gröste in τη βασιλεια των ὀυρανων der dem 179
Kinde am nächsten kommt; ihre Engel (v. 10.) im Himmel sehen
beständig das Angesicht meines Vaters, der im Himmel ist. Unter
den Engeln der Kinder können keine objektive Wesen verstanden
werden, denn auch von den Engeln der andern Men|schen (um in
diesem Ton zu sprechen) müßte gedacht werden, daß sie Gott an-
schauen – Ihre unentwikelte Einigkeit, das bewußtlose, ihr Seyn
und Leben in Gott, in einer Gestalt vorgestellt; dann ist auch diese
wieder substantialisirt, isolirt; ihre Beziehung auf Gott eine ewige
Anschauung desselben. Um den Geist, das Göttliche, ausser der
Form dieser Beschränkung, und die Gemeinschaft dieses Be-
schränkten Lebendigen, zu bezeichnen, sezt Plato das reine Le- 180
ben, und das beschränkte in eine Verschiedenheit der Zeit, er läßt

die reinen Geister vorhin ganz in der Anschauung des Göttlichen gelebt haben, und sie im Erdenleben dieselben seyn, nur mit verdunkeltem Bewußtseyn jenes Himmlischen – Auf eine andre Art bezeichnet Jesus die Natur, das göttliche des KinderGeistes – als
181 Engel, die immer im Anschauen Gottes leben; auch in dieser Form sind sie nicht als Gott, sondern als Söhne Gottes, als besondre dargestellt

Die Entgegensezung des anschauenden gegen das angeschaute daß sie entgegengesezte sind, ein Subjekt und ein Objekt fällt in der Anschauung selbst weg – ihre Verschiedenheit ist nur die Möglichkeit der Trennung; ein Mensch der die Sonne immer anschaute, wäre nur ein Gefühl des Lichts, das Gefühl als Wesen. Der ganz in der Anschauung eines andern Menschen lebte, wäre dieser andre selbst, nur mit der Möglichkeit eines Andersseyn. Unmittel-
182 bar damit in Verbindung gesezt, denn ὁ ὑιος του ἀνθρωπου ἠλθε σωσαι το ἀπολωλος, das Gebot sich zu versöhnen, Entzweiungen aufzuheben, und einig zu werden; diese Einigkeit ist das Anschauen Gottes, das Werden wie Kinder – Wenn der Beleidiger nicht auf die Gemeine hört, so sey er als Heide und Zöllner; wer sich absondert, die versuchte Vereinigung verschmäht, fest dagegen hält, und fügt
183 bei was ihr binden oder lösen werdet ist im Himmel gelöst oder gebunden – was euch entgegengesezt ist, ist der Gottheit fremd, schaut sie nicht an. Ferner (v. 19.) | stellt Jesus diese Einigkeit in einer andern Form dar, [wenn] zwei über etwas einig sind, und ihr bittet darum, so wird es euch der Vater gewähren – die Ausdrükke bitten, gewähren sind so gemein geworden, und werden *(bricht ab)*

D Geschichte – Die Form wie er als einzelner, gegen einzelne, und einzelne gegen ihn stehen

Ausbreitung seiner Lehre

der Anfang seines Predigens: Matth. 4,17. μετανοειτε, ἠγγικε γαρ ἡ βασιλεια των ὀυρανων. ib. 19. Anwerbung Simons und Andreas' ποιησω ὑμας ἁλιεις ἀνθρωπων.

Matth. 8,20. ὁ ὑιος του ἀνθρωπου ὀυκ ἐχει που την κεφαλην κλινῃ.

v. 22. ἀκολουθει μοι, και ἀφες τους νεκρους θαψαι τους ἑαυτων νεκρους. in beiden Fällen das Verzichtthun auf das Gewebe menschlicher Verhältnisse, und Bedürfnisse – Trennung von ihrem Leben.

Aber nicht Absonderung von Zöllnern und Sündern Matth. 9,11.

Zustand des jüdischen Volks, wie Schaafe ohne Hirten 9,36. Zu den Pharisäern 16,3, könnt ihr nicht die Zeichen der Zeit beurtheilen.

Ausschikung der Zwölfe Matth 10. Ihre Instruktion Predigt: 184
ἠγγικε ἡ βασιλεια των ὀυρανων – das übrige negativ; sorgt nicht für ReiseBedürfnisse; seht wo ihr würdige findet, wenn das Haus würdig ist, so komme euer Gruß (ἐιρηνη) (er befahl vorher ein Haus zu grüssen) über es; wo nicht, so kehre er zu euch selbst zurük – der Gruß ist in beiden Fällen dasselbe, es kommt auf die Würdigkeit des Hauses an, ob er als Wort in ihm verhallt, oder dieselbe Fülle ihm in den Gemüthern anschlägt, mit der er gegeben ist – sonst kehrt er zu euch zurük; ihr habt den Frieden nicht verschwendet, er hört sich in euch – Also kein Belehren und Behandeln, und
Dressiren. Haß der Welt, Verfolgung; der Geist wird aus euch spre- 185
chen, seid nicht bekümmert, was ihr sagen wollt. Furchtlosigkeit 186 187
theils wegen eignen Leidens, theils wegen der Zerrüttungen, die ihre Sendung in die Welt bringen wird. v. 41. wer einen Propheten, als Propheten (ἐις ὀνομα) aufnimmt, | wem ein Prophet ein Prophet ist – einen Gerechten als Gerechten einen Jünger als solchen, der hat den Lohn, den Werth eines Propheten, wie der Mensch den Menschen auffaßt, so ist er selbst –

Unwillen über die Art der Aufnahme seiner Lehre von seinem Zeitalter, Matth. 11, u. v. 25 Beschränkung ihrer Wirksamkeit auf νηπιους κοπιωντας und πεφορτισμενους; von hier beginnen seine heftige Ausdrükke gegen die Pharisäer; seine Antworten über Fragen, Anlässe gehen nur darauf, sie zum Schweigen zu bringen, nur polemisch, das Wahre richtet er an die andre Zuhörer.

Matth. 12,49. ἐπι τους μαθητας ἐιπε ἰδου ἡ μητηρ μου, και ὁι ἀδελφοι μου. Trennung Jesu von den Beziehungen des Lebens.

Parabeln. Matth. 13.

Über die Art der Ausbreitung seiner Lehre das Schiksal derselben, alle (vom Sämann, Weizen und Unkraut, Senfkorn, Hefenteig gefundner Schaz, u. s. w.) Ganz analog mit den Mythen – aber freilich jüdischen, an Wirklichkeiten. Es ist in ihnen kein fabula docet, keine Moral kommt aus ihnen, sondern das Geschichtliche, das Werden, der Fortgang des Seyenden, des Ewigen, des Lebendigen; – das Werden des Seyn ist das Geheimnis der Natur; und alles fade Geschwäz von innigerer Überzeugung vom Guten u. s. w. ist unendlich sinnloser, als die übernatürliche Erleuchtung, Widergeburt u. s. w. Die Menge der Parabeln, zeigt das Unvermögen das darzustellen, auf was sie deuten sollen nur daß das kostbare, ein grosses wünschenswerthes, aber ein andres ist, als sie kennen.

188 v. 55. ὀυχ ὁυτος ἐστιν ὁ του τεκτονος ὑιος; ὀυκ ἐστι προφητης ἀτιμος, ἐι μη ἐν τη πατριδι ἀυτου, και ἐν τη ὀικιᾳ ἀυτου. Sie sehen nicht als die Wirklichkeit, nicht den Geist, nichts, als was sie selbst sind.

So auch Matth. 25. Diese Parabeln sind weder Morgenländische Allegorien, noch Griechische Mythen; diese beiden sprechen von der Sache selbst, von dem | Seyn von dem Schönen, dessen Entwiklung, aus sich Herausgehen, Veränderungen bei den Orientalen meist ungeheure, und unnatürliche Geburten werden, weil sie für sich – von der Phantasie allein, also als Ungeheuer gehalten werden, – bei den Griechen sie zwar auch als Substanzen als Modifikationen in einem lebendigen, wirklichen auftreten; aber von der Phantasie doch an eine natürliche Handlung an eine Menschenform geheftet werden; sie verlieren das idealische dadurch nicht, das ihnen die Orientalischen Ungeheuer behalten wollen, es wird doch kein individuelles Leben (Ceres, Venus u. s. w.) das unmenschliche dieser Göttergestalten, ist nur Befreiung von dem ihnen heterogenen z. B. Schwere, Arbeit, Noth u. s. w. Die Parabeln Christi sind eigentliche Gleichnisse, moderne Fabeln, in denen es ein tertium comparationis gibt, d. h. wo das gleiche gedacht ist
189 (in den alten, äsopischen Fabeln waren es selbst Triebe, Instinkte, Das gleich modificirte Leben) in den Parabeln ganz wirkliche Geschichten daher immer ein: Gleich, wie .. |

JESUS TRAT NICHT LANGE ...

Jesus trat nicht lange vor der lezten Krise auf, welche die Gährung der manchfachen Elemente des jüdischen Schiksals herbeizog. In dieser Zeit der innern Gährung, der Entwiklung dieses verschiednen Stoffes, bis er zu einem Ganzen gesammelt wird, und die reinen Entgegensezungen, offner Krieg entsteht, gingen dem lezten Akte mehrere partielle Ausbrüche vorher. Menschen von gemeinerer Seele, aber von starken Leidenschaften, faßten das Schiksal des jüdischen Volks nur unvollständig auf, und waren also nicht ruhig genug, weder um leidend sich von seinen Wellen ohne Bewußtseyn forttragen zu lassen, und nur in der Zeit mitfortzuschwimmen, noch um weitere Entwiklung abzuwarten, die nöthig gewesen wäre, um sich eine grössere Macht beizugesellen; [so] liefen sie der Gährung des Ganzen zuvor, und fielen ohne Ehre, und ohne Wirkung.

Jesus bekämpfte nicht nur einen Theil des jüdischen Schiksals, weil er nicht von einem andern Theil desselben befangen war, sondern stellte sich dem Ganzen entgegen; war also selbst darüber erhaben, und suchte sein Volk darüber zu erheben. Aber solche Feindschaften, als er aufzuheben suchte, können nur durch Tapferkeit überwältigt, nicht durch Liebe versöhnt werden; auch sein erhabener Versuch, das Ganze des Schiksals zu überwinden, mußte darum in seinem Volke fehlschlagen, und er selbst ein Opfer desselben werden. Weil Jesus sich auf keine Seite des Schiksals geschlagen hatte, so mußte zwar nicht unter seinem Volke, denn diß besaß noch zu viel aber in der übrigen Welt, seine Religion einen so grossen Eingang bei Menschen finden, die keinen Antheil mehr an dem Schiksal, gar nichts zu vertheidigen oder zu behaupten hatten.

Vor dem Geiste Christi |

[leben]digen Modifikation der Menschennatur gegründet[1] erkennen mögen, waren ihnen geboten, waren für sie durchaus positiv. Die Ordnung, in welcher hier den verschiedenen Arten von Gesezgebung der Juden gefolgt wird, ist also eine ihr fremde, eine gemachte Ordnung und die Unterschiede kommen erst in sie durch die Art, wie verschieden auf sie reagirt wird.

Geboten, die einen blossen Dienst des Herrn, eine unmittelbare Knechtschaft, einen Gehorsam ohne Freude, ohne Lust und Liebe verlangten, d.h. den Gottesdienstlichen Geboten stellte Jesus das ihnen gerade entgegengesezte, einen Trieb, sogar ein Bedürfnis des Menschen gegenüber. Da religiöse Handlungen, das geistigste, das schönste, dasjenige sind, was auch die durch die Entwiklung nothwendigen Trennungen noch zu vereinigen strebt, und die Vereinigung im Ideal als völlig sey|end der Wirklichkeit nicht mehr entgegengesezt darzustellen, also in einem Thun sie auszudrükken, zu bekräftigen sucht, so sind religiöse Handlungen, wenn ihnen jener Geist der Schönheit mangelt, die leersten; die sinnloseste Knechtschaft, die ein Bewußtseyn, seiner Vernichtung fodert, ein Thun, in dem der Mensch sein Nichtsseyn, seine Passivität ausdrükt und über diese ist die Befriedigung des gemeinsten menschlichen Bedürfnisses erhaben, weil in ihm unmittelbar doch das Gefühl oder die Erhaltung eines wenn auch leeren Seyns liegt.

Daß die höchste Noth heiliges verlezt, ist ein identischer Saz, denn die Noth ist ein Zustand des zerrissenseyns, und eine ein heiliges Objekt verlezende Handlung ist die Noth in Handlung; in der Noth wird entweder der Mensch zum Objekt gemacht, und unterdrükt, oder muß er Natur zu einem Objekt | machen und unterdrükken. Nicht nur die Natur ist heilig, es kan auch heiliges geben das an sich Objekte sind, nicht nur wenn sie selbst Darstellungen eines Viele vereinigenden Ideals sind, sondern auf irgend eine Art mit diesem in Beziehung stehen, zu ihm gehören. Die Noth kan die Entweihung eines solchen heiligen Dinges gebieten;

[1] *Daneben am Rande:* Rechte, die er selbst aufgibt, wenn er Gewalten über sich festsezt

aber es ohne Noth zu verlezen ist Muthwillen, wenn das worin ein Volk vereinigt ist, zugleich ein gemeinsames, ein Eigenthum aller ist; denn alsdenn ist die Verlezung des Heiligthum zugleich eine ungerechte Verlezung des Rechtes aller; der fromme Eifer, der Tempel und Altäre eines fremden Gottesdienstes zerbricht, seine Priester verjagt, entweiht gemeinsame, und allen gehörige Heiligthümer. Aber ist ein Heiliges nur insofern alle vereinigend, als alle entsagen, als alle dienen, so nimmt hieran jeder, der sich von andern trennt, sein Recht wieder auf, und die Verlezung eines solchen heiligen Dings oder Gebotes ist in Rüksicht der andern nur insofern eine Störung, | als der Gemeinschaft mit ihnen entsagt, und der willkührliche Gebrauch seiner Sache, sei sie Zeit oder was es ist, wieder sich vindicirt wird. Um so geringer aber ein solches Recht, und die AufOpferung desselben ist, um so weniger wird [ein] Mensch darüber seinen Mitbürgern in dem, was ihnen das Höchste ist, sich entgegensezen, die Gemeinschaft mit ihnen im innigsten Punkte der Verknüpfung zerreissen wollen. Nur wenn das Ganze der Gemeinschaft, ein Gegenstand der Verachtung ist, und da Jesus aus der ganzen Existenz seines Volks heraustrat, so fiel diese Art von Schonung weg, mit der sonst ein Freund sich in Gleichgültigkeiten gegen den beschränkt, mit dem er Ein Herz und Eine Seele ist; und um einer jüdischen Heiligkeit willen versagte er [sich seine Absichten] nicht, schob nicht einmal die Befriedigung eines sehr gemeines Bedürfnisses, einer Willkühr auf; er ließ darin seine Trennung von seinem Volke seine ganze Verachtung gegen die Knechtschaft unter objektiven Geboten lesen |

Matth. 12. 190

Seine Begleiter gaben den Juden durch das Ausrauffen der Ähren am Sabbath ein Ärgernis; der Hunger, der sie dazu trieb, konnte in jenen Ähren keine grosse Befriedigung finden; die Ehrfurcht für den Sabbath hätte diese geringe Befriedigung wohl um die Zeit aufschieben können, die sie bis zu einem Orte zu kommen brauchten, wo sie zubereitete Speise finden konnten. Jesus hält den Pharisäern die
jene unerlaubte Handlung rügten, David entgegen, aber dieser hatte 191
in der aüssersten Noth nach den Schaubrodten gegriffen; er führt 192

auch die Entweihung des Sabbaths durch priesterliche Geschäfte an; allein da dise gesezlich sind so sind sie keine Entweihung desselben; und indem er auf einer Seite das Vergehen selbst durch die Bemerkung vergrössert, daß die Priester nur im Tempel den Sabbath entweihen, hier | aber noch mehr sey, die Natur heiliger sey als der Tempel, so erhebt er auf der andern Seite im allgemeinen die für die Juden Götterlose unheilige Natur über ihre Beschränkung der Welt, die mit Gott in Beziehung stehe auf einen einzigen von den Juden gemachten Ort; unmittelbar aber sezt er der Heiligung einer Zeit, den Menschen entgegen, und erklärt jenes für niedriger, als eine gleichgültige Befriedigung eines menschlichen Bedürfnisses

193 Am gleichen Tage heilt Jesus eine verdorrte Hand; – die eigne Handlungsart der Juden, in Ansehung eines in Gefahr sich befindenden Viehes, beweißt ihnen zwar, wie Davids Verbrauch der heiligen Brodte, oder die Geschäfte der Priester am Sabbath, daß ihnen selbst die Heiligkeit dieses Tages nicht absolut gelte, daß sie selbst etwas höheres als die Beobachtung dieses Gebots kennen; aber auch in dem Falle, den er hier | den Juden entgegen hält, ist ein Nothfall, und die Noth tilgt die Schuld; das Thier, das in den Brunnen fällt, erfodert augenblikliche Hülfe, – ob aber jener Man auch noch bis zum Untergang der Sonne den Gebrauch seiner Hand entbehrte, war ganz gleichgültig; die Handlung Jesu drükte die Willkühr aus, einige Stunden früher diese Heilung zu verrichten und das Primat einer solcher Willkühr über ein Gebot, das von der höchsten Autorität ausgeht.

194 Dem Gebrauch des Händewaschens vor dem Brodessen sezt Jesus Matth. 15,2. die ganze Subjektivität des Menschen entgegen, und über die Knechtschaft gegen ein Gebotnes[1]. Er machte die unbestimmte Subjektivität, den Charakter zu einer ganz andern Sphäre, die mit der pünktlichen Befolgung objektiver Gebote gar nichts gemein habe.

[1] *Am unteren Seitenrand mit Verweiszeichen:* der Reinheit oder Unreinheit eines objektiven die Reinheit oder Unreinheit des Herzens.

Anders als gegen die rein objektiven Gebote, denen Jesus etwas ganz frem|des das subjektive im allgemeinen entgegenhielt, verhielt sich Jesus gegen diejenigen Geseze, die wir nach verschiedener Rüksicht entweder moralische oder bürgerliche Gebote nennen. Da sie natürliche Beziehungen des Menschen in der Form von Geboten ausdrükken, so besteht die Verirrung in Ansehung derselben darin, wenn sie entweder ganz oder zum theil objektiv werden. Da Geseze Vereinigungen entgegengesezter in einem Begriffe sind, der sie also als entgegengesezte läßt, der Begriff aber selbst in der Entgegensezung gegen Wirkliches besteht, so drükt er ein Sollen aus; insofern der Begriff nicht seinem Innhalt nach, sondern seiner Form nach, daß er Begriff vom Menschen gemacht und gefaßt ist, [betrachtet wird,] ist das Gebot moralisch; insofern blos auf den Innhalt gesehen wird, als die bestimmte Vereinigung bestimmter entgegengesezter; und das Sollen also nicht von der Eigenschaft des Begriffs stammt, sondern | durch eine fremde Macht behauptet wird, sofern ist das Gebot bürgerlich. Weil bei der leztern Rüksicht die Vereinigung der entgegengesezten nicht begriffen, nicht subjektiv ist, so enthalten bürgerliche Geseze die Grenze der Entgegensezung mehrerer Lebendiger – die reinmoralischen aber bestimmen die Grenze der Entgegensezung in Einem Lebendigen, jene also schränken die Entgegensezung Lebendiger gegen Lebendige, diese, die Entgegensezung Einer Seite Einer Kraft eines Lebendigen gegen andere Seiten, andre Kräfte ebendesselben Lebendigen ein und eine Kraft dieses Wesens ist insofern herrschend gegen eine andere Kraft desselben. Rein Moralische Geseze, die nicht fähig sind, bürgerliche zu werden, d. h. in denen die Entgegengesezten und die Vereinigung nicht die Form Fremder haben können, wären solche, welche die Einschränkung solcher Kräfte betreffen, deren Thätigkeit in sofern ihre Thätigkeit, nicht eine Thätigkeit, eine Beziehung gegen andre Menschen ist. Die Geseze, wenn sie als blos bürgerliche Gebote wirksam sind, sind positive, und weil sie ihrer Materie nach mora|lischen gleich sind, oder weil die Vereinigung Objektiver im Begriffe, auch eine nichtobjektive voraussezt, oder eine solche werden kan, so wäre

es die Aufhebung der Form bürgerlicher Geseze, wenn sie zu moralischen gemacht [würden], wenn ihr Soll nicht der Befehl einer fremden Macht sondern die Folge des eignen Begriffs, Achtung für die Pflicht ist. Aber auch diejenigen moralischen Gebote die nicht fähig sind, bürgerliche zu werden, können dadurch objektiv werden, daß die Vereinigung (oder Einschränkung) nicht selbst als Begriff, als Gebot wirkt, sondern [als] der eingeschränkten Kraft fremdes, obzwar auch subjektives. Diese Art von Objektivität könnte nur aufgehoben werden durch Wiederherstellung des Begriffs selbst, und der Beschränkung der Thätigkeit durch ihn. Auf diese Art, könnte man erwarten, daß Jesus gegen die Positivität moralischer Gebote gegen blosse Legalität gearbeitet hätte, daß er gezeigt hätte, das gesezliche sey ein Allgemeines, und seine ganze Verbindlichkeit liege in seiner Allgemeinheit weil eines theils jedes Sollen, jedes gebotne zwar als ein Fremdes sich ankündigt, anderntheils | aber als Begriff (die Allgemeinheit) ein subjektives ist, wodurch es als Produkt einer menschlichen Kraft des Vermögens der Allgemeinheit der Vernunft seine Objektivität, seine Positivität, *Heteronomie* verliert und das Gebotne in einer Avtonomie des menschlichen Willens gegründet sich darstellt. Durch diesen Gang ist aber die Positivität nur zum theil weggenommen; und
195 zwischen dem tungusischen Schaman, mit dem Kirche und Staat regierenden europäischen Prälaten, oder dem Mogulizen, mit dem Puritaner, und zwischen dem seinem Pflichtgebot gehorchenden ist nicht der Unterschied, daß jene sich zu Knechten machten, dieser frei wäre; sondern daß jener den Herrn ausser sich, dieser aber den Herrn in sich trägt zugleich aber sein eigner Knecht ist; für das Besondre, Triebe Neigungen, pathologische Liebe, Sinnlichkeit, oder wie man es nennt, ist das Allgemeine nothwendig und ewig ein fremdes, ein objektives; es bleibt eine unzerstörbare Positivität übrig, die vollends dadurch empörend wird, daß der Innhalt, den das allgemeine | Pflichtgebot erhält, eine bestimmte Pflicht den Widerspruch eingeschränkt und allgemein zugleich zu seyn enthält, und um der Form der Allgemeinheit willen für ihre Einseitigkeit die härtesten Prätensionen macht. Wehe den menschlichen Bezie-

hungen, die nicht gerade im Begriffe der Pflicht sich finden, der, so
wie er nicht bloß der leere Gedanken der Allgemeinheit ist, sondern
in einer Handlung sich darstellen soll, alle andern Beziehungen
ausschließt, oder beherrscht.

Ein Mann, der den Menschen in seiner Ganzheit wiederherstel-
len wollte, konnte einen solchen Weg unmöglich einschlagen, der
der Zerrissenheit des Menschen, nur einen hartsinnigen Dünkel
zugesellt. Im Geiste der Geseze handeln, konnte ihm nicht hei-
ßen, aus Achtung für die Pflicht mit Widerspruch der Neigungen 196
handeln; | denn beide Theile des Geistes (man kan bei diesem Zer-
rissenseyn des Gemüths nicht anders sprechen) befänden sich ja
ebendadurch gar nicht im Geiste, sondern gegen den Geist der
Geseze, der eine, weil er ein ausschliessendes, also von sich selbst
beschränktes, der andre weil er ein unterdrüktes ist

Unmittelbar gegen Geseze gekehrt zeigt sich dieser über Mora-
lität erhabene Geist Jesu in der Bergpredigt, die ein an mehreren
Beispielen von Gesezen durchgeführter Versuch ist, den Gesezen
das gesezliche, die Form von Gesezen zu benehmen, der nicht
Achtung für dieselben predigt, sondern dasjenige aufzeigt, was sie
erfüllt, aber als Geseze aufhebt, und also etwas höheres ist, als
der Gehorsam gegen dieselbe, und sie entbehrlich macht. Da die
PflichtGebote eine Trennung voraussezen, und die Herrschaft des
Begriffs in einem Sollen sich ankündigt, so ist dagegen dasjenige
was über diese Trennung erhaben ist, ein Seyn, eine Modifikation
des Lebens, welche nur in Ansehung des Objekts betrachtet, aus-
schliessend also beschränkt ist, | indem die Ausschliessung nur
durch die Beschränktheit des Objekts gegeben ist, und nur dasselbe
betrift. Wenn Jesus auch das was er den Gesezen entgegen und über
sie sezt, als Gebote ausdrükt, (Meinet nicht, ich wolle das Gesez 197
aufheben; euer Wort sey, ich sage euch nicht zu widerstehen u.s.w. 198 199
liebe Gott und deinen Nächsten) so ist diese Wendung in einem
ganz andern Sinne Gebot, als das Sollen des Pflichtgebots; sie ist
nur die Folge davon, daß das Lebendige gedacht ausgesprochen, in
der ihm fremden Form des Begriffs gegeben wird; da hingegen das
Pflichtgebot seinem Wesen nach als ein Allgemeines ein Begriff ist.

Und wenn so das Lebendige in der Form eines Reflektirten, Gesag-
200 ten gegen Menschen erscheint, so hatte Kant sehr Unrecht diese
201 zum Lebendigen nicht gehörige Art des Ausdruks: Liebe Gott über
alles und deinen Nächsten als dich selbst, als ein Gebot anzusehen,
welches Achtung für ein Gesez fodert, das Liebe befiehlt. Und auf
dieser Verwechslung des Pflichtgebots, [das] in der Entgegensezung
des Begriffs und des Wirklichen besteht, und der ganz ausser-
wesentli|chen Art, das Lebendige auszusprechen beruht seine tief-
sinnige Zurükführung dessen, was er ein Gebot nennt: Liebe Gott
über alles und deinen Nächsten als dich selbst – auf sein Pflicht-
202 gebot. Und seine Bemerkung daß Liebe, oder in der Bedeutung
die er dieser Liebe geben zu müssen meint, alle Pflichten *gerne*
ausüben nicht geboten werden könne fällt von selbst hinweg; weil
in der Liebe aller Gedanke von Pflichten wegfällt; und auch die
Ehre, die er jenem Ausspruche Jesu dagegen wieder angedeihen
läßt ihn als das aber von keinem Geschöpf erreichbare Ideal der
Heiligkeit anzusehen, ist ebenso überflüssig verschwendet; denn
ein solches Ideal, in dem die Pflichten als gerne gethan vorgestellt
würden, ist in sich selbst widersprechend, weil Pflichten eine Ent-
gegensezung und das gerne thun keine Entgegensezung foderten;
und er kan diesen Widerspruch ohne Vereinigung in seinem Ideal
ertragen, in dem er jedoch die vernünftigen Geschöpfe (eine son-
derbare Zusammenstellung) zu fallen, jenes Ideal zu erreichen für
unfähig erklärt.

Jesus fängt die Bergpredigt mit einer Art von Paradoxen an, in
denen seine volle Seele gegen die Menge erwar|tender Zuhörer so-
gleich unzweideutig erklärt, daß sie von ihm ganz etwas Frem-
des, einen andern Genius eine andre Welt zu erwarten haben. Es
sind Schreye, in denen er sich begeistert sogleich von der gemeinen
203 Schäzung der Tugend entfernt, begeistert ein andres Recht und
Licht, eine andre Region des Lebens ankündigt, deren Beziehung
auf die Welt nur die seyn könne, von dieser gehaßt und verfolgt
zu werden. In diesem Himmelreiche zeige er ihnen aber nicht die
204 Auflösung der Geseze, sondern sie müssen durch eine Gerechtig-
keit erfüllt werden, die eine andre sey in der mehr, die vollstän-

diger sey, als die Gerechtigkeit der Pflichtlinge, eine Ausfüllung des Mangelhaften der Geseze. Er zeigt hierauf diß ausfüllende an mehrern Gesezen;

Man kan diß mehr in sich enthaltende eine Geneigtheit, so zu
handeln | nennen, wie die Geseze gebieten würden, Einigkeit der
Neigung mit dem Geseze, wodurch dieses seine Form als Gesez
verliert; diese Übereinstimmung der Neigung ist das πληρωμα 205
des Gesezes, ein Seyn, das wie man sich sonst ausdrükte, das
complement der Möglichkeit ist; denn Möglichkeit ist das Objekt, 206
als ein Gedachtes, das allgemeine; Seyn, die Synthese des Subjekts und Objekts, in welcher Subjekt und Objekt ihre Entgegensezung verlohren haben, ebenso jene Geneigtheit eine Tugend,
ist eine Synthese, in der das Gesez, (das Kant darum immer ein 207
objektives nennt) seine Allgemeinheit, und ebenso das Subjekt, seine Besonderheit, – beide ihre Entgegensezung verlieren; da in der Kantischen Tugend diese Entgegensezung bleibt, und das eine zum Herrschenden, das andre zum Beherrschten wird. Die Übereinstimmung der Neigung mit dem Geseze ist von der Art, daß Gesez und Neigung nicht mehr verschiedene sind; und der Ausdruk Übereinstimmung der Neigung mit dem Geseze wird darum ganz unpassend, weil in | ihm noch Gesez und Neigung, als besondre, als entgegengesezte vorkommen, und leicht eine Unterstüzzung der moralischen Gesinnung, der Achtung für Gesez, und des Bestimmtseyn des Willens durchs Gesez – durch die davon verschiedene Neigung verstanden werden könnte, und da die übereinstimmenden verschiedne sind, auch die Übereinstimmung nur zufällig, nur die Einheit Fremder, ein Gedachtes wäre. Da aber hier in dem Komplement der Geseze, und was damit zusammen hängt, Pflicht, moralische Gesinnung u. drgl. aufhört allgemeines, der Neigung, und die Neigung aufhört, besonders, dem Geseze entgegengesezt zu seyn, so ist jene Übereinstimmung Leben, und als Beziehung verschiedner, Liebe, ein Seyn, das als Begriff, Gesez ausgedrükt, nothwendig dem Geseze d. h. sich selbst gleich, oder als Wirkliches als Neigung dem Begriffe entgegengesezt, gleichfalls sich selbst der Neigung gleich ist.

208 So ist das Gebot: du sollt nicht tödten, ein Grundsaz, der für den Willen jedes vernünftigen Wesens gültig erkannt wird, der als Princip einer *allgemeinen* Gesezgebung gelten kan. Jesus | sezt einem solchen Gebot den höhern Genius der Versöhnlichkeit (einer Modifikation der Liebe) entgegen, der nicht nur nicht gegen jenes Gesez handelt, sondern es ganz überflüssig macht, soviel reichere lebendigere Fülle in sich schließt, daß für ihn so Etwas dürftiges als so ein Gesez gar nicht ist.

Was der Versöhnlichkeit, da in ihr das Gesez seine Form verliert, der Begriff vom Leben verdrängt wird, an der Allgemeinheit, die im Begriff alles besondre in sich faßt, abgeht, ist nur ein scheinbarer Verlust und ein wahrer unendlicher Gewinn durch den Reichthum lebendiger Beziehungen mit den vielleicht wenigen Individuen, mit denen sie in Verhältnis kommt. Sie schließt nicht Wirkliches, sondern Gedachtes, Möglichkeiten aus, und dieser Reichthum der Möglichkeit in der | Allgemeinheit des Begriffs die Form des Gebots ist selbst eine Zerreissung des Lebens und seinem Innhalt nach so dürftig, daß sie ausser der einzigen in ihm verbotnen Mishandlung alle übrigen zuläßt; vor der Versönlichkeit hingegen ist auch Zorn ein Verbrechen, und die schnelle Reaktion des Gefühls einer Unterdrükkung, die Aufwallung, wieder zu unterdrükken, welche eine Art blinder Gerechtigkeit ist, und also doch Gleichheit aber Feindlicher voraussezt; der Geist der Versöhnlichkeit hingegen in sich ohne feindselige Gesinnung, die Feindschaft des andern aufzuheben strebt. Wenn nach der Liebe
geurtheilt wird, so ist es ihr auch, und zwar ein grösseres Ver-
209 brechen, als der Zorn, seinen Bruder einen Schurken zu schelten;
aber ein Schurke in seinem Isoliren, indem er sich, einen Menschen, den Menschen | feindlich gegenüberstellt, und in dieser Zerrüttung zu bestehen strebt, wird noch für Etwas gehalten, er gilt noch, denn er wird gehaßt, und ein grosser Schurke kan bewundert werden; der Liebe ist es daher noch fremder den andern für einen Narren zu erklären, welches nicht nur alle Beziehung mit ihm sondern auch alle Gleichheit alle Gemeinschaft des Wesens aufhebt, ihn in der Vorstellung völlig unterjocht, als ein Nichts,

bezeichnet.*) Dagegen läßt die Liebe, die vor dem Altar, einer Entzweiung bewußt wird, ihr Opfer dort, versöhnt sich mit dem Bruder | und tritt dann erst rein, und einig vor die einige Gottheit. Sie läßt sich nicht vom Richter ihr Recht zumessen, sondern versöhnt sich, ohne alle Rüksicht auf Recht.

Ebenso stellt Jesus der pflichtmässigen Treue in der Ehe, und 210
dem Rechte, sich von dem Weibe zu scheiden, die Liebe entgegen,
welche, was jene Pflicht nicht verbot, auch die Begierde ausschliest,
und diese Erlaubnis, die jener Pflicht widersprechend war – bis auf
einen Fall, aufhebt; So ist einestheils die Heiligkeit der Liebe die
Ergänzung (das πληρωμα) des Gesezes wider den Ehebruch; und 211
diese Heiligkeit gibt allein Fähigkeit, wenn eine der vielen Seiten
des Menschen sich zum Ganzen, oder gegen das Ganze erheben
wollte, sie niederzuhalten, und nur die Empfindung des Ganzen,
die Liebe, vermag die Zerstreuung des Wesens zu verhindern –
Andern Theils hebt die Liebe die Erlaubnis, sich zu scheiden auf;
und gegen die Liebe kan weder so lang sie lebt, noch wie [sie] | aufhört, von Erlaubnis und Recht die Rede seyn. Das Aufhören der
Liebe gegen ein Weib, in welchem noch die Liebe ist, macht sie
sich selbst ungetreu werden, und sündigen; und eine Übertragung
ihrer Leidenschaft ist nur eine Verirrung derselben, die sie mit bösem Gewissen büssen muß; Ihr Schiksal kan ihr in diesem Falle
freilich nicht erspart werden und die Ehe ist an sich getrennt; aber
der Beistand, den der Mann von einem Rechte und Geseze hohlt,
und durch den er Rechtlichkeit und Schiklichkeit auf seine Seite
zieht, heißt der Verlezung der Liebe des Weibes, noch eine niederträchtige Härte hinzufügen. Im Falle nur, den Jesus ausnimmt,
wenn das Weib ihre Liebe einem andern zugewandt hat, kan der 212

*) Die Worterklärung spricht am meisten für die hier angenommene Bedeutung des ρακα, die Hauptschwierigkeit dagegen machte der moralische Sinn der Ausleger, die den Narren gelinder finden als den Schurken und beide Worte nicht nach dem Gemüth aus dem sie kommen, [sondern] nach dem Eindruk beurtheilen, den sie machen, und da fühlt sich der für einen Narren erklärte sui juris gemacht, und wenn er so gescheut ist, als der andre, dreht er es um und heißt den andern einen Narren.

213 Mann ihr Knecht nicht bleiben. Den Juden Σκληροις καρδιᾳ mußte Moses wohl über die Ehe Geseze, und Rechte geben; von Anfang aber war es nicht so.

In einer Versicherung über ein Wirkliches wird das Subjekt und das Objekt als getrennte gedacht, oder in einer Versicherung über ein künftiges | in einem Versprechen [sind] die Erklärung seines Willens, und die That selbst, noch ganz getrennte; und es ist um die Wahrheit, d.i. den festen Zusammenhang beider zu thun; in einer eydlichen Versicherung wird die Vorstellung der entweder schon geschehenen oder erst zukünftigen That an etwas göttliches geknüpft, der Zusammenhang des Worts und der That, die Verknüpfung, das Seyn selbst dargestellt an einem Seyenden in ihm vergegenwärtigt, und weil die Wahrheit des Falles, der beschworen wird nicht selbst sichtbar gemacht werden kan, wird an ihrer Stelle die Wahrheit selbst, Gott gesezt und theils auf diese Art dem Andern gegeben, in ihm Überzeugung bewirkt, theils durch die Rükwirkung dieses Seyenden auf das sich entschliessende Gemüthe des Schwörenden das Gegentheil der Wahrheit ausgeschlossen; und es ist gar nicht
214 abzusehen, in wiefern hierin ein Aberglauben liegen soll. Wenn die Juden | bei dem Himmel, bei der Erde, bei Jerusalem oder bei ihrem Haupthaar schwuren, und ihren Eid Gott anheim stellten, ihn in die Hand des Herrn legten so knüpften sie die Wirklichkeit des Versicherten an ein Objekt, sezten beide Wirklichkeiten gleich, und den Zusammenhang dieses Objekts und des Versicherten die Gleichheit beider legten sie in die Gewalt einer fremden Macht und Gott ist zur Macht über das Wort gesezt und dieser Zusammenhang soll im Menschen selbst begründet seyn; die versicherte That und das Objekt, bei dem versichert wird, werden so aneinandergekettet, daß wenn eins aufgehoben wird, auch das andre gelaügnet in der Vorstellung aufgehoben wird; wenn also die versprochene That, oder die versicherte Wirklichkeit, nicht wirklich ist, so ist damit auch das Objekt bei dem geschworen wurde, der Himmel, die Erde u.s.w. gelaügnet; und [in] diesem Fall muß der Herr desselben es vindiciren, Gott Rächer des Seinigen werden, – Dieser | Anknüpfung der versicherten That an etwas objektives widerspricht Jesus,

er bekräftigt nicht die Pflicht den Eyd zu halten, sondern erklärt
ihn überhaupt für überflüssig; denn weder der Himmel noch die
Erde, noch Jerusalem, noch das HauptHaar ist des Menschen Geist,
der allein der Verknüpfer seines Wortes und einer Handlung ist,
sondern es sey fremdes Eigenthum und die Gewisheit der That
dürfe nicht an etwas fremdes geknüpft seyn, in ein Fremdes gelegt
werden, sondern der Zusammenhang des Wortes und der Hand-
lung müsse lebendig seyn, in dem Menschen selbst beruhen.

Aug um Auge, Zahn um Zahn, sagen die Geseze; Die Wieder- 215
Vergeltung, und die Gleichheit derselben ist das heilige Princip
aller Gerechtigkeit, das Princip auf dem jede Staatsverfassung
ruhen muß. Aber Jesus fodert hierauf im allgemeinen Aufgebung 216
des Rechts, Erhebung der ganzen Sphäre der Gerechtigkeit, oder
Ungerechtigkeit durch Liebe, in welcher, mit dem | Rechte, auch
das Gefühl der Ungleichheit und das Soll dieses Gefühls, das
Gleichheit fodert, d. i. der Haß gegen Feinde verschwindet.

Die Geseze und Pflichten, von denen Jesus bisher sprach, waren
im Ganzen bürgerliche, und die Ergänzung, die er ihnen gab, war
nicht die, daß er sie als Geseze und Pflichten bestätigte, aber als
Triebfeder reine Achtung für sie foderte, sondern zeigt vielmehr
Verachtung gegen sie, und seine Ergänzung ist ein Geist, dessen
Handlungen wenn sie etwa nach Gesezen und Pflichtgeboten be-
urtheilt werden, denselben gemäß befunden werden, der aber kein
Bewußtseyn für Pflichten und Rechte hat. Weiterhin spricht [er]
von einer bloß moralischen Pflicht der Tugend der Wohlthätigkeit;
Jesus verurtheilt bei ihr, wie beim Gebet und Fasten das Einmischen
eines Fremden, die Unreinheit der Handlung; – thut es nicht, um 217
gesehen zu werden – der Zwek der Handlung d. h. die Handlung als
gedachte ehe sie noch gethan ist, sey gleich der vollbrachten Hand-
lung. Ausser dieser Heuchelei, die in | den Gedanken der Handlung
das andre von den Menschen gesehen zu werden einmischt, das
nicht in der Handlung ist, scheint Jesus auch hier selbst das Be-
wußtseyn der Handlung, als einer erfüllten Pflicht zu entfernen
Laß die Linke Hand nicht wissen, was die Rechte thut, kan nicht von 218
[dem] Bekanntwerden der Handlung genommen werden, sondern

ist das Gegentheil des: von den Leuten gesehen werden, und wenn es also einen Sinn haben soll, so wird es die eigne Reflexion über seine Pflichtgemäßheit bezeichnen. Ob bei der Handlung nur ich, oder ob ich denke, daß auch andre mir zuschauen, ob ich nur mein Bewußtseyn oder auch den Beifall anderer geniesse, ist wohl kein grosser Unterschied denn der erkannte Beifall anderer über einen Sieg den die Pflicht das allgemeine über das besondre davon getragen hat, ist gleichsam nicht mehr die bloß ge|dachte sondern die angeschaute Allgemeinheit, und Besonderheit, jene in der Vorstellung der andern, diese in den andern als Wirklichen selbst; und das einsame Bewustseyn der erfüllten Pflicht ist von der Ehre nicht der Art nach sondern nur insofern verschieden, als in der Ehre die Allgemeinheit nicht blos allgemeingültig, sondern auch als allgemeingeltend erkannt wird; in dem eignen Bewußtseyn die Pflicht erfüllt zu haben gibt sich das Individuum selbst den Charakter der Allgemeinheit, es schaut sich als ein allgemeines als erhaben über sich selbst als besonderes, und über das was im Begriff der Besonderheit liegt, an, über die Menge der Individuen; denn so wie der Begriff der Allgemeinheit auf das Individuum angewendet wird, so erhält der Begriff der Besonderheit auch diese Beziehung auf Individuen, und ihre Entgegensezung derselben gegen jenes sich selbst der Allgemeinheit gemäß, in Erfüllung der Pflicht erkennende. Und dieses Selbstbewußtseyn ist der Handlung ebenso fremde als der Beifall der Menschen. Von dieser Überzeugung in sich, gerecht zu seyn, und der Herabsezung anderer dadurch, (welches beides in nothwendiger Verbindung | steht, wegen der nothwendigen Entgegensezung des Besondern gegen das Allgemeine) spricht auch Jesus in der Parabel Luc. 18,9ss.

Der Pharisäer dankt Gott dafür, er ist so bescheiden nicht die Kraft seines Willens darin zu erkennen, daß er nicht ist wie viele andere Menschen, die Raüber, Ungerechte, Ehebrecher sind, oder wie der Zöllner hier neben ihm; er faste nach der Regel, und bezahle als ein rechtschaffener Mann, gewissenhaft seinen Zehenten. Diesem Bewußtseyn der Rechtschaffenheit, von welchem gar nicht gesagt ist, daß es nicht wahr gewesen sey, sezt Jesus den niedergesunknen Blik, der sich nicht zum Himmel zu erheben wagt, des Zöllners entgegen, welcher an seine Brust schlägt: Gott sey mir Sünder gnädig. Das Bewußtseyn des Pharisäers, seine Pflicht erfüllt zu haben, wie auch das Bewußtseyn des Jünglings, ein treuer Beobachter aller Geseze gewesen zu seyn, Matth. 19,20 diß gute Gewissen ist darum eine Heuchelei, weil es theils, wenn es schon mit der Absicht der Handlung verbunden ist, eine Reflexion über sich selbst, über | die Handlung, ein unreines nicht zur Handlung gehöriges ist, theils wenn es eine Vorstellung seiner selbst, als eines moralischen Menschen ist, beim Pharisäer und bei jenem Jüngling, sich gibt, eine Vorstellung, deren Innhalt die Tugenden sind, d.h. beschränkte, denen ihr Krais gegeben, [die] in ihren Stoff begränzt sind, also alle zusammen ein unvollständiges sind, da das gute Gewissen, das Bewußtseyn seine Pflichten erfüllt zu haben sich zum Ganzen heuchelt.

In eben diesem Geiste spricht Jesus vom Beten und Fasten; beides entweder ganz objektive, durchaus gebotene Pflichten, oder nur in einem Bedürfnis gegründet; sie sind nicht fähig, als moralische Pflichten vorgestellt zu werden, weil sie keine Entgegensezung voraussezen, die in einem Begriffe vereinigt zu werden fähig wäre; Jesus rügt bei beidem den Schein, den man sich vor den Menschen damit gibt, und beim Gebet besonders, auch das viele Schwäzen, wodurch es das Ansehen einer Pflicht und der Ausübung derselben erhält. Das Fasten beurtheilt Jesus Matth. 19,15. nach der Empfin- 219
dung, die dabei zum Grunde liegt, nach dem Bedürfnis, das dazu treibt. Ausser der Entfernung der Unreinheit beim Gebet | gibt Jesus auch eine Art zu Beten an; die Rüksicht auf das Wahre des Gebets gehört nicht an diese Stelle.

Über die folgende Foderung von Abwerfung der Lebens-Sorgen, und Verachtung der Reichthümer sowie über Matth. 19,23. Wie schwer ist es, daß ein Reicher ins Reich Gottes komme, ist wohl nichts zu sagen; es ist eine Litanei, die nur in Predigten oder in Reimen verziehen wird, denn eine solche Foderung hat keine Wahrheit für uns. Das Schiksal des Eigenthums ist uns zu mächtig ge-

worden, als daß Reflexionen darüber erträglich, seine Trennung von uns, uns denkbar wäre. Aber soviel ist doch einzusehen, daß der Besiz von Reichthum, mit allen den Rechten, so wie mit allen Sorgen, die damit zusammenhängen, Bestimmtheiten in den Menschen bringt, deren Schranken den Tugenden ihre Gränze sezen, ihnen Bedingungen und Abhängigkeiten geben, innerhalb deren wohl für Pflichten und Tugenden Raum ist, die aber kein Ganzes, kein vollständiges Leben zulassen, weil es an Objekte gebunden, Bedingungen seiner ausser sich selbst hat, weil dem Leben noch etwas als eigen zugegeben ist, was doch nie sein Eigenthum seyn kan. Der Reichthum verräth sogleich seine Entgegensezung gegen die Liebe, gegen die Ganzheit dadurch, daß er ein | Recht und in einer Mannichfaltigkeit von Rechten begriffen ist, wodurch theils seine unmittelbar auf ihn sich beziehende Tugend, die Rechtschaffenheit, theils die andern innerhalb seines Kraises möglichen Tugenden nothwendig mit Ausschliessung verbunden, und jeder TugendAkt an sich selbst ein entgegengeseztes ist. An einen Synkretismus,
220 einen Zweyherrendienst ist nicht zu denken, weil das unbestimmte und das Bestimmte mit Beibehaltung ihrer Formen nicht verbunden werden können. Jesus mußte nicht blos das Komplement der Pflichten, sondern auch das Objekt dieser Principien das Wesen der Sphäre der Pflichten aufzeigen, um das der Liebe entgegengesezte Gebiet zu zerstöhren.

Lukas (12,13ss.) bringt die Ansicht, nach welcher Jesus sich gegen die Reichthümer erklärt, in einer Verbindung vor, wodurch sie noch deutlicher wird. Ein Mann hatte ihn darum angesprochen, sich bei seinem Bruder über die Theilung ihrer Erbschaft zu verwenden; eine Bitte um eine solche Verwendung abzuschlagen wird nur die Verfahrungsart eines Egoisten zu seyn geurtheilt. Jesus scheint in sei|ner Antwort gegen den der die Bitte an ihn gethan hatte, unmittelbar nur seine Inkompetenz dazu entgegenzuhalten; Aber in seinem Geiste liegt mehr, als daß er nur kein Recht zu jener Theilung habe, denn er wendet sich sogleich zu seinen Jüngern mit einer Ermahnung gegen die Begierde zu Haben, und fügt eine Parabel bei von einem reichen Mann, den Gott mit der Stimme

aufschrökt: »Thor! diese Nacht wird man deine Seele von dir fo- 221
dern – was du erworben hast, wem wird es seyn? So ist es mit dem
der sich Schäze sammelt, und nicht in Gott reich ist.« So wendet
Jesus nur jenem Profanen die Rechtsseite zu, gegen seine Jünger
fodert er Erhebung über das Gebiet des Rechts, der Gerechtigkeit,
der Billigkeit, der Freundschaftsdienste, die Menschen in diesem
Gebiete sich leisten können, über die ganze Sphäre des Eigenthum.

Einen Kontrast mit dieser Gesez- und Pflichtlosigkeit in der
Liebe, die Jesus als das Höchste bezeichnet, macht die Art des Jo-
hannes des Taüfers, von welcher Lukas (C. 3.) einige Proben aufbe-
halten hat. »Wie sie ungeachtet sie Abraham zum Vater haben noch 222
hoffen könnten, sagt' er zu den Juden, ihrem | erzürnten Schiksal zu
entgehen; die Axt liegt schon an der Wurzel der Baüme.« Und da
die Juden ihn nun fragten, was sie zu thun haben, so sagt' er, wer 223
zwei Rökke, oder überflüssige Speise hat, gebe es dem, der nicht
hat; die Zöllner gemahnt' er, nicht mehr Abgaben zu fodern, als
ihnen vorgeschrieben ist; die Soldaten, niemand zu plagen, nichts
zu erpressen sondern von ihrem Solde zu leben; noch ist von ihm
bekannt (Matth 14,4) daß er [sich] in Schmählen über das Ver-
hältnis des Herodes mit seines Bruders Frau einließ; ein Schelten
das ihn den Kopf kostete; sein Schiksal vollendete sich über eine
Bestimmtheit; wie sein Lehren nach den obigen Proben eine Er-
mahnung zu bestimmten Tugenden war, und den grossen Geist,
die alle umfangende Seele derselben nicht in seinem Bewußtseyn
zeigt. Er fühlte diß auch selbst, und verkündigte einen andern, der 224
die Wurfschaufel in der Hand die Tenne fegen werde; Johannes
hofft im Glauben statt seiner Wassertauffe, von seinem Nachfolger
eine Taufe mit Feuer und Geist. |

Dem Gewissen, dem Bewußtseyn der eignen Pflichtgemäßheit oder
Nicht-Gemäßheit steht die Anwendung der Geseze auf andere im
Urtheil gegenüber; »richtet nicht,« sagt Jesus, »auf daß ihr nicht 225
gerichtet werdet; mit welchem Maaß ihr messet, wird euch dagegen
gemessen werden.« Diß Subsumiren anderer unter einen Begriff,
der im Gesez dargestellt ist, kan darum eine Schwäche genannt

werden, weil der urtheilende nicht stark genug ist, sie ganz zu ertragen, sondern sie theilt, und gegen ihre Unabhängigkeit nicht auszuhalten vermag, [über sie urtheilt] nicht wie sie sind, aber wie sie seyn sollen; durch welches Urtheil er sie sich, denn der Begriff die Allgemeinheit ist sein, in Gedanken unterjocht hat. Mit diesem Richten aber hat er ein Gesez anerkannt, und sich selbst der Herrschaft desselben unterzogen, ein Maaß des Richtens auch für sich aufgestellt, und mit der liebreichen Gesinnung für seinen Bruder,
226 ihm den Splitter aus dem Auge zu ziehen, ist er selbst unter das Reich der Liebe gesunken.

Das noch Folgende ist nicht mehr eine Entgegenstellung dessen, was höher ist als die Geseze, gegen sie, sondern die Aufzeigung einiger Aüsserungen | des Lebens in seiner schönen freyen Region, als die Vereinigung der Menschen im Bitten, Geben und Nehmen. Das ganze schließt mit dem Bestreben, das Bild des Menschen, wie er im Vorherigen in der Entgegensezung gegen die Bestimmtheiten gezeichnet ist, weswegen auch das reine mehr in seinen Modifikationen, in besondern Tugenden als Versöhnlichkeit, ehliche Treue, Wahrhaftigkeit u.s.w. erschien, rein ausser dieser Sphäre darzustellen, welches denn freilich nur in unvollständigen Parabeln geschehen kan.

DER TUGEND IST NICHT NUR POSITIVITÄT …

Der Positivität der Juden hat Jesus den Menschen entgegengesezt; den Gesezen, und ihren Pflichten die Tugenden, und in diesen die Immoralität des positiven Menschen aufgehoben. Der positive Mensch ist zwar in Rüksicht auf eine bestimmte Tugend, die für ihn und in ihm Dienst ist weder moralisch noch unmoralisch, und der Dienst, in welchem er gewisse Pflichten ausübt, ist nicht unmittelbar eine Untugend gegen dieselben Pflichten. aber mit dieser bestimmten Gleichgültigkeit ist zugleich eine Immoralität von einer andern Seite verknüpft; weil sein bestimmter positiver Dienst eine Gränze hat, und er über diese nicht hinaus kann, so ist er jenseits ihrer unmoralisch. Diese Immoralität der Positivität geht also auf eine andre Seite der | menschlichen Beziehungen als der positive Gehorsam – innerhalb seines Kraises ist nicht moralisch nicht unmoralisch. In der Sezung der Subjektivität gegen das Positive schwindet die Gleichgültigkeit des Dienstes, und seine Gränze. Der Mensch steht für sich, sein Charakter und seine That wird Er selbst; er hat nur Schranken da, wo er sie selbst sezt, und seine Tugenden Bestimmtheiten, die er selbst begränzt. Diese Möglichkeit der Begränzung der Entgegensezung ist die Freiheit, das: Oder, in Tugend oder Laster. In der Entgegensezung des Gesezes gegen die Natur, des Allgemeinen gegen das Besondre sind die beiden Entgegengesezten gesezt, wirklich, das eine ist nicht ohne das andre; in der moralischen Freiheit der Entgegensezung der Tugend und des Lasters ist durch eines das andre ausgeschlossen, also wenn das eine gesezt ist, das andre nur möglich. Die Entgegensezung der | Pflicht und der Neigung hat in den Modifikationen der Liebe, in den Tugenden ihre Vereinigung gefunden. Da das Gesez nicht seinem Innhalt, sondern seiner Form nach der Liebe entgegengesezt war, so konnte es in sie aufgenommen werden, in dieser Aufnahme aber verlohr es seine Gestalt; Dem Verbrechen hingegen ist es seinem Innhalt nach entgegengesezt; es ist von ihm ausgeschlossen, und ist doch; denn das Verbrechen ist eine Zerstöhrung der Natur; und da die Natur einig ist, so ist im zerstöhrenden soviel zerstöhrt als im zerstöhrten; Wenn das Einige entgegengesezt ist, so ist die Vereinigung der Entgegengesezten nur im Begriff vorhanden; es ist ein Gesez gemacht worden, ist das Entgegengesezte zerstöhrt worden so bleibt der Begriff, das Gesez; aber es drükt alsdenn nur das Fehlende, eine Lükke aus, weil sein Innhalt in der | Wirklichkeit aufgehoben ist; und heißt strafendes Gesez. Diese Form des Gesezes ist unmittelbar, es ist seinem Innhalt nach dem Leben entgegengesezt, weil sie die Zerstöhrung desselben anzeigt; aber um so schwerer scheint es zu denken zu seyn, wie das Gesez in dieser Form, als strafende Gerechtigkeit könne aufgehoben werden; in der vorigen Aufhebung des Gesezes durch Tugenden verschwand nur die Form des Gesezes, sein Innhalt blieb; aber hier würde mit der Form auch sein Innhalt aufgehoben, denn sein Innhalt ist die Strafe. Die Strafe liegt unmittelbar in dem beleidigten Geseze; des gleichen Rechtes das durch ein Verbrechen in einem andern verlezt worden ist, wird der Verbrecher verlustig; Der Verbrecher hat sich ausser dem Begriff gesezt, der der Innhalt des Gesezes ist. Zwar spricht das Gesez nur er soll das im Gesez begriffne Recht verlieren; weil es [aber] unmittelbar nur ein Gedachtes ist, so verliert nur [der] Begriff | des Verbrechers das Recht; und daß er [es] in der Wirklichkeit verliere d. h. daß das, was der Begriff des Verbrechers verlohren hat, auch die Wirklichkeit des Verbrechers verliere, muß das Gesez mit lebendigem verbunden mit Macht bekleidet werden. Wenn nun zwar das Gesez in seiner furchtbaren Majestät beharrt; und daß die Strafe des Verbrechens verdient ist, diß zwar kan nie aufgehoben werden; das Gesez kan die Strafe nicht schenken, nicht gnädig seyn, denn diß höbe sich selbst auf; das Gesez ist vom Verbrecher gebrochen worden, sein Innhalt ist nicht mehr für ihn, er hat ihn aufgehoben; aber die Form des Gesezes, die Allgemeinheit verfolgt ihn, und schmiegt sich sogar an sein Verbrechen an; seine That wird allgemein, und das Recht, das er aufgehoben hat, ist auch für ihn aufgehoben. Also das

Gesez bleibt, und das Verdienen einer Strafe bleibt; Aber das Lebendige, dessen Macht sich mit dem Gesez vereinigt hat, der Exekutor, der das im Begriff verlohrne Recht dem Verbrecher in der Wirklichkeit nimmt, der Richter ist nicht die abstrakte Gerechtigkeit, sondern ein | Wesen, und Gerechtigkeit nur seine Modifikation. die Nothwendigkeit des Verdienen der Strafe steht fest, aber die Übung der Gerechtigkeit ist nichts nothwendiges, weil sie als Modifikation eines lebendigen auch vergehen, eine andre Modifikation eintretten kan; und so wird Gerechtigkeit etwas zufälliges; es kan zwischen ihr als allgemeinem, gedachten, und zwischen ihr als wirklichem, d. h. in einem lebendigen seyendem ein Widerspruch seyn; ein Rächer kan es aufgeben, sich zu rächen; ein Richter als Richter zu handeln. Aber damit ist der Gerechtigkeit nicht Genüge geleistet; diese ist unbeugsam, und solange Geseze das höchste sind, solange kan ihr nicht entflohen werden, so lange muß das individuelle dem allgemeinen aufgeopfert, d. h. es muß getödtet werden. Darum ist es auch widersprechend zu gedenken, als ob das Gesez an einem Representanten vieler Gleichen Verbrecher sich befriedigen könnte; denn insofern *in ihm* auch die andern die Strafe ausstehen sollten, ist er das Allgemeine der | Begriff derselben, und das Gesez, als gebietend oder als strafend ist, nur dadurch Gesez, daß es besonderm entgegen gesezt ist. Das Gesez hat die Bedingung seiner Allgemeinheit darin, daß die handelnden Menschen oder die Handlungen, besondere sind; und die Handlungen sind besondre insofern sie in Beziehung auf die Allgemeinheit, auf die Geseze betrachtet werden, als ihnen gemäß, oder zuwider; und insofern kan ihr Verhältnis, ihre Bestimmtheit keine Veränderung leiden; sie sind wirkliche, sie sind, was sie sind; was geschehen ist, kan nicht ungeschehen gemacht werden, die Strafe folgt der That; ihr Zusammenhang ist unzerreisbar; gibt es keinen Weg, eine Handlung ungeschehen zu machen, ist ihre Wirklichkeit ewig, so ist keine Versöhnung möglich auch nicht durch Ausstehung der Strafe; das Gesez ist wohl dadurch befriedigt, denn der Widerspruch zwischen seinem ausgesprochnen Soll, und zwischen der Wirklichkeit des Verbrechers, die Ausnahme die der Verbrecher von der Allgemeinheit | machen wollte ist aufgehoben. Allein der Verbrecher ist nicht mit dem Gesez, (diß sey für den Verbrecher ein fremdes Wesen, oder subjektiv in ihm, als böses Gewissen) versöhnt; in jenem Fall hört die fremde Macht, welche der Verbrecher gegen sich selbst geschaffen und bewaffnet hat, dieses feindselige Wesen, auf, wenn [es] gestraft hat, auf ihn zu wirken; wenn es auf eben die Art auf welche der Verbrecher wirkte auf ihn zurükgewirkt hat, läßt es zwar ab, zieht sich aber in die drohende Stellung zurük, und seine Gestalt ist nicht verschwunden, oder freundlich gemacht; an dem bösen Gewissen, dem Bewustseyn einer bösen Handlung, seiner selbst, als eines bösen, ändert die erlittne Strafe nichts; denn der Verbrecher schaut sich immer als Verbrecher an, er hat über seine Handlung als eine Wirklichkeit keine Macht, und diese seine Wirklichkeit ist im Widerspruch mit seinem Bewußtseyn des Gesezes. | Und doch kan der Mensch diese Angst nicht aushalten; der schrökklichen Wirklichkeit des Bösen, und der Unveränderlichkeit des Gesezes kan er nur zu der Gnade entfliehen; der Druk und Schmerz des bösen Gewissens kan ihn wieder zu einer Unredlichkeit treiben, sich selbst, und damit dem Geseze und der Gerechtigkeit dadurch zu entlaufen zu suchen, er wirft sich dem Handhaber der abstrakten Gerechtigkeit in den Schoos seine Güte [zu] erfahren, und von welcher er hoft, daß sie ein Auge bei ihm zudrükken, ihn anders ansehen möchte, als er ist; er selbst laügnet zwar sein Vergehen nicht, aber er thut den unredlichen Wunsch, daß die Güte sich selbst seine Vergehen laügne, und findet Trost in dem Gedanken in der unwahren Vorstellung, die [ein] anderes Wesen sich von ihm mache. Und so gäbe es keine Rükkehr zur Einigkeit des Bewußtseyn auf einem reinen Wege, keine Aufhebung der Strafe des drohenden Gesezes, und des bösen Gewissens als ein unredliches Betteln; wenn die Strafe nur als etwas absolutes | angesehen werden muß, wenn sie unter keiner Bedingung stünde, und keine Seite hätte, von welcher sie mit ihrer Bedingung eine höhere Sphäre über sich hätte. Gesez und Strafe kan nicht versöhnt, aber in der Versöhnung des Schiksals aufgehoben werden. die Strafe ist Wirkung eines übertretenen Gesezes, von dem der

Mensch sich losgesagt hat, aber von welchem er noch abhängt, und welchem, weder der Strafe noch seiner That, er nicht entfliehen kan. Denn da [der] Charakter des Gesezes Allgemeinheit ist, so hat der Verbrecher zwar die Materie des Gesezes zerbrochen, aber die Form, die Allgemeinheit bleibt, und das Gesez, über das er Meister geworden zu seyn [glaubte,] bleibt, erscheint aber seinem Innhalt nach entgegengesezt, es hat die Gestalt der dem vorigen Gesez widersprechenden That; der Innhalt der That hat jezt die Gestalt der Allgemeinheit und ist Gesez; diese Verkehrtheit desselben, daß es das Gegen|theil dessen wird, was es vorher war, ist die Strafe – indem sich der Mensch vom Gesez losgesagt hat, bleibt er ihm noch unterthan; und da das Gesez als Allgemeines bleibt, so bleibt auch die That, denn sie ist das besondre. Die Strafe als Schiksal vorgestellt ist ganz anderer Art; im Schiksal ist die Strafe eine feindliche Macht, ein individuelles, in dem allgemeines und besonders auch in der Rüksicht vereinigt ist, daß in ihm das Sollen und die Ausführung dieses Sollens nicht getrennt ist, wie beim Gesez, das nur eine Regel ein Gedachtes ist, und eines ihm entgegengesezten, eines Wirklichen bedarf, von dem es Gewalt erhält. In dieser feindlichen Macht ist auch das allgemeine vom besondern nicht in der Rüksicht getrennt, wie das Gesez, als allgemeines dem Menschen oder seinen Neigungen, als dem besondern entgegengesezt ist. Das Schiksal ist nur der Feind, und der Mensch steht ihm ebensogut als kämpfende Macht gegenüber; da hingegen das Gesez als allgemeines das besondere beherrscht, diesen Menschen unter seinem Gehorsam hat. Das Verbrechen des Men|schen, der unter einem Schiksal befangen betrachtet wird, ist dann nicht eine Empörung des Unterthanen gegen seinen Regenten, das Entlauffen des Knechts von seinem Herrn, das Freimachen von einer Abhängigkeit; nicht ein lebendig-werden aus einem todten Zustande, denn der Mensch ist, und vor der That ist keine Trennung, kein entgegengeseztes vielweniger ein beherrschendes. Nur durch ein Herausgehen aus dem einigen, weder durch Geseze regulirtem, noch Gesezwidrigen Leben, durch Tödten des Lebens wird ein Fremdes geschaffen. Die Vernichtung des Lebens ist nicht ein Nicht-Seyn desselben, sondern

seine Trennung, und die Vernichtung besteht darin, daß es zum Feinde umgeschaffen worden ist: Es ist unsterblich, und getödtet erscheint es als sein schrekkendes Gespenst, das alle seine Zweige geltend macht, seine Eumeniden losläßt. Die Taüschung des Verbrechens, das fremdes Leben zu zerstöhren | und sich damit erweitert glaubt, lößt sich dahin auf, daß der abgeschiedne Geist des
227 verlezten Lebens gegen es auftritt, wie Banquo der als Freund zu Makbeth kam in seinem Morde nicht vertilgt war, sondern im Augenblikke darauf doch seinen Stuhl einnahm; nicht als Genosse des Mahls, sondern als böser Geist. Der Verbrecher meinte es mit fremdem Leben zu thun zu haben; aber er hat nur sein eignes Leben zerstöhrt; denn Leben ist vom Leben nicht verschieden, weil das Leben in der einigen Gottheit ist; und in seinem Übermuth hat er zwar zerstöhrt, aber nur die Freundlichkeit des Lebens, er hat es in einen Feind verkehrt. Erst die That hat ein Gesez erschaffen dessen Herrschaft nun eintritt; diß Gesez ist die Vereinigung im Begriffe, die Gleichheit des anscheinend fremden verlezten, und des eignen verwirkten Lebens. jezt erst tritt das verlezte Leben als eine feindselige Macht gegen den Verbrecher auf, | und mishandelt ihn, wie er mishandelt hat; so ist die Strafe als Schiksal die gleiche Rükwirkung der That des Verbrechers selbst, einer Macht die er selbst bewafnet, eines Feindes den er selbst sich zum Feinde machte. Mit dem Schiksal scheint eine Versöhnung noch schwerer denkbar zu seyn, als mit dem strafenden Gesez, da um das Schiksal zu versöhnen die Vernichtung aufgehoben werden zu müssen scheint. Aber das Schiksal hat vor dem strafenden Gesez in Ansehung der Versöhnbarkeit das voraus, daß es innerhalb des Gebietes des Lebens sich befindet; ein Verbrechen unter Gesez und Strafe im Gebiete unüberwindlicher Entgegensezung, absoluter Wirklichkeiten. In diesem ist keine Möglichkeit denkbar wie die Strafe aufgehoben werden und das Bewußtseyn der bösen Wirklichkeit verschwinden könnte, weil das Gesez eine Macht ist, über welche nichts, welcher das Leben unterthan, über welche selbst nicht die Gottheit ist, denn sie ist nur die Gewalt des höchsten Gedankens nur der Handhaber des Gesezes. Eine Wirklichkeit |

kan nur vergessen werden, d.h. in einer andern Schwäche sich als Vorgestelltes verlieren, wodurch ihr Seyn doch als bleibend gesezt würde – Aber bei der Strafe als Schiksal ist das Gesez, später als das Leben, und steht tiefer als dieses; Es ist nur die Lükke desselben, das mangelnde Leben als Macht; und das Leben kan seine Wunden wieder heilen, das getrennte feindliche Leben wieder in sich selbst zurükkehren, und das Machwerk eines Verbrechens, das Gesez, und die Strafe aufheben. Von da an, wo der Verbrecher die Zerstöhrung seines eignen Lebens fühlt, (Strafe leidet) oder sich (im bösen Gewissen) als zerstöhrt erkennt, hebt die Wirkung seines Schiksals an, und diß Gefühl des zerstöhrten Lebens muß eine Sehnsucht nach dem Verlornen werden; das Mangelnde wird erkannt, als sein Theil, als das was in ihm seyn sollte, und nicht in ihm ist; diese Lükke ist nicht ein NichtSeyn, sondern das Leben als Nichtseyend erkannt und gefühlt. Diß Schiksal als möglich empfunden ist die Furcht vor ihm, und ist ein ganz andres Gefühl als die Furcht vor der Strafe; jenes ist die Furcht vor der Trennung, eine Scheue vor sich selbst; die Furcht vor der Strafe ist die Furcht vor einem Fremden; | denn wenn auch das Gesez als eignes Gesez erkannt wird, so ist in der Furcht vor der Strafe, die Strafe ein Fremdes; wenn sie nicht als Furcht vor Unwürdigkeit vorgestellt wird; aber in der Strafe kommt zur Unwürdigkeit auch die Wirklichkeit eines Unglük hinzu, das der Begriff des Menschen verlohren, d.h. dessen der Mensch unwürdig geworden ist; die Strafe sezt also einen fremden Herrn dieser Wirklichkeit voraus; und die Furcht vor der Strafe ist Furcht vor ihm – im Schiksal hingegen [ist] die feindliche Macht, die Macht des verfeindeten Lebens, also die Furcht vor dem Schiksal nicht die Furcht vor einem Fremden. Auch bessert die Strafe nicht, weil sie nur ein Leiden ist, ein Gefühl der Ohnmacht gegen einen Herrn, mit dem der Verbrecher nichts gemein hat, und nichts gemein haben will; sie kan nur Eigensinn bewirken, Hartnäkigkeit im Widerstand gegen einen Feind, von welchem unterdrükt zu werden Schande wäre, weil der Mensch sich darin selbst aufgäbe. Im Schiksal aber erkennt der Mensch sein eignes Leben, und sein Flehen zu demselben ist nicht das Flehen zu einem Herrn, sondern ein Widerkehren und Nahen zu sich selbst. Das Schiksal, in welchem der Mensch das verlohrne fühlt, bewirkt eine Sehn|sucht nach dem verlohrnen Leben. Diese Sehnsucht kan, wenn von bessern und Gebessert-werden gesprochen werden soll, schon eine Besserung heissen, weil sie, indem sie ein Gefühl des Verlusts des Lebens ist, das Verlohrne als Leben, als ihr einst freundliches erkennt; und diese Erkenntniß ist schon selbst ein Genuß des Lebens; und die Sehnsucht kan so gewissenhaft seyn, d.h. im Widerspruche des Bewußtseyns ihrer Schuld – und des wiederangeschauten Lebens sich von der Rükkehr zu diesem noch zurükhalten, so sehr das böse Bewußtseyn und das Gefühl des Schmerzens verlängern, und jeden Augenblik es aufreizen, um sich nicht leichtsinnig mit dem Leben sondern aus tiefer Seele sich wieder zu vereinigen, es wieder als Freund zu begrüssen. In Opfern, in Büssungen haben Verbrecher sich selbst Schmerzen gemacht; als Wallfahrer im härnen Hemde und baarfuß bei jedem Tritt auf den heissen Sand – das Bewußtseyn des bösen, den Schmerz verlängert und vervielfältigt und einestheils ihren Verlust, ihre Lükke ganz durchgefühlt, andserntheils zugleich diß Leben obwohl als feindliches ganz darin angeschaut, und sich so die Wiederaufnahme ganz möglich gemacht; denn die Entgegen|sezung ist die Möglichkeit der Wiedervereinigung, und soweit es im Schmerz entgegengesezt war, ist es fähig wieder aufgenommen [zu] werden. Weil auch das Feindliche als Leben gefühlt wird, darin liegt die Möglichkeit der Versöhnung des Schiksals; diese Versöhnung ist also weder die Zerstöhrung oder Unterdrükkung eines Fremden, noch ein Widerspruch zwischen Bewußtseyn seiner selbst und der gehoften Verschiedenheit der Vorstellung von sich in einem andern, oder ein Widerspruch zwischen dem Verdienen dem Geseze nach, und der Erfüllung desselben, [zwischen] dem Menschen als Begriff und dem Menschen als wirklichem. Diß Gefühl des Lebens das sich selbst wiederfindet, ist die Liebe, und in ihr versöhnt sich das Schiksal. Die That eines Verbrechers ist auf diese Art betrachtet, kein Fragment; die Handlung, die aus dem Leben, aus dem Ganzen kommt, stellt auch das Ganze dar, das Verbrechen, das die

Übertretung eines Gesezes ist, ist nur ein Fragment, denn ausser ihr ist schon das Gesez, das nicht zu ihr gehört; das Verbrechen das aus Leben kommt stellt dieses Ganze | aber getheilt, dar; und die feindseeligen Theile können wieder zum Ganzen zusammengehen. Die Gerechtigkeit ist befriedigt, denn der Verbrecher hat das gleiche Leben, das er verlezt hat, in sich als verlezt gefühlt. Die Stacheln des Gewissens sind stumpf geworden denn aus der That ist ihr böser Geist gewichen, es ist nichts feindseliges mehr im Menschen, und sie bleibt höchstens als ein seelenloses Gerippe im Beinerhause der Wirklichkeiten, im Gedächtnisse liegen. Aber das Schiksal hat ein ausgedehnteres Gebiet als die Strafe; auch von der Schuld ohne Verbrechen wird es aufgereizt, und ist darum unendlich strenger als die Strafe; seine Strenge scheint oft in die schreiendste Ungerechtigkeit über[zu]gehen, wenn es der erhabensten Schuld, der Schuld der Unschuld gegenüber um so fürchterlicher auftritt. Weil nemlich die Geseze nur gedachte Vereinigungen von Entgegensezungen sind, so erschöpfen diese Begriffe bei weitem die Vielseitigkeit des Lebens nicht; und die Strafe übt nur soweit ihre Herrschaft aus, als das Leben zum Bewußtseyn gekommen, wo eine Trennung im Begriffe vereinigt worden ist; aber über die Beziehungen des Lebens, die nicht aufgelöst über die | Seiten des Lebens, die lebendig vereinigt, gegeben sind, über die Grenzen der Tugenden hinaus übt sie keine Gewalt. Das Schiksal hingegen ist unbestechlich und unbegränzt, wie das Leben; es kennt keine gegebnen Verhältnisse, keine Verschiedenheiten der Standpunkte, der Lage, keinen Bezirk der Tugend; Wo Leben verlezt ist, sey es auch noch so rechtlich, so mit Selbstzufriedenheit geschehen, da tritt das Schiksal auf, und man kan darum sagen, nie hat die Unschuld gelitten, jedes Leiden ist Schuld. Aber die Ehre einer reinen Seele ist um so grösser, mit je mehr Bewußtseyn sie Leben verlezt hat, um das höchste zu erhalten, umsoviel schwärzer das Verbrechen ist, mit je mehr Bewußtseyn eine unreine Seele Leben verlezt.

Ein Schiksal scheint nur durch fremde That entstanden; diese ist nur die Veranlassung; wodurch es aber entsteht, ist die Art der

Aufnahme, und der Reaktion gegen die fremde That, wer einen ungerechten Angriff leidet, kan sich wehren, und sich und sein Recht behaupten, oder auch sich nicht wehren; mit seiner Reaktion, sie sey duldender Schmerz oder Kampf fängt | seine Schuld, sein Schiksal an; in beiden Fällen leidet er, keine Strafe, aber auch nicht Unrecht, im Kampf hält er an seinem Rechte fest, und behauptet es; auch im Dulden gibt er sein Recht, nicht auf; sein Schmerz ist der Widerspruch, daß er sein Recht erkennt, aber die Kraft nicht hat in der Wirklichkeit es fest zu halten, er streitet nicht dafür und sein Schiksal ist seine Willenlosigkeit. Wer für das kämpft, was in Gefahr ist hat das nicht verlohren, für was er streitet, Aber dadurch daß er sich in Gefahr begiebt, hat er sich dem Schiksal unterworfen, denn er tritt auf den Kampfplaz der Macht gegen Macht, und wagt sich gegen ein anderes; die Tapferkeit aber ist grösser, als schmerzendes Dulden, weil jene wenn sie auch unterliegt, diese Möglichkeit vorher erkannte, also mit Bewußtseyn die Schuld übernahm; die schmerzende Passivität hingegen nur an ihrem Mangel hängt, und ihm nicht eine Fülle von Kraft entgegensezt; das Leiden der Tapferkeit aber ist auch gerechtes Schiksal, weil der Tap|fere sich ins Gebiet des Rechts und der Macht einließ; und darum ist schon der Kampf für Rechte ein unnatürlicher Zustand, sogut als das passive Leiden, in welchem der Widerspruch zwischen dem Begriff vom Rechte, und seiner Wirklichkeit ist; denn auch im Kampf für Rechte liegt ein Widerspruch; das Recht, das ein Gedachtes also ein allgemeines ist, ist in dem Angreifenden ein anderes Gedachtes, also gäbe es hier zwei Allgemeine, die sich aufhöben, und doch sind; ebenso sind die Kämpfende als Wirkliche entgegengesezt, zweierlei Lebende, Leben im Kampf mit Leben, welches sich wieder widerspricht. Durch die Selbstvertheidigung des Beleidigten wird der Angreifende gleichfalls angegriffen, und dadurch in das Recht der Selbstvertheidigung gesezt, so daß beide Recht haben; beide im Kriege sich befinden, der beiden das Recht sich zu vertheidigen gibt; und entweder auf Gewalt und Stärke die Entscheidung des Rechts ankommen lassen, da doch das Recht und die Wirklichkeit, nichts miteinander gemein haben, vermischen sie [die] beiden, und machen jenes von | dieser abhängig, oder sie unterwerfen sich einem Richter d. h. insofern sie feindselig sind, geben sie sich wehrlos, todt an, sie thun auf ihre eigne Beherrschung der Wirklichkeit auf Macht Verzicht und lassen ein fremdes, ein Gesez im Munde des Richters über sich sprechen, sie unterwerfen sich also einer Behandlung, gegen welche doch jeder Theil protestirte, indem sie der Kränkung ihres Rechtes widersprachen, das heißt sich gegen die Behandlung durch einen andern sezten. – Das Wahre beider entgegengesezten der Tapferkeit, und der Passivität vereinigt sich so in der Schönheit der Seele, daß von jener das Leben bleibt, die Entgegensezung aber wegfällt; von dieser der Verlust des Rechtes bleibt, der Schmerz aber verschwindet. Und so geht eine Aufhebung des Rechts ohne Leiden hervor, eine lebendige, freie Erhebung über den Verlust des Rechts, und über den Kampf; Derjenige der das fahren läst, dem ein anderer feindselig sich naht, das sein zu nennen aufhört, | was der andere antastet, entgeht dem Schmerz über Verlust, er entgeht dem Behandeltwerden durch den andern, oder durch den Richter, er entgeht der Nothwendigkeit den andern zu behandeln; welche Seite an ihm berührt wird, aus der zieht er sich zurük, und überläßt nur eine Sache die er im Augenblik des Angriff zu einer fremden gemacht hat dem andern. Diese Aufgebung seiner Beziehungen, die eine Abstraktion von sich selbst ist, aber hat keine festen Gränzen; (Je lebendiger die Beziehungen sind, aus denen weil sie beflekt sind, eine edle Natur sich zurükziehen muß, da sie ohne sich selbst zu verunreinigen nicht darin bleiben könnte, – desto grösser ist ihr Unglük; diß Unglük aber ist weder ungerecht noch gerecht, es wird nur dadurch ihr Schiksal, daß sie mit eignem Willen, mit Freiheit jene Beziehungen verschmäht; alle Schmerzen, die ihr daraus entstehen, sind alsdenn gerecht; und sind izt ihr unglükliches Schiksal, das sie selbst mit Bewußtseyn gemacht hat, und ihre Ehre ist es, gerecht zu leiden, denn sie ist über diese Rechte so sehr erhaben, daß sie sie zu Feinden | haben wollte. Und weil diß Schiksal in ihr selbst liegt, so kan sie [es] ertragen, ihm gegenüber stehen, denn ihre Schmerzen sind nicht eine reine Passivität, die Übermacht

eines Fremden, sondern ihr eignes Produkt.) um sich zu retten,
tödtet der Mensch sich; um das seinige nicht in fremder Gewalt
zu sehen, nennt er es nicht mehr das seinige, und so vernichtet er
sich, indem er sich erhalten wollte, denn was unter fremder Gewalt
wäre, wäre nicht mehr er; und es ist nichts, das nicht angegriffen
und das nicht aufgegeben werden könnte. Das Unglük kan so groß
werden daß ihn sein Schiksal diese Selbsttödtung in Verzichtthun
auf Leben soweit treibt, daß er sich ganz ins Leere zurükziehen
muß. Indem sich aber so der Mensch das vollständigste Schiksal,
selbst gegenüber sezt, so hat er sich zugleich über alles Schiksal
erhoben; das Leben ist ihm untreu geworden, aber er nicht dem
Leben; er hat es geflohen aber nicht verlezt, und er mag sich nach
ihm als einem abwesenden Freunde sehnen, aber es kan ihn nicht
als ein Feind verfolgen; und er ist auf keiner Seite verwundbar, wie
die schaamhafte Pflanze zieht | er sich bei jeder Berührung in sich,
und ehe er das Leben sich zum Feinde machte, ehe er ein Schik-
228 sal gegen sich aufreizte, entflieht er dem Leben; so verlangte Jesus
von seinen Freunden, Vater, Mutter, alles zu verlassen, um nicht in
einen Bund mit der entwürdigten Welt, und so in die Möglichkeit
229 eines Schiksals zu kommen. Ferner: Wer dir deinen Rok nimmt,
230 dem gib auch den Mantel; wenn Ein Glied dich ärgert, so haue es
ab. Die höchste Freiheit ist das negative Attribut der Schönheit
der Seele, d. h. die Möglichkeit, auf alles Verzicht zu thun, um sich
231 zu erhalten. Wer aber sein Leben retten will, der wird es verlieren.
So ist mit der höchsten Schuldlosigkeit die höchste Schuld, mit
der Erhabenheit über alles Schiksal, das höchste, unglüklichste
Schiksal vereinbar.

Ein Gemüth, das so über die Rechtsverhältnisse erhaben, von keinem Objektiven befangen ist, hat dem Beleidiger nichts zu verzeihen, denn dieser hat ihm kein Recht verlezt, denn es hat es aufgegeben, wie sein Objekt angetastet wurde. Es ist für die Versöhnung offen, denn es ist ihm möglich sogleich jede lebendige Beziehung wieder aufzunehmen, in die Verhältnisse der Freundschaft der Liebe wieder einzutreten da es in sich kein Leben verlezt hat; von | seiner eignen Seite steht ihm in sich keine feindselige Empfindung im Wege kein Bewußtseyn keine Foderung an den andern das verlezte Recht wiederherzustellen, kein Stolz, der vom andern das Bekenntnis verlangte, in einer niedrigern Sphäre, dem rechtlichen Gebiete, unter ihm gewesen zu seyn. Die Verzeihung der Fehler, die Bereitwilligkeit sich mit dem andern zu versöhnen, macht Jesus so bestimmt zur Bedingung der Verzeihung für seine eigne Fehler, der Aufhebung eines eignen feindseligen Schiksals. Beide sind nur verschiedne Anwendungen desselben Charakters der Seele. In der Versöhnung gegen Beleidiger besteht das Gemüth nicht mehr auf der rechtlichen Entgegensezung, die es gegen jenen erwarb, und indem es sich, das Recht als sein feindliches Schiksal, den bösen Genius des andern aufgibt, versöhnt es sich mit ihm, und hat für sich selbst ebensoviel im Gebiet des Lebens gewonnen, ebensoviel Leben, das ihm feindlich war, sich zum Freunde gemacht, das göttliche mit sich versöhnt, und das durch eigne That gegen sich | bewafnete Schiksal ist in die Lüfte der Nacht zerflossen |

(Ausser dem persönlichem Haß, der aus der Beleidigung entspringt, die dem Individuum widerfahren ist, und welcher das daraus gegen den andern erwachsene Recht in Erfüllung zu bringen strebt, ausser diesem Haß gibt es noch einen Zorn der Rechtschaffenheit, eine hassende Strenge der Pflichtgemäßheit, welche nicht über eine Verlezung ihres Individuums, sondern über eine Verlezung ihrer Begriffe, der Pflichtgebote zu zürnen hat. Dieser rechtschaffene Haß indem er Pflichten und Rechte, für andere erkennt und sezt, und im Urtheile über sie sie als denselben unterworfen darstellt, sezt ebendiese Rechte und Pflichten für sich, und indem er in seinem gerechten Zorn über die Verlezer derselben ihnen ein Schiksal macht, und ihnen nicht verzeiht, hat er damit auch sich selbst die Möglichkeit Verzeihung für Fehler zu erhalten, mit einem Schiksal das ihn darüber träfe, ausgesöhnt zu | werden benommen, denn er hat Bestimmtheiten befestigt, die ihm über seine Wirklichkeiten über seine Fehler sich emporzuschwingen nicht erlauben.) Hieher gehören die Gebote: richtet nicht, so wer- 232
det ihr nicht gerichtet; denn mit welchem Maaß ihr messet, wird euch wieder gemessen. Das Maaß sind Geseze und Rechte, jenes

Gebot kan doch nicht heissen, was ihr andern wider die Geseze nachseht und erlaubt, das wird euch auch nachgesehen werden; ein Bund schlechter Menschen ertheilt jedem einzelnen die Erlaubnis, schlecht zu seyn, sondern: hütet euch das Rechtthun und die Liebe, als eine Abhängigkeit von Gesezen und Gehorsam gegen Gebote zu nehmen, und sie nicht, als aus dem lebendigen kommend zu betrachten, ihr erkennt [sonst] eine Herrschaft über euch [an], über die ihr nichts vermögt, | die stärker ist als ihr; eine Macht, die nicht ihr selbst seyd; ihr sezt für euch wie für andre vor der That ein Fremdes, ihr erhebt zu einem absoluten – ein Fragment des Ganzen, des menschlichen Gemüthes; stellt darin eine Herrschaft der Geseze und Knechtschaft der Sinnlichkeit, oder des Individuums auf und sezt auf diese Art Möglichkeit von Strafen, nicht eines Schiksal, jene von aussen her, von einem unabhängigen kommend; dieses durch seine Natur; ob zwar als ein izt feindseliges bestimmt, aber noch nicht über ihn – sondern nur gegen ihn.

Nicht nur ein Schiksal, in das der Mensch durch die That anderer verwikelt würde, wenn er den Fehdehandschuh aufnähme, und sich in sein Recht gegen den Beleidiger sezte wird abgewendet durch Aufgebung des Rechts und Festhalten an der Liebe; auch ein Schiksal, das er durch eigne That einer widerrechtlichen Lebensverle|zung gegen sich erwekt hat, kan er durch die stärker werdende Liebe wieder zum Schlafe bringen. Die Strafe des Gesezes ist nur gerecht; der gemeinsame Charakter, der Zusammenhang des Verbrechens und der Strafe ist nur Gleichheit, nicht Leben. die gleichen Schläge, die der Verbrecher ausgetheilt hat, erfährt er wieder, gegen den Tyrannen stehen wieder Peiniger gegen den Mörder Henker; und die Peiniger und die Henker, die dasselbe thun, was die Tyrannen und die Mörder thaten, heissen darum gerecht, weil sie das Gleiche thun; sie mögen es mit Bewußtseyn als Rächer, oder als blinde Werkzeuge thun, ihre Seele kommt nicht in Anschlag, nur ihre That. Von Versöhnung, von Wiederkehr zum Leben kan also bei der Gerechtigkeit nicht die Rede seyn. Vor dem Geseze ist der Verbrecher nichts als ein verbrecherisches Wesen; aber so wie jenes ein Fragment der Menschlichen Natur ist so auch dieser; wäre jenes ein Ganzes, ein absolutes, so wäre auch der | Verbrecher nichts als ein Verbrecher. Auch in der Feindschaft des Schiksal wird gerechte Strafe empfunden. Aber da sie nicht von einem fremden Geseze über den Menschen kommt, sondern aus dem Menschen erst das Gesez und Recht des Schiksals entsteht – so ist die Rükkehr zum ursprünglichen Zustand, zur Ganzheit möglich, denn der Sünder ist mehr als eine existirende Sünde, ein Persönlichkeit habendes Verbrechen; er ist Mensch, Verbrechen und Schiksal ist in ihm, er kan wieder zu sich selbst zurükkehren, und wenn er zurükkehrt, [sind sie] unter ihm; Die Elemente der Wirklichkeit haben sich aufgelößt, Geist und Körper haben sich getrennt; die That besteht zwar noch, aber als ein vergangenes, als ein Fragment, als eine todte Trümmer; derjenige Theil derselben, der als böses Gewissen war, ist verschwunden; und die Errinnerung der That ist nicht mehr eine Anschauung seiner selbst; | das Leben hat in der Liebe das Leben wiedergefunden. Zwischen Sünde und ihre Vergebung tritt so wenig als zwischen Sünde und Strafe ein Fremdes ein; das Leben entzweite sich mit sich selbst, und vereinigt sich wieder. |

(Im Geiste der Juden freilich stand zwischen Trieb und Handlung, Lust und That, zwischen Leben und Verbrechen, und Verbrechen und Verzeihung eine unübersteigliche Kluft, ein fremdes Gericht; und wenn sie auf ein Band zwischen Sünde und Versöhnung, im Menschen in der Liebe verwiesen wurden, mußte ihr Liebeloses Wesen empört, und ein solcher Gedanke, wenn ihr Haß die Form eines Urtheils trug, für sie der Gedanke eines wahnsinnigen seyn. Denn sie hatten alle Harmonie der Wesen, alle Liebe, Geist und Leben einem fremden Objekte anvertraut, aller Genien, in denen die Menschen vereinigt sind, sich entaüssert | und die Natur in fremde Hände gelegt; was sie zusammenhielt, waren Ketten, Geseze vom mächtigern gegeben; das Bewußtseyn des Ungehorsams gegen den Herrn fand in der ausgestandnen Strafe, oder Schuldbezahlung unmittelbar seine Befriedigung – böses Gewissen kannten sie nur als Furcht vor Strafe; denn als Bewußtseyn seiner gegen sich selbst sezt es immer ein Ideal gegen die ihm nicht angemeßne

Wirklichkeit voraus; und das Ideal ist im Menschen, ein Bewußtseyn seiner eignen ganzen Natur; aber ihrer Dürftigkeit blieb in der Anschauung ihrer nichts übrig; allen Adel alle Schönheit hatten sie verschenkt; ihre Armuth mußte dem unendlich Reichen dienen, und [durch das,] was sie ihm für sich entwendeten, [wodurch sie] ein Gefühl der Selbstheit sich erstahlen, hatten sie nicht wie der Mensch von bösem Gewissen ihre Wirklichkeit ärmer, sondern reicher gemacht; aber hatten dann den bestohlnen Herrn zu fürchten, der sie ihren Raub wieder bezahlen, opfern lassen und sie ins Gefühl ihrer Armuth zurükschleudern würde. Nur | durch Bezahlung an ihren allmächtigen Glaübiger wurden sie ihrer Schulden los, und wenn sie bezahlt hatten, besassen sie doch wieder Nichts – Eine Schuldbewußte bessre Seele, will mit dem Opfer nichts erkaufen, nicht den Raub zurükgeben, sondern in der freiwilligen Entbehrung, mit einer herzlichen Gabe, nicht im Gefühle der Pflicht und des Dienstes, sondern in brünstigem Gebete sich einem Reinen mit der Seele nahen, um was sie in sich selbst nicht zum Bewußtseyn bringen kan, in der Anschauung der ersehnten Schönheit ihr Leben zu stärken, und freye Lust und Freude zu gewinnen; aber der Jude hatte in der Bezahlung seiner Schuld nur den Dienst, dem er entlaufen wollte, wieder aufgenommen, und ging vom Altar mit dem Gefühle des mislungnen Versuchs, und der Wiederanerkennung seines knechtischen Joches. Versöhnung in der Liebe, ist, statt der jüdischen Rükkehr unter Gehorsam, eine Befreiung, statt | der Wiederanerkennung der Herrschaft die Aufhebung derselben in der Wiederherstellung des lebendigen Bandes, eines Geistes der Liebe, des gegenseitigen Glaubens, eines Geistes, der in Rüksicht auf Herrschaft betrachtet, die höchste Freiheit ist; ein Zustand, der das unbegreiflichste Gegentheil des jüdischen Geistes ist.

Daß auch Jesus den Zusammenhang zwischen Sünde und Vergebung der Sünde, zwischen Entfremdung von Gott und Versöhnung mit ihm, nicht ausser der Natur fand, kan vollständig erst späterhin gezeigt werden; hier kan immer soviel angeführt werden daß er die Versöhnung in Liebe und Lebens-fülle sezte, und sich so bei jeder Veranlassung in wenig abwechselnder Form aüsserte. Wo

er Glauben fand, that er kühn den Ausspruch: dir sind deine Sün- 233
den vergeben; dieser Ausspruch ist kein objektives Zernichten der Strafe, kein Zerstöhren des noch bestehenden Schiksals; sondern die Zuversicht, die im Glauben der ihn fassenden sich selbst, ein ihm gleiches Gemüth erkannte darin seine Erhebung über Gesez und Schiksal las, und ihm | Vergebung der Sünden ankündigte; mit so vollem Zutrauen an einen Menschen, mit solcher Hingebung an ihn, mit der sich nichts zurükbehaltenden Liebe kan nur eine reine oder gereinigte Seele sich dem Reinen in die Arme werfen; und glauben an Jesum heißt mehr, als seine Wirklichkeit wissen, und die eigne an Macht und Stärke geringer fühlen, und ein Diener seyn; Glauben ist eine Erkenntnis des Geistes durch Geist, und nur gleiche Geister können sich erkennen und verstehen, ungleiche erkennen nur, daß sie nicht sind was der andre ist; Verschiedenheit der Geistesmacht, der Grade der Kraft ist nicht Ungleichheit. der schwächere aber hängt sich an den höhern als ein Kind, oder kan an ihn hinauf erzogen werden. Solange er in einem andern die Schönheit liebt, und sie zwar in ihm aber nicht entwikelt ist, d.h. daß er in Handlung und Thätigkeit [sich] noch nicht gegen die Welt ins Gleichgewicht und Ruhe gesezt hat, daß er noch nicht zum festen Bewußtseyn seines Verhältnisses zu den Dingen gekommen ist, so glaubt er nur noch, so | drükt sich Jesus Joh. 12,36 aus: bis ihr selbst das Licht habt, glaubet an das Licht, damit ihr selbst Söhne des Lichtes werdet – Von Jesus dagegen ist Joh. 2,25. gesagt, daß er sich den Juden die an ihn glaubten nicht anvertraut habe, weil er sie kannte, und weil er ihres Zeugnisses nicht bedurfte, sich nicht erst in ihnen erkannte. Kühnheit die Zuversicht der Entscheidung über die Fülle des Lebens, den Reichthum der Liebe, in dem Gefühle desjenigen der die ganze Menschennatur in sich trägt; ein solches Gemüthe bedarf der hochgerühmten profonden Menschenkennerei nicht, die für zerrissene Wesen, deren Natur eine grosse Mannichfaltigkeit, viele und verschiedenfarbige Einseitigkeiten ohne Einheit in sich schließt, freilich eine Wissenschaft von grossem Umfang und grosser Zwekmässigkeit ist, denen aber das, was sie suchen, der Geist immer entschlüpft, und nur

Bestimmtheiten sich anbieten – eine ganze Natur, hat im Moment eine andre durchgefühlt und ihre Harmonie oder Disharmonie empfunden – daher der unbedenkliche, zuversichtliche Ausspruch
234 Jesu: deine Sünden sind dir vergeben. |
235 Nachdem Petrus Jesum als eine göttliche Natur erkannt, und dadurch sein Gefühl der ganzen Tiefe des Menschen daß er einen Menschen als einen GottesSohn fassen konnte, bewiesen hatte, übergab ihm Jesus die Gewalt der Schlüssel des Himmelreichs; was er binden würde, sollte im Himmel gebunden, was er lösen würde, sollte im Himmel auch los seyn. Da Petrus einmal das Bewustseyn eines Gottes gehabt hatte, so mußte er in jedem die Göttlichkeit oder Ungöttlichkeit seines Wesens, oder sie als Gefühl derselben in einem dritten die Stärke des Glauben oder Unglaubens erkennen können, der ihn von allem bleibenden Schiksal befreite, über die ewige, unbewegliche Herrschaft und Geseze erhöbe oder nicht, er mußte die Gemüther verstehen, ob ihre Thaten vergangne sind, oder ob sie noch, die Geister derselben Schuld und Schiksal bestehen, er mußte binden noch unter der Wirklichkeit des Verbrechens stehend, und | lösen, über die Wirklichkeit desselben erhoben erklären können.

Auch ein schönes Beispiel einer wiederkehrenden Sünderin kommt in der Geschichte Jesu vor; die berühmte schöne Sünderin, Maria Magdalena. Es möge nicht übelgedeutet werden, wenn die in Zeit Ort und andern Umständen abweichenden Erzählungen
236 (Luc. 7. Matth. 28.), die auf verschiedne Begebenheiten deuten, hier nur als verschiedne Formen derselben Geschichte behandelt werden, da über die Wirklichkeit damit nichts gesprochen seyn soll, und an unserer Ansicht nichts verändert wird. Die schuldbewußte Maria hört, daß Jesus in dem Hause eines Pharisäers speise, in einer grossen Versammlung rechtlicher, rechtschaffner Leute, (honnêtes gens, die bittersten gegen die Fehler einer schönen Seele) ihr Gemüth treibt sie durch diese Gesellschaft, [sie] tritt hinten zu seinen Füssen, weinet, und nezt seine Füsse mit ihren Thränen, und troknet sie mit den Haaren ihres Hauptes, küßt | sie und salbet sie mit Salben, mit unverfälschtem und köstlichem Nardenwasser; die

schüchterne, sich selbst genügende stolze Jungfraülichkeit kan das
Bedürfnis der Liebe nicht laut werden lassen, kan noch vielweniger
bei der Ergiessung der Seele den gesezlichen Blikken rechtlicher
Leute, der Pharisäer und der Jünger trozzen, aber eine tief verwun-
dete, der Verzweiflung nahe Seele[1] muß sich und ihre Blödigkeit
überschreien, und ihrem eignen Gefühl der Rechtlichkeit zum Troz,
die ganze Fülle von Liebe geben und geniessen, um [in] diesem
innigen Genuß ihr Bewußtseyn zu versenken. – Der rechtschaffene 237
Simon fühlt im Angesicht dieser fliessenden Thränen dieser le-
bendigen alle Schuld tilgenden Küsse, dieser Seeligkeit der aus
ihrem Erguß Versöhnung trinkenden Liebe – die Unschiklichkeit,
daß Jesus | [sich] mit einer solchen Creatur einlasse, er sezt diß
Gefühl so sehr voraus, daß er es nicht ausdrükt, daß es [ihn] nicht
beschäftigt, sondern sogleich kan er die Consequenz ziehen, wenn
Jesus ein Seher wäre, so würde er wissen, daß diß Weib eine Sün-
derin ist. ihr sind die viele Sünden vergeben sagt Jesus, denn sie hat 238
viel geliebet; welchem aber wenige vergeben werden, der hat wenig
geliebt – Bei Simon hatte nur seine Urtheilskraft sich geaüssert;
bei den Freunden Jesu regt sich ein viel edleres ein moralisches
Interesse, das Wasser hätte wohl um dreyhundert Groschen 239
verkauft, und das Geld den Armen gegeben werden können; ihre
moralische Tendenz, den Armen wohl zu thun, ihre wohlberech-
nende Klugheit, ihre aufmerksame Tugend mit Verstand verbunden
ist nur eine Rohheit; denn sie faßten die schöne Situation nicht
nur nicht, sie beleidigten sogar den heiligen Erguß eines lie|ben-
den Gemüths; warum bekümmert ihr sie? sagt Jesus, sie hat ein 240
schönes Werk an mir gethan; – und es ist das einzige, was in
der Geschichte Jesu den Namen eines schönen führt, so unbefan-
gen, so ohne Zwek irgend einer Nuzanwendung in That oder Lehre
aüsserte sich nur ein Weib voll Liebe. Wohl nicht um einer Eitelkeit
willen, auch nicht um die Jünger auf den eigentlichen Standpunkt
zu stellen aber um Ruhe für die Situation zu gewinnen, muß Jesus

[1] *Am Rande:* Ihre Sünden sind, sich über das rechtliche weggesezt zu haben,

eine Seite ihnen zuwenden, für die [sie] empfänglich sind, mit der er ihnen nicht das schöne derselben erklären will, er leitet eine Art von Verehrung seiner Person aus der Handlung ab. gegen rohe Seelen muß man sich begnügen, nur eine Entweihung eines schönen Gemüths durch sie, abzuwenden, es wäre vergebens, einer groben Organisation den feinen Duft des Geistes erklären zu wollen, | des-
241 sen Anhauch für sie unempfindbar war. »Sie hat mir, sagt Jesus, im voraus auf mein Begräbnis gesalbt.«

242 »Ihr sind viele Sünden vergeben, denn sie hat viel geliebet; Gehe hin im Frieden, dein Glauben hat dich gerettet.« Wollte man sagen es wäre besser gewesen, daß Maria in das Schiksal des Judenlebens sich gefügt hätte, ein Avtomat ihrer Zeit, rechtlich und gemein, ohne Sünde und ohne Liebe abgelauffen wäre – ohne Liebe, denn die Zeit ihres Volkes war wohl eine von denen in welchen das schöne Gemüth ohne Sünde nicht leben aber zu dieser wie zu jeder [konnte] sie andern durch Liebe zum schönsten Bewußtseyn zurükkehren.

Die Liebe versöhnt aber nicht nur den Verbrecher mit dem Schiksal, sie versöhnt auch den Menschen mit der Tugend, d. h. wenn sie nicht das einzige Princip der Tugend wäre, so wäre jede Tugend zugleich eine Untugend. | Der völligen Knechtschaft unter dem Geseze eines fremden Herrn sezte Jesus nicht eine theilweise Knechtschaft unter einem eignen Geseze, den Selbstzwang der Kantischen Tugend entgegen, sondern Tugenden ohne Herrschaft und ohne Unterwerfung, Modifikationen der Liebe; und müßten sie nicht als Modifikationen Eines lebendigen Geistes angesehen werden, sondern wäre eine absolute Tugend, so würden unauflösbare Kollisionen durch die Mehrheit der absoluten entstehen; und ohne jene Vereinigung in einem Geiste hat jede Tugend etwas mangelhaftes; denn jede ist schon ihrem Namen nach eine einzelne, also eine beschränkte; die Umstände, unter denen sie möglich ist, die objektiven Bedingungen einer Handlung [sind] etwas zufälliges, ausserdem ist die Beziehung der Tugend auf ihr Objekt eine | einzelne; und schließt nicht nur Beziehungen derselben Tugend auf andre Objekte aus. so hat jede Tugend in ihrem Begriffe sowohl als auch in ihrer Thätigkeit ihre Grenze, die sie nicht überschreiten kan; Ist der Mensch von dieser bestimmten Tugend nur ein so tugendhafter Mann, und handelt er auch jenseits der Grenze seiner Tugend, so kan er, indem er seiner Tugend getreu bleibt nur lasterhaft handeln; wohnt in ihm aber auch die andere Tugend, die jenseits der Grenze der ersten ihr Gebiet hat, so kan man zwar sagen, die tugendhafte Gesinnung für sich allein im allgemeinen betrachtet, das heißt abstrahirt von den hier gesezten Tugenden, komme nicht in Kollision; weil die tugendhafte Gesinnung | nur eines ist; allein damit ist die Voraussezung aufgehoben, und beide Tugenden gesezt so hebt die Übung der einen den Stoff und damit die Möglichkeit der Ausübung der andern die ebenso absolut ist, auf, und die gegründete Foderung der andern ist abgewiesen. ein Recht, das für die eine Beziehung aufgegeben wurde, kan es nicht mehr für die andre werden, oder wird es für die andre aufgespart, so muß die erste darben. Sowie sich die Mannichfaltigkeit der menschlichen Verhältnisse mehrt, wächst auch die Menge der Tugenden, damit die Menge nothwendiger Kollisionen, und die Unmöglichkeit sie zu erfüllen. Will der Vieltugendliche unter der Menge seiner Glaübiger, die er nicht alle befriedigen kan, eine Rangordnung machen, so erklärt er sich gegen die, die er hintansezt, für nicht so schuldig als gegen andere, die er höhere nennt; Tugenden können also aufhören, absolute Pflicht [zu] seyn, sie können sogar Laster werden – In dieser Vielseitigkeit der Beziehungen und Menge der Tugenden bleibt nichts übrig, als Verzweiflung der Tugend, und Ver|brechen der Tugend selbst. Nur wenn keine Tugend darauf Anspruch macht, in ihrer beschränkten Form fest und absolut zu bestehen, wenn sie darauf Verzicht thut, auch in dem Verhältnisse, in welchem sie allein eintreten kan, eintreten zu müssen; wenn der Eine lebendige Geist allein nach dem Ganzen der gegebnen Verhältnisse aber in völliger Unbeschränktheit ohne durch ihre Mannichfaltigkeit zugleich getheilt zu werden handelt, sich selbst beschränkt dann bleibt nur die Vielseitigkeit der Verhältnisse, aber die Menge absoluter, und unverträglicher Tugenden schwindet. Es kan hier nicht davon die Rede seyn, daß bei allen Tugenden ein und eben derselbe Grundsaz zum Grunde liegt, welcher immer derselbe unter verschiedenen Verhältnissen in verschiedener Modifikation, als eine besondere Tugend erscheint; denn ebendarum, weil ein solches Princip ein allgemeines und also ein Begriff ist, so *muß* unter bestimmten Verhältnissen *nothwendig* die be|stimmte Anwendung eine bestimmte Tugend, eine gewisse Pflicht eintreten; (die mannichfachen Verhältnisse als gegebne Wirklichkeiten, ebenso das Princip die Regel für alle und also die Anwendungen des Princips auf die Wirklichkeiten, die mannichfaltigen Tugenden sind unwandelbar;) in einer solchen Absolutheit des Bestehens zerstöhren sich die Tugenden gegenseitig; die Einheit derselben, durch die Regel, ist nur scheinbar, weil sie nur ein Gedachtes ist, und eine solche Einheit die Mannichfaltigkeit weder aufhebt, noch vereinigt, sondern in ihrer ganzen Stärke bestehen läßt.

Ein lebendiges Band der Tugenden, eine lebendige Einheit ist eine ganz andre, als die Einheit des Begriffs, sie stellt nicht für bestimmte Verhältnisse eine bestimmte Tugend auf, sondern erscheint auch im buntesten Gemische von Beziehungen unzerrissen und einfach; ihre aüssere Gestalt kan sich auf die unendlichste Art modificiren, sie wird nie zweymal dieselbe haben, und ihre Aüsserung wird nie eine Regel geben können, denn sie hat nie die | Form eines allgemeinen gegen besondres – Wie die Tugend das Complement des Gehorsams gegen die Geseze ist, so ist die Liebe das Complement der Tugenden; alle Einseitigkeiten, alle Ausschliessungen, alle Schranken der Tugenden sind durch sie aufgehoben, es gibt keine tugendhafte Sünden, oder sündige Tugenden mehr. denn sie ist die lebendige Beziehung der Wesen selbst; in ihr sind alle Trennungen, alle beschränkten Verhältnisse verschwunden, so hören auch die Beschränkungen der Tugenden auf; wo bliebe für Tugenden Raum, wenn kein Recht mehr aufzugeben ist?

243 Liebe, fodert Jesus, soll die Seele seiner Freunde seyn, ein neu Gebot gebe ich euch, daß ihr euch untereinander liebt; daran wird man erkennen, daß ihr meine Freunde seyd. Diese allgemeine Menschenliebe ist eine schaale aber charakteristische Erfindung der Zeiten, welche nicht umhin können, idealische Foderungen,

Tugenden gegen ein Gedankending aufzustellen, um in solchen gedachten Objekten recht prächtig zu erscheinen, da ihre Wirklichkeit so arm ist. – Die Liebe zu | dem Nächsten, ist Liebe zu den Menschen, so wie jeder mit ihnen in Beziehung kommt. Ein gedachtes kan kein geliebtes seyn. Freilich kan Liebe nicht geboten werden, freilich ist sie pathologisch, eine Neigung, – aber damit ist ihr von ihrer Grösse nichts benommen, sie ist damit gar nicht herabgesezt, daß ihr Wesen keine Herrschaft über ein ihr fremdes ist; sie ist aber dadurch so wenig unter Pflicht und Recht, daß es vielmehr ihr Triumph ist, über nichts zu herrschen, und ohne feindliche Macht gegen ein andres zu seyn; die Liebe hat gesiegt heißt nicht, wie die Pflicht hat gesiegt, sie hat die Feinde unterjocht, sondern sie hat die Feindschaft überwunden. Es ist der Liebe eine Art von Unehre, wenn sie geboten wird, daß sie, ein lebendiges, ein Geist, mit Namen genannt wird; ihr Name, daß über sie reflektirt wird, und Aussprechen derselben ist nicht Geist, nicht ihr Wesen, sondern ihm entgegengesezt, und nur als Namen, als Wort kan sie geboten, es kan nur gesagt werden: du sollt lieben; die | Liebe selbst spricht kein Sollen aus; sie ist kein einer Besonderheit entgegengeseztes Allgemeines; nicht eine Einheit des Begriffs, sondern Einigkeit des Geistes, Göttlichkeit; Gott lieben ist sich im All des Lebens, schrankenlos im Unendlichen fühlen; in diesem Gefühl der Harmonie ist freilich keine Allgemeinheit; denn in der Harmonie ist das Besondre nicht widerstreitend, sondern einklingend, sonst wäre keine Harmonie; und liebe deinen Nächsten als dich selbst, heißt nicht ihn so sehr lieben, als sich selbst; denn sich selbst lieben ist ein Wort ohne Sinn; sondern liebe ihn als der du ist, ein Gefühl des gleichen, nicht mächtigern nicht schwächern Lebens.

Erst durch die Liebe wird die Macht des Objektiven gebrochen, denn durch sie wird dessen Ganzes Gebiete gestürzt; die Tugenden sezten durch ihre Grenze ausserhalb derselben immer noch ein objektives, und die Vielheit der Tugenden eine um so grössere unüberwindliche Mannichfaltigkeit des | objektiven; nur die Liebe hat keine Grenze, was sie nicht vereinigt hat, ist ihr nicht objektiv, sie hat es übersehen, oder noch nicht entwikelt, es steht ihr nicht gegenüber.

Der Abschied, den Jesus von seinen Freunden nahm, war die Feier eines Mahls der Liebe; Liebe ist noch nicht Religion, dieses Mahl also auch keine eigentlich religiöse Handlung; denn nur eine durch Einbildungskraft objektivirte Vereinigung in Liebe, kan Gegenstand einer religiösen Verehrung seyn; bei einem Mahl der Liebe aber lebt und aüssert sich die Liebe selbst; | und alle Handlungen dabei sind nur Ausdrükke der Liebe; die Liebe selbst ist nur als Empfindung vorhanden, nicht zugleich als Bild; das Gefühl und die Vorstellung desselben sind nicht durch Phantasie vereinigt. Aber bei dem Mahle der Liebe kommt doch auch objektives vor, an welches die Empfindung geknüpft, aber nicht in Ein Bild vereinigt ist, und darum schwebt diß Essen zwischen einem Zusammenessen der Freundschaft, und einem religiösen Akt, und dieses Schweben
244 macht es schwer, seinen Geist deutlich zu bezeichnen. Jesus brach das Brod, nehmet hin diß ist mein Leib, für euch gegeben, thuts zu meinem Gedächtnis; desselbigen gleichen nahm er den Kelch, trinket alle daraus, es ist mein Blut des Neuen Testaments für euch und für viele zur Vergebung der Sünden vergossen; thut diß zu meinem Gedächtnis!

Wenn ein Araber eine Tasse Kaffee mit einem Fremden getrunken hat, so hat er damit einen FreundschaftsBund mit ihm gemacht, diese Gemeinschaftliche Handlung hat sie verknüpft, und durch | diese Verknüpfung ist der Araber zu aller Treue und Hülfe gegen ihn verbunden. Das gemeinschaftliche Essen und Trinken ist hier nicht das, was man ein Zeichen nennt; die Verbindung zwischen Zeichen und Bezeichneten ist nicht selbst Geistig, Leben, es ist ein objektives Band; Zeichen und Bezeichnetes sind einander fremd, und ihre Verbindung ist ausser ihnen nur in einem dritten, eine gedachte. mit jemand essen und trinken, ist ein Akt der Vereinigung, und eine gefühlte Vereinigung selbst, nicht ein konventionelles Zeichen; es wird gegen die Empfindung natürlicher Menschen seyn, die Feinde sind, ein Glas Wein miteinander zu trinken, dem Gefühl der Gemeinschaft in dieser Handlung, würde ihre sonstige Stimmung gegeneinander widersprechen. Das gemeinschaftliche Nachtessen Jesu und seiner Jünger ist an sich schon ein Akt | der Freundschaft; noch verknüpfender ist das feyerliche Essen vom gleichen Brode, das Trinken aus dem gleichen Kelche; auch diß ist nicht ein blosses Zeichen der Freundschaft, sondern ein Akt, eine Empfindung der Freundschaft selbst; des Geistes der Liebe.

Aber das weitere, die Erklärung Jesu: diß ist mein Leib, diß ist mein Blut, nähert die Handlung einer religiösen, aber macht sie nicht dazu; diese Erklärung und die damit verbundne Handlung der Austheilung der Speise und des Tranks macht die Empfindung zum theil objektiv, die Gemeinschaft mit Jesu, ihre Freundschaft untereinander, und die Vereinigung derselben in ihrem Mittelpunkte, ihrem Lehrer wird nicht blos gefühlt; sondern indem Jesus das an alle auszutheilende Brod und Wein seinen für sie gegebnen Leib und Blut nennt, so ist die Vereinigung nicht mehr blos empfunden, sondern sie ist sichtbar geworden, sie wird nicht nur in einem Bilde, einer allegorischen Figur vorgestellt, sondern an ein Wirkliches geknüpft, in einem Wirklichen | dem Brode gegeben und genossen. Einerseits wird also die Empfindung objektiv, andererseits aber ist diß Brod und Wein und die Handlung des Austheilens zugleich nicht blos objektiv, es ist mehr in ihr, als gesehen wird, sie ist eine mystische Handlung; der Zuschauer, der ihre Freundschaft nicht gekannt, und die Worte Jesu nicht verstanden hätte, hätte nichts gesehen, als das Austheilen von etwas Brod und Wein, und das Geniessen derselben; so wie, wenn scheidende Freunde, einen Ring brachen, und jeder ein Stük behielt, der Zuschauer nichts sieht, als das Zerbrechen eines brauchbaren Dinges, und das Theilen in unbrauchbare, werthlose Stükke; das mystische der Stüke hat er nicht gefaßt. So ist objektiv betrachtet das Brod, blosses Brod; der Wein, blosser Wein; aber beide sind auch noch mehr; dieses Mehr hängt nicht mit den Objekten, als eine Erklärung, durch ein blosses Gleichwie zusammen; gleichwie die vereinzelten Stükke, die ihr eßt, von Einem Brode [sind], der Wein, den ihr trinkt, aus dem gleichen Kelche ist, so seid ihr | zwar besondre, aber in der Liebe, im Geiste eins; gleichwie ihr alle Theil nimmt an diesem Brode und Wein,

so nimmt ihr auch alle an meiner Aufopferung Theil; oder welche
Gleichwie's man darin finden mag; allein der Zusammenhang des
Objektiven und des Subjektiven, des Brods und der Personen ist
nicht der Zusammenhang des Verglichenen mit dem Gleichnis, der
Parabel, in welcher das Verschiedene, Verglichne als geschieden
als getrennt aufgestellt wird, und nur Vergleichung, das Denken
der Gleichheit verschiedener gefodert wird; denn in dieser Ver-
bindung fällt die Verschiedenheit weg, also auch die Möglichkeit
der Vergleichung. Die heterogenen sind aufs innigste verknüpft; in
dem Ausdruk Joh 6,56. »wer mein Fleisch ißt, und mein Blut trinkt,
bleibt in mir, und ich in ihm« oder Joh 10,7. ich bin die Thüre und
ähnlichen harten Zusammenstellungen muß in der Vorstellung
das Verbundne nothwendig in verschiedene Verglichne getrennt,
und die | Verbindung als eine Vergleichung angesehen werden. Hier
aber werden (wie die mystische Stükke des Rings) Wein und Brod
mystische Objekte; indem Jesus sie seinen Leib und Blut nennt, und
245 ein Genuß, eine Empfindung unmittelbar sie begleitet; er zerbrach
das Brod, gab es seinen Freunden, nehmet, esset; diß ist mein Leib,
für euch hingegeben; so auch den Kelch, trinket alle daraus; diß
ist mein Blut, das Blut des neuen Bundes, über viele ausgegossen
zur Entlassung der Sünden. Nicht nur der Wein ist Blut, auch das
Blut ist Geist; der gemeinschaftliche Becher, das gemeinschaftliche
Trinken der Geist eines neuen Bundes, der viele durchdringt, in
welchem viele, Leben, zur Erhebung über ihre Sünden trinken; und
246 von diesem Gewächse des Weinstoks werde ich nicht mehr trinken,
bis auf jenen Tag der Vollendung, wenn ich es mit euch neu ein
neues Leben in dem Reiche meines Vaters mit euch trinken werde.
Der Zusammenhang des ausgegoßnen Blutes und der Freunde Jesu
ist nicht, daß es als ein | ihnen objektives zu ihrem Besten, zu ei-
247 nem Nuzzen für sie vergossen wäre, sondern (wie im Ausdruk: wer
mein Fleisch ißt, und mein Blut trinkt) ist der Zusammenhang, das
Verhältnis des Weines zu ihnen, den alle aus demselben Kelche
trinken, der für alle, und derselbe ist; sie sind alle trinkende, ein
gleiches Gefühl ist in allen; vom gleichen Geiste der Liebe sind
alle durchdrungen; wäre ein aus einer Hingebung des Leibes und

Vergiessung des Blutes entstandener Vortheil, Wohlthat dasjenige, worin sie gleichgesezt wären, so wären sie in dieser Rüksicht nur im gleichen Begriffe vereinigt; indem sie aber das Brod essen, und den Wein trinken, sein Leib und sein Blut in sie übergeht, so ist Jesus in allen, und sein Wesen hat sie göttlich, als Liebe durchdrungen. So ist das Brod und der Wein nicht blos für den Verstand, ein Objekt; die Handlung des Essens und Trinkens nicht blos eine durch Vernichtung derselben mit sich geschehene Vereinigung, noch die Empfindung ein blosser Geschmak der Speise und des Tranks; der Geist Jesu in dem seine Jünger Eins, ist für das aüssere Gefühl, | als Objekt gegenwärtig, ein Wirkliches geworden. Aber die objektiv gemachte Liebe, diß zur Sache gewordne subjektive kehrt zu seiner Natur wieder zurük, wird im Essen wieder subjektiv; diese Rükkehr kan etwa in dieser Rüksicht mit dem im geschriebnen Worte zum Dinge gewordnen Gedanken verglichen werden, der aus einem todten, einem Objekte, im Lesen seine Subjektivität wieder erhält. Die Vergleichung wäre treffender, wenn das geschriebne Wort auf-gelesen [würde], durch das Verstehen als Ding verschwände; so wie im Genuß des Brods und Weins von diesen mystischen Objekten nicht bloß die Empfindung erwekt, der Geist lebendig wird, sondern sie selbst als Objekte verschwinden. Und so scheint die Handlung reiner, ihrem Zwekke gemässer, indem sie nur Geist nur Empfindung gibt, und dem Verstand das Seinige raubt; die Materie, das seelenlose zernichtet. Wenn Liebende vor dem Altar der Göttin der Liebe opfern, und das betende Ausströmen ihres Gefühls ihr Gefühl zur höchsten Flamme begeistert, so ist die Göttin selbst in ihre Herzen eingekehrt – aber das Bild von Stein bleibt immer | vor ihnen stehen; da hingegen im Mahl der Liebe das körperliche vergeht, und nur lebendige Empfindung vorhanden ist.

Aber gerade diese Art von Objektivität, die ganz aufgehoben wird indem die Empfindung bleibt, diese Art mehr einer objektiven Vermischung als einer Vereinigung, daß die Liebe an etwas sichtbar, an etwas geheftet wird, das zernichtet werden soll, – ist es, was die Handlung nicht zu einer religiösen werden lies; Das Brod soll gegessen, der Wein getrunken werden; sie können darum nichts göttliches seyn; was sie auf der einen Seite voraus haben, daß die Empfindung, die an sie geheftet ist, wieder von ihrer Objektivität zu ihrer Natur gleichsam zurükkehrt, das mystische Objekt, wieder zu einem bloß subjektiven wird, das verlieren sie eben dadurch, daß die Liebe durch sie nicht objektiv genug wird. Etwas göttliches kan indem es göttlich ist nicht in der Gestalt eines zu essenden und zu trinkenden vorhanden seyn; in der Parabel ist die Foderung nicht, daß die Verschiednen zusammengestellten in eins gefaßt würden; hier aber soll das Ding und die Empfindung sich verbinden; in der symbolischen Handlung soll das Essen und Trinken – und das | Gefühl des Einsseyn in Jesu Geist zusammenfliessen; aber das Ding und die Empfindung, der Geist und die Wirklichkeit vermischen sich nicht; die Phantasie kan sie nie in einem Schönen zusammenfassen; das angeschaute und genossene Brod und Wein können nie die Empfindung der Liebe erweken, und diese Empfindung kan sich nie in ihnen als angeschauten Objekten finden, so wie sie und das Gefühl des wirklichen Aufnehmens in sich, ihres Subjektivwerden, des Essens und Trinkens [sich] widerspricht; es ist immer zweierlei vorhanden, der Glauben, und das Ding, die Andacht und das Sehen oder Schmekken; im Glauben ist der Geist gegenwärtig, dem Sehen oder Schmekken, das Brod und Wein; es gibt keine Vereinigung für sie. der Verstand widerspricht der Empfindung, die Empfindung dem Verstande; für die Einbildungskraft, in welcher beide sind und aufgehoben sind, ist nichts zu thun; sie hat hier kein Bild, worin sich Anschauung und Gefühl vereinigte. In einem Apoll, einer Venus muß man wohl den Marmor den zerbrechlichen Stein vergessen, und sieht in ihrer Ge|stalt nur die Unsterblichen; und in ihrem Anschauen ist man zugleich von dem Gefühl ewiger Jugendkraft, und der Liebe durchdrungen. aber reibt die Venus, den Apoll zu Staub, und sprecht: diß ist Apoll, diß Venus, so ist wohl der Staub vor mir, und die Bilder der Götter in mir, aber der Staub und das Göttliche treten nimmer in eins zusammen. Das Verdienst des Staubes bestand in seiner Form, diese ist verschwunden, er ist izt die Hauptsache; das Verdienst des Brodes bestand in seinem mystischen Sinne, aber

zugleich in seiner Eigenschaft, daß es Brod, esbar ist, auch in der Verehrung soll es als Brod vorhanden seyn. Vor dem zum Staube geriebenen Apoll bleibt die Andacht, aber sie kan sich nicht an den Staub wenden; der Staub kan an die Andacht erinnern, aber [sie] nicht auf *sich* ziehen; es entsteht ein Bedauern, diß ist die Empfindung dieser Scheidung, dieses Widerspruchs wie die Traurigkeit bei der Unvereinbarkeit des Leichnams, und der Vorstellung der lebendigen Kräfte. Nach dem Nachtmahl der Jünger entstand
ein Kummer wegen des bevorstehenden Verlustes ihres Meisters, 248
aber nach einer ächt-religiösen Handlung ist die ganze Seele befriedigt; und nach dem Genuß des Abendmahls unter den jezigen Christen entsteht ein andächtiges | Staunen, ohne Heiterkeit, oder mit einer wehmüthigen Heiterkeit, denn die getheilte Spannung der Empfindung und der Verstand waren einseitig die Andacht unvollständig; es war etwas göttliches versprochen, und es ist im Munde zerronnen.

AM INTERESSANTESTEN WIRD ES SEYN …

Am interessantesten wird es seyn, zu sehen, wie sich Jesus, und was er unmittelbar dem Princip des Beherrschtwerdens und dem unendlichen Herrscher der Juden entgegenstellt; hier im Mittelpunkte ihres Geistes, mußte der Kampf am hartnäkkigsten seyn; denn hier wurde ihr alles in Einem angegriffen; der Angriff auf die einzelnen Zweige des JudenGeistes trift zwar auch das Princip, aber es ist noch nicht im Bewußtseyn, daß dieses angegriffen ist; erst wenn immer mehr gefühlt wird, daß dem Streit um einzelnes ein Widerstreit der Principien selbst zum Grunde liegt, dann tritt Erbitterung ein; zwischen den Juden und Jesus kam bald seine Entgegensezung gegen ihr Höchstes zur Sprache.

Der Idee der Juden von Gott, als ihrem Herrn und Gebieter über sie, sezt Jesus das Verhältnis Gottes zu den Men|schen als eines Vaters gegen seine Kinder entgegen

Moralität hebt die Beherrschung in den Kraisen des zum Bewußtseyn gekommenen; Liebe die Schranken der Kraise der Moralität auf; aber die Liebe selbst ist noch unvollständige Natur; in der Glüklichen Liebe ist kein Raum für Objektivität; aber jede Reflexion hebt die Liebe auf, stellt die Objektivität wieder her und mit ihr beginnt wieder das Gebiet der Beschränkungen. (Reflexion und Liebe vereint, – religiöses ist also das πληρωμα der Liebe, | beide verbunden gedacht). Anschauung der Liebe scheint die Foderung der Vollständigkeit zu erfüllen. aber es ist ein Wiederspruch, das anschauende, vorstellende ist ein beschränkendes und nur beschränktes aufnehmendes, das Objekt aber wäre ein unendliches; das Unendliche kan nicht in diesem Gefässe getragen werden – |

REINES SELBSTBEWUSSTSEYN – REINES LEBEN

Reines Selbstbewußtseyn ist die Entfernung aller Thaten, alles dessen was der Mensch war, oder seyn wird; Charakter abstrahirt nur von dem Handeln, er drükt das allgemeine der bestimmten Handlungen aus; reines Selbstbewußtseyn ist Bewußtseyn dessen was der Mensch ist – in ihm gibt es keine Verschiedenheit keine entwikelte oder wirkliche Mannichfaltigkeit. Diß einfache ist nicht ein negatives Einfaches, eine Einheit der Abstraktion, sondern ein lebendiges, Seyendes; die Vielheit ist nichts absolutes. Diß reine ist die Quelle alles Lebens und aller That; aber so wie es ins Bewußtseyn kommt so wird es zwar gefühlt, erkannt, aber ausser dem Menschen zum Theil gesezt; weil das Bewustseyende etwa sich beschränkt, so kan es, und das unendliche nicht völlig in Einem seyn. Nur | dadurch kan der Mensch an einen Gott glauben, daß er von aller That abstrahirt, und von allem bestimmten, aber die Seele jeder That, alles bestimmten festhalten kan; worin keine Seele, kein Geist ist, darin ist nicht göttliches; wer sich immer bestimmt fühlt, immer als diß oder jenes thuend, oder leidend, so oder so handelnd, dessen Gottheit kan nur das seyn was er über diesem Bewußtseyn fühlt, das All der Objekte, und der Herrscher derselben; und diese Gottheit selbst ist um so leerer, je mehr sie über alles, über jede lebendige Kraft erhaben ist. Der unendlichen Leere und der unendlichen Menge von Bestimmtheiten kan nur das reine Gefühl des Lebens entgegengesezt werden, es hat in sich selbst seine Rechtfertigung und seine Autorität; aber in der Bestreitung der Bestimmtheiten tritt jeder selbst als ein bestimmtes auf; er kan den gebundenen und entweihten Augen nicht die Anschau|ung der Reinheit geben, in der Bestimmtheit, in der [er] erscheint, kan er sich nur auf seinen Ursprung auf die Quelle berufen, aus welchem jede Gestalt seines Lebens ihm fließt; in diesen Gestalten des beschränkten Lebens ist freilich etwas dem Reinen fremdartiges, und in einer Bestimmtheit begriffen kan der Mensch sich nicht auf das Ganze, das er izt ist, berufen, als auf ein absolutes, sondern er muß an das höhere, an den Vater appelliren, der unverwandelt, in allen Verwandlungen lebt. |

Der Zusammenhang des Unendlichen mit dem Endlichen ist freilich ein heiliges Geheimnis, weil er Leben, und also das Geheimnis des Lebens ist; spricht man freilich von zweierlei von einer göttlichen und menschlichen Natur, so ist keine Verbindung zu treffen, denn auch in jeder Verbindung sollen sie noch zwei bleiben, wenn beide als absolute verschiedene gesezt sind. Diß Verhältnis eines Menschen zu Gott, Sohn Gottes zu seyn, wie ein Stamm der Vater der Zweige, des Laubes und der Früchte ist, – mußte die Juden am tiefsten empören, die eine unübersteigbare Kluft zwischen Menschlichem und Göttlichem Wesen gesezt, und unserer Natur keinen Theil am göttlichen eingeraümt hatten |

Reines Leben zu denken ist die Aufgabe alle Thaten, alles zu entfernen, was der Mensch war, oder seyn wird; Charakter abstrahirt nur von der Thätigkeit, er drükt das allgemeine der bestimmten Handlungen aus; Bewußtseyn reinen Lebens wäre Bewußtseyn dessen was der Mensch ist – in ihm gibt es keine Verschiedenheit keine entwikelte oder wirkliche Mannichfaltigkeit. Diß einfache ist nicht ein negatives Einfaches, eine Einheit der Abstraktion (denn in der Einheit der Abstraktion ist entweder nur ein bestimmtes gesezt, und von allen übrigen Bestimmtheiten abstrahirt; [oder] ihre reine Einheit ist nur die gesezte Foderung der Abstraktion von allem Bestimmten; das negative Unbestimmte. Reines Leben ist Seyn) die Vielheit ist nichts absolutes – Diß reine ist die Quelle aller | vereinzelten Leben, der Triebe und aller That; aber so wie es ins Bewußtseyn kommt wenn er daran glaubt, so ist es zwar noch lebendig im Menschen; aber ausser dem Menschen zum Theil gesezt; weil das Bewustseyende insofern sich beschränkt, so kan es, und das unendliche nicht völlig in Einem seyn. Nur dadurch kan der Mensch an einen Gott glauben, daß er von aller That von allem bestimmten zu abstrahiren vermag aber die Seele jeder That, alles bestimmten rein festhalten kan; worin keine Seele, kein Geist ist, darin ist nicht göttliches; wer sich immer bestimmt fühlt, immer als diß oder jenes thuend, oder leidend, so oder so handelnd, in dessen Abstraktion wird nicht das begränzte vom Geist abgeschieden, sondern das bleibende ist nur das entgegengesezte des Lebendigen, das herrschende Allgemeine; das Ganze der Bestimmtheiten fällt weg, und über dem Bewußtseyn der | Bestimmtheiten, nur die leere Einheit des Alls der Objekte; als herrschendes Wesen, über dieselben. Diesem unendlichen des Herrschens und Beherrschtwerdens kan nur das reine Gefühl des Lebens entgegengesezt werden, es hat in sich selbst seine Rechtfertigung und seine Autorität; aber indem es als Gegensaz auftritt, tritt es als ein bestimmtes in einem bestimmten Menschen auf; der den von Wirklichkeiten gebundenen und entweihten Augen nicht die Anschauung der Reinheit geben kan; in der Bestimmtheit, in der [er] erscheint, kan er sich nur auf seinen Ursprung auf die Quelle, aus welchem jede Gestalt des beschränkten Lebens ihm fließt, [kan] der Mensch sich nicht auf das Ganze, das er izt ist, berufen, als auf ein absolutes; er muß an das höhere, an den Vater appelliren, der unverwandelt, in allen Verwandlungen lebt. Weil das Göttliche reines Leben ist, so muß nothwendig, wenn von ihm, und was von ihm gesprochen wird, nichts entgegengeseztes in sich enthalten; und | alle Ausdrükke der Reflexion über Verhältnisse des objektiven oder über Thätigkeit gegen objektive Behandlung desselben [müssen] vermieden werden; denn die Wirkung des Göttlichen ist nur eine Vereinigung der Geister; nur der Geist faßt, und schliesst den Geist in sich ein – Ausdrükke wie befehlen, lehren, lernen, sehen, erkennen, machen, Willen (ins Himmelreich) kommen, gehen, drükken nur Beziehungen von objektivem aus, wenn es Aufnehmen eines Objektiven in einen Geist ist. Über Göttliches kan darum nur in Begeisterung gesprochen werden. Die jüdische Bildung zeigt uns nur einen Krais lebendiger Beziehungen zum Bewußtseyn gekommen, und auch diese mehr in Form von Begriffen als Tugenden und Eigenschaften, welches um so natürlicher ist, da sie hauptsächlich nur Beziehungen zwischen fremden, verschiednen Wesen auszudrükken hatten, als Barm-

249 herzigkeit, Güte u.s.w. Unter den Evangelisten spricht Johannes
am meisten von dem Göttlichen, und der Verbindung Jesu mit
ihm; aber die an geistigen Beziehungen so arme jüdische Bildung
nöthigte ihn für das Geistigste sich objektiver Verbindungen, ei-
ner WirklichkeitsSprache zu bedienen, die darum oft härter | lautet,
als wenn in dem Wechsel-Stil Empfindungen sollten ausgedrükt
250 251 werden, das Himmelreich, in das Himmelreich hineingehen, ich
252 bin die Thüre, ich bin die rechte Speise, wer mein Fleisch ißt u.s.w.
in solche Verbindungen der dürren Wirklichkeit ist das geistige
hineingezwängt

253 Jesus erklärt und wiederhohlt es oft, daß das, was er thue, nicht
seine That, was er rede, nicht seine Gedanken seyen; alle seine
Kraft, und seine Lehre sey ihm vom Vater gegeben; er kan keine
andre Legitimation seiner Bestreitung des Judenthums, und seiner
Lehre aufweisen, als diß feste Bewußtseyn, was aus ihm spreche,
sey in ihm, aber zugleich etwas höheres, als er, der hier stehe, lehre
254 und spreche; er nennt sich deswegen nie Gott, aber den Sohn des
Gottes, jenes ist er nicht, weil er Mensch ist; aber als Mensch ist er
auch zugleich Sohn Gottes, von einem höhern Rang, eine höhere
Natur ist zugleich in ihm, als die Befangenheit in Beschränkungen;
er erwartet Glauben von den Juden nur aus dem Grunde, auf die
Art, daß es ihnen von seinem Vater geoffenbahrt, daß sie selbst aus
255 Gott gebohren seyen; als Petrus in ihm den Gottgezeugten, den
Sohn des Lebens erkannte, sagte er, diß hat dir nicht deine End-
lichkeit, sondern mein Vater hat es dir geoffenbahrt. |

MAN KAN DEN ZUSTAND ...

Man kan den Zustand der jüdischen Bildung nicht einen Zustand der Kindheit, und ihre Sprache eine unentwikelte kindliche Sprache nennen; es sind noch einige tiefe kindliche Laute in ihr aufbehalten oder vielmehr wiederhergestellt worden, aber die übrige schwere, gezwungene Art sich auszudrükken ist vielmehr eine Folge der höchsten Misbildung des Volkes, mit welcher ein reineres Wesen zu kämpfen hat, und von welcher es leidet, wenn es sich in ihren Formen darstellen soll, welche es nicht entbehren kan, da es selbst zu diesem Volke gehört.

Der Anfang des Evangelium des Johannes enthält eine Reihe thetischer Säze, die in eigentlicherer Sprache über Gott und Göttliches sich ausdrükken; es ist die einfachste ReflexionsSprache zu sagen: Im Anfang *war* der Logos, der Logos *war bei* Gott, und 256
Gott *war* der Logos, *in* ihm *war* Leben. Aber diese Säze haben nur den taüschenden Schein von Urtheilen, denn die Prädikate sind nicht Begriffe, Allgemeines, wie der Ausdruk einer Reflexion in Urtheilen nothwendig enthält; sondern die Prädikate sind selbst wieder Seyendes, Lebendiges; auch diese einfache Reflexion ist nicht geschikt das Geistige mit Geist auszudrükken. Nirgend mehr als in Mittheilung des Göttlichen ist es für den Empfangenden nothwendig, mit eigenem tiefem Geiste zu fassen, nirgend ist es weniger möglich, zu lernen, passiv in sich aufzunehmen, weil unmittelbar jedes, über Göttliches in Form der Reflexion ausgedrüktes widersinnig ist, und die passive geistlose Aufnahme desselben, nicht nur den tiefern Geist leer läst, sondern auch den Verstand, der es aufnimmt, und dem es Widerspruch ist, darum zerrüttet; diese immer objektive Sprache findet daher allein im Geiste des Lesers Sinn und | Gewicht, und einen so verschiedenen, als verschieden die Beziehungen des Lebens und die Entgegensezung des Lebendigen und des Todten zum Bewußtseyn gekommen ist.

Von den zwei Extremen den Eingang des Johannes aufzufassen,
ist die objektivste Art, den Logos als ein Wirkliches, ein Indivi-
duum, die subjektivste Art ihn als Vernunft zu nehmen; dort als
ein besonderes, hier als die Allgemeinheit, dort die eigenste aus-
schliessendste Wirklichkeit, hier das blosse Gedachtseyn. Gott
und Logos werden unterschieden, weil das Seyende in zweierlei
Rüksicht betrachtet werden muß; denn die Reflexion supponirt das,
dem sie die Form des reflektirten gibt, zugleich als nicht reflektirt;
einmal als das Einige, in dem keine Theilung, Entgegensezung ist,
und zugleich mit der Möglichkeit der Trennung, der unendlichen
Theilung des Einigen; Gott und Logos sind nur insofern verschie-
den, als jener der Stoff in der Form des Logos ist, der Logos selbst
ist bei Gott, sie sind Eins. Die Mannichfaltigkeit, die Unendlichkeit
des Wirklichen ist die unendliche Theilung als wirklich, alles ist
durch den Logos; die Welt ist nicht eine Emanation der Gottheit;
denn sonst wäre das Wirkliche durchaus ein göttliches; aber als
Wirkliches ist es Emanation, Theil der unendlichen Theilung; zu-
257 gleich aber im Theile (ἐν ἀυτῳ fast besser auf das nächste οὐ δε ἐν
ὁ γεγονεν) oder in dem unendlich theilenden (ἐν ἀυτῳ auf λογος
bezogen) Leben; das einzelne beschränkte, als entgegengeseztes,
todte ist zugleich ein Zweig des unendlichen Lebens-baumes; je-
der Theil, ausser dem das Ganze ist, ist zugleich ein Ganzes, ein
Leben; und diß Leben wiederum auch als ein reflektirtes, auch in
Rüksicht der Theilung, des Verhältnisses als Subjekt und als Prädi-
258 kat, ist Leben (ζωη) und aufgefaßtes Leben (φως, Wahrheit;) Diese
Endlichen haben Entgegensezungen; für das Licht gibt es Finster-
259 niß. Der Taüfer Johannes war nicht das Licht; er zeugte nur von
ihm, er fühlte das Einige, aber es kam nicht rein, nur | in bestimmte
Verhältnisse beschränkt zu seinem Bewußtseyn; er glaubte daran,
aber sein Bewußtseyn war nicht gleich dem Leben; nur ein Be-
wußtseyn das dem Leben gleich, und nur darin verschieden ist,
daß dieses das Seyende, jenes diß Seyende als reflektirtes ist, ist
φως. Ungeachtet Johannes nicht selbst das φως war, so war es
260 doch, in jedem Menschen, der in die Menschenwelt tritt (κοσμος
das Ganze der menschlichen Verhältnisse, und menschlichen Le-

bens beschränkter als παντα v. 3 und ὁ γεγονεν) Nicht nur wie
der Mensch in die Welt [tritt] ist er φωτιζομενος; das φως ist auch
in der Welt selbst, sie ist ganz, alle ihre Beziehungen, Bestimmun-
gen sind das Werk des ἀνθρωπου φωτος, des sich entwikelnden
Menschen, ohne daß die Welt, in der diese Verhältnisse leben, ihn,
die zum Bewußtseyn kommende ganze Natur erkännte, ohne daß
sie ins Bewußtseyn der Welt käme. die Menschenwelt ist sein ei-
genstes (ἰδιον), das ihm verwandteste, und sie nehmen ihn nicht 261
auf, sie behandeln ihn als fremd. Die aber in ihm sich erkennen,
erhalten dadurch Macht, die nicht eine neue Kraft, ein lebendiges
ausdrükt, sondern nur den Grad, die Gleichheit oder Ungleichheit
des Lebens; sie werden nicht ein anders, aber sie erkennen Gott
und sich als Kinder Gottes, als schwächer als er, aber von gleicher
Natur, insofern sie sich jener Beziehung (ὀνομα), des ἀνθρωπου als 262
φωτιζομενου φωτι ἀληθινῳ bewußt werden; ihr Wesen in nichts
fremdem, sondern in Gott findend.

Bisher war nur von der Wahrheit selbst und dem Menschen im allgemeinen gesprochen[1], v. 14. erscheint der Logos auch in der Modifikation als Individuum; in welcher Gestalt er sich, auch uns gezeigt hat. (nicht blos von φως, v. 7.) auch vom Individuum zeugte Johannes (v. 15.) |

Die Idee von Gott mag noch sublimirt werden, so bleibt immer das jüdische Princip der Entgegensezung des Gedanken gegen die Wirklichkeit, des vernünftigen gegen das sinnliche, die Zerreissung des Lebens, ein todter Zusammenhang Gottes und der Welt, eine Verbindung, die nur als lebendiger Zusammenhang genommen, und bei welchem von den Verhältnissen der Bezogenen nur mystisch gesprochen werden kan.

Der am haüffigsten vorkommende und bezeichnendste Aus-
druk des Verhältnisses Jesu zu Gott ist, daß er sich Sohn Gottes
nennt, und sich als Sohn Gottes, sich als dem Sohne des Menschen 263
entgegensezt – Die Bezeichnung dieses Verhältnisses ist einer der

[1] *Daneben am Rande:* ἀνθρ. ἐρχ. ἐις τ. κοσμ. anders ist nichts da worauf 264
das ἀυτον des v. 10 u. ff. gehen könnte

wenigen NaturLaute, die in der damaligen JudenSprache zufällig übrig geblieben war, und daher unter ihre glüklichen Ausdrükke gehört. Das Verhältnis eines Sohnes zum Vater ist nicht eine Einheit, ein Begriff, wie etwa Einheit, Übereinstimmung der Gesinnung, Gleichheit der Grundsäze u. drgl., eine Einheit, die nur ein gedachtes [ist] und vom lebendigen abstrahirt, sondern lebendige Beziehung Lebendiger, gleiches Leben; nur Modifikationen desselben Lebens, nicht Entgegensezung des Wesen, nicht eine Mehrheit absoluter Substantialitäten; also Gottes Sohn, dasselbe Wesen das der Vater ist, aber für jeden Akt der Reflexion aber auch nur für einen solchen, ein besonderes. Auch im Ausdruk: ein Sohn des Stammes Koresch z. B. wie die Araber den einzelnen, ein Individuum desselben bezeichnen, liegt es, daß dieser einzelne nicht blos ein Theil des Ganzen, das Ganze also nicht etwas ausser ihm, sondern er selbst eben das Ganze ist, das der ganze Stamm ist. Es ist diß auch aus der Folge klar, die es bei einem solchen natürlichen ungetheilten Volke auf ihre Art Krieg zu führen hat, indem jeder einzelne auf [das] grausamste niedergemacht wird; im jezigen Europa hingegen, wo jeder einzelne nicht das Ganze des Staates in sich trägt, sondern das Band nur ein Gedachtes, das gleiche Recht für alle ist, wird darum nicht gegen den einzelnen, sondern gegen das ausser jedem liegende | Ganze Krieg geführt; wie bei jedem ächt freyen Volk, so ist bei den Arabern jeder ein Theil aber zugleich das Ganze. Nur von Objekten, von todtem gilt es, daß das Ganze ein anderes ist, als die Theile; im Lebendigen hingegen der Theil desselben ebensowohl und dasselbe Eins, als das Ganze; wenn die besondern Objekte als Substanzen, doch zugleich jedes mit seiner Eigenschaft als Individuum (in Zahlen) zusammengefaßt werden, so ist ihr gemeinsames, die Einheit, nur ein Begriff, nicht ein Wesen, ein Seyendes; aber die Lebendigen sind Wesen als abgesonderte, und ihre Einheit ist ebensowohl ein Wesen. Was im Reich des Todten Widerspruch ist, ist es nicht im Reiche des Lebens. Ein Baum der 3 Äste hat, macht mit ihnen zusammen Einen Baum; aber jeder Sohn des Baumes jeder Ast (auch seine andern Kinder Blätter und Blüthen) ist selbst ein Baum; die Fasern, die dem Aste

Saft aus dem Stamme zuführen sind von der gleichen Natur der
Wurzeln; ein Baum umgekehrt in die Erde gestekt wird aus den
in die Luft gestrekten Wurzeln, Blätter treiben, und die Zweige
werden sich in die Erde einwurzeln – und es ist eben so wahr daß
hier nur Ein Baum ist, als daß es drey Baüme sind.

Diese WesenEinheit des Vaters und des Sohnes in der Göttlich-
keit fanden auch die Juden, in dem Verhältnisse, das sich Jesus zu
Gott gab; sie fanden (Joh. 5,18.) er mache sich selbst Gott gleich,
indem er Gott seinen Vater nenne. Dem jüdischen Princip der
Herrschaft Gottes, konnte Jesus zwar die Bedürfnisse des Men-
schen entgegenstellen, (wie das Bedürfnis den Hunger zu befriedi-
gen, der Feyer des Sabbaths) aber auch diß nur im allgemeinen, die
tiefere Entwiklung dieses Gegensazes, etwa ein Primat der prak- 266
tischen Vernunft war nicht in der Bildung jener Zeiten; in seiner
Entgegensezung stand er vor den Augen nur als Individuum; den
Gedanken dieser Individualität, zu entfernen beruft [sich] Jesus, |
besonders bei Johannes immer auf seine Einigkeit mit Gott, der 267
dem Sohne Leben in sich selbst zu haben gegeben, wie der Vater
selbst Leben in sich selbst habe; daß er und der Vater eins sey, er 268 269
sey Brod, vom Himmel herabgestiegen u.s.w. harte Ausdrükke
(σκληροι λογοι) welche dadurch nicht milder werden, daß man sie 270
für bildliche erklärt, und ihnen, statt sie mit Geist als Leben zu neh-
men, Einheiten der Begriffe unterschiebt; freilich sobald man Bild-
lichem die Verstandes-Begriffe entgegensezt; und die leztere zum
herrschenden annimmt, so muß alles Bild nur als Spiel, als Bei-
wesen von der Einbildungskraft ohne Wahrheit, beseitigt [werden],
und statt des Lebens des Bildes bleibt nur objektives. |

Jesus nennt sich aber nicht nur Sohn Gottes, er nennt sich auch
Sohn des Menschen; wenn Sohn Gottes eine Modifikation des
Göttlichen ausdrükt, so wäre ebenso Sohn des Menschen, eine 271
Modifikation des Menschen; aber der Mensch ist nicht Eine Natur,
Ein Wesen, wie die Gottheit, sondern ein Begriff, ein Gedachtes;
und der MenschenSohn heißt hier ein dem Begriffe Mensch sub-
sumirtes; Jesus ist Mensch ist ein eigentliches Urtheil, das Prä-

dikat ist nicht ein Wesen sondern ein Allgemeines. (ἀνθρωπος, der
272 Mensch; ὑιος ἀνθρ ein Mensch.) Der GottesSohn ist auch Men-
schenSohn; das Göttliche in einer besondern Gestalt erscheint
als ein Mensch; der Zusammenhang des Unendlichen und des
Endlichen ist freilich ein heiliges Geheimnis, weil dieser Zusam-
menhang das Leben selbst ist; die Reflexion die das Leben trennt,
kan es in Unendliches und Endliches unterscheiden, und nur die
Beschränkung, das Endliche für sich betrachtet, gibt den Begriff
des Menschen als dem Göttlichen entgegengesezt; ausserhalb | der
Reflexion, in der Wahrheit findet sie nicht statt. Diese Bedeutung
des MenschenSohns tritt da am hellsten hervor, wo der Men-
schenSohn dem GottesSohn entgegengesezt ist; wie Joh 5,26.27.
»Wie der Vater Leben in sich selbst hat, so gab er auch dem Sohne
Leben in sich selbst zu haben; und er gab ihm auch die Macht, und
273 Gericht zu halten, weil er MenschenSohn ist.« denn V. 22. »der Va-
ter richtet niemand, sondern hat das Richten dem Sohne gegeben.«
Dagegen heißt es Joh. 3,17. (Matth. 18,11.) »Gott hat seinen Sohn
nicht in die Welt geschikt, daß er die Welt richte, sondern daß die
Welt durch ihn gerettet werde.« Richten ist nicht ein Akt des Gött-
lichen; denn das Gesez, das im Richter ist, ist das den zu richtenden
entgegengesezte Allgemeine, und das Richten ist ein Urtheilen, ein
Gleich- oder Ungleichsezen, das Anerkennen einer gedachten Ein-
heit, oder einer unvereinbaren Entgegensezung; der GottesSohn
rich|tet, sondert, trennt nicht, hält nicht entgegengeseztes in seiner
Entgegensezung; eine Aüsserung das Regen des Göttlichen ist kein
Gesezgeben, Gesezaufstellen, kein Behaupten der Herrschaft des
Gesezes; sondern die Welt soll durch das Göttliche gerettet werden;
auch retten ist ein Ausdruk der nicht gut vom Geiste gebraucht
wird; denn er bezeichnet die absolute Unmacht gegen die Gefahr,
desjenigen, der in Gefahr schwebt; und die Rettung ist insofern
die Handlung eines Fremden zu einem Fremden; und die Wirkung
des Göttlichen kan nur insofern als Rettung genommen werden,
als der gerettete nur seinem vorhergehenden Zustande, nicht sei-
nem Wesen fremde wird. – Der Vater richtet nicht; auch nicht der
Sohn, der Leben in ihm selbst hat, insofern er Eins ist mit dem

Vater; aber zugleich hat er auch Macht erhalten, und die Gewalt, Gericht zu machen, weil er MenschenSohn ist; denn die Modifikation ist als solche, als ein Beschränktes der Entgegensezung, und der Trennung | in Allgemeines und Besonderes fähig; in ihm findet Vergleichung in Rüksicht auf die Materie, Vergleichung der Kraft, also Macht statt, und in | Rüksicht auf die Form, die Thätigkeit des Vergleichens, der Begriff, das Gesez, und das Trennen oder Verbinden desselben mit einem Individuum, Urtheilen und Gericht halten. Zugleich aber könnte wieder der Mensch nicht richten, wenn er nicht ein Göttliches wäre; denn dadurch allein ist in ihm der Maasstaab des Richtens, die Trennung möglich. in dem Göttlichen ist seine Macht zu binden und zu lösen gegründet. Das Rich- 274
ten selbst kan wieder von zweierlei Art seyn, das ungöttliche entweder nur in der Vorstellung oder in der Wirklichkeit zu beherrschen. Jesus sagt Joh 3,18.19. »Wer an den GottesSohn glaubt, wird nicht gerichtet; wer aber nicht an ihn glaubt, ist schon gerichtet,« weil er diese Beziehung des Menschen zu Gott, seine Göttlichkeit nicht erkannt hat; und »ihr Gericht ist ihre grössere Liebe selbst zur Finsterniß, als zur Wahrheit.« In ihrem Unglauben besteht also das Gericht selbst; Der göttliche Mensch naht sich dem Bösen nicht als eine es beherrschende, unterdrükkende Gewalt denn der Göttliche Menschensohn hat zwar Macht erhalten, aber nicht Gewalt, er behandelt bekämpft die Welt nicht in der Wirklichkeit; er bringt ihr ihr Gericht nicht als Bewußtseyn einer Strafe bei, was mit ihm nicht | leben nicht geniessen kan, was sich abgesondert hat, und getrennt steht; dessen selbstgestekte Gränzen erkennt er als solche Beschränkungen wenn sie schon vielleicht der höchste Stolz der Welt sind, und von ihr nicht als Beschränkungen gefühlt werden und ihr Leiden für sie vielleicht nicht die Form des Leidens, wenigstens nicht die Form der rükwirkenden Beleidigung eines Gesezes hat; ihr Unglauben aber ist es was sie in eine tiefere Sphäre sezt, ihr eignes Gericht wenn sie sich in ihrem Unbewußtseyn des Göttlichen, in ihrer Erniedrigung auch gefällt.

Das Verhältnis Jesu zu Gott, als eines Sohnes zum Vater konnte, je nachdem der Mensch das Göttliche ganz ausser sich sezt, oder nicht, entweder als Erkenntnis oder mit dem Glauben gefaßt werden. Die Erkenntnis sezt für ihre Art jenes Verhältnis aufzunehmen, zweierlei Naturen; eine menschliche und eine göttliche Natur, ein menschliches Wesen und ein göttliches Wesen, deren jedes Persönlichkeit Substantialität hat, und die in jeder Art von Beziehung zwei bleiben, weil sie als absolut verschiedene gesezt sind. Diejenigen, die diese absolute Verschiedenheit sezen, und zugleich doch fodern, die absoluten in der innigsten | Beziehung als Eins zu denken, heben nicht in der Rüksicht den Verstand auf, daß sie etwas ankündigten das ausserhalb seines Gebietes wäre, sondern er ist es, dem sie zumuthen, absolut-verschiedne Substanzen aufzufassen, und zugleich absolute Einheit derselben; sie zerstöhren ihn also, indem sie ihn sezen. Diejenigen, die die gegebne Verschiedenheit der Substantialitäten annehmen, aber ihre Einheit leugnen, sind konsequenter; zu jenem sind sie berechtigt, denn es wird gefodert, Gott und Mensch zu denken, und damit auch zu diesem, denn die Trennung zwischen Gott und Mensch aufzuheben wäre gegen das erste ihnen zugemuthete. Sie retten auf diese Art wohl den Verstand, aber wenn sie bei dieser absoluten Verschiedenheit der Wesen stehen bleiben, so erheben sie den Verstand, die absolute Trennung, das Tödten zum Höchsten des Geistes. Auf diese Art nahmen die Juden Jesum auf.

275 276 Wenn Jesus so sprach, der Vater ist in mir, ich im Vater, wer
mich gesehen hat, hat den Vater gesehen, wer den Vater kennt, der
277 weis daß meine Rede Wahrheit ist, ich und der Vater sind [eins], –
278 so klagten ihn die Juden der Gotteslästerung an, daß er, der ein |
Mensch gebohren sei, sich zum Gotte mache; wie hätten sie an
einem Menschen etwas göttliches erkennen sollen, sie, die Armen,
die in sich nur das Bewußtseyn ihrer Erbärmlichkeit und ihrer tie-
fen Knechtschaft, ihrer Entgegensezung gegen das Göttliche, das
Bewußtseyn einer unübersteigbaren Kluft zwischen menschlichem
und Göttlichem Seyn trugen; der Geist erkennt nur den Geist; sie
279 sahen in Jesu nur den Menschen, den Nazareer, den Zimmer-
mannsSohn, dessen Brüder und Verwandte unter ihnen lebten; so
viel war er, mehr konnte er ja auch nicht seyn, er war nur einer,

wie sie, und sie selbst fühlten, daß sie Nichts waren. Am Haufen der Juden mußte sein Versuch scheitern, ihnen das Bewußtseyn von etwas göttlichem zu geben; denn der Glauben an etwas göttliches, an etwas grosses kan nicht im Kothe wohnen. der Löwe hat nicht Raum in einer Nuß; der unendliche Geist nicht Raum in dem Kerker einer JudenSeele; das All des Lebens nicht in einem dürrenden Blatte; der Berg und das Auge, das ihn sieht, sind Subjekt und Objekt, aber zwischen Mensch und Gott, zwischen Geist und Geist ist diese Kluft der Objektivität nicht. | einer ist dem andern nur einer und ein anderer darin, daß er ihn erkennt.

Ein Zweig der objektiven Annahme des Verhältnißes des Sohnes zum Vater, oder vielmehr die Form derselben in Rüksicht des Willens ist in dem Zusammenhange, der bei Jesus zwischen der getrennten menschlichen und göttlichen Natur gedacht und verehrt wird, auch für sich selbst einen Zusammenhang mit Gott zu finden, eine Liebe zwischen ganz ungleichen, eine Liebe Gottes zu dem Menschen zu hoffen, die höchstens ein Mitleiden seyn könnte. Das Verhältnis Jesu als Sohnes zum Vater ist ein kindliches Verhältniß, denn der Sohn fühlt sich im Wesen, im Geiste eins mit dem Vater, der in ihm lebt, und hat keine Ähnlichkeit mit dem kindischen Verhältnisse, in welches sich der Mensch mit dem reichen OberHerrscher der Welt sezen möchte, dessen Leben er sich völlig fremd fühlt, und mit dem er nur durch die geschenkten Dinge durch die Brokken, die von des Reichen Tische fallen zusammenhängt. | 280

DAS WESEN DES JESUS ...

Das Wesen des Jesus, als ein Verhältnis des Sohnes zum Vater kan in der Wahrheit nur mit dem Glauben aufgefaßt werden, und Glauben an sich foderte Jesus von seinem Volke. Dieser Glauben charakterisirt sich durch seinen Gegenstand, das Göttliche; der Glauben an Wirkliches ist eine Erkenntnis irgend eines Objekts, eines Beschränkten; und so wie ein Objekt ein anderes ist, als Gott, so sehr ist diese Erkenntnis verschieden von dem Glauben an das
281 Göttliche. »Gott ist ein Geist, und die ihn anbeten müssen ihn in Geist und Wahrheit anbeten.« Wie könnte dasjenige einen Geist erkennen, was nicht selbst ein Geist wäre? Die Beziehung eines Geistes zu einem Geiste ist Gefühl der Harmonie, ihre Vereinigung; wie könnte heterogenes sich vereinigen? Glauben an Göttliches ist nur dadurch möglich, daß im Glaubenden selbst göttliches ist, welches in dem, woran es glaubt, sich selbst, seine eigne Natur wieder findet, wenn es auch nicht das Bewußtseyn hat, daß diß gefundene seine eigne Natur wäre. Denn in jedem Menschen selbst ist das Licht und Leben, er ist das Eigenthum des Lichts; und er wird von einem Lichte nicht erleuchtet, wie ein dunkler Körper, der nur fremden Glanz trägt, sondern sein eigner Feuerstoff geräth in Brand, und ist eine eigne Flamme. Der Mittelzustand zwischen der Finsterniß, dem Fernseyn von dem Göttlichen, dem Gefangenliegen unter der Wirklichkeit, – und zwischen einem eignen ganz göttlichen Leben, einer Zuversicht auf sich Selbst, ist der Glauben an das Göttliche; er ist das Ahnden, das Erkennen des Göttlichen und das Verlangen der Vereinigung mit ihm, die Begierde gleichen Lebens; aber er [ist] noch nicht die Stärke des Göttlichen, das alle Fäden seines Bewußtseyns durchdrungen, alle seine Beziehungen zu der Welt berichtigt hat, | in seinem ganzen Wesen weht. Der Glauben an das Göttliche stammt also aus der Göttlichkeit der eignen Natur; nur die Modifikation der Gottheit kan sie erkennen.

Als Jesus seine Jünger fragte, wer, sagen die Menschen, daß ich 282
der MenschenSohn sey? erzählten seine Freunde die Meinungen
der Juden, welche, auch indem sie ihn verklärten, ihn über die
Wirklichkeit der Menschenwelt hinaufsezten, doch nicht aus der
Wirklichkeit herausgehen konnten, sondern in ihm nur [ein] Indi-
viduum sahen, das sie auf eine unnatürliche Art mit ihm verbanden.
Als aber Petrus seinen Glauben an den MenschenSohn, daß er in
ihm den Sohn Gottes erkenne, ausgesprochen hatte, so preist ihn
Jesus seelig, ihn den Simon den Sohn des Jonas, was er für die an-
dern Menschen war, den MenschenSohn; denn der Vater im Him-
mel habe ihm diß geoffenbahrt. Einer Offenbahrung bedurfte es
nicht, zu einer blossen Erkenntnis von göttlicher Natur; ein grosser
Theil der Christenheit lernt diese Erkenntnis; den Kindern werden
Schlüsse aus den Wundern u. s. w. gegeben, daß Jesus Gott sey; man
kan dieses Lernen, diß Empfangen dieses Glaubens keine göttliche
Offenbahrung nennen; Befehl und Prügel thuns hier. »Mein Vater
im Himmel hat es dir geoffenbahrt; das göttliche das in dir ist, hat
mich als Göttliches erkannt; du hast mein Wesen verstanden, es
hat in dem deinigen wiedergetönt.« Den unter den Menschen, als
Simon, Sohn des Jona gangbaren, macht er zu Petrus, zum Felsen 283
der seine Gemeine gründen werde; er sezt ihn nun in seine eigne
Macht ein, zu binden und lösen; eine Macht, die nur einer das
Göttliche rein in sich tragenden Natur zukommen kan, um jede
Entfernung von ihm zu erkennen; es ist nunmehr kein anders Ur-
theil im Himmel als das deinige, was du auf Erden als frei oder ge-
bunden erkennst, ist es auch vor den Augen des Himmels. Nun erst 284
wagt es Jesus seinen Jüngern von seinem bevorstehenden Schiksale
zu sprechen; aber das Bewußtseyn des Petrus von der Göttlichkeit
seines Lehrers charakterisirt sich sogleich nur als Glauben, der
zwar das göttliche gefühlt, aber noch nicht eine | Erfüllung des
ganzen Wesens durch dasselbe, noch kein Empfahen des heiligen
Geistes ist.

Es ist eine oft wiederkehrende Vorstellung, daß der Glauben der Freunde Jesu an ihn Gott zugeschrieben wird; besonders Joh 17, nennt er sie oft die ihm von Gott gegebne; so wie Joh 6,29 ein Werk

Gottes, eine göttliche Wirkung, an ihn zu glauben; ein göttliches Wirken ist ganz etwas anders, als ein Lernen und unterrichtet werden. Joh. 6,65. niemand kan zu mir kommen, wenn es ihm nicht von meinem Vater gegeben ist.

Dieser Glauben ist aber nur die erste Stuffe der Beziehung mit Jesu, die in ihrer Vollendung so innig vorgestellt wird, daß seine Freunde Eins seyen mit ihm. »Bis sie selbst das Licht haben, sollen sie an das Licht glauben, daß sie Söhne des Lichtes werden.« Joh. 12,36. Zwischen den die nur erst den Glauben an das Licht haben, und denen die selbst Kinder des Lichtes sind, ist der Unterschied wie zwischen dem Taüfer Johannes, der nur vom Lichte zeugte, und Jesus, einem individualisirten Licht. Wie Jesus ewiges Leben in sich hat, so sollen auch die Glaubigen an ihn (Joh. 6,40.) zum unendlichen Leben gelangen. Am klarsten ist die lebendige Vereinigung Jesu in seinen lezten Reden bei Johannes dargestellt;
285 sie in ihm und er in ihnen, sie zusammen Eins; er der Weinstok, sie die Ranken; in den Theilen dieselbe Natur, das gleiche Leben, das im Ganzen ist. Diese Vollendung seiner Freunde ist es, warum Jesus seinen Vater bittet, und die er ihnen verheist, wenn er von ihnen entfernt seyn werde; So lang er unter ihnen lebte, blieben sie nur Glaubige; denn sie beruhten nicht auf sich selbst; Jesus war ihr Lehrer und Meister, ein individueller Mittelpunkt von dem sie abhiengen; sie hatten noch nicht eignes unabhängiges Leben; der Geist Jesu regierte sie; aber nach seiner Entfernung fiel auch diese Objektivität, diese Scheidewand zwischen ihnen und Gott; und der Geist Gottes konnte dann ihr ganzes Wesen beleben. | Wenn Jesus Joh. 7,38.39. sagt: wer an mich glaubt, aus dessen Leibe werden Ströme des Lebens quellen, so macht Johannes die Anmerkung, daß diß erst von der noch künftigen durchgängigen Belebung durch den heiligen Geist gemeint gewesen sey, den sie noch nicht empfangen hatten, weil Jesus noch nicht verklärt war. Es muß aller Gedanke einer Verschiedenheit des Wesens Jesu, und derer, in denen der Glauben an ihn zum Leben geworden in denen selbst das Göttliche ist, entfernt werden; wenn Jesus so haüffig von sich als einer eminenten Natur spricht, so geschieht diß im Gegensaz

gegen die Juden; von diesen trennt er sich, und erhält dadurch die
Gestalt eines Individuums auch in Ansehung des Göttlichen. *Ich* 286
bin die Wahrheit und das Leben; wer an *mich* glaubt; – diß beständige, einförmige Vorschieben des Ichs bei Johannes ist wohl
eine Absonderung seiner Persönlichkeit gegen den jüdischen Charakter; aber so sehr [er] gegen diesen Geist sich zum Individuum
macht, ebensosehr hebt er alle göttliche Persönlichkeit, göttliche
Individualität gegen seine Freunde auf, mit denen er nur Eins seyn
will, die in ihm Eins seyn sollen. Johannes sagt (2,25.) von Jesus,
er wußte was im Menschen war; und der treuste Spiegel seines
schönen Glaubens an die Natur sind seine Reden beim Anblik unverdorbener Natur. (Matth 18,1ss. 19,3.) wenn ihr nicht werdet wie 287 288
die Kinder, so werdet ihr nicht in [das] göttliche Reich kommen;
der kindlichste ist der gröste in der himmlischen Welt; und wer ein
solch Kind in meinem Namen aufnimmt, nimmt mich in sich auf,
wer in ihm sein reines Leben zu fühlen, das heilige seiner Natur zu
erkennen fähig ist, der hat mein Wesen gefühlt; wer diese heilige
Reinheit besudelt, dem wäre es gut, daß ihm ein Mühlstein an den
Hals gehängt, und daß er im tiefsten Meer ersaüft würde. Oh der
schmerzlichen Nothwendigkeit solcher Verlezungen des Hei|ligen!
Der tiefste, heiligste Kummer einer schönen Seele ihr unbegreiflichstes Räthsel, daß die Natur zerstöhrt das heilige verunreinigt
werden muß – Wie dem Verstande das göttliche, und das Eins-seyn
mit Gott das unbegreifliche ist, so ist es dem edlen Gemüthe die
Entfernung von Gott – Sehet zu, verachtet nicht Eins dieser kleinen, 289
denn ich sage euch, ihre Engel in den Himmeln, beständig schauen
sie das Angesicht meines Vaters im Himmel. Unter den Engeln
der Kinder können keine objektiven Wesen verstanden werden;
denn (um einen Grund ad hominem anzugeben) auch die Engel
der andern Menschen müßte man als in der Anschauung Gottes
lebend denken. In der Engel Anschauen Gottes ist sehr glüklich
viel vereinigt; das bewußtlose, die unentwikelte Einigkeit, das
Seyn und Leben in Gott, weil es als eine Modifikation der Gottheit in den existirenden Kindern soll vorgestellt werden, ist es von
Gott getrennt; aber ihr Seyn, ihr Thun ist eine ewige Anschauung

desselben. Um den Geist das Göttliche, ausser seiner Beschrän-
kung, und die Gemeinschaft des Beschränkten mit dem Leben-
290 digen darzustellen, trennt Plato das reine Lebendige und das Be-
schränkte durch die Verschiedenheit der Zeit, er läst die reinen
Geister ganz in der Anschauung des Göttlichen gelebt haben, und
sie im spätern Erdenleben nur mit verdunkeltem Bewußtseyn je-
nes Himmlischen, dieselben seyn. Auf eine andre Art trennt und
vereinigt hier Jesus die Natur, das göttliche des Geistes, und die
Beschränkung – als Engel ist der kindliche Geist nicht als ohne
alle Wirklichkeit, ohne Existenz, in Gott, sondern zugleich als
Söhne Gottes, als besondere dargestellt. Die Entgegensezung des
Anschauenden und des angeschauten, daß sie Subjekt und Objekt
sind, fällt in der Anschauung selbst weg; ihre Verschiedenheit ist
nur eine Möglichkeit der Trennung; ein Mensch der ganz in die
Anschauung der Sonne versunken wäre, wäre nur ein Gefühl des
Lichts, ein Licht-Gefühl als Wesen. | Der ganz in der Anschauung
eines andern Menschen lebte, wäre ganz dieser Andre selbst, nur
mit der Möglichkeit ein Anderer zu seyn. – Was aber verlohren ist,
was sich entzweit hat wird durch die Rükkehr zur Einigkeit, zum
Werden wie Kinder wieder gewonnen; was aber diese Wiederver-
einigung von sich stöst, fest gegen sie hält, das hat sich abgesondert,
das sey euch fremde, mit dem ihr nicht gemein habt, und mit wem
291 ihr die Gemeinschaft aufhebt, was ihr unter seiner Absonderung
gebunden erklärt, ist es auch im Himmel; was ihr aber löset, für frei,
und damit für vereinigt erklärt, ist auch im Himmel frei, in ihm
Eins, schaut die Gottheit nicht an. In einer andern Gestalt stellt
292 Jesus (v. 19.) diese Einigkeit dar; wo zwei eurer auf etwas einig seyd,
darum zu bitten, wird es euch der Vater geschehen lassen. Die Aus-
drükke: bitten, gewähren, beziehen sich eigentlich auf Vereinigung
über Objekte (πραγματα) für eine solche nur hat die jüdische Wirk-
lichkeitsSprache Ausdrükke. das Objekt kan aber hier nichts an-
ders seyn als nur die reflektirte Einigkeit (die συμφωνια των δυοιν
ὀυ τριων) als Objekt ist es ein Schönes, subjektiv die Vereinigung;
denn in eigentlichen Objekten können Geister nicht einig seyn;
Das Schöne, eine Einigkeit eurer zwey oder drey ist es auch in der

Harmonie des Ganzen, ist ein Laut, Einklang in dieselbe, und ist von ihr gewährt, es *ist*, weil es in ihr ist, weil es ein Göttliches ist; und mit dieser Gemeinschaft mit dem Göttlichen, sind die Einigen zugleich in der Gemeinschaft des Jesus; wo zwei oder drey vereinigt sind in meinem Geiste (εἰς το ὀνομα μου, wie Matth. 10,41) in der Rüksicht, in der mir Seyn und ewiges Leben zukommt, in der ich *bin*, bin ich in ihrer Mitte, so ist mein Geist. – So bestimmt erklärt sich Jesus gegen Persönlichkeit, gegen eine seinen vollendeten Freunden entgegengesezte Individualität seines Wesens, gegen den Gedanken eines persönlichen Gottes, von welcher der Grund eine absolute Besonderheit seines Seyns gegen sie wäre. Ein Ausdruk über die Vereinigung Liebender | Joh. 19,5 gehört auch hieher; die 293 294
zwei, Mann und Weib, werden Eins seyn; so daß sie nun nicht mehr zwei sind; was *also* Gott vereinigt hat, soll der Mensch nicht trennen; sollte sich diese Vereinigung nur auf die ursprüngliche Bestimmung des Mannes und des Weibs für einander beziehen, so paßte dieser Grund nicht gegen Scheidung der Ehe, denn durch die Scheidung wird jene Bestimmung, die Vereinigung des Begriffs nicht aufgehoben, welcher bliebe, wenn auch eine lebendige Vereinigung zertrennt wird; von einer solchen ist gesagt, daß sie eine Wirkung Gottes, ein Göttliches ist.

Da Jesus mit dem ganzen Genius seines Volks in den Kampf trat, und mit seiner Welt durchaus gebrochen hatte, so konnte die Vollendung seines Schiksals keine andre seyn, als durch den feindlichen Genius des Volks erdrükt zu werden; die Verherrlichung des MenschenSohnes in diesem Untergange ist nicht das negative, alle Beziehungen an sich mit der Welt aufgegeben zu haben, sondern das positive der unnatürlichen Welt seine Natur versagt, und sie lieber im Kampf und Untergang gerettet, als sich entweder mit Bewußtseyn unter die Verdorbenheit gebeugt, oder ohne Bewußtseyn von ihr beschlichen in ihr sich fortgewälzt zu haben. Jesus hatte das Bewußtseyn der Nothwendigkeit des Untergangs seines Individuums, und suchte auch seine Jünger von ihr zu überzeugen. Aber sie konnten ihr Wesen nicht von seiner Person trennen; sie waren nur noch glaubende; als Petrus eben im Menschensohn das Göttliche anerkannt hatte, glaubte Jesus seine Freunde fähig zu seyn ihre Absonderung von ihm ins Bewußtseyn zu bringen und ihren Gedanken zu tragen; er sprach ihnen also unmittelbar nachdem er von Petrus seinen Glauben gehört hatte, davon; aber in dem Erschrekken des Petrus darüber zeigte sich der Abstand des Glaubens von der Vollendung. Erst nach der Entfernung seines Individuums konnte ihre Abhängigkeit davon aufhören, und eigner Geist, oder der göttliche Geist in ihnen selbst bestehen; »es ist euch nüzlich, daß ich weggehe, sagt Jesus Joh 16,7. denn wenn ich nicht ab|gienge, so käme der Tröster nicht zu euch; der Geist der Wahrheit (Joh 14,16ss.) den die Welt nicht aufnehmen kan, weil sie ihn nicht erkennt; so lasse ich euch nicht als Waisen zurük, ich komme zu euch, und ihr werdet mich schauen, daß ich lebe, und daß auch ihr lebt.« Wenn ihr das göttliche nicht mehr nur ausser euch nur in mir schaut, sondern selbst Leben in euch habt, dann wird es auch in euch zum Bewußtseyn kommen (Joh 15,27.) daß ihr von Anbegin mit mir seyd, daß unsere Naturen Eins sind in der Liebe, und in Gott – Der Geist wird euch in alle Wahrheit leiten, (Joh. 16,13) und euch alles in Erinnerung bringen, was ich euch sagte; er ist ein Tröster, wenn Trost geben, die Aussicht auf ein gleiches oder grösseres Gut als das verlohrne ist, geben heißt – so seyd ihr nicht als Waisen zurükgelassen, denn so viel ihr mit mir zu verlieren glaubt, so viel werdet ihr in euch selbst empfahen.

Das Individuum sezt Jesus auch Matth 12,31ss. gegen den Geist des Ganzen; wer einen Menschen (mich als MenschenSohn) lästert, dem kan diese Sünde verziehen werden; wer aber den Geist selbst, das Göttliche lästert, dessen Sünde wird nicht in dieser noch in der kommenden Zeit vergeben. – Aus dem Überflusse des Herzen (v. 34) spricht der Mund, aus dem Reichthum eines guten Geistes gibt der Gute Gutes, aus dem bösen Geist gibt der böse Böses – Wer das einzelne lästert, mich als Individuum, der schließt sich nur von mir aus nicht von der Liebe; wer sich aber vom Göttlichen absondert, die Natur selbst, den Geist in ihr lästert, dessen Geist hat sich das heilige in sich zerstört; und er ist darum unfähig seine Trennung aufzuheben, und sich zur Liebe, zum Heiligen zu vereinigen. Durch ein Zeichen könntet ihr erschüttert werden, aber die verlohrne Natur stellte sich darum nicht in euch her; die Eumeniden eures Wesen könnten erschrökt werden, aber die Leere, die die vertriebnen Dämonen euch zurük liessen, würde nicht von | der Liebe erfüllt, sondern sie zöge eure Furien wieder zurük, die nun verstärkt durch euer Bewußtseyn selbst, daß sie Furien der Hölle sind, eure Zerstöhrung vollendeten.

Die Vollendung des Glaubens, die Rükkehr zur Gottheit, aus der der Mensch gebohren ist, schliest, den Cirkel seiner Entwiklung. Alles lebt in der Gottheit, alle Lebendigen sind seine Kinder, aber das Kind trägt die Einigkeit, den Zusammenhang den Einklang in die ganze Harmonie unzerstört, aber unentwikelt in sich; es beginnt mit dem Glauben an Götter ausser sich, mit der Furcht, bis es selbst immer mehr gehandelt, getrennt hat, aber in den Vereinigungen zur ursprünglichen, aber nun entwikelten, selbst producirten, gefühlten Einigkeit zurükkehrt; und die Gottheit erkennt, d.h. der Geist Gottes in ihm ist; aus seinen Beschränkungen tritt, die Modifikation aufhebt, und das Ganze widerherstellt. Gott, der Sohn, der heilige Geist! – Lehret alle Völker (sind die lezten Worte des verklärten Jesus) (Matth 28,19.) indem ihr sie in diese Beziehungen der Gottheit, in das Verhältnis des Vaters, des Sohnes, und des heiligen Geistes eintaucht.

Schon aus der Stellung der Worte erhellt, daß unter dem Eintauchen, nicht ein Tauchen in Wasser, eine sogenannte Tauffe gemeint ist, bei welcher ein Aussprechen von einigen Worten, wie von einer Zauberformel statt finden sollte; dem μαθητευειν ist durch seinen Zusaz auch der Begriff des eigentlichen Lehrens genommen; Gott kan nicht gelehrt, nicht gelernt werden, denn er ist Leben, und kan nur mit Leben gefaßt werden – Erfüllt sie mit der Beziehung (ὀνομα wie Matth. 10,41. wer einen Propheten aufnimmt, εἰς ὀνομα προφητου, insofern er ein Prophet –) des Einigen, der Modifikation (Trennung) und der entwikelten Wiedervereinigung in Leben und Geist (nicht im Begriff) Matth. 21,25; | fragt Jesus: woher war das βαπτισμα des Johannes? aus dem Himmel, oder aus Menschen? βαπτισμα die ganze Weihe des Geistes und Charakters, wobei an das Eintauchen in Wasser, aber als Nebensache auch gedacht werden kan; aber Marc. 1,4. fällt der Gedanke an diese Form der Aufnahme des Johannes in seinen GeistesBund ganz weg; Johannes, heißt es, verkündigte das βαπτισμα der Sinnesänderung zur SündenErlassung; in v. 8. sagt Johannes: ich taufte euch in Wasser; er aber wird in heiligen Geist und in Feuer (Luk 3,16.) eintauchen (ἐν πνευματι ἁγιῳ, και πυρι wie Matth 12,24ss. ἐν πνευματι θεου ἐκβαλλω τα δαιμονια im Geist Gottes, als eins mit Gott,) er wird euch mit Feuer und göttlichem Geist umdrängen und erfüllen; denn derjenige der ἐν πνευματι Marc. 1,8. selbst erfüllt von Geiste, andre weiht, weiht sie auch ἐις πνευμα, ἐις ὀνομα (Matth. 28,19.) was sie empfangen, was in ihnen wird, ist nicht ein anders, als in ihm ist.

Die Gewohnheit des Johannes (von Jesus ist keine solche Handlung bekannt) die zu seinem Geist erzognen in Wasser unterzutauchen, ist eine bedeutende symbolische. Es gibt kein Gefühl, das dem Verlangen nach dem Unendlichen, dem Sehnen, in das Unendliche überzufliessen so homogen wäre, als das Verlangen, sich in einer Wasserfülle zu begraben; der hineinstürzende hat ein Fremdes vor sich, das ihn sogleich ganz umfliest, an jedem Punkte seines Körpers sich zu fühlen giebt; er ist der Welt genommen, sie ihm; er ist nur gefühltes Wasser, das ihn berührt, wo er ist, und er ist nur, wo er es fühlt; es ist in der WasserFülle keine Lükke, keine Beschränkung, keine Mannichfaltigkeit oder Bestimmung; das Gefühl derselben ist das unzerstreuteste, einfachste; der untergetauchte steigt wieder in die Luft empor, trennt sich sich vom WasserKörper, ist von ihm schon geschieden aber er trieft noch allenthalben von ihm; so wie es ihn verläst, nimmt die Welt um ihn wieder Bestimmtheit an, und er tritt gestärkt in die Mannichfaltigkeit des Bewußtseyns zurük. In Hinaussehen in die unschattirte Blaüe und die einfache Gestaltenlose Fläche eines morgenländischen Horizontes, wird die | umgebende Luft nicht gefühlt, und das Spiel der Gedanken ist etwas anders als das HinausSehen. Im Untergetauchten ist nur Ein Gefühl, und die Vergessenheit der Welt, eine Einsamkeit, die alles von sich geworfen, allem sich entwunden hat. Als ein solches Entnehmen alles bisherigen, als eine begeisternde Weihe in eine neue Welt in welcher vor dem neuen Geist, das, was wirklich ist, unentschieden zwischen Wirklichkeit und Traume schwebt, erscheint die Taufe des Jesus bei Marc. 1,9ff. er wurde von Johannes in den Jordan getaucht, und indem er sogleich aus dem Wasser heraufstieg, sah er die Himmel zerrissen, und den Geist, wie eine Taube auf sich herabsteigen; und eine Stimme geschah aus den Himmeln: du bist mein geliebter Sohn, in welchem ich mich gefreut habe. Und sogleich warf ihn der Geist in die Wüste; und er war dort vierzig Tage, versucht vom Satan, und er war mit den Thieren, und die Engel dieneten ihm. – Im Emporsteigen aus dem Wasser ist er der höchsten Begeisterung voll, die ihn in der Welt nicht bleiben läst, sondern in die Wüste treibt; wo das Arbeiten seines Geistes das Bewußtseyn der Wirklichkeit noch nicht von sich geschieden hat, zu welcher Scheidung [er] erst nach 40 Tagen völlig erwacht, und sicher in die Welt, aber fest gegen sie eintritt.

Der Ausdruk μαθητευσατε βαπτιζοντες ist darum von tiefer Be- 296
deutung – Mir ist gegeben alle Gewalt im Himmel und auf Erden 297
(so spricht Jesus bei Joh. 13,31 von seiner Verherrlichung im Augenblik als Judas die Gesellschaft verlassen hatte, um den Jesus den Juden zu verrathen, – in dem Zeitpunkte, wo er der Heimkehr zu seinem Vater, der grösser ist, als er, entgegensah; hier, wo er als schon allem entnommen, was die Welt an ihn fodern, wo sie Theil
an ihm haben könnte, vorgestellt wird) Es ist mir alle Gewalt gege- 298
ben, im Himmel und auf Erden; darum gehet hin in alle Völker, und euer Jünger-machen sey, daß ihr sie in | das Verhältnis des Vaters, Sohnes und heiligen Geistes einweiht, daß es wie das Wasser den in Wasser getauchten, in allen Punkten ihres Wesen [sie] umfliesse, und umfühle – und siehe, ich bin mit euch das Ganze der Tage bis zur Vollendung der Welt. In diesem Zeitpunkte, wo Jesus als aller Wirklichkeit, und Persönlichkeit enthoben dargestellt wird, kan am wenigsten an eine Individualität, Persönlichkeit seines Wesen gedacht werden. Er ist mit ihnen, deren Wesen vom Göttlichen Geiste durchdrungen, die in das Göttliche eingeweiht, deren Wesen in dem Göttlichen, das in ihm nun vollendet, lebendig ist.

Das Eintauchen in das Verhältnis des Vaters, Sohnes, und Gei-
299 stes drükt Lukas viel schwächer aus (24,47.) als eine Verkündigung
im Namen des Christus, – der Sinnesänderung und der Entlassung
der Sünden; eine Verkündigung, die in Jerusalem beginnen solle;
sie seyen Zeugen des Geschehnen, er werde ihnen das Versprechen
seines Vaters zuschikken, und sie sollen ihr Werk ausser Jerusalem
nicht eher beginnen, bis sie mit der Kraft aus der Höhe angekleidet
seyen – Eine blosse Lehre, kan verkündigt und durch das Zeugnis
geschehner Dinge unterstüzt werden, ohne eignen heiligen Geist;
ein solches Lehren wäre aber keine Weihe, kein Eintauchen des
300 Geistes. In Markus wenn das lezte Kapitel nicht ganz ächt wäre,
so ist doch sein Ton charakteristisch ist dieser Abschied des Jesus
viel objektiver ausgedrükt; das Geistige erscheint in ihm mehr als
gewöhnliche Formel, die Ausdrükke durch die Gewohnheit einer
301 Kirche verkältete übliche Worte: Verkündet das Evangelium (ohne
weitern Zusaz, eine Art von terminus technicus) der Glaubende
und Getaufte, wird gerettet der nicht Glaubende verurtheilt wer-
den, – der Glaubende und der Getaufte – haben schon das Ansehen
bestimmter, | einer Sekte oder Gemeine zum Abzeichen dienenden
Worte ohne Seele, deren volle Begriffe vorausgesezt werden. Statt
des Geistvollen: ich bin mit euch alle Tage, dem Erfülltseyn der
Glaubigen vom Geiste Gottes und des verherrlichten Jesus spricht
Markus trokken, ohne daß es durch Begeisterung gehoben mit
302 Geist anwehte, von wunderbaren Beherrschungen der Wirklichkeit,
von Teufelaustreiben u.s.w. drgl. Handlungen, die die Glaubigen
vermögen werden, so objektiv als man nur von Handlungen spre-
chen kan, ohne ihrer Seele zu erwähnen.

Die Entwiklung des Göttlichen in den Menschen, das Verhältnis in das sie durch die Erfüllung mit dem heiligen Geiste, mit Gott tretten, seine Söhne zu werden, und in der Harmonie ihres ganzen Wesens und Charakters, ihrer entwikelten Mannichfaltigkeit zu leben, einer Harmonie, in welcher nicht [nur] ihr vielseitiges Bewußtseyn in Einen Geist, die vielen Lebensgestalten in Ein Leben einklingen, sondern durch welche auch die Scheidewände gegen andere gottähnliche Wesen aufgehoben werden, und derselbe le-

bendige Geist die verschiedenen Wesen beseelt, welche also nicht mehr nur gleich, sondern einig sind, nicht eine Versammlung ausmachen, sondern eine Gemeine, weil sie nicht in einem allgemeinen, einem Begriffe, etwa als Glaubende, sondern durch Leben durch die Liebe vereinigt sind – diese lebendige Harmonie von Menschen ihre Gemeinschaft in Gott, nennt Jesus das KönigReich Gottes – die jüdische Sprache gab ihm das Wort Königreich, das etwas heterogenes in den Ausdruk göttlicher Vereinigung der Menschen bringt; da es nur eine Einheit durch Herrschen, durch Gewalt eines Fremden über ein Fremdes bezeichnet, die aus der Schönheit und dem | göttlichen Leben eines reinen Menschenbundes – dem freysten, was möglich ist – ganz entfernt werden muß. Diese Idee eines Reiches Gottes vollendet und umfast das Ganze der Religion, wie sie Jesus stiftete, und es ist noch zu betrachten, ob sie die Natur vollkommen befriedigt, oder welches Bedürfnis seine Jünger zu etwas weiterem getrieben hat. Im Reiche Gottes ist das gemeinschaftliche daß alle in Gott lebendig sind, nicht das gemeinschaftliche in einem Begriff, sondern Liebe, lebendiges Band, das die Glaubenden vereinigt, diese Empfindung der Einigkeit des Lebens, in der alle Entgegensezungen, als solche Feindschaften, und auch die Vereinigungen der bestehenden Entgegensezungen – Rechte aufgehoben sind; ein neu Gebot gebe ich euch 303
sagt Jesus, daß ihr euch untereinander liebt, daran soll man erkennen, daß ihr meine Jünger seyd. diese SeelenFreundschaft, als Wesen als Geist für die Reflexion ausgesprochen ist der göttliche Geist, Gott, der die Gemeine regiert. Gibt es eine schönere Idee, als ein Volk von Menschen, die durch Liebe auf einander bezogen sind? eine erhebendere, als einem Ganzen anzugehören, das als Ganzes, eines, das der Geist Gottes ist – dessen Söhne die einzelne sind? Sollte in dieser Idee noch eine Unvollständigkeit seyn, daß ein Schiksal Macht in ihr hätte? oder wäre diß Schiksal die Nemesis, die gegen ein z u schönes Streben, gegen ein Überspringen der Natur wüthete?

In der Liebe hat der Mensch sich selbst in einem andern wiedergefunden; weil sie eine Vereinigung des Lebens ist, sezte sie

Trennung eine Entwiklung, gebildete Vielseitigkeit desselben voraus; und in je mehr Gestalten das Leben lebendig ist, in desto mehr Punkten kan es sich vereinigen, und fühlen, desto inniger die Liebe seyn; Je ausgedehnter an Mannichfaltigkeit die Beziehungen und Gefühle der Liebenden sind, je inniger die Liebe sich konzentrirt [desto] ausschliessender ist sie, desto gleichgültiger für andre Lebens-formen; ihre Freude vermischt sich mit jedem andern Leben, erkennt es an, aber zieht sich beim Gefühl einer Individualität zurük, und je vereinzelter die Menschen in Ansehung | ihrer Bildung und Interesse's, ihrem Verhältnis zur Welt stehen, je mehr eigenthümliches jeder hat, desto beschränkter wird die Liebe auf sich selbst; und um das Bewußtseyn ihres Glüks zu haben, um sich selbst, wie sie gern thut, es zu geben, ist es nothwendig, daß sie sich absondert, daß sie sich sogar Feindschaften erschaft.[1] Eine Liebe unter vielen läst daher nur einen gewissen Grad der Stärke, der Innigkeit zu, und fodert Gleichheit des Geistes, des Interesses, vieler LebensVerhältnisse, Verminderung der Individualitäten; diese Gemeinsamkeit des Lebens, diese Gleichheit des Geistes kan aber, da sie nicht Liebe ist, nur durch ihre bestimmten starkgezeichneten Aüsserungen zum Bewußtseyn kommen; von einer Übereinstimmung in Erkenntnis, in gleichen Meinungen kan nicht die Rede seyn; die Verbindung vieler beruht auf gleicher Noth, sie stellt sich an Gegenständen dar, die gemeinschaftlich seyn können, in Verhältnissen, die darüber entstehen, und dann in dem gemeinsamen Bestreben um dieselben, und gemeinsamer Thätigkeit und Handlung; sie kan sich an tausend Gegenstände gemeinschaftlichen Besizes und Genusses und gleicher Bildung anschliessen, und sich darin erkennen. Eine Menge gleicher Zwekke, der ganze Umfang der physischen Noth, kan Gegenstand vereinigter Thätigkeit seyn, in dieser stellt sich der gleiche Geist [dar], und dieser gemeinsame Geist gefällt sich dann auch sich in der Ruhe zu erkennen zu geben, seiner Vereinigung froh zu seyn, indem er sich in Freude und an
304 Spiel sich selbst geniest. Die Freunde Jesu hielten sich nach seinem

305 [1] *Am Rande:* Pellew Ins. Vorr Forster!

Tode zusammen, assen und tranken gemeinschaftlich, einige ih-
rer Verbrüderungen hoben alles Eigenthums-Recht gegeneinander
auf, andere zum theil in reichlichen Almosen, und Beiträgen zur
Gemeine; sie sprachen zusammen von ihrem geschiednen Freunde
und Meister, beteten gemeinschaftlich, und stärkten einander im
Glauben und Muth; ihre Feinde beschuldigten einige | ihrer Gesell-
schaften auch der Gemeinschaft der Weiber; eine Beschuldigung,
die sie entweder den Muth und die Reinheit nicht hatten, zu ver-
dienen, oder sich ihrer nicht zu schämen. Gemeinschaftlich zo- 306
gen viele aus, ihres Glaubens und ihrer Hofnungen andere Völker
theilhaftig zu machen; und weil diß das einzige Thun der christ-
lichen Gemeinde ist, so ist ihr der Proselitismus wesentlich eigen.
Ausser diesem gemeinschaftlichen Geniessen, Beten, Essen, Freuen,
Glauben, und Hoffen, ausser der einzigen Thätigkeit für die Ver-
breitung des Glaubens, die Vergrösserung der Gemeinschaftlich-
keit der Andacht, liegt noch ein ungeheures Feld von Objektivität,
die ein Schiksal von dem vielseitigstem Umfange, und gewaltiger
Macht aufstellt, und an mannichfaltige Thätigkeit anspricht. In der
Aufgabe der Liebe verschmäht die Gemeine jede Vereinigung, die
nicht die innigste, jeden Geist, der nicht der höchste wäre. Der
Unnatur und Schaalheit der prächtigen Idee einer allgemeinen
Menschenliebe nicht zu gedenken, da sie nicht das Streben der
Gemeine ist, muß diese bei der Liebe selbst stehen bleiben, ausser
der Beziehung des gemeinschaftlichen Glaubens und den Dar-
stellungen dieser Gemeinschaft in darauf sich beziehenden religi-
ösen Handlungen ist jede andre Verbindung in einem objektiven,
zu einem Zwek, einer Entwiklung einer andern Seite des Lebens,
zu einer gemeinsamen Thätigkeit, jeder zu etwas anderm als der
Ausbreitung des Glaubens zusammenwirkende und sich in andern
Modifikationen und partiellen Gestalten des Leben in Spielen sich
darstellende und seiner sich freuende Geist, der Gemeine fremd, sie
würde sich in ihm nicht erkennen, sie hätte von der Liebe ihrem
einzigen Geiste gelassen, wäre ihrem Gotte ungetreu geworden;
auch würde sie nicht nur die Liebe verlassen haben, sondern sie
auch zerstöhren; denn die Mitglieder sezen sich in Gefahr, mit

ihren Individualitäten gegen einander zu stossen, und müßten diß um so mehr, da ihre Bildung [verschieden] war, und sie sich damit in das Gebiet ihrer verschied|nen Charaktere in die Macht ihrer verschiedenen Schiksale begäben, und über einem Interesse für etwas geringes, über einer verschiedenen Bestimmtheit in etwas kleinem die Liebe sich in Haß verkehren, und eine Abtrünnigkeit von Gott erfolgen würde. Diese Gefahr wird nur durch eine unthätige, unentwikelte Liebe abgewendet, daß sie, das höchste Leben unlebendig bleibt. So verwikelt die widernatürliche Ausdehnung des Umfangs der Liebe in einen Widerspruch, in ein falsches Bestreben, das der Vater des fürchterlichsten leidenden oder thätigen Fanatismus werden mußte. Diese Beschränkung der Liebe auf sich selbst, ihre Flucht vor allen Formen, wenn auch schon ihr Geist in ihnen wehte, oder sie aus ihm entsprängen, diese Entfernung von allem Schiksal ist gerade ihr größtes Schiksal; und hier ist der Punkt, wo Jesus mit dem Schiksal zusammenhängt und zwar auf die erhabenste Art, aber von ihm litt.

MIT DEM MUTHE …

Mit dem Muthe und dem Glauben eines Gottbegeisterten Mannes, der von den klugen Leuten ein Schwärmer genannt wird, trat Jesus unter dem jüdischen Volke auf; er trat neu in eignem Geiste auf, die Welt lag vor ihm, wie sie werden sollte, und das erste Verhältnis, in das er sich selbst zu ihr sezte war sie zum Anderswerden
aufzurufen, er fieng damit an, allen zuzurufen: ändert euch, denn 307
das Reich Gottes ist nahe; hätte in den Juden der Funke des Lebens geschlafen, so hätte er eines Hauchs bedurft, um zur Flamme aufzulodern, die alle ihre armseligen Titel und Ansprüche verbrannt hätte; hätte bei ihrer Unruhe und Unzufriedenheit mit der Wirk-|lichkeit das Bedürfnis nach etwas reinerem in ihnen gelegen so hätte der Zuruf des Jesus Glauben gefunden. und dieser Glauben hätte das Geglaubte in demselben Augenblik ins Daseyn gebracht. Mit ihrem Glauben wäre das Reich Gottes vorhanden gewesen. Jesus hätte ihnen eigentlich nur ausgesprochen, was unentwikelt und unbewußt in ihrem Herzen lag; und mit dem Finden des Worts, mit dem ins Bewußtseyn Kommen des Bedürfnisses wären die Bande abgefallen, vom alten Schiksal hätten sich nur noch Zukkungen des erstorbnen Lebens geregt, und das neue wäre dagestanden. So aber wollten die Juden zwar etwas anders, als das bisherige; aber sie gefielen sich zu sehr in dem Stolze ihrer Knechtschaft, um das was sie suchten, in dem zu finden, was Jesus ihnen anbot. Ihre Gegenwirkung, die Antwort die ihr Genius auf den Anruf des Jesus gab, war eine sehr unreine Auf|merksamkeit; einige wenige reine Seelen schlossen sich mit dem Triebe, gebildet zu werden, an ihn an; mit grosser Gutmüthigkeit, mit dem Glauben eines reinen Schwärmers nahm er ihr Verlangen für befriedigtes Gemüth, ihren Trieb für Vollendung, ihre Entsagung einiger bisherigen Verhältnisse, (die meist nicht glänzend waren) für Freiheit und geheiltes oder besiegtes Schiksal; denn bald nach seiner

Bekanntschaft mit ihnen hielt er sie für fähig und sein Volk für reif,
einer ausgebreitetern Ankündigung des Reiches Gottes zu folgen,
308 er schikte seine Schüler paarweise im Land umher, um seinen Ruf
vervielfältigt erschallen zu lassen; aber der göttliche Geist sprach
nicht in ihrer Predigt, nach viel längerm Umgang noch lassen sie
so haüffig eine kleine wenigstens ungereinigte Seele blikken, von
der wenige Aeste nur das göttliche durchdrungen hatte. Ihre ganze
Instruktion ausser dem negativen, das sie enthält, war, die Nähe
des Reiches Gottes zu verkündigen, Sie sammeln sich bald wieder
zu Jesu, und man erblikt keine Wirkung der Hofnung Jesu und
ihres Apostoli|sirens. Die Gleichgültigkeit der Aufnahme seines
Aufrufs verwandelte sich bald in Haß gegen ihn; dessen Wirkung
309 auf ihn eine immer steigende Erbitterung gegen sein Zeitalter und
sein Volk war, vorzüglich gegen die, in welchen der Geist seiner
Nation am stärksten und leidenschaftlichsten wohnte, gegen die
Pharisäer und die Führer des Volks; sein Ton gegen sie sind keine
Versuche sie mit sich zu versöhnen, ihrem Geiste etwas anzuhaben,
sondern die heftigsten Ausbrüche seiner Erbitterung gegen sie, die
Enthüllung ihres ihm feindseligen Geistes; er handelt gegen diesen
nicht einmal mit dem Glauben der Möglichkeit einer Änderung.
Wenn ihr ganzer Charakter ihm widerstand, so konnte er bei Veranlassungen über religiöse Gegenstände mit ihnen zu sprechen,
nicht auf eine Widerlegung und Belehrung ausgehen; er bringt sie
nur durch argumenta ad hominem zum Schweigen; das ihnen entgegengesezte Wahre richtet er an die andern gegenwärtigen Menschen. wie es scheint nach der | Rükkehr seiner Jünger zu ihm
Matth 11. entsagt er seinem Volke und hat gefühlt v. 25. daß Gott
sich nur den einfachen Menschen offenbahre; und er beschränkt
sich von izt auf Wirksamkeit auf einzelne; und läßt das Schiksal
seiner Nation unangetastet stehen; indem er sich selbst von ihm
absondert und seine Freunde ihm entreißt; soweit Jesus die Welt
nicht verändert sieht, soweit flieht er sie und alle Beziehungen mit
ihr; soviel er mit dem ganzen Schiksal seines Volkes zusammenstößt, verhält er sich, wenn sein Verhalten ihm auch widersprechend scheint, passiv gegen dasselbe.
310 chend scheint, passiv gegen dasselbe. Gebt dem Kaiser, was des

Kaisers ist, sagt er, als die Juden die Seite ihres Schiksals, den Rö-
mern zinsbar zu seyn gegen ihn zur Sprache brachten; als es ihm 311
widersprechend schien, daß er und seine Freunde auch den Tribut,
der auf die Juden gelegt war, bezahlen sollte, hieß er ihn, um keinen
Anstoß zu geben, den Petrus bezahlen. Er stand mit dem Staat in
dem einzigen Verhältnis, innerhalb seiner Gerichtsbarkeit sich
aufzuhalten, und der Folge dieser Macht über ihn unterwarf er sich
mit Widerspruch seines Geistes, mit Bewußtseyn leidend. Das 312
Reich Gottes ist nicht von dieser Welt; allein es ist für dasselbe eine
grosse Verschiedenheit, ob ihm diese | Welt als entgegengesezt vor-
handen, oder nicht existirt, nur möglich ist. Da jenes der Fall war,
und Jesus mit Bewußtseyn vom Staate litt, so ist mit diesem Ver-
hältnis zum Staate schon eine grosse Seite lebendiger Vereinigung,
für die Mitglieder des Reiches Gottes ein wichtiges Band abge-
schnitten, ein Theil der Freiheit, des negativen Charakters eines
Bundes der Schönheit, eine Menge thätiger Verhältnisse, lebendi-
ger Beziehungen verlohren; die Bürger des Reichs Gottes werden
einem feindseligen Staate entgegengesezte von ihm sich ausschlies-
sende Privatpersonen. Diese Beschränkung des Lebens erscheint
übrigens mehr als die Gewalt einer fremden herrschenden Macht,
über aüssere Dinge, die selbst mit Freiheit aufgegeben werden
können, als ein Raub am Leben – für diejenigen, die nie in einer
solchen Vereinigung thätig waren, nie dieses Bundes und dieser
Freiheit genossen haben, besonders wenn das Staats-bürgerliche
Verhältnis vorzüglich nur Eigenthum betrift. Was an Menge der
Beziehungen, an Mannichfaltigkeit froher und schöner Bande
[verlorengeht], ersezt sich durch Ge|winn an isolirter Individuali-
tät, und dem engherzigen Bewußtseyn von Eigenthümlichkeiten.
Aus der Idee des Reiches Gottes sind zwar alle durch einen Staat
gegründete Verhältnisse ausgeschlossen, welche unendlich tiefer
stehen, als die lebendigen Beziehungen des göttlichen Bundes, und
von einem solchen nur verachtet werden können, aber wenn er vor-
handen war, und Jesus oder die Gemeine ihn nicht aufheben
konnte, so bleibt das Schiksal Jesu und seiner ihm hierin treublei-
benden Gemeine, ein Verlust an Freiheit, eine Beschränkung des

Lebens, eine Passivität in der Beherrschung durch eine fremde Macht, die man verachtet, die aber doch das wenige, was Jesus von ihr brauchte, Existenz unter seinem Volke, ihm unvermischt überließ. – Ausser dieser Seite des Lebens, die vielmehr nicht Leben, nur Möglichkeit des Lebens genannt werden kan, hatte sich der Geist nicht nur aller Modifikationen des Lebens bemächtigt, sondern | sich in ihnen auch zum Gesez als Staat gemacht, und die reinsten unmittelbarsten Formen der Natur zu bestimmten Gesezlichkeiten verkrüppelt. Im Reiche Gottes kan es keine Beziehung geben, als die aus der rüksichtlosesten Liebe und damit der höchsten Freiheit hervorgeht, die von der Schönheit allein die Gestalt ihrer Erscheinung, und ihr Verhältnis zu der Welt erhält. Wegen der Verunreinigung des Lebens, konnte Jesus das Reich Gottes nur im Herzen tragen, mit Menschen nur in Beziehung treten, um sie zu bilden, um den guten Geist, an den er in ihnen glaubte, zu entwikeln; um erst Menschen zu schaffen, deren Welt die seinige wäre; aber in seiner wirklichen Welt mußte er alle lebendigen Beziehungen fliehen, weil alle unter dem Geseze des Todes lagen, die Menschen unter der Gewalt des jüdischen gefangen waren, durch ein von beiden Seiten freyes Verhältnis wäre er in einen Bund mit dem Gewebe jüdischer Gesezlichkeiten eingetreten, und um eine ein-|gegangne Beziehung nicht zu entheiligen oder zu zerreissen, hätte er sich von seinen Fäden müssen umschlingen lassen, und so konnte er die Freiheit nur in der Leere finden; weil jede Modifika-
313 tion des Lebens gebunden war; darum isolirte sich Jesus von seiner Mutter, seinen Brüdern und Verwandten; er durfte kein Weib lieben, keine Kinder zeugen, nicht FamilienVater, nicht Mitbürger werden, der mit den andern des Zusammenlebens genösse. Das Schiksal Jesu war, vom Schiksal seiner Nation zu leiden, entweder es zu dem seinigen zu machen, und ihre Nothwendigkeit [zu] tragen und seine Genüsse zu theilen, und seinen Geist mit dem ihrigen zu vereinigen, – aber seine Schönheit, seinen Zusammenhang mit dem Göttlichen auf[zu]opfern, oder das Schiksal seines Volkes von sich zu stossen, sein Leben aber unentwikelt und ungenossen in sich zu erhalten; in keinem Fall die Natur zu erfüllen, in

jenem nur Fragmente von ihr, und auch diese verunreinigt, zu
fühlen, in diesem sie vollständig zum Bewußtseyn zu bringen, aber
ihre Gestalt nur als einen glänzenden Schat|ten, dessen Wesen
höchste Wahrheit ist, zu erkennen, aber dem Gefühle desselben,
ihrer Belebung in That, und Wirklichkeit zu entsagen. Jesus wählte
das leztere Schiksal, die Trennung seiner Natur und der Welt; und
verlangte dasselbe an seine Freunde; wer Vater oder Mutter, Sohn 314
oder Tochter mehr liebt, als mich, ist meiner nicht würdig. je tiefer
er aber diese Trennung fühlte, desto weniger konnte er sie ruhig
tragen, und seine Thätigkeit war die muthvolle Reaktion seiner
Natur gegen die Welt; und sein Kampf war rein und erhaben, weil
er das Schiksal in seinem ganzen Umfange erkannt, und sich ge-
genüber gesezt hatte. Sein und seiner von ihm gestifteten Gemeine
Widerstand gegen die Verdorbenheit mußte diese Verdorbenheit,
sich selbst, und dem von ihr noch freyeren Geist zum Bewußtseyn
bringen, und ihr Schiksal mit sich entzweyen; der Kampf des
Reinen mit dem unreinen ist ein erhabner Anblik, der sich aber
bald in einen gräßlichen verwandelt, wenn das Heilige selbst vom
Unheiligen | gelitten, und eine Amalgamation beider mit der An-
massung, rein zu seyn gegen das Schiksal wüthet, indem es selbst
noch unter ihm gefangen liegt. Jesus sah die ganze Gräßlichkeit
dieser Zerrüttung voraus; ich kam nicht, sagt' er, der Erde Frieden
zu bringen, sondern das Schwerd; ich kam den Sohn gegen seinen 315
Vater zu entzweyen, die Tochter [gegen] ihre Mutter, die Braut ge-
gen ihre Schwieger. Was zum theil sich vom Schiksal losgesagt hat,
zum theil aber im Bunde damit steht, mit oder ohne Bewußtseyn
dieser Vermischung, muß sich und die Natur um so fürchterlicher
zerreissen und bei der Vermischung der Natur und Unnatur muß
der Angriff auf die leztere auch die erstere treffen, der Waizen mit 316
dem Unkraut zertreten, und das heiligste der Natur selbst verlezt
werden, weil es in das Unheilige verflochten ist. Die Folgen vor
Augen dachte Jesus nicht daran, seine Wirksamkeit zurükzuhalten,
um der Welt ihr Schiksal zu ersparen, ihre Zukkungen zu mildern,
und ihr im Untergange den tröstenden Glauben an Schuldlosig-
keit zu lassen.

Die Existenz des Jesus war also Trennung von der Welt, und Flucht von ihr in den Himmel; Widerherstellung des | leerausgehenden Lebens in der Idealität; bei jedem Widerstreitenden Erinnerung und Emporschauen zu Gott; aber zum theil Bethätigung des Göttlichen, und insofern Kampf mit dem Schiksal, theils in Verbreitung des Reiches Gottes, mit dessen Darstellung das Ganze Reich der Welt in sich zusammenfiel, und verschwand; theils in unmittelbarer Reaktion gegen einzelne Theile des Schiksals, so wie sie an ihn gerade anstiessen; ausser gegen den Theil des Schiksaals, der unmittelbar als Staat erschien, und auch in Jesu zum Bewußtseyn kam, gegen welchen er sich passiv verhielt.

Das Schiksal Jesu, war nicht ganz das Schiksal seiner Gemeine; da sie ein aus mehrern zusammengeseztes war, die zwar in gleicher Trennung von der Welt lebten, so fand aber jedes Mitglied mehrere ihm gleichgestimmte, sie hielten sich zusammen, und konnten sich in der Wirklichkeit von der Welt entfernter halten, und da damit des Zusammentreffens und Widerstossens an ihr, weniger war, so wurden sie weniger von ihr gereizt, lebten weniger in der negativen Thätigkeit des Kampfes, und das Bedürfnis nach positivem Leben mußte in ihnen grösser | werden, denn Gemeinschaftlichkeit des
317 negativen gibt keinen Genuß, ist keine Schönheit. Aufhebung des Eigenthums, eingeführte Gütergemeinschaft, gemeinschaftliche Mahle gehört mehr zum negativen der Vereinigung, als daß es eine positive Vereinigung wäre. Das Wesen ihres Bundes war Aussonderung von den Menschen, und Liebe untereinander; beides ist nothwendig verbunden, diese Liebe sollte und konnte nicht eine Vereinigung der Individualitäten seyn, sondern die Vereinigung in Gott, und in Gott allein, im Glauben kan nur das sich vereinigen, was eine Wirklichkeit sich entgegensezt, von ihr sich aussondert; damit war diese Entgegensezung fixirt und ein wesentlicher Theil des Princips des Bundes; und die Liebe mußte immer die Form der Liebe, des Glaubens an Gott behalten, ohne lebendig zu werden, und in Gestalten des Lebens sich darzustellen, weil jede Gestalt des Lebens entgegensezbar vom Verstand als sein Objekt als eine Wirklichkeit gefaßt werden kan; und das Verhältnis gegen die

Welt, mußte zu einer Ängstlichkeit vor ihren Berührungen werden, eine Furcht vor jeder LebensForm, weil in jeder sich, da sie Gestalt hat, und nur Eine Seite ist, ihr | Mangel aufzeigen läst, und diß mangelnde ein Antheil an der Welt ist. So fand also der Bund der Gemeine keine Aussöhnung des Schiksals, aber das entgegengesezte Extrem des jüdischen Geistes, nicht die Mitte der Extreme in der Schönheit. Der jüdische Geist hatte die Modifikationen der Natur, die Verhältnisse des Lebens zu Wirklichkeiten fixirt, aber ihrer als Gaben des Herrschers schämte er sich der Dürftigkeit derselben nicht nur nicht, sondern sein Stolz und sein Leben war, der Besiz von Wirklichkeiten. Der Geist der christlichen Gemeine sah gleichfalls in jedem Verhältnis des sich entwikelnden und darstellenden Lebens Wirklichkeiten; aber da ihm als Empfindung der Liebe die Objektivität der größte Feind war, so blieb er ebenso arm, als der jüdische, aber er verschmähte den Reichthum, um dessen willen der jüdische diente.

Die Leben verachtende Schwärmerei kan sehr leicht in Fanatismus übergehen; denn um sich in ihrer Beziehungslosigkeit zu erhalten, muß sie dasjenige von dem sie gestört wird, und das, sey es auch das reinste, für sie | unrein ist, zerstöhren und seinen Innhalt, oft die schönsten Beziehungen verlezen. Schwärmer späterer Zeiten haben so das Verschmähen aller Formen des Lebens, weil sie verunreinigt, zu einer unbedingten leeren Gestaltlosigkeit gemacht, und jedem Triebe der Natur, blos weil er eine aüssere Form sucht, den Krieg angekündigt; und um so schreklicher war die Wirkung dieser versuchten Selbstmorde, dieses Festhalten an der leeren Einheit, je fester noch in den Gemüthern die Fessel der Mannichfaltigkeit war; denn indem nur das Bewußtseyn beschränkter Formen in ihnen war, so blieb ihnen nichts übrig, als eine durch Greuelthaten und Verwüstungen bewerkstelligte Flucht ins Leere. – (Als aber das Schiksal der Welt zu groß [wurde], und sich neben und in der Kirche, die mit ihm unverträglich ist, erhielt, so war an keine Flucht mehr zu denken.) Grosse Heuchler gegen die Natur haben es daher versucht, eine widernatürliche Verbindung der Mannichfaltigkeit der Welt, und der lebenslosen Einheit aller beschränkten gesezlichen Verhältnisse und mensch|lichen Tugenden mit dem einfachen Geiste zu finden, und zu erhalten; sie erdachten für jede bürgerliche Handlung, oder für jede Aüsserung der Lust und der Begierde einen Schlupfwinkel in der Einheit, um so durch Betrug jede Beschränkung zugleich sich zu erhalten und sie zu geniessen, und ihr zugleich zu entgehen.

Indem es Jesus verschmähte mit den Juden zu leben, aber mit seinem Ideal zugleich immer ihre Wirklichkeiten bekämpfte, so konnte es nicht fehlen, er mußte unter diesen erliegen; er wich dieser Entwiklung seines Schiksals nicht aus, aber er suchte sie freilich auch nicht auf; jedem Schwärmer, der nur für sich schwärmt, ist der Tod willkommen, aber wer für einen grossen Plan schwärmt, der kan nur mit Schmerz den Schauplaz verlassen, auf welchem er sich entwikeln sollte; Jesus starb mit der Zuversicht, daß sein Plan nicht verlohren gehen würde.

Der negativen Seite des Schiksals der christlichen Gemeinde, der die Modifikationen des Lebens zu Bestimmtheiten und die Beziehungen mit ihnen also zu Verbrechen machenden Entgegensezung gegen die Welt, steht die | positive Seite, das Band der Liebe gegenüber. Durch die Ausdehnung der Liebe auf eine ganze Gemeine kommt in den Charakter derselben, daß sie nicht eine lebendige Vereinigung der Individualitäten ist; sondern daß ihr Genuß sich auf [das] gegenseitige Bewußtseyn, daß sie sich lieben, beschränkt. – Die Schiksallosigkeit durch die Flucht in unerfülltes Leben, war den Mitgliedern der Gemeine darin erleichtert, daß sie eine Gemeine ausmachten, die sich aller Formen des Lebens gegen einander enthielt, oder sie nur durch den allgemeinen Geist der Liebe bestimmte, das heißt, nicht in diesen Formen lebte. – Diese Liebe ist ein göttlicher Geist, aber noch nicht Religion; daß sie dazu würde, mußte sie zugleich in einer objektiven Form sich darstellen; sie, eine Empfindung, ein subjektives mußte mit dem Vorgestellten, dem Allgemeinen zusammenschmelzen, und damit die Form eines anbetungsfähigen, und würdigen Wesens gewinnen. Diß Bedürfnis das Subjektive und Objektive die Empfindung und die Foderung derselben nach Gegenständen, den Verstand, der Phantasie in einem Schönen, einem | Gotte zu vereinigen, diß Bedürfnis, das höchste des menschlichen Geistes ist der Trieb nach Religion. Diesem Triebe der christlichen Gemeine konnte der Glauben an Gott nicht Befriedigung seyn; denn in ihrem Gotte mußte nur ihre gemeinschaftliche Empfindung sich finden; in dem Gott der Welt sind alle Wesen vereinigt; die Mitglieder der Gemeinde sind es als solche nicht in ihm; ihre Harmonie ist nicht die Harmonie des Ganzen, sonst machten sie keine besondre Gemeine aus, sonst wären sie nicht untereinander durch Liebe verbunden; die Gottheit der Welt, ist nicht die Darstellung ihrer Liebe, ihres Göttlichen. Das Bedürfnis des Jesus nach Religion war in dem Gotte des Ganzen befriedigt; denn sein Aufblik zu ihm war jeder seiner beständigen Anstösse an der Welt seine Flucht vor ihr; er bedurfte nur des der Welt entgegengesezten, in dem seine Entgegensezung selbst gegründet war, er war sein Vater, er war einig mit ihm. Aber bei seiner Gemeine fiel der beständige Anstoß an der Welt mehr weg, sie lebte ohne thätigen Kampf gegen sie, und war insoweit glüklich, nicht beständig von ihr gereizt zu werden, und daher nicht allein nur zum entgegengesezten, zu Gott fliehen [zu] müs|sen; sondern sie fand in ihrer Gemeinschaft, in ihrer Liebe einen Genuß, ein reelles, eine Art lebendigen Verhältnisses; nur da jede Beziehung dem bezognen entgegengesezt, die Empfindung noch die Wirklichkeit, oder subjektiv ausgedrükt, das Vermögen derselben, den Verstand als sich entgegengeseztes hat, so muß ihr Mangel in einem beides vereinigenden ergänzt werden; die Gemeine hat das Bedürfnis eines Gottes, der der Gott der Gemeine ist, in dem gerade die ausschliessende Liebe, ihr Charakter, ihre Beziehung zu einander dargestellt ist; nicht als ein Symbol, oder Allegorie, nicht als eine Personifikation eines Subjektiven, bei welcher man sich der Trennung desselben von seinem dargestellten bewußt wäre, sondern das zugleich im Herzen zugleich die Empfindung, und Gegenstand ist; Empfindung als Geist, der alle durchweht, und ein Wesen bleibt, wenn auch jeder einzelne seiner Empfindung als seiner einzelnen sich bewußt wird.

Ein Krais der Liebe, ein Krais von Gemüthern, die ihre Rechte an alles besondere gegen einander aufgeben, und nur durch gemeinschaftlichen Glauben und Hofnung vereinigt sind, deren Genuß und Freude, allein diese | reine Einmüthigkeit der Liebe ist, ist ein kleines Reich Gottes; aber ihre Liebe ist nicht Religion – denn die Einigkeit, die Liebe der Menschen enthält nicht zugleich die Darstellung dieser Einigkeit. Liebe vereinigt sie, aber die Geliebten erkennen diese Vereinigung nicht, wo sie erkennen, erkennen sie abgesondertes. Daß das göttliche erscheine, muß der unsichtbare Geist mit sichtbarem vereinigt seyn, daß alles in einem, Erkennen und Empfinden, daß eine vollständige Synthese, eine vollendete Harmonie, daß Harmonie und das harmonische eins sey. Sonst bleibt in Beziehung auf das Ganze der trennbaren Natur ein Trieb, der für die Unendlichkeit der Welt zu klein, und für ihre Objektivität zu groß ist, und nicht gesättigt werden kan; es bleibt der unauslöschliche unbefriedigte Trieb nach Gott.

Nach dem Tode Jesu waren seine Jünger, wie Schaafe, die keinen Hirten haben; es war ihnen ein Freund gestorben, aber sie hatten auch gehoft, er sey der, der Israel befreien werde (Luc. 24,21.) und diese Hofnung war mit | seinem Tode dahin; er hatte alles mit sich ins Grab genommen; sein Geist war nicht in ihnen zurükgeblieben – Ihre Religion, ihr Glauben an reines Leben hatte an dem Individuum, Jesus, gehangen; er war ihr lebendiges Band und das geoffenbahrte, gestaltete Göttliche, in ihm war ihnen Gott auch erschienen, sein Individuum vereinigte ihnen das Unbestimmte der Harmonie und das Bestimmte in einem Lebendigen. Mit seinem Tode waren sie in die Trennung des Sichtbaren und Unsichtbaren, des Geistes und des Wirklichen zurükgeworfen. Zwar das Andenken an diß göttliche aber nun von ihnen ferne Wesen wäre ihnen geblieben; die Gewalt, die sein Sterben über sie ausübte, hätte sich mit der Zeit in ihnen gebrochen, der todte würde ihnen nicht ein blosser todter geblieben der Schmerz über den modernden Körper nach und nach dem Anschauen seiner Göttlichkeit gewichen seyn; und der unverwesliche Geist und das Bild reinerer Menschheit wäre aus seinem Grabe ihnen hervorgegangen; aber der | Verehrung dieses Geistes, dem Genuß des Anschauens dieses Bildes wäre das Andenken an das Leben dieses Bildes zur Seite gestanden, dieser erhabne Geist hätte an seiner verschwundenen Existenz immer seinen Gegensaz gehabt; und die Gegenwart desselben vor der Phantasie wäre mit einem Sehnen verbunden gewesen, das nur das Bedürfnis der Religion bezeichnet hätte, aber die Gemeine hätte noch keinen eignen Gott gehabt. |

Zur Schönheit zur Göttlichkeit fehlte dem Bilde das Leben; dem Göttlichen in der Gemeinschaft der Liebe diesem Leben, Bild und Gestalt. Aber in dem Auferstandnen und dann gen Himmel erhabnen fand das Bild wieder Leben, und die Liebe die Darstellung ihrer Einigkeit; in dieser Wiedervermählung des Geistes und des Körpers ist der Gegensaz des Lebendigen und des todten verschwunden und hat sich in einem Gotte vereinigt; Die sehnende Liebe hat sich als lebendiges Wesen gefunden, und kan nun sich selbst geniessen, dessen Verehrung nun die Religion der Gemeine ist; das Bedürfnis der Religion findet seine Befriedigung in diesem auferstandnen Jesus, in dieser gestalteten Liebe. Die Betrachtung der Auferstehung des Jesus als einer | Begebenheit ist der Gesichtspunkt des Geschichtforschers, der mit der Religion nichts zu thun hat; der Glauben oder Unglauben an dieselbe, als blosse Wirklichkeit ohne das Interesse der Religion ist eine Sache des Verstandes, dessen Wirksamkeit, Fixirung der Objektivität gerade der Tod der Religion ist, und auf welchen sich zu berufen von der Religion abstrahiren heißt. Aber freilich scheint der Verstand ein Recht zu haben, mitzusprechen, da die objektive Seite des Gottes, nicht blos eine Gestalt der Liebe ist, sondern für sich selbst besteht, und als eine Wirklichkeit in der Welt der Wirklichkeiten einen Plaz behauptet. und darum ist es schwer die religiöse Seite des auferstandnen Jesus die gestaltete Liebe in ihrer Schönheit festzuhalten; denn erst durch eine Apotheose ist er Gott geworden, seine Göttlichkeit ist eine Deifikation eines auch als Wirklichen vorhandnen; er hatte als menschliches Individuum gelebt, war am Kreuze gestorben und begraben worden. Dieser Makel der Menschlichkeit ist etwas ganz anders, als die Gestalt, die dem Gotte eigenthümlich

ist; das objektive | des Gottes, seine Gestalt ist nur soweit objektiv daß es nur die Darstellung der die Gemeine vereinigenden Liebe, nur die reine Entgegensezung derselben ist und nichts enthält, was nicht selbst in der Liebe, aber hier nur als entgegengeseztes, was nicht zugleich Empfindung wäre. So aber kommt zum Bild des auferstandnen, der zum Wesen gewordnen Vereinigung noch anderes Beiwesen, vollkommen Objektives, individuelles hinzu, das mit der Liebe gepaart werden, aber als individuelles, als entgegengeseztes fest, für den Verstand fixirt bleiben soll, das dadurch eine Wirklichkeit ist die dem Vergötterten immer wie Blei an den Füssen hängt, das ihn zur Erde zieht; da der Gott zwischen Himmels Unendlichem, Schrankenlosem, und zwischen der Erde, dieser Versammlung von lauter Beschränkungen – in der Mitte schweben sollte. Sie ist nicht aus der Seele zu bringen, die Zweierleiheit der
318 Naturen. Wie Herkules durch den Holzstoß hat der Vergötterte nur auch durch ein Grab zum Heros sich | emporgeschwungen; aber dort sind der gestalteten Tapferkeit allein, dem zum Gott gewordnen nicht mehr kämpfenden noch dienenden Helden, hier nicht dem Heros allein die Altäre geweiht, werden die Gebete gebracht; nicht der erstandne allein ist das Heil der Sünder, und ihres Glaubens Entzükkung; Auch der lehrende und wandelnde und am Kreuze hängende wird angebetet. Diese ungeheure Verbindung ist es, über welche seit so vielen Jahrhunderten Millionen gottsuchender Seelen sich abgekämpft und gemartert haben.

Es ist nicht die Knechtsgestalt, die Erniedrigung selbst, an welcher als der Hülle des Göttlichen sich der Trieb nach Religion stiesse, wenn die Wirklichkeit sich damit begnügte, Hülle zu seyn, und vorüberzugehen; aber so soll sie fest und bleibend noch an und in dem Gotte zu seinem Wesen gehören, und die Individualität Gegenstand der Anbetung seyn; und die im Grabe abgestreifte Hülle der Wirklichkeit ist aus dem Grabe wieder emporgestiegen, und hat sich dem | als Gott erstandnen angehängt. Diß der Gemeine trauriges Bedürfnis eines Wirklichen hängt tief mit ihrem Geiste, und seinem Schiksale zusammen. Ihre jede LebensGestalt zum Bewußtseyn eines Objekts bringende, und sie somit verachtende

Liebe hatte in dem Erstandnen zwar sich selbst als gestaltet erkannt; er war aber für sie nicht blos die Liebe; denn da ihre Liebe von der Welt abgeschieden sich nicht in der Entwiklung des Lebens, noch in seinen schönen Beziehungen, und in der Ausbildung der natürlichen Verhältnisse darstellte, da die Liebe Liebe seyn und nicht leben sollte, so mußte irgend ein Criterium der Erkenntnis derselben zur Möglichkeit des gegenseitigen Glaubens an sie vorhanden seyn; Weil die Liebe nicht selbst die durchgängige Vereinigung stiftete, so bedurfte es eines andern Bandes, das die Gemeine verknüpfte und worin sie zugleich die Gewißheit der Liebe aller fände; sie mußte sich an einer Wirklichkeit erkennen. Diese war nun die Gleichheit des Glaubens, die Gleichheit eine Lehre empfangen, einen gemeinschaftlichen Meister und Lehrer | zu haben. Dieß ist eine auszeichnende Seite des Geistes der Gemeine, daß das Göttliche, das sie vereinigende die Form eines Gegebnen für sie hat. Dem Geiste, dem Leben wird nichts gegeben, was er empfangen hat, das ist er selbst geworden, das ist so in ihn übergegangen, daß es izt eine Modifikation desselben, daß es sein Leben ist. Aber in der Lebenslosigkeit der Liebe der Gemeine blieb der Geist ihrer Liebe so dürftig, fühlte sich so leer, daß er den Geist, der an ihn ansprach, nicht voll in sich nicht in sich lebendig erkennen konnte, und ihm fremde blieb. Eine Verknüpfung mit einem Fremden und als fremd gefühlten Geiste ist Bewußtseyn der Abhängigkeit von ihm; da die Liebe der Gemeine eines theils sich selbst übersprungen hatte, indem sie sich auf eine ganze Versammlung von Menschen ausdehnte, und darum aber andterntheils an idealischem Innhalte zwar voll [wurde], an Leben aber verlor, so war das nicht erfüllte Ideal der Liebe ein positives für sie, sie erkannte es sich als entgegengesezt und sich als abhängig von ihm, in ihrem Geiste lag das Bewußtseyn der Jüngerschaft, und eines Herrn und Meisters; ihr Geist war nicht in | der gestalteten Liebe vollständig dargestellt; die Seite desselben empfangen zu haben, und zu lernen, und tiefer als der Meister zu stehen fand ihre Darstellung erst in der Gestalt der Liebe, wenn mit dieser zugleich eine Wirklichkeit verknüpft war, die der Gemeine gegenüber stand – Dieses höhere entgegengesezte ist nicht die Erhabenheit des Gottes, die dieser nothwendig hat, weil in ihm der einzelne [sich] nicht selbst als ihm gleich erkennt, sondern in ihm der ganze Geist der vereinigten Alle enthalten ist – sondern sie ist ein positives, objektives, das soviel Fremdes, Herrschaft in sich hat, als im Geist der Gemeine Abhängigkeit ist. In dieser Gemeinschaft der Abhängigkeit, der Gemeinschaft durch einen Stifter zu seyn, in dieser Einmischung eines Geschichtlichen, Wirklichen in ihr Leben, erkannte die Gemeine ihr reelles Band, die Sicherheit der Vereinigung, die in der unlebendigen Liebe nicht zum Gefühl kommen konnte. Diß ist der Punkt, an welchem die Gemeine, die in der ausser allem Bündnis mit der Welt, unvermischt sich erhaltenden Liebe allem Schiksal entgangen zu seyn schien, von ihm ergriffen wurde, von einem Schiksale, | dessen Mittelpunkt die Ausdehnung der alle Beziehungen fliehenden Liebe auf eine Gemeine war, das sich theils in der Ausdehnung der Gemeine selbst um so mehr entwikelte, theils durch diese Ausdehnung immer mehr mit dem Schiksal der Welt zusammentraf, sowohl indem es bewußtlos in sich viele Seiten von ihm aufnahm, als indem es gegen dasselbe kämpfte, sich immer mehr verunreinigte.

Das ungöttliche Objektive, für welches auch Anbetung gefodert wird, wird durch allen Glanz, der es umstrahlt, nie zu einem
319 Göttlichen. Zwar umgeben auch den Menschen Jesus himmlische Erscheinungen; um seine Geburt sind höhere Wesen beschäftigt;
320 er selbst wird einmal in eine strahlende LichtGestalt verklärt – Aber auch diese Formen von Himmlischem sind nur ausser dem Wirklichen und die göttlichern Wesen um das Individuum dienen nur, den Kontrast desto mehr in die Augen fallen zu machen. | Noch weniger, als solcher vorübergehende Nimbus, können die Thätigkeiten, die für göttliches angesehen werden und aus ihm selbst kommen, in die höhere Gestalt ihn erheben; die Wunder, die ihn nicht bloß umschweben, sondern aus seiner innern Kraft hervorgehen scheinen eines Gottes würdige Attribute, einen Gott zu charakterisiren, in ihnen scheint das göttliche aufs innigste mit dem Objektiven vereinigt, und somit die harte Entgegensezung

und blosse Verknüpfung entgegengesezter hier wegzufallen; jene wundersamen Wirksamkeiten vollbringt der Mensch, er und das göttliche scheinen unzertrennbar. Allein je näher die Verknüpfung ist, die doch keine Vereinigung wird, um so härter fällt das Unnatürliche der Verknüpften Entgegengesezten auf.

In dem Wunder als einer Handlung wird dem Verstande ein Zusammenhang von Ursache und Wirkung gegeben, und das Gebiet seiner Begriffe an|erkannt; zugleich aber wird sein Gebiet damit zerstört, daß die Ursache nicht ein so bestimmtes als die Wirkung ist, sondern ein unendliches seyn soll; da der Zusammenhang der Ursache und Wirkung im Verstande die Gleichheit der Bestimmtheit, ihre Entgegensezung nur die, daß im einen diese Bestimmtheit Thätigkeit, im andern Leiden ist – hier soll zugleich in der Handlung selbst ein Unendliches mit unendlicher Thätigkeit eine höchst beschränkte Wirkung haben. Nicht die Aufhebung des Gebietes des Verstandes, sondern daß es zugleich gesezt und aufgehoben wird ist das unnatürliche. So wie nun einerseits das Sezen einer unendlichen Ursache, dem Sezen einer endlichen Wirkung widerspricht, ebenso hebt das Unendliche die bestimmte Wirkung auf. Dort aus dem Gesichtspunkte des Verstandes angesehen, ist das Unendliche nur ein negatives, das | Unbestimmte, an das ein Bestimmtes angeknüpft wird, hier von der Seite des Unendlichen als eines Seyenden ist [es] ein Geist, der wirkt, und die Bestimmtheit der Wirkung eines Geistes ist ihre negative Seite; nur aus einem andern Gesichtspunkte in der Vergleichung kan seine Handlung bestimmt erscheinen, an sich, ihrem Seyn nach, ist sie die Aufhebung einer Bestimmtheit, und in sich unendlich – wenn ein Gott wirkt, ist es nur von Geist zu Geist; die Wirksamkeit sezt einen Gegenstand voraus, auf welchen gewirkt wird; aber die Wirkung des Geistes ist die Aufhebung desselben. aber das Herausgehen des Göttlichen, ist nur eine Entwiklung, daß es indem es das Entgegengesezte aufhebt sich selbst in der Vereinigung darstellt; aber in den Wundern erscheint der Geist auf Körper wirkend; die Ursache wäre nicht ein gestalteter Geist, dessen Gestalt bloß in seiner Entgegensezung betrachtet, als Körper, einem andern gleich und entgegensezbar in den Zusam|menhang von Ursache und Wirkung treten könnte; dieser Zusammenhang wäre eine Gemeinschaft des Geistes, der nur insofern Geist ist, als er nichts mit dem Körper gemein hat, und des Körpers, der Körper ist; aber Geist und Körper, haben nichts gemein; sie sind absolutentgegengesezte. Ihre Vereinigung, in welcher ihre Entgegensezung aufhört, ist ein Leben, das ist, gestalteter Geist; und wenn dieser als göttliches, ungetrenntes wirkt, so ist sein Thun eine Vermählung mit verwandtem Wesen, mit göttlichem, und Erzeugung, Entwiklung von neuem, der Darstellung ihrer Vereinigung; sofern aber der Geist in einer, einer andern, entgegengesezten Gestalt als feindliches, beherrschendes wirkt, so hat er seiner Göttlichkeit vergessen. Wunder sind darum die Darstellung des Ungöttlichsten, weil sie das unnatürlichste sind, und die härteste Entgegensezung des Geistes und Körpers in ihrer ganzen ungeheuern Rohheit verknüpft enthalten. Göttliches Thun ist Wiederherstellung und Darstellung der Einigkeit und Wunder die höchste Zerreissung. |

Die reggemachte Erwartung also, die mit dem verklärten, zum Gotte erhabnen Jesus vergesellschaftete Wirklichkeit durch wunderbare Thätigkeiten dieses Wirklichen, zur Göttlichkeit zu erheben wird also so gar nicht erfüllt, daß sie vielmehr die Härte dieser Beifügung eines Wirklichen um so mehr erhöht. Doch ist sie für [uns] um so viel grösser, als für die Mitglieder der ersten christlichen Gemeine, um so viel mehr wir Verstand haben, als diese, die vom orientalischen Geiste angehaucht, die Trennung des Geistes und des Körpers weniger vollendet, dem Verstande weniger als Objekte überliefert hatten. Wo wir bestimmte Wirklichkeit geschichtliche Objektivität mit dem Verstande erkennen, da ist oft für sie Geist; und wo wir nur den reinen Geist sezen, da ist er ihnen noch bekörpert. Von der leztern Art der Ansicht, ist die Form in der sie das [fassen], was wir Unsterblichkeit und zwar Unsterblichkeit
321 der Seele nennen ein Beispiel; sie erscheint ihnen als eine Auferstehung des Leibes; beide Ansichten sind die Extreme zwischen dem griechischen Geiste; jenes das Extrem der Vernunft, die eine Seele, ein negatives gegen allen Verstand, und sein Objekt, den

todten Körper, entgegensezt, dieses das Extrem so zu sagen eines positiven Ver|mögens der Vernunft, die den Körper als lebendig sezt, während sie zu gleicher Zeit ihn für todt annahm; indeß den Griechen Leib und Seele in Einer lebendigen Gestalt bleibt, in den beiden Extremen hingegen der Tod eine Trennung des Leibs und der Seele ist, und in dem einen der Seele der Leib nichts mehr, in dem andern der Leib ein bleibendes auch ohne Leben ist. In anderem, wo wir nur mit dem Verstande und Wirkliches oder welches ebensoviel ist etwa fremden Geist erkennen, mischen die ersten Christen ihren Geist bei – In den Schriften der Juden sehen wir vergangne Geschichten, individuelle Lagen, und gewesenen Geist der Menschen, in den jüdischen Gottesdienstlichen Handlungen, befohlnes Thun, dessen Geist, Zwek und Gedanken für uns nicht mehr ist, keine Wahrheit mehr hat; für sie hatte diß alle noch Wahrheit und Geist, aber ihre Wahrheit, ihren Geist, sie liessen es nicht objektiv werden. Der Geist, den sie Stellen der Propheten, und anderer jüdischen Bücher geben, ist in ihrem Sinne, weder, in Rüksicht auf die Propheten, die Meinung Voraus|sagungen von Wirklichkeiten in ihnen zu finden, noch von ihrer Seite, die Anwendung auf Wirklichkeit – Es ist ein ungewisses, gestaltloses Schweben zwischen Wirklichkeit und Geist; es ist einerseits in der Wirklichkeit nur der Geist betrachtet, andererseits die Wirklichkeit selbst als solche vorhanden, aber nicht fixirt. Um ein Beispiel anzuführen, bezieht Johannes (Kap 12,14ss.) auf den Umstand, daß Jesus auf einem Esel nach Jerusalem hineinzog, einen Ausdruk des Propheten, dessen Begeisterung einen solchen Aufzug sah, den Johannes in dem Aufzuge des Jesus seine Wahrheit finden läßt – Die Erweise, daß ähnliche Stellen der jüdischen Bücher theils an sich unrichtig gegen den WortSinn des OriginalTextes angeführt, theils gegen ihren Sinn, den sie durch ihren Zusammenhang erhalten erklärt [seyen], theils sich auf ganz andre Wirklichkeiten, den Propheten gleichzeitige Umstände, und Menschen beziehen, theils nur isolirte Begeisterung der Propheten seyen, – alle diese Erweise treffen nur die Wirklichkeit der Beziehung, die die Apostel zwischen ihnen und LebensUmständen des Jesus aufstellen, – nicht ihre Wahrheit

und Geist, sowenig als ihre Wahrheit in der strengen | objektiven Annahme sichtbar ist, daß die wirklichen Worte und Gesichte der Propheten, der frühere Ausdruk späterer Wirklichkeiten seyen. der Geist der Beziehung, die die Freunde Christi zwischen den Gesichten der Propheten, und den Begebenheiten des Jesus finden, wäre zu schwach aufgefaßt, wenn sie nur in die Vergleichung von Ahnlichkeit der Situationen gesezt würde, in eine Vergleichung, wie wir der Darstellung einer Lage oft den bestimmten Ausdruk
322 alter Schriftsteller hinzufügen. Johannes sagt bei dem obenangeführten Beispiel ausdrüklich, daß die Freunde des Jesus erst nachdem Jesus verklärt, nachdem der Geist über sie gekommen war, diese Beziehung erkannten; hätte Johannes einen blossen Einfall, eine blosse Ähnlichkeit verschiedner in dieser Beziehung gesehen, so hätte es dieser Bemerkung nicht bedurft, so aber [ist] im Geiste jenes Gesicht des Propheten und dieser Umstand bei einer Handlung Jesu, eins; und da die Beziehung nur im Geiste ist, so fällt die objektive Ansicht derselben als eines Zusammentreffens | von Wirklichem, von individuellem weg. Dieser Geist, der das Wirkliche sowenig fixirt, oder es zu einem Unbestimmten macht, und nichts individuelles, sondern ein geistiges darin erkennt, ist besonders auch Joh 11,51. sichtbar, wo Johannes über die Maxime des Kaiphas und deren Anwendung, daß es besser sey, Ein Mensch sterbe fürs Volk, als diß im Ganzen in Gefahr komme, erinnert, daß Kaiphas diß nicht für sich selbst als Individuum gesprochen habe, sondern als Hohepriester in prophetischer Begeisterung (προεφητευσεν). Was wir etwa unter dem Gesichtspunkte etwa eines Instrumentes der göttlichen Vorsehung ansehen würden, darin sah Johannes ein vom Geiste erfülltes, da der Charakter der Ansicht Jesu und seiner Freunde nichts so sehr entgegengesezt seyn konnte, als dem Gesichtspunkte, alles für Maschine, Werkzeug, Instrument zu nehmen, sondern vielmehr der höchste Glauben an Geist war; und da, wo man Einheit des Zusammentreffens von Handlungen erblikt, denen für sich einzeln diese Einheit die Absicht des Ganzen der Wirkung mangelt, und | diese Handlungen (wie die des Kaiphas) als ihr unterworfen, von ihr ohne Bewußtseyn in ihrer Beziehung

auf die Einheit beherrscht, geleitet, als Wirklichkeiten und Instrumente betrachtet, sieht Johannes Einheit des Geistes, und in dieser Handlung selbst, den Geist der ganzen Wirkung handelnd; er spricht von Kaiphas, als selbst von dem Geist erfüllt, in dem die Nothwendigkeit des Schiksals des Jesus lag.

So verlieren denn auch mit der Seele der Apostel gesehen die Wunder, von der Härte welche die Entgegensezung des Geistes und des Körpers in ihnen für uns hat, da es sichtbar ist, daß jenen der europäische Verstand mangelte, der dem ins Bewußtseyn kommenden so allen Geist auszieht, und es zu absoluten Objektivitäten, dem Geiste schlechthin entgegengesezten Wirklichkeiten fixirt, daß jener Erkenntnis vielmehr ein unbestimmtes Schweben zwischen Wirklichkeit und Geist ist, das beide zwar noch trennte, aber nicht so unwiderruflich trennte, übrigens doch nicht in reine Natur zusammen ging, sondern die klare Entgegensezung selbst schon gab, die bei grösserer Entwiklung eine Paarung des Lebendi|gen und Todten, des Göttlichen und Wirklichen werden mußte, das durch die Beigesellung des Wirklichen Jesus zum verklärten zum Gott gewordenen dem tiefsten Triebe nach Religion Befriedigung zeigte, aber nicht gewährte, und ihn zu einem unendlichen, unauslöschlichen und ungestillten Sehnen machte; denn dem Sehnen steht in seiner höchsten Schwärmerei, in den Verzükkungen der feinorganisirtesten, die höchste Liebe athmenden Seelen immer das Individuum ein Objektives, Persönliches gegenüber, nach der Vereinigung mit welchem alle Tiefen ihrer schönen Gefühle schmachteten, welche Vereinigung aber weil es ein Individuum ist, ewig unmöglich, da es ihnen immer gegenüber, ewig in ihrem Bewußtseyn bleibt, und die Religion nie zum vollständigen Leben werden läßt. In allen Formen der christlichen Religion die sich im fortgehenden Schiksal der Zeit entwikelt haben, ruht dieser Grundcharakter der Entgegensezung in dem Göttlichen, das allein im Bewußtseyn, nie im Leben vorhanden seyn soll – Von den verzükkenden Vereinigungen des Schwärmers, der aller Mannichfaltigkeit des Lebens, auch der reinsten, in | welcher der Geist seiner selbst genießt, entsagt, und nur Gottes sich bewußt ist also nur im Tode die Entgegensezung der Persönlichkeit wegschaffen könnte, bis zur Wirklichkeit des mannichfaltigsten Bewußtseyns, der Vereinigung mit dem Schiksal der Welt – und der Entgegensezung Gottes gegen dasselbe, entweder der gefühlten Entgegensezung bei allen Handlungen und Lebensaüsserungen, die ihre Rechtmässigkeit durch die Empfindung der Dienstbarkeit und Nichtigkeit ihrer Entgegensezung erkaufen – wie in der katholischen Kirche – oder der Entgegensezung Gottes in blossen mehr oder weniger andächtigen Gedanken wie bei der Protestantischen Kirche, entweder der Entgegensezung eines hassenden Gottes gegen [das] Leben, als eine Schande und ein Verbrechen, bei einigen Sekten derselben, – oder eines gütigen gegen das Leben und seine Freuden, als lauter empfangnes, Wohlthaten und Geschenke von ihm, als lauter Wirklichkeit, in welche dann auch, die über ihr | schwebende GeistesForm in der Idee eines göttlichen Menschen, der Propheten u. s. w. zu geschichtlicher objektiver Ansicht herabgezogen wird – zwischen diesen Extremen von dem mannichfaltigen oder verminderten Bewußtseyn, der Freundschaft, des Hasses oder der Gleichgültigkeit gegen die Welt, zwischen diesen Extremen, die sich innerhalb der Entgegensezung Gottes und der Welt, des Göttlichen und des Lebens befinden, hat die christliche Kirche vor und rükwarts den Krais durchlaufen, aber es ist gegen ihren wesentlichen Charakter, in einer unpersönlichen lebendigen Schönheit Ruhe zu finden; und es ist ihr Schiksal daß Kirche und Staat, Gottesdienst und Leben, Frömmigkeit und Tugend, geistliches und weltliches Thun, nie in Eins zusammenschmelzen können.

ZUR JÜDISCHEN RELIGION

MIT ABRAHAM…

Mit Abraham, dem wahren Stammvater der Juden, beginnt die Geschichte dieses Volks, das heißt, sein Geist ist die Einheit, die Seele, die alle Schiksale seiner Nachkommenschaft regierte, er erscheint in verschiedener Gestalt, je nachdem er gegen verschiedene Kräfte kämpfte, oder wenn er durch Gewalt oder Verführung unterlag, durch Aufnahme eines fremdartigen Wesens sich verunreinigte; also in verschiedener Form der Waffenrüstung und des Streits, oder der Art, wie er Fesseln des Stärkern trägt; welche Form das Schiksal genannt wird.

Von dem Gange, den die Entwikelung des Menschengeschlechts vor Abraham nahm, von dieser wichtigen Periode, in welcher die Rohheit, die auf den Verlust des Naturzustandes folgte, auf verschiedenen Wegen wieder zur zerstöhrten Vereinigung zurükzukehren strebte; von diesem Gange sind uns nur wenige dunkle Spuren aufbehalten worden. Der Eindruk, den die | Noachische Fluth 323
auf die Gemüther der Menschen machte, mußte ein tief Zerreissen, und die Wirkung der ungeheuerste Unglauben an die Natur seyn, die vorhin freundlich oder ruhig nun aus dem Gleichgewichte ihrer Elemente trat, den Glauben, den das Menschengeschlecht an sie hatte, nun mit der zerstöhrendsten, unwiderstehbarsten unzuüberwältigenden Feindschaft erwiederte, und in ihrem Toben nichts durch einen Unterschied der Liebe verschonte, sondern die wilde Verwüstung über alles ergoß. einige Erscheinungen, Rükwirkungen gegen den Eindruk jenes allgemeinen durch feindseelige Elemente bewirkten Menschenmordes – hat uns die Geschichte angedeutet. Damit der Mensch gegen die Ausbrüche der nun feindlichen Natur bestehen könnte, so mußte sie beherrscht werden; und da das entzweite | Ganze nur in Idee und Wirklichkeit entzweit werden kan, so ist die höchste Einheit der Beherrschung entweder in einem Gedachten, oder in einem Wirklichen; in jenem baute Noah die

zerrissene Welt zusammen; sein gedachtes Ideal machte er zum
Seyenden, und ihm dann gegenüber sezte er alles als Gedachtes,
d.h. als beherrschtes, [es] versprach ihm, die ihm dienenden Ele-
324 mente so in ihren Schranken zu halten, daß keine Wasserfluth mehr
die Menschen verderben sollte; unter dem lebendigen das einer
solchen Beherrschung fähig ist legte es den Menschen das Gesez
325 auf das Gebot, sich selbst so zu beschränken, daß sie einander nicht
mordeten; wer diese Schranken überträte, der falle seiner Macht
anheim, und werde also zum leblosen; dieses Beherrschtwerden
des Menschen vergütete es ihm dagegen auch durch Herrschaft
über die Thiere; | aber wenn es zwar diese Eine Zerreissung des Le-
bendigen, die Tödtung der Gewächse und Thiere sanktionirte, und
die durch Noth abgedrungene Feindseligkeiten zur gesezmässigen
Herrschaft machte, so wurde doch das lebendige noch in so weit
geehrt, daß das Blut der Thiere zu essen verboten wurde, weil das-
selbe (die Seele) das Leben der Thiere wäre. Gen. 9,4.

Auf die entgegengesezte Art, legte Nimrod (wenn es erlaubt
ist, hier mit den Mosaischen Nachrichten auch die passende Dar-
stellung zu verbinden, die Josephus (jüd. Alt. 1 B. 4 K.) von seiner
Geschichte macht) in den Menschen die Einheit, sezte ihn zum
Seyenden ein das die Übrigen wirklichen zu Gedachten machte,
d.h. tödtete, beherrschte; er versuchte es die Natur so weit zu be-
herrschen, daß sie den | Menschen nicht mehr gefährlich werden
326 könnte; er sezte sich in Vertheidigungsstand gegen sie, »ein toll-
kühner und auf seinen starken Arm trozender Mann, im Fall Gott
es sich wieder gelüsten ließe, die Welt mit einer Wasserfluth zu
überschwemmen, drohte er, es nicht an Macht und Mitteln fehlen
zu lassen ihm genugsamen Widerstand zu thun; denn er hätte be-
schlossen, einen Thurn zu bauen, der weit höher werden sollte, als
die Wasserwogen und Wellen je sich aufthürmen könnten, und auf
327 solche Art den Untergang seiner Voreltern zu rächen (nach einer
andern Sage Evpol. bei Euseb, sollen von der Fluth selbst übrig-
gebliebene den Thurn gebaut haben) er beredete die Menschen,
alles Gute haben sie sich selbst durch ihre Tapferkeit und Stärke
erworben; und so veränderte er alles, und gründete in kurzem eine

tyrannische Herrschaft;« Er vereinigte die mistrauisch gewordnen einander entfremdeten Menschen, die sich nun zerstreuen wollten nicht wieder zur frohen, einander und der Natur vertrauenden Geselligkeit, sondern hielt | sie zwar zusammen, aber durch Gewalt. Er vertheidigte sich gegen das Wasser mit Mauern, war ein Jäger, und ein König; so mußten im Kampfe gegen die Noth die Elemente, die Thiere und die Menschen das Gesez des Stärkern, aber eines Lebendigen tragen.

Gegen die feindselige Macht sicherte sich Noah dadurch, daß er sie und sich einem mächtigern unterwarf, Nimrod, daß er selbst sie bändigte; beide schlossen mit dem Feinde einen Frieden der Noth und verewigten so die Feindschaft; keiner versöhnte sich mit
ihm, nicht wie ein schönres Paar, Deukalion und Pyrrha, nach ih- 328
rer Fluth es thaten, die Menschen wieder zur Freundschaft mit der Welt, zur Natur einluden, sie durch Freude und Genuß der Noth und Feindschaft vergessen machten, den Frieden der Liebe schlossen, die Stammeltern schöner Nationen wurden, und ihre Zeit zur Mutter einer neugebohrnen, ihre JugendBlüthe erhaltenden Natur machten |

DIE SCHÖNEN, IHRER NATUR NACH …

Die schönen, ihrer Natur nach auf Liebe gegründeten Verhältnisse,
denen nichts mehr entgegen ist als Herrschaft und Knechtschaft;
329 waren diß bei den Juden; der Sohn blieb während des Vater Le-
ben sein Knecht, er wurde erst in dem bei Juden möglichen Grade
selbständig mit seines Vaters Tode, der ihm einen besondern Ak-
330 ker verschafte – der Sohn, der das Verhältnis gegen seinen Vater
bricht, und auf irgend [eine] Art Gewalt gegen ihn gebraucht, und
jedes lieblose ist Gewalt, verdient die härteste Gewalt zu erfahren;
aber sich von seinem Vater abtrennen, um für [sich] ein Mann zu
seyn, ist keine Lieblosigkeit, oder Gewalt; gibt diß der Vater nicht
zu, so thut er vielmehr dem erwachsenen, entwikelten vollstän-
dig gewordenen Gewalt an, und legt ihm eine Knechtschaft auf –
noch mehr wenn er auch nicht einmal für sich, – was das freiste
ist, was auf keine Art an einen andern entweder übertragen, oder
was der andre in seinem Namen wegen der Unfähigkeit des leztern,
selbst sein Recht auszuüben, oder sein Leben zu aüssern, wie die
Vertrettung der Kinder durch Eltern oder Vormund nie überneh-
men kan – eine Frau wählen so ist diß die härteste Tirannei, oder
da es Sitte ist, ein gesezmässiges Recht des Vaters, und vor dem
Sohne nicht in der Form der Tirannei erscheinen kan, so sezt es
einen VolksCharakter voraus, dem durchaus alle freie Liebe, alle
Schönheit fremd ist; und kein Bewustseyn als der Herrschaft und
Knechtschaft hat. Wurde die Frau etwa vom Mann selbst erwählt,
so kaufte er sie von ihren Eltern, und sie stand in der Ehe in dem
331 Verhältnis einer gekauften; starb ihr Mann, ohne Kinder mit ihr ge-
zeugt zu haben, so gehörte sie dem Akker an, dieser Akker mußte in
der Familie bleiben, also mußte auch sie es; der nächste Verwandte
mußte den Akker behalten, also auch sie zur Frau nehmen. |

Da die Jungfrau eine Sache war, so kam als solche allein, als eine Waare, die man erkauft hatte, allein in Betracht und in Unter-

suchung, ob die Waare so beschaffen war, die sie verkauft worden
war, so entstanden die so unfläthigen Geseze und bekannten saü- 332
ischen Gebraüche daraus; denn Geliebte war sie nicht gewesen: der 333
Bauer in St. Gallen heurathet auf der Stelle eine die in der Kirche
sich als eine gefallne bekennt |

ÜBER RELIGION

ZWEI FRAGMENTE

absolute Entgegensezung gilt. Eine Art der Entgegensezungen ist die Vielheit Lebendiger; die Lebendigen müssen als Organisationen betrachtet werden; die Vielheit des Lebens wird entgegengesezt, ein Theil dieser Vielheit (und dieser Theil ist selbst eine unendliche Vielheit, weil er lebendig ist) wird bloß in Beziehung betrachtet, sein Seyn nur als Vereinigung habend, – der andere Theil (auch eine unendliche Vielheit) wird nur in Entgegensezung betrachtet, sein Seyn nur durch die Trennung von jenem Theil habend, und so wird jener Theil auch so bestimmt, als sein Seyn nur durch die Trennung von diesem habend. Der erste Theil heißt eine Organisation, ein Individuum. Es erhellt von selbst, daß dieses Leben, dessen Mannichfaltigkeit nur in Beziehung betrachtet wird, dessen Seyn diese Beziehung ist, zugleich auch theils als in sich verschieden, als blosse Vielheit betrachtet werden könne; seine Beziehung ist nicht mehr absolut, als Trennung dieses Bezognen; theils auch mit der Möglichkeit in Beziehung mit dem von ihm ausgeschlossnen zu treten gedacht werden müsse, die Möglichkeit des Verlusts der Individualität, oder der Verbindung mit dem ausgeschlossenen; – ebenso das Mannichfaltige, von einem Organischen Ganzen ausgeschlossene, das sein Seyn nur in der Entgegensezung hat, muß zugleich nicht [nur] theils als für sich, abstrahirt von jener Organisation, in sich absolut mannichfaltig, sondern als in sich zugleich in Beziehung stehend – theils auch in Verbindung mit dem von ihm ausgeschlossenen Lebendigen gesezt werden. Der Begriff der Individualität schließt Entgegensezung gegen unendliche Mannichfaltigkeit, und Verbindung mit demselben in sich; ein Mensch ist ein individuelles Leben, insofern er ein anderes ist, als alle Elemente, und als die Unendlichkeit der individuellen Leben ausser ihm, er ist nur ein individuelles Leben, in sofern er eins ist mit allen Ele|menten aller Unendlichkeit der Leben ausser ihm; –

er ist nur insofern das All des Lebens getheilt ist, er der eine Theil, alles übrige der andre Theil; er ist nur insofern er kein Theil ist, und nichts von ihm abgesondert. Das ungetheilte Leben vorausgesezt, fixirt so können wir die Lebendigen, – als Aüsserungen des Lebens, als Darstellungen desselben betrachten, deren Mannichfaltigkeit, die eben weil Aüsserungen gesezt werden, zugleich gesezt, und zwar als unendlich gesezt wird, die Reflexion dann als ruhende, bestehende, als feste Punkte, als Individuen fixirt; – oder ein Lebendiges vorausgesezt, und zwar uns die betrachtenden, so ist das ausser unserem beschränkten Leben gesezte Leben ein unendliches Leben von unendlicher Mannichfaltigkeit, unendlicher Entgegensezung, unendlicher Beziehung; als Vielheit, eine unendliche Vielheit von Organisationen, Individuen, als Einheit, ein einziges organisirtes getrenntes und vereinigtes Ganzes – die Natur. Sie ist ein Sezzen des Lebens, denn ins Leben hat die Reflexion ihre Begriffe von Beziehung und Trennung von einzelnem, für sich bestehendem, und allgemeinem, verbundenem, jenem also einem beschränktem, diesem einem unbeschränktem gebracht, und es durch Sezzen zur Natur gemacht.

Weil nun das Leben als Unendlichkeit der Lebendigen, oder als eine Unendlichkeit von Gestalten, auf diese Art als Natur ein unendlich endliches, ein unbeschränkt beschränktes, diese Vereinigung des Endlichen und Unendlichen und die Trennung desselben in ihr ist, die Natur nicht selbst Leben, sondern ein von der Reflexion obzwar aufs würdigste behandeltes, fixirtes Leben ist, so fühlt oder wie man es nennen will, das Natur betrachtende, denkende Leben noch diesen Widerspruch, diese einzige noch bestehende Entgegensezung seiner selbst gegen das unendliche Leben, – oder die Vernunft erkennt noch das Einseitige dieses Sezzens, dieses Betrachtens, – und diß denkende Leben hebt aus der Gestalt, aus dem Sterblichen, Vergänglichen, unendlich sich entgegengesezten sich bekämpfenden heraus das Lebendige, frey vom Vergehenden, die Beziehung | ohne das Todte und sich tödtende der Mannichfaltigkeit, nicht eine Einheit, eine gedachte Beziehung, sondern alllebendiges, allkräftiges, unendliches Leben, und nennt es Gott, ist nimmer denkend, oder betrachtend, weil sein Objekt nichts reflektirtes, todtes in sich trägt.

Diese Erhebung des Menschen nicht vom Endlichen zum Unendlichen, denn dieses sind nur Produkte der blossen Reflexion, und als solcher ist ihre Trennung absolut – sondern vom endlichen Leben zum unendlichen Leben – ist Religion. Das unendliche Leben kan man einen Geist nennen, im Gegensaz [zu] der abstrakten Vielheit, denn Geist ist die lebendige Einigkeit des Mannichfaltigen, im Gegensaz gegen dasselbe als seine Gestalt, die im Begriff des Lebens liegende Mannichfaltigkeit ausmacht, nicht im Gegensaz gegen dasselbe, als von ihm getrennte, todte blosse Vielheit; denn alsdenn wäre er die blosse Einheit, die Gesez heißt und ein bloß gedachtes, unlebendiges ist. Der Geist ist belebendes Gesez in Vereinigung mit dem Mannichfaltigen, das alsdenn ein belebtes ist. Wenn der Mensch diese belebte Mannichfaltigkeit als eine Menge von Vielen zugleich sezt, und doch in Verbindung mit dem belebenden, so werden diese Einzelleben Organe, das unendliche Ganze ein unendliches All des Lebens, wenn er das unendliche Leben als Geist des Ganzen, zugleich ausser sich, weil er selbst ein beschränktes ist, sezt, sich selbst zugleich ausser sich, dem beschränkten, sezt, und sich zum Lebendigen emporhebt, aufs innigste sich mit ihm vereinigt, so betet er Gott an.

Wenn schon das Mannichfaltige nicht als solches hier mehr gesezt ist, sondern zugleich durchaus in Beziehung auf den lebendigen Geist, als belebt als Organ vorkommt, so würde damit eben noch etwas ausgeschlossen, und bliebe demnach eine Unvollständigkeit, und eine Entgegensezung, nemlich das Todte; mit andern Worten, wenn das Mannichfaltige nur als Organ, in Beziehung gesezt wird, so ist die Entgegensezung selbst ausgeschlossen, aber das Leben kan eben nicht als Vereinigung, Beziehung allein, sondern muß zugleich als Entgegensezung betrachtet [werden]; wenn ich sage es ist die Verbindung der Entgegensezung und Beziehung, so kan diese Verbindung selbst wieder isolirt und eingewendet werden, daß [sie] der Nichtverbindung entgegenstünde; ich müßte mich aus|drükken, das Leben sey die Verbindung der Verbindung und der Nichtverbindung, das heißt, jeder Ausdruk ist Produkt der Reflexion, und sonach kan von jedem als einem gesezten aufgezeigt werden, daß damit, daß etwas gesezt wird, zugleich ein anderes nicht gesezt, ausgeschlossen ist; diesem Fortgetriebenwerden ohne Ruhepunkt, muß aber ein für allemal dadurch gesteuert werden, daß nicht vergessen wird, dasjenige zum Beispiel, was Verbindung der Synthesis und Antithesis genannt wurde, sey nicht ein geseztes, verständiges, reflektirtes, sondern sein für die Reflexion einziger Charakter sey, daß es ein Seyn ausser der Reflexion ist. Im lebendigen Ganzen ist der Tod, die Entgegensezung, der Verstand zugleich gesezt, nemlich als Mannichfaltiges, das lebendig ist, und als lebendiges sich als ein Ganzes sezen kan, wodurch es zugleich ein Theil ist, d. h. für welches es todtes gibt, und welches selbst, für anderes todt ist. Dieses Theilseyn des Lebendigen hebt sich in der Religion auf, das beschränkte Leben erhebt sich zum Unendlichen; und nur dadurch, daß das Endliche, selbst Leben [ist,] trägt es die Möglichkeit in sich zum unendlichen Leben sich zu erheben. Die Philosophie muß eben darum mit der Religion aufhören, weil jene ein Denken ist, also einen Gegensaz theils des Nichtdenkens hat, theils des Denkenden und des Gedachten; sie hat in allem Endlichen die Endlichkeit aufzuzeigen, und [muß] durch Vernunft die Vervollständigung desselben fodern, besonders die Taüschungen durch ihr eignes Unendliche erkennen, und so das wahre Unendliche ausserhalb ihres Umkreises sezzen. Die Erhebung des endlichen zum Unendlichen charakterisirt sich eben dadurch als Erhebung endlichen Lebens zu Unendlichem, als Religion, daß sie nicht das Seyn des Unendlichen als ein Seyn durch Reflexion, als ein objektives oder subjektives sezt, so daß sie zum Beschränkten das Beschränkende hinzufügte, dieses wieder als ein geseztes, selbst als ein Beschränktes erkennte, und von neuem das Beschränkende für dasselbe aufsuchte, und die Foderung machte, diß ins Unendliche fortzusezzen; auch diese Thätigkeit der Vernunft ist eine Erhebung zum Unendlichen, aber diß Unendliche ist ein |

EIN OBJEKTIVEN MITTELPUNKT …

ein objektiven Mittelpunkt; allen Völkern war er die Morgengegend des Tempels, und für die Verehrer eines unsichtbaren Gottes, nur diß gestaltlose des bestimmten Raums, nur ein Plaz. Aber diß blos entgegengesezte, rein objektive, blos raümliche muß nicht nothwendig in dieser Unvollständigkeit der völligen Objektivität bleiben, es kan selbst, d. h. als für sich bestehend, durch die Gestalt zur eignen Subjektivität zurükkehren. Göttliches Gefühl, das unendliche vom Endlichen gefühlt wird erst dadurch vervollständigt, daß Reflexion hinzukommt, über ihm verweilt; ein Verhältniß derselben zum Gefühl ist aber nur ein Erkennen desselben, als eines subjektiven, nur ein Bewußtseyn des Gefühls, getrennte Reflexion über dem getrennten Gefühl; die reine, raümliche Objektivität gibt den Vereinigungspunkt für viele, und die gestaltete Objektivität ist zugleich, was seyn soll, durch die mit ihm verbundne Subjektivität nicht eine wirkliche, sondern nur eine mögliche Objektivität, es kan als solche gedacht werden, aber es ist nicht nothwendig, weil sie nicht rein ist. Und damit ist auch, so wie oben die Antinomie 334
der Zeit, der Moment und die Zeit des Lebens als nothwendig gesezt wurde, die objektive Antinomie in Ansehung des Gegenstands gesezt; das in der Unermeßlichkeit des Raums unendliche Wesen ist zugleich im bestimmten Raume, etwa wie in dem:

> den aller Himmel Himmel nicht umschloß, 335
> der liegt nun in Mariä Schooß.

Im religiösen Leben wurde sein Verhältnis zu Objekten, sein Handeln, als ein Lebendig erhalten, oder als ein Beleben derselben aufgezeigt, aber an sein Schiksal erinnert, vermöge dessen es auch objektives als objektives müsse bestehen lassen, oder gar selbst Lebendiges zu Objekten machen. es kan seyn, daß diß | Objektivmachen nur für den Moment seyn muß, und daß das Leben sich wieder davon entfernt, sich selbst davon frey macht, und das unterdrükte seinem eigenem Leben, und dessen Auferstehung überläßt. Aber es ist nothwendig, daß es sich auch in ein bleibendes Verhältnis mit Objekten sezt, ihnen die Objektivität bis zur gänzlichen Vernichtung behält. Bei aller durch die bisherigen Vervollständigungen gezeigten vermehrten religiösen Vereinigung kan noch Heucheley statt finden; nemlich durch besonderes, für sich zurükbehaltenes Eigenthum; mit dem festen Haben von Dingen hätte der Mensch die – negativ ausgedrükt – Bedingungen der Religion nicht erfüllt, nemlich von absoluter Objektivität frey zu seyn, sich über endliches Leben erhoben zu haben; er wäre unfähig der Vereinigung mit dem unendlichen Leben, weil er noch für sich etwas behalten, noch in einem Beherrschen begriffen, oder unter einer Abhängigkeit befangen wäre; und darum gibt er vom Eigenthum, dessen Nothwendigkeit sein Schiksal ist, als Opfer hin, nur einiges, denn sein Schiksal ist nothwendig, und kan nicht aufgehoben werden, er vernichtet einen Theil auch vor der Gottheit, der Vernichtung des übrigen nimmt [er] durch Gemeinschafftlichkeit mit Freunden die Besonderheit, so viel als möglich war, und dadurch daß sie ein zwekloser Überfluß ist; und durch diese Zweklosigkeit des Vernichtens allein, durch diß Vernichten um des Vernichtens willen macht er sein sonstiges partikuläres Verhältnis des zwekmässigen Vernichtens gut, und hat zugleich die Objektivität der Objekte, durch eine auf sich nicht bezogne Vernichtung, ihre völlige Beziehungslosigkeit, Tod vollendet, und wenn schon die Nothwendigkeit einer beziehenden Vernichtung der Objekte bleibt, so kommt doch diß zweklose Vernichten um des Vernichtens willen zuweilen vor, das sich als das einzige religiöse zu absoluten Objekten beweist.

Es braucht nur kurz berührt zu werden, daß die übrige aüssere raümliche Umgebung, als eine nothwendige Begränzung, nicht sowohl durch zweklose Schönheit selbst beschäfftigen darf, als durch zwekmässige Verschönerung auf ein anderes zu deuten hat; und daß es Wesen des Gottesdienstes ist, die beschauende oder denkende Betrachtung des objektiven Gottes aufzuheben, oder |

vielmehr mit Subjektivität lebendiger, in Freude zu verschmelzen, des Gesanges, der körperlichen Bewegungen, einer Art von subjektiver Aüsserung, die wie die tönende Rede, durch Regel objektiv und schön, zum Tanz werden kan, – einer Mannichfaltigkeit der Beschäfftigungen der Anordnung des Darbringens, des Opferns u. s. w. Auch erfodert diese Mehrheit der Aüsserungen und der Aüssernden, Einheit, Ordnung; die als lebendes ein ordnender, befehlender ist, ein Priester, welcher, wenn ein Bedürfnis-volles aüsseres Leben der Menschen sich sehr gesondert hat gleichfalls ein ausgesondertes wird; anderer Folgen und deren Vervollständigungen nicht zu gedenken.

Diese vollständigere Vereinigung in der Religion, eine solche Erhebung des endlichen Lebens zum unendlichen Leben so daß sowenig endliches beschränktes, d. h. rein objektives, oder rein subjektives übrig bleibe als möglich, daß jede selbst in dieser Erhebung, und Vervollständigung entsprungene Gegensezung wieder vervollständigt werde, ist nicht absolut nothwendig; Religion ist irgend eine Erhebung des Endlichen zum Unendlichen, als einem gesezten Leben und eine solche ist nothwendig, denn jenes ist bedingt durch dieses; aber auf welcher Stuffe der Entgegensezung und Vereinigung die bestimmte Natur eines Geschlechts von Menschen stehen bleibe, ist zufällig in Rüksicht auf die unbestimmte Natur. Die vollkommenste Vollständigkeit ist bei Völkern möglich, deren Leben so wenig als möglich zerrissen und zertrennt ist, d. h. bei Glüklichen; unglüklichere können nicht jene Stuffen erreichen, sondern sie m ü s s e n in der Trennung um Erhaltung eines Glied derselben, um Selbstständigkeit sich bekümmern; sie dürfen diese nicht zu verlieren suchen, ihr höchster Stolz muß seyn die Trennung fest, und das Eine zu erhalten; man mag dieses nun von der Seite der Subjektivität als Selbstständigkeit betrachten, oder von der andern als frem|des, entferntes, unerreichbares Objekt; beydes scheint nebeneinander verträglich zu seyn, so nothwendig es ist, daß je stärker die Trennung, desto reiner das Ich, und desto weiter zugleich das Objekt über und fern dem Mensch ist; je grösser und abgeschiedner das Innere, desto grösser und abgeschiedener

das Aüssere, und wenn das leztere als das Selbstständige gesezt
wird, desto unterjochter der Mensch scheinen muß; aber gerade
diß Beherrschtwerden von dem übergrossen Objekt ist es was als
Beziehung festgehalten wird; es ist zufällig, welche Seite sein Be-
wußtseyn aufgreifft, ob die, einen Gott zu fürchten, der un|endlich
über aller Himmel Himmel, über aller Verbindung, Angehören er-
336 haben, über aller Natur schwebend übermächtig sey, oder sich als
reines Ich, über den Trümmern dieses Leibes und den leuchtenden
Sonnen, über den tausendmaltausend Weltkörpern, und den so-
vielemale neuen Sonnensystemen als eurer alle sind, ihr leuchten-
den Sonnen – zu sezen. Wenn die Trennung unendlich ist, so ist
das Fixiren des subjektiven oder objektiven gleichgültig, aber die
Entgegensezung bleibt, absolutes Endliches gegen absolutes Un-
endliches; die Erhebung des endlichen Lebens zu dem unendlichen
Leben könnte nur eine Erhebung *über* endliches Leben seyn; das
Unendliche ist das Vollständigste, insofern es der Totalität d. h. der
Unendlichkeit des Endlichen entgegengesezt, nicht insofern diese
Entgegensezung in schöner Vereinigung aufgehoben wäre, sondern
insofern die Vereinigung aufgehoben ist, und die Entgegensezung
ein Schweben des Ich *über* aller Natur, oder die Abhängigkeit,
richtiger Beziehung auf ein Wesen über aller Natur ist. Diese Re-
ligion kan erhaben und fürchterlich erhaben, aber nicht schön
menschlich seyn; und so ist die Seeligkeit, in welcher das Ich alles,
alles entgegengesezt, unter seinen Füssen hat, eine Erscheinung
der Zeit, gleichbedeutend im Grunde mit der von einem absolut
fremden Wesen, das nicht Mensch werden kan, abzuhängen, oder
wenn es diß geworden (also in der Zeit) wäre, auch in dieser Ver-
einigung ein absolut besondres, nur ein absolutes Eins bliebe – das
Würdigste edelste, wenn die Vereinigung mit der Zeit unedel und
niederträchtig wäre.

14. Spt. 1800 |

ZUM BEGRIFF DER POSITIVEN RELIGION

DER BEGRIFF DER POSITIVITÄT …

24 Sept: 800

Der Begriff der Positivität einer Religion ist erst in neuern Zeiten 337
entstanden und wichtig geworden; eine positive Religion wird der 338
natürlichen entgegengesezt, und damit vorausgesezt, daß es nur Eine natürliche gebe, weil die menschliche Natur nur Eine ist, daß aber der positiven Religionen viele seyn können. Schon aus dieser Entgegensezung erhellt, daß eine positive Religion eine wider- oder übernatürliche wäre, welche Begriffe, Kenntnisse enthält, die für den Verstand und die Vernunft überschwenglich sind, Gefühle und Handlungen fodert, welche aus dem natürlichen Menschen nicht hervorgehen würden, sondern nur was die Gefühle betrifft, durch Vorrichtungen, gewaltsam hervorgetrieben; was die Handlungen betrifft, nur auf Befehl und aus Gehorsam, ohne eignes Interesse gethan werden.

Man sieht aus dieser allgemeinen Erklärung, daß um eine Religion oder einen Theil derselben für positiv erklären zu können, der Begriff der menschlichen Natur, und damit auch das Verhältniß derselben zur Gottheit bestimmt worden seyn muß. In neuern Zeiten ist man nun mit diesem Begriff sehr beschäfftigt gewesen,
man glaubte mit dem Begriff der Bestimmung des Menschen so 339
ziemlich im Reinen zu seyn, um nun mit demselben als Maasstaab, an das Sichten der Religion selbst gehen zu können.

Es mußte ein langer in Jahrhunderte sich ausdehnender Stuffengang von Bildung [durchlaufen seyn], bis eine solche Periode kommen konnte, in welcher die Begriffe so abstrakt wurden, daß man sich überredete, die unendliche Man|nichfaltigkeit der Erscheinungen der menschlichen Natur in die Einheit einiger allgemeiner Begriffe zusammengefaßt zu haben.

Diese einfachen Begriffe werden ihrer Allgemeinheit wegen zugleich zu nothwendigen Begriffen, und zu Charakteren der Menschheit; alle übrige Mannichfaltigkeit, von Sitten, Gewohnheiten und Meinungen der Völker, oder einzelner wird, dadurch, daß jene Charaktere fixirt sind, zu Zufälligkeiten, Vorurtheilen und Irrthümern, und damit die Religion, die zu dieser Mannichfaltigkeit paßte, eine positive Religion, weil die Beziehung derselben auf Zufälligkeiten selbst eine Zufälligkeit, aber als ein Theil der Religion zugleich heiliges Gebot ist.

Man hat es der christlichen Religion bald zum Vorwurf, bald zum Lobe gemacht, daß sie sich den verschiedensten Sitten und
340 Charakteren und Verfassungen anpaßte. Die Verdorbenheit des römischen Staats war ihre Wiege; die christliche Religion wird herrschend, als diß Reich in seinem Sinken begriffen war, und man sieht nicht, daß sein Sturz durch dieselbe aufgehalten worden wäre; sie gewinnt im Gegentheil dadurch an Ausdehnung ihres Gebiets, und erscheint zu gleicher Zeit als Religion der überverfeinerten, in den niederträchtigsten Lastern schwimmenden, sklavischen Römer und Griechen, und – der unwissendsten, wildesten aber freyesten Barbaren. Sie war die Religion der italienischen Staaten in den schönsten Zeiten ihrer muthwilligen Freiheit im Mittelalter, und der ernstern freyen Schweizerrepubliken, der in mannichfaltigen Stuffen gemässigten Monarchien des neuern Europas, so wie die Religion der niedergedrüktesten Leibeigenen, und ihrer Herrn; beyde besuchen Eine Kirche. Unter Vorangehung des Kreuzes haben die Spanier, ganze Generationen in Amerika gemordet, die Engländer zur Verheerung Indiens christliche Danklieder gesungen. Aus ihrem Schoose sproßten die höchsten Blüthen der bildenden Künste hervor, stiegen die hohen Gebaüde von Wissenschaften empor, und ihr zu Ehren ist auch alle schöne Kunst verbannt, die Ausbildung der Wissenschafften zur Gottlosigkeit gerechnet worden. Unter allen Klimaten ist der Baum des Kreuzes gediehen, hat Wurzeln geschlagen, und Früchte gebracht. Alle Freuden des Lebens haben | Völker an sie geknüpft, und der unglüklichste Trübsinn hat in ihr seine Nahrung und Rechtfertigung gefunden.

Unendliche Modifikationen läßt der allgemeine Begriff der menschlichen Natur [zu], und es ist nicht ein Nothbehelf, sich auf die Erfahrung zu berufen, daß Modifikationen nothwendig sind, daß die menschliche Natur niemals rein vorhanden war, sondern es läßt sich streng erweisen; es ist hinreichend, nur zu fixiren, was denn die reine menschliche Natur wäre? dieser Ausdruk soll nichts in sich fassen, als die Angemessenheit an den allgemeinen Begriff. Aber die lebendige Natur ist ewig ein anderes als der Begriff derselben, und damit wird dasjenige, was für den Begriff blosse Modifikation, reine Zufälligkeit, ein überflüssiges war, zum Nothwendigen, zum Lebendigen vielleicht zum einzig Natürlichen und Schönen.

Damit erhält nun der anfangs aufgestellte Maasstab für die Positivität der Religion ein ganz [anderes] Aussehen. Der allgemeine Begriff der menschlichen Natur wird nicht mehr hinreichend seyn; die Freyheit des Willens wird ein einseitiges Kriterium, denn die Sitten und Charaktere der Menschen und die damit zusammenhängende Religion hängen nicht von einer Bestimmung durch Begriffe ab; es müßte in jeder Form von Bildung das Bewußtseyn einer höhern Macht, und damit Vorstellungen vorkommen, welche für Verstand und Vernunft überschwenglich sind; es werden, wenn das gewöhnliche Leben der Menschen, Gefühle, die in der Natur vorkommen müssen, nicht gibt, gewaltsame Anstalten nothwendig, um jene Gefühle zu erzeugen, denen freilich von der Gewaltsamkeit immer anklebt; ebenso werden Handlungen nur auf Befehl, aus blindem Gehorsam gethan, welche die natürlichste Religion fodert, welche aber in Zeiten, worin alles unnatürlich geworden ist, ebenfalls wegfallen würden. Freilich ist nun die Religion positiv geworden, aber sie ist es auch nur geworden, sie war es ursprünglich nicht; die Religion muß nun positiv seyn, weil es sonst gar keine geben würde. Sie ist nur als fremdes Erbstük vergangner Zeiten übrig, ihre Foderungen werden dann noch geachtet, und vielleicht desto höher geehrt und gefürchtet, je unbekannter ihr Wesen ist. Auch vor einem unbekannten zu zittern, in seiner Handlungsweise seinem Willen zu entsagen, und | sich durchaus gegebnen Regeln wie eine Maschine zu unterwerfen; ohne allen Verstand durch Thun und Entsagen, Sprechen und Schweigen, sich in kürzere oder lebenslängliche Dumpfheit eines Gefühls einzulullen, – alles diß kan natürlich seyn, und eine Religion, welche jenen Geist athmete, würde deswegen keine positive seyn –, weil sie der Natur ihres Zeitalters angemessen wäre. Eine Natur welche eine solche Religion erfoderte, wäre freilich eine elende Natur; aber die Religion erfüllte ihren Endzwek, sie gäbe dieser Natur ein höheres wie sie es allein vertragen kan, und worin sie Befriedigung findet. Erst wenn ein anderer Muth erwacht, wenn sie ein Selbstgefühl erhält, und damit Freyheit für sich selbst fodert, nicht blos in ihr übermächtiges Wesen sie sezt, dann kan ihr die bisherige Religion eine positive scheinen. Die allgemeinen Begriffe von der menschlichen Natur sind zu leer, als daß sie einen Maasstaab für die besondern und nothwendig mannichfaltigern Bedürfnisse der Religiosität abgeben könnten.

Man würde das bisherige schlecht verstanden haben, wenn man darin eine Rechtfertigung aller Anmassungen festgesezter Religionen, alles Aberglaubens, alles kirchlichen Despotismus aller durch falsche religiöse Anstalten erzeugten oder genährten Stumpfheit – sehen wollte. Nein! der schwachsinnigste, härteste Aberglauben ist für ein seelenloses, menschliche Gestalt habendes Wesen nichts positives, aber so wie Seele in ihm erwacht, und die Anfoderung des Aberglaubens bliebe, so würde er positiv für den, der sonst ganz unbefangen unter ihm stand; für den Beurtheiler aber ist er nothwendig ein positives, eben weil diesem als Beurtheiler ein Ideal von Menschheit vorschweben muß. Ein Ideal der menschlichen Natur ist aber ganz etwas anderes, als allgemeine Begriffe über die menschliche Bestimmung, und über das Verhältnis des Menschen zu Gott. Das Ideal läst sehr wohl Besonderheit, Bestimmtheit zu, und fodert sogar eigenthümliche religiöse Handlungen, Gefühle, Gebraüche, einen Überfluß, eine Menge von Überflüssigem, was vor dem Laternenlicht der allgemeinen Begriffe nur als Eis und Stein erscheint. Nur wenn das Überflüssige die Freyheit aufhebt, wird | es positiv, das heißt wenn es Prätension gegen den Verstand und die Vernunft macht, und deren nothwendigen Gesezen widerspricht. Die Allgemeinheit dieses Kriteriums muß dadurch beschränkt werden, daß Verstand und Vernunft nur dann Richter seyn können, wenn an sie appellirt wird; was keinen Anspruch darauf macht, verständig, oder vernünftig zu seyn, gehört durchaus nicht in ihre Gerichtsbarkeit. Und hierin liegt ein Hauptpunkt, dessen Vernachlässigung so entgegengesezte Urtheile hervorbringt. Der Verstand und die Vernunft können alles vor ihren Richterstuhl fodern, und machen leicht die Anmassung daß alles verständig, alles vernünftig seyn solle, und somit entdekken sie freilich des positiven genug, und das Schreyen über GeistesSklaverei, Gewissensdruk, Aberglauben hat gar kein Ende. Die unbefangensten Handlungen, die unschuldigsten Gefühle, die schönsten Darstellungen der Phantasie erfahren diese rauhe Behandlung. Die Wirkung ist aber auch diesem unpassenden Thun angemessen. Die verständigen Menschen glauben Wahrheit zu sprechen, wenn sie verständig zum Gefühl, zur Einbildungskraft, zu religiösen Bedürfnissen sprechen, und können nicht begreiffen, wie ihrer Wahrheit widerstanden wird, warum sie tauben Ohren predigen; der Fehler ist, sie bieten Steine dem Kinde dar, das Brod fodert; wenn ein Haus gebaut werden soll, dann hat ihre Waare Brauchbarkeit. Aber ebenso wenn das Brod auf Tauglichkeit zum Haüserbauen Anspruch machte, so würden sie mit Recht widersprechen.

In einer Religion können Handlungen, Personen, Erinnerungen für heilig gelten; die Vernunft erweist ihre Zufälligkeit; sie fodert, daß dasjenige was heilig ist, ewig unvergänglich sey. Damit hat sie aber nicht die Positivität jener religiösen Dinge erwiesen; denn der Mensch kan an das zufällige und muß an ein zufälliges Unvergänglichkeit und Heiligkeit knüpfen; in seinem Denken des Ewigen knüpft er das Ewige an die Zufälligkeit seines Denkens. Ein anderes ist es, wenn das Zufällige als solches, als dasjenige, was es für den Verstand ist, Ansprüche auf Unvergänglichkeit, und Heiligkeit, und auf Verehrung macht. Dann tritt das Recht der Vernunft ein, von Positivität zu sprechen. |

Die Frage, ob eine Religion positiv sey, geht vielweniger den Innhalt ihrer Lehre und Gebote [an], als die Form, unter welcher sie die Wahrheit ihrer Lehre beglaubiget, und die Ausübung ihrer Gebote fodert; es ist jede Lehre, jedes Gebot fähig, positiv zu werden, denn jedes kan auf eine gewaltsame Art mit Unterdrükkung der Freyheit angekündigt werden, und es gibt keine Lehre, die nicht unter gewissen Umständen Wahrheit wäre, kein Gebot, das nicht unter gewissen Umständen Pflicht wäre, denn auch dasjenige, was allgemein als lauterste Wahrheit gelten mag, erfodert um seiner Allgemeinheit willen, in den besondern Umständen der Anwendung, Einschränkung, das heißt, hat nicht unter allen Umständen unbedingte Wahrheit.

Die folgende Abhandlung hat deßwegen nicht die Absicht, zu untersuchen, ob es positive Lehren und Gebote in der christlichen Religion gebe; die Beantwortung dieser Frage nach allgemeinen Begriffen der menschlichen Natur, und der Eigenschafften Gottes ist zu leer, das entsezliche Geschwäzze in diesem Tone ist durch seine endlose Ausdehnung, und seine innre Leerheit zu langweilig geworden, hat zusehr alles Interesse verlohren, daß es vielleicht eher Bedürfnis der Zeit wäre, den Beweis des Gegentheils jener aufklärenden Anwendung allgemeiner Begriffe, zu hören, versteht [sich,] daß dieser Beweis nicht mit den Grundsäzzen und der Methode geführt würde, welche der alten Dogmatik die Bildung ihrer Zeit darreichte, sondern aus dem, was wir izt als Bedürfnis der menschlichen Natur erkennen, jene nunmehr verworfene Dogmatik abzuleiten, ihre Natürlichkeit und Nothwendigkeit aufzuzeigen. Ein solcher Versuch sezte den Glauben voraus, daß die Überzeugung vieler Jahrhunderte, das, was die Millionen, die in diesen Jahrhunderten darauf lebten und starben, für Pflicht und heilige Wahrheit hielten, – daß diß nicht baarer Unsinn und gar Immoralität wenigstens den Meinungen nach, gewesen ist. Wenn nach der beliebten Methode durch allgemeine Begriffe das ganze Gebaüde der Dogmatik für ein in aufgeklärtern Zeiten unhaltbares Überbleibsel finsterer Jahrhunderte erklärt wor|den ist, so ist man doch so menschlich, hintennach die Frage zu thun, wie es denn erklärt werden könne, daß ein solches Gebaüde, das der menschlichen Vernunft so zuwider, und durch und durch Irrthum sey, habe aufgeführt werden können. Man läßt die Kirchengeschichte zeigen, wie auf einfache Wahrheiten die zum Grunde lagen, nach und nach durch Leidenschafft und Unwissenheit ein solcher Hauffen von Irrthümern aufgetragen worden sey, daß in dieser allmähligen durch Jahrhunderte fortgesezten Bestimmung der einzelen Dogmen nicht immer Kenntnisse, Mässigung und Vernunft, die heiligen Väter geleitet hat, daß schon bei der Annahme der christlichen Religion nicht blos reine Liebe zur Wahrheit, sondern zum theil sehr zusammengesezte Triebfedern, sehr unheilige Rüksichten, unreine Leidenschaften, und oft nur aus Aberglauben stammende Bedürfnisse des Geistes gewirkt haben, daß überhaupt aüssere, der Religion fremde Umstände, eigennüzige Absichten, Gewalt und List, nach ihren Zwekken den Glauben der Nationen modelten. Allein diese Erklärungsart sezt eine tiefe Verachtung des Menschen, einen grellen Aberglauben an seinen Verstand voraus; und sie läßt die Hauptfrage unberührt, nemlich die Angemessenheit der Religion an die Natur zu zeigen, wie die Natur in verschiedenen Jahrhunderten modificirt war, mit andern Worten man fragte nach der Wahrheit der Religion [nicht] in Verbindung mit den Sitten und dem Charakter der Völker und Zeiten, und die Antwort ist, daß sie eitel Aberglauben Betrug und Dummheit war. Am meisten wird auf die Sinnlichkeit geschoben, die muß alles verschuldet haben; man mag ihr aber noch so viel Herrschafft zuschreiben, so hört der Mensch damit nicht auf, ein vernünftiges Wesen zu seyn, oder seine Natur hat immer nothwendig höhere Bedürfnisse der Religiosität, und die Art wie er sie befriedigt, d.h. das System seines Glaubens, seines Gottesdienstes seiner Pflichten kan nicht lautere Dummheit gewesen seyn, noch so unreine Dummheit, die aller Immoralität Raum ließ.

Indem es als Zwek dieser Abhandlung angegeben wird, daß er nicht der sey, zu untersuchen, ob das Christenthum Lehren in sich habe, welche positiv sind, | sondern ob es überhaupt eine positive Religion ist, so können diese zwei Ansichten insofern in Eine fallen, als selbst die Behauptung, die christliche Religion sey positiv oder nicht, mit allen daraus fliessenden Folgen in die Religionslehre selbst hineinkommen könnte, und also wirklich die Positivität einer einzelnen Lehre untersucht würde. Es kan freilich jede Ansicht des Ganzen selbst wieder isolirt, und neben das übrige gestellt, also zu einem Theil gemacht werden; allein der Innhalt dieser Ansicht wird immer das Ganze betreffen. Ferner betrifft, wie oben erinnert worden, die Frage nach der Positivität nicht so wohl den Innhalt, als die Art, wie die Religion etwas durchaus gegebnes seyn, oder als ein freyes gegeben, und frey empfangen werden soll.

Ausserdem schließt diese Abhandlung die unendlich verschiedenen Formen aus, welche die christliche Religion in den verschiedenen Zeitaltern und unter verschiedenen Völkern gehabt hat; ebenso dasjenige, was in unsern Zeiten für christliche Religion gelten könnte; nichts ist vieldeutiger als dieser Begriff, sowohl was das Wesen derselben betrifft, als ihre einzelnen Lehren, und deren Verhältnis zum Ganzen, und Wichtigkeit, sondern was diese Abhandlung sich zum Zwekke macht, ist, in der unmittelbaren Entstehung des christlichen Glaubens, in der Art, wie sie aus Jesu Mund und Leben entsprang nachzuforschen, ob darin Umstände vorkommen, welche eine unmittelbare Veranlassung zur Positivität geben konnten, dazu, daß Zufälligkeiten, als solche, für Ewiges genommen wurden, daß die christliche Religion überhaupt auf einer solchen Zufälligkeit gegründet wäre, eine Behauptung welche von der Vernunft verworfen und von der Freyheit zurükgestossen würde.

Die Zufälligkeit, aus welcher eine Nothwendigkeit hervorgehen sollte, das Vergängliche worauf sich in den Menschen das Bewußtseyn eines Ewigen, das Verhältnis zu ihm in Empfinden Denken und Handeln gründen sollte, diß Vergängliche heißt im Allgemeinen A u t o r i t ä t.

Daß die christliche Religion sich auf Autorität gründe, darin stimmen zwey Parthieen überein; sie berufe sich zwar auf das natürliche Gefühl, oder Sehnen des Menschen zum Guten, und sezze freilich das Aufsehen des Menschen zu Gott | voraus, aber, um den Glauben sich geben zu können, daß man das Wohlgefallen Gottes erworben habe, dazu verlange Jesus nicht blos einen reinen und freyen Gehorsam gegen den unendlichen Gott, wie die rein religiöse Seele ihn von sich fodern wird; sondern auch einen Gehorsam gegen bestimmte Vorschrifften, und Gebote befohlner

Handlungen, Gefühle, Überzeugungen. Die 2 Parthien, die diese Meinung haben, unterscheiden sich darin von einander, daß die eine diß positive an einer reinen Religion für ausserwesentlich ja für verwerflich hält, und wegen desselben auch der Religion Jesu den Rang einer freyen und TugendReligion nicht zugestehen will; die andere Parthei hingegen sezt den Vorzug derselben gerade in dieses positive, erklärt dies für das wahre Heilige und will alle Sittlichkeit darauf gebaut haben. Die Frage, nach der unmittelbaren Veranlassung, daß die Religion Jesu positiv geworden sei, kan die leztere Parthei gar nicht machen, da sie behauptet, sie sei positiv aus dem Munde Jesu gekommen, für alle seine Lehren, für die Geseze der Tugend, für das Verhältnis Gottes zum Menschen habe Jesus nur auf seine Autorität, und die Beglaubigung derselben durch Wunder u.s.w. Glauben gefodert, und diese Parthei hält es nicht für einen Vorwurf, was Sittah im Nathan von den Christen sagt:

was – noch von ihrem Stifter her 341
Mit Menschlichkeit den – glauben wirzt,
das lieben sie, nicht weil es menschlich ist;
Weils Christus lehrt; weil Christus hat gethan. –

Die Möglichkeit einer positiven Religion überhaupt, erklärt diese Parthie dadurch, daß in der menschlichen Natur sich Bedürfnisse finden, die sie selbst nicht befriedigen könne, und zwar seyen ihre höchsten Bedürfnisse von dieser Art; die Widersprüche, die hiedurch in ihr entstehen, können von ihr selbst nicht gelöst werden, und die Lösung derselben müsse etwas fremdes aus Barmherzig-|keit verrichten. Nicht nur die religiösen Belehrungen und Gebote sondern alle Tugendgeseze die Jesus gab gleichfalls für etwas positives auszugeben, ihre Gültigkeit, und die Möglichkeit eine Erkenntnis davon zu erlangen, nur darin, daß Jesus sie geboten habe, zu finden, zeugt zwar von einer demüthigen Bescheidenheit, und einer Resignation, welche auf alles eigne Gute, Edle und Grosse in der menschlichen Natur Verzicht thut, aber wenn sie sich nur selbst verstehen will, so muß sie doch wenigstens voraussezen, daß der Mensch ein natürliches Gefühl oder Bewußtseyn einer

übersinnlichen Welt und der Verpflichtung gegen göttliches habe; entspräche einer von aussen kommenden Auffoderung zu Tugend und Religion in unserm Herzen schlechterdings nichts, wären es nicht eigne Saiten der Natur, die dadurch in uns angeschlagen werden, so würde das Unternehmen Jesu, die Menschen zu einer bessern Religion, und zur Tugend zu begeistern, von gleicher Beschaffenheit, und gleichem Erfolge gewesen seyn, als der Eifer des
342 heiligen Antonius von Padua, den Fischen zu predigen, welcher sich darauf hätte verlassen können, daß das, was weder seine Predigt, noch die Natur der Fische vermochte, durch ein völlig ausser ihnen vorhandenes, einen Beistand von oben in ihnen gewirkt werden könne. Diese Ansicht des Verhältnisses der christlichen Religion zum Menschen ist nicht geradezu für sich selbst positiv zu nennen, sie | beruht auf der gewiß schönen Voraussezung, daß alles höhere, alles edle und gute des Menschen etwas göttliches ist, von Gott kommt, sein Geist ist, der von ihm ausgeht. Aber dann wird diese Ansicht zum grellen positiven, wenn die menschliche Natur absolut geschieden wird von der göttlichen, wenn keine Vermittlung derselben, – ausser nur in Einem Individuum, – zugelassen, sondern alles menschliche Bewußtseyn des guten und göttlichen, nur zur Dumpfheit und Vernichtung eines Glaubens an ein durchaus fremdes und übermächtiges herabgewürdigt wird.

Man sieht die Untersuchung hierüber würde, wenn sie durch Begriffe gründlich geführt werden sollte, am Ende in eine metaphysische Betrachtung des Verhältnisses des Endlichen zum Unendlichen übergehen; Diß ist aber nicht die Absicht dieser Abhandlung; sie legt die Nothwendigkeit zum Grunde, daß in der menschlichen Natur selbst das Bedürfnis [liegt,] ein höheres Wesen, als das menschliche Thun in unserem Bewußtseyn ist, anzuerkennen, die Anschauung der Vollkommenheit desselben zum belebenden Geiste des Lebens zu machen, auch dieser Anschauung unmittelbar, ohne Verbindung mit sonstigen Zwekken, Zeit, Anstalten und Gefühle zu widmen. Diß allgemeine Bedürfnis einer Religion schließt noch viele einzelne Bedürfnisse der menschlichen Natur in sich, in wie weit die Befriedigung derselben der Natur angehöre, in wie weit die Lösung der Widersprüche, in welche die Natur mit sich geräth, durch sie selbst aufgelöst werden könne, ob die christliche Religion die einzig mögliche Lösung derselben enthalte, und ob diese Lösung durchaus ausser der Natur liege, ob der Mensch sie nur durch Passivität des Glaubens ergreiffen könne, – diese Fragen, die Erforschung ihres wahren Sinns, und ihre Entwiklung findet vielleicht sonst wo Plaz. Wenn die durch die christliche Religion angegebne Lösung jener Aufgaben des menschlichen Herzens, oder wenn man will der praktischen Vernunft, nur obenhin, der aüssern Erscheinung nach, nemlich als bestimmtes | Thun, bestimmte Lehre, von der Vernunft für Zufälligkeit erkannt wird, so ist im allgemeinen zu bemerken, daß nicht vergessen werden darf, daß das zufällige nur Eine Seite dessen ist, was für Heilig gilt. Wenn eine Religion an ein Vergängliches, ein Ewiges geknüpft hat, und die Vernunft nur das Vergängliche fixirt, und nun über Aberglauben schreyt, so ist es ihre Schuld, oberflächlich zu Werke gegangen zu seyn, und das Ewige übersehen zu haben.

In der folgenden Abhandlung werden nicht Lehren, oder Gebote der christlichen Religion an diesen Maasstab allgemeiner Begriffe gehalten, und nach ihnen abgeurtheilt werden, ob sie in diesen Begriffen liegen, oder ihnen widersprechen oder wenigstens etwas überflüssiges und damit unvernünftiges und unnöthiges wären; solche Zufälligkeiten, die dadurch, daß etwas Ewiges mit ihnen verknüpft ist, ihren Charakter der Zufälligkeit verlieren, haben deswegen nothwendig zwei Seiten und die Absonderung dieser zwei Seiten ist Trennung durch Vernunft; in der Religion selbst sind sie nicht getrennt, auf die Religion selbst, oder besser auf das religiöse würden sich allgemeine Begriffe gar nicht anwenden lassen, weil es selbst kein Begriff ist. Von solchen nur von der Reflexion erst gemachten Zufälligkeiten wird hier nicht die Rede seyn; sondern von solchen, die als Gegenstand der Religion selbst als Zufälligkeiten bestehen sollen, die als etwas vergängliches eine hohe Bedeutung, als etwas beschränktes, Heiligkeit haben und der Verehrung würdig seyn sollen; und zwar beschränkt sich die Untersuchung darauf, ob solche Zufälligkeiten schon in der unmittelbaren Stiftung der christlichen Religion, in den Lehren, Handlungen, Schiksalen Jesu selbst vorkämen, ob in der Form, die in seinen Reden, in seinem Verhältnisse gegen andere Menschen, seine Freunde oder Feinde [sich zeigt,] solche Zufälligkeiten erscheinen, die für sich, oder durch die Umstände eine ursprünglich in ihnen nicht liegende Wichtigkeit erhielten, mit andern Worten, ob in der unmittelbaren Entstehung der christlichen Religion Veranlassungen lagen, daß sie positiv wurde. |

Zustand der jüdischen Religion

Das jüdische Volk, das schlechterdings alle es umgebenden Völker verabscheute und verachtete, wollte für sich, hocherhaben, allein in seiner Art, seinen Sitten, seinem Dünkel beharren, jede Gleichstellung Vereinigung durch Sitten mit andern war ihm eine greuelhafte Abscheulichkeit, und doch stand es durch die Lage seines kleinen Landes, durch HandelsVerbindungen, durch die Vereinigung der Völker, welche die Römer stiffteten, in mannichfaltigen Beziehungen mit andern; dem Drange der Völker sich zu vereinigen, mußte die jüdische Sucht sich zu isoliren, unterliegen, und nach Kämpfen, die umso entsezlicher waren, je eigner diß Volk war, war sie auch unterlegen, und durch die Unterwerfung des Staats unter eine fremde Gewalt tief gekränkt und erbittert worden. Um so hartnäkkiger hielt diß Volk fernerhin auf seinen statutarischen Geboten der Religion; es leitete seine Gesezgebung unmittelbar von einem ausschließlichen Gott ab; in seiner Religion war die Ausübung einer unzähligen Menge sinn- und bedeutungsloser Handlungen, wesentlich, und der pedantisch sklavische Geist der Nation hatte noch den gleichgültigsten Handlungen des täglichen Lebens eine Regel vorgeschrieben, und der ganzen Nation das Ansehen eines Mönchsordens gegeben – der Dienst Gottes und der Tugend, war ein zwangvolles Leben unter todten Formularen, dem Geist blieb nichts als der hartnäkkige Stolz auf diesen Gehorsam der Sklaven gegen sich nicht selbst gegebene Geseze übrig. | Diese Hartnäkkigkeit konnte aber den immer beschleunigten Fall ihres schweren Schiksales, an das sich von Tag zu Tage mehr Gewichte

anhängten, nicht aufhalten. Das Ganze war einmal und auf ewig
zerrissen. Ihre Raserei der Absonderung hatte der politischen Ab-
hängigkeit und den Einwirkungen der Verbindung mit Fremden
nicht widerstehen können. dieser Zustand der jüdischen Nation
mußte in Menschen von besserm Stoff, die ihr Selbgefühl nicht
zu todten Maschinen und zugleich zur Wuth des Knechtsinns
herunterbeugen konnten, das Bedürfniß einer freiern Thätigkeit,
und reinern Selbstständigkeit, als mit mönchischer Geschäftigkeit
eines geist- und wesenlosen Mechanismus kleinlicher Gebraüche
ein Daseyn ohne Selbstbewustseyn zu leben – das Bedürfnis eines
edlern Genusses als in diesem SklavenHandwerk sich groß zu dün-
ken und für dasselbe zu rasen – erweken. Die Natur empörte sich
gegen diesen Zustand, und trieb die mannichfaltigsten Reaktio-
nen hervor, wie Entstehung vieler Raüberbanden, vieler Messiasse,
das strenger und mönchischer gemachte Judenthum der Pharisäer,
die Verbindung von Feinheit und Politik mit demselben in dem
Sadducäismus, das brüderliche, von den Leidenschafften und Sor-
gen ihres Volks ferne Eremitenleben der Essener, die Aufhelfung 343
des Judenthums durch schönere Blüthen der tiefern menschlichen
Natur im Platonismus, endlich das Erheben und offene Predigen 344
des Johannes an alles Volk – und zulezt die Erscheinung des Jesus,
der das Übel seines Volks an der Wurzel angriff, nemlich an seiner
hochmüthigen und feindseligen Aussonderung von allen Nationen,
es also zum Gott aller Menschen, zu allgemeiner Menschenliebe,
zur Entsagung des lieb- und geistlosen Mechanismus ihres Got-
tesdienstes führen wollte, dessen neue Lehre | ebendeswegen mehr
noch zur Religion der Welt als seines Volkes wurde – ein Beweis
wie tief er die Bedürfnisse seines Zeitalters aufgegriffen hatte, und
wie die Juden in rettungslose Abwesenheit des guten, und Wuth
der GeistesKnechtschafft versunken waren. Wie die Bildung des
Jesus gereift ist, über diese interessante Frage, sind gar keine Nach-
richten auf uns gekommen; in seinem männlichen Alter erst tritt 345
er auf, frei [von] jüdischem Sinn – frei von der eingeschränkten
Trägheit, die an die gemeine Bedürfnisse und Bequemlichkeiten
des Lebens ihre einzige Thätigkeit verwendet – wie von Ehrgeiz,

und andern Leidenschafften, – deren Befriedigung ihn genöthigt haben würde, in den Vertrag der Vorurtheile und der Laster einzutretten. Seine ganze Manier hat das Ansehen, daß er zwar unter seinem Volke erzogen, aber fern von ihm – und wohl länger als 40 Tage – von dem Enthusiasmus des Reformators beseelt wurde; zugleich aber trägt seine Art zu handeln und zu sprechen keine Spuren irgendeiner damals vorhandnen Bildung eines andern Volkes, oder Religion an sich. Er tritt auf einmal jugendlich mit aller freudigen Hoffnung und zweifellosen Zuversicht des Erfolgs auf; der Widerstand der ihm von den eingewurzelten Vorurtheilen seines Volkes kommt, scheint ihm unerwartet; den ertödteten Geist freyer Religiosität, die hartnäkkige Raserei des Knechtsinns seiner Nation schien er vergessen zu haben. Durch einfaches Reden, durch Predigen im Herumziehen an eine grosse Menge, ge-
346 denkt er seinem verstokten Volk das Herz umzukehren; er hält die zwölf Freunde, die noch nicht lange mit ihm bekannt sind, fähig diese Wirkung hervorzubringen; er hält seine Nation für reif durch so ein Ausschikken von so unreifen Menschen, | die in der Folge noch so viele Blössen geben, und die wohl nur erst die Worte des Jesus nachsprechen konnten, aufgeregt und verändert zu werden. Erst durch die bittre Erfahrung der Fruchtlosigkeit seiner Bemühungen verlischt das jugendlich unbefangene, und er spricht mit bitterer Heftigkeit, mit einem von feindseligem Widerstande gereizten Gemüthe.

Was die Juden von der Zukunft hofften, die Vollkommenheit der Theokratie, ein Reich Gottes, davon sagte Jesus ihnen: es ist gekommen, es ist vorhanden; Durch den Glauben daran wird es wirklich, und jeder ein Bürger desselben. Mit dem Bauern-Hochmuth der Juden war nothwendig das Gefühl ihrer Nichtigkeit verbunden, das sie durch die Sklaverei unter ihren Gesezen sich ewig
347 geben mußten. Daß sie, daß der Sohn eines Zimmermanns, Glieder des Reiches Gottes, in ihrer elenden Wirklichkeit, zu seyn fähig wären, diß zu glauben, ihnen diß Selbstgefühl zu geben, war die einzige und freilich schwere Aufgabe; die Freyheit von dem Joch des Gesezes der negative Charakter jenes Glaubens. Jesus greift daher

überall den todten Mechanismus ihres religiösen Lebens an; das
jüdische Gesez hatte sich so verdorben, daß auch für das vortreff-
liche desselben eine Menge Ausflüchte, es zu umgehen erfunden
waren. Jesus vermochte freilich wenig gegen die vereinigte Macht
eines eingewurzelten NationalStolzes, der in die ganze Konstitu-
tion verflochtenen Heuchelei und Scheinheiligkeit, und die dar-
auf sich gründende Herrschaft der Volksführer. Jesus hatte den
Kummer, zu sehen, daß sein Eifer Freiheit und Moralität in die
Religiosität seiner Nation zu bringen, gänzlich scheiterte, daß selbst
seine Bemühungen, wenigstens in einigen Männern bessere Hof-
nungen und einen bessern Glauben anzuzünden, durch vertrautern
Umgang sie für sich selbst, und zur Unterstüzzung seiner Bemü-
hungen auszubilden eine eher zweideutige und unvollständige
Wirkung gehabt hatten (s. Matth. 20,20. ein Vorfall, der sich nach
einem Umgang | des Johannes und Jacobus mit Jesu von einigen
Jahren zutrug – Judas – selbst in den lezten Augenbliken seines
Aufenthalts auf Erden, einige Augenblikke vor seiner sogenannten
Himmelfahrt zeigten sie noch die jüdische Hofnung in ihrer gan-
zen Grösse, daß er den Israëlitischen Staat wiederherstellen werde
Act. 1,6.) Jesus selbst wurde ein Opfer des gegen ihn ausbrechenden
Hasses der Priesterschaft, und der gekränkten NationalEitelkeit
seines Volkes –

Es ist sehr natürlich zu erwarten, daß die neue Lehre des Jesus
von Judenköpfen aufgenommen, so frey sie für sich und mehr nur
polemisch war, in etwas positives verwandelt werden mußte, daß
sie sich daraus, es mochte kommen wie es wollte, etwas, dem sie
knechtisch dienen könnten, schaffen würden. die Religion die Jesus
in sich trug, sieht man, war rein vom Geiste seines Volks; was in
seinen Aüsserungen vorkommt, das nach Aberglauben schmekt,
z.B. die Herrschafft der Dämonen über die Menschen, ist von ei- 348
nem Theile als entsezlich unsinnig ausgeschrieen, von andern hat
es sollen durch die Begriffe von Akkommodation, Zeitideen u. drgl.
gutgemacht werden; was über dergleichen von uns für Aberglauben
anzusehendes gesagt werden muß, ist, daß es nicht zur Religion
gehört. Sonst war Jesu Seele frei, unabhängig von Zufälligkeiten,

Liebe Gottes und des Nächsten, Heilig zu seyn, wie Gott es ist, das einzige nothwendige. Diese religiöse Reinheit ist an einem Juden gewiß höchst bewunderungswürdig; seine Nachfolger hingegen sehen wir freilich jüdischen Zufälligkeiten entsagen, aber nicht vom Geist der Abhängigkeit von dergleichen überhaupt gereinigt; sie schaffen sich aus den Reden aus dem was Jesus für seine Person widerfahren ist, bald Regeln, Pflichtgebote und freye Nachahmung ihres Lehrers geht in knechtischen Dienst gegen den Meister über.

Was ist nun das Zufällige, das in der Handlungs- und Sprech-Art des Jesus vorkommt, und fähig war, für sich als Zufälliges für ein Heiliges, genommen und so verehrt zu werden? |

GEOMETRISCHE STUDIEN

ERSTES FRAGMENT

23 Sept 1800.
Mayence 1 Vend. l'an IX.

1 Buch A

1

1 Saz dient zum 2ten und dritten unmittelbar, welche 2) die Auf- 2
gabe eine einer gegebnen gleiche Linie zu verzeichnen, und (3.) von 3
einer grössern Linie eine gegebne kleinere wegzunehmen; für den Anfang wird die Gleichheit in einer Figur aufgegeben, und sie geht sogar der Verzeichnung zweyer gleicher Linien voraus. Das gleichseitige Dreyek ist die einfachste Figur, sowohl als gleichseitig, als, als Dreyek.

4. Saz. Das Legen der Punkte aufeinander und das Bringen der 4. unabhängig
Dreyeke aufeinander ist keine schikliche, passende Foderung. Wa- 5
rum soll es bei Figuren statt haben, da es bei Linien 2 und 3 Saz nicht gebraucht wird? denn diese Aufgaben könnten am einfachsten hiedurch gelöst werden. Auf Figuren kan sowenig die Behandlungsart materieller Dinge angewendet werden, als auf Linien. – Dieser Weg ist ausserdem überflüssig weitläuffig; der Schluß ist, daß die Endpunkte der gleichen Linien und die Linien aufeinander fallen, also auch die dritte Linie, und also seyen die übrigen Winkel gleich. Die unmittelbare Folge daß wenn in einem etwas so ist, es auch im andern ist, heißt auf die gleiche Art bestimmt seyn. Mit dem Begriff des Bestimmtseyns wird auch das Sezzen zweyer und das Vergleichen überflüssig; denn es ist unnöthig, eines ganz als gegeben zu sezen; denn die Frage ist rein nach der Folge; es bedarf keiner Vergleichung. Wenn in einem Dreyek 2 Seiten und der eingeschlossene Winkel bestimmt sind, so ist es auch die dritte Seite. < A und AB, AC seyen bestimmt, d.h. ihre Gränzen B und C gesezt |

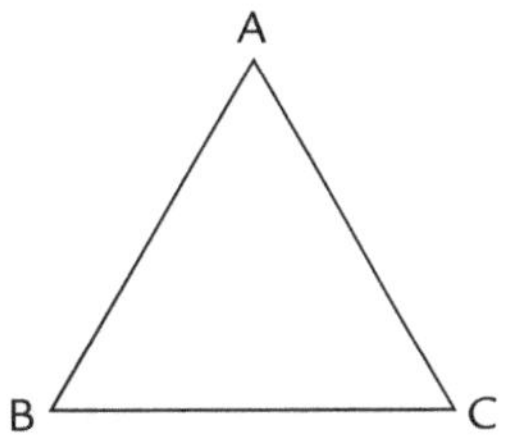

Beweis.

B und C ist gesezt, so ist auch BC gesezt; denn B und C sind die zwey Punkte, welche BC begränzen.

B und C sind Begränzungen für AB und AC aber in dieser Rüksicht allein, sind sie nicht vollständig gesezt; d. h. sie schliessen nicht die Unendlichkeit des Raums aus, was sie als Punkte sollen, und als Begränzungspunkte einer Linie BC, darum ist die Bedingung, daß < A bestimmt ist nothwendig d. h. daß AC und AB, nur Eine Neigung gegeneinander haben, und damit sind B und C als Punkte zugleich völlig gesezt; vorhin würden sie es nur in Rüksicht auf A gewesen seyn, den andern Gränzpunkt der AB und AC; so aber wenn die Neigung der Linien bestimmt ist, so [ist] es jeder Punkt derselben.

Daß die Winkel B und C bestimmt sind, folgt aus der Bestimmtheit der Neigung der Linien AB, BC für B; AC, BC für C – ganz wie im Euklidischen Beweis

5. Saz.

3. 4. Saz
∨
5.

Die Gleichschenklichkeit ist ein viel geringerer Grad der Einheit in der Figur, als die Gleichseitigkeit.

Der Beweis dieses Sazes folgt aus dem Begriffe der Entfernung, und dem wodurch sie bestimmt wird.

Im Euklidischen Beweis könnten die Dreyekke deren Gleichheit nach Saz 4. erwiesen wird, nicht aufeinander gelegt werden. Er hat diesen Umweg durch Dreyekke nöthig, weil er vergleichen muß. Dadurch daß die Dreyekke nicht durchaus aufeinander liegen, sondern nur Theile derselben, wird der Mangel desjenigen, was zum Erweis des 4ten Sazes erfodert wird, – die Verschiedenheit der Dreyekke – nicht so auffallend. Sonst wenn Verschiedenheit der Dreyekke als Dinge nicht nöthig wäre nach Euklidischer Manier, so könnte der Beweis kürzer so seyn:

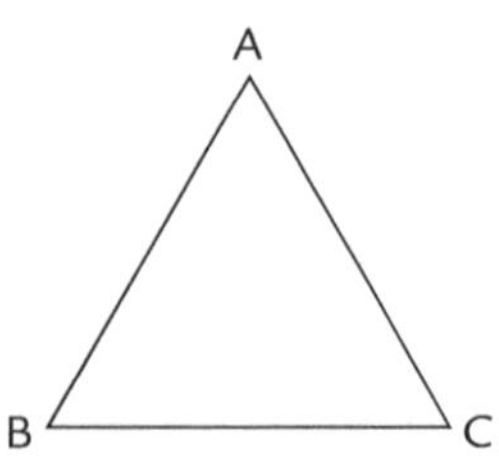

AB = AB
AC = AC
< A = A

} Voraussezung

also Δ ABC = Δ ABC; also < B = C. |
besser, d. h. wo ABC noch als 2 verschiedene behandelt würden, so:

AB = AC	Euklids Umweg
AC = AB	dient allein diesen Mangel
< A = < A	an Verschiedenheit zu dekken.

Δ ABC = ACB; und < B = C.

6. Saz. der umgekehrte des vorigen. der Beweis desselben ist apogogisch. Es kommt dabei das sonderbare vor, daß dasjenige, was gefodert wird zu thun, unmöglich ist. Wäre AC, AB ungleich, so mache BD = AC; diese Konstruktion zeigt es sich ist nicht möglich.

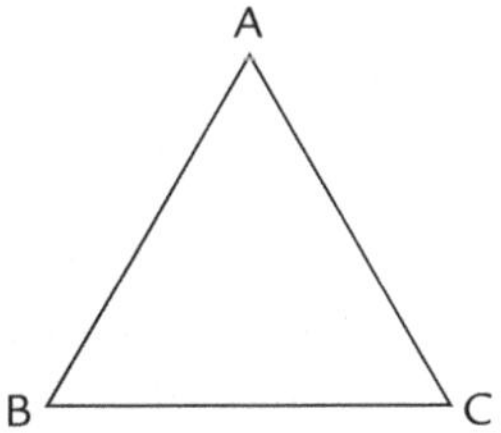

Sonst läßt sich der Saz auf eine ähnliche Art erweisen wie der vorige; in dem vorigen wurde die Gleichheit der Seiten benuzt, um durch einen Zusaz zu denselben Dreyekke zu konstruiren, die zweyerlei wären, so hier die Winkel. Man verlängere BC nach D und E so daß BE = CD; und mache < E = D; (freilich ist die Konstruktion 2er gleichen Winkel noch nicht da gewesen, über diesen Punkt aber ist zu sagen, daß die Gleichheit der < E und D ebenso gut gesezt werden kan, als im 4 Saz die der eingeschlossenen Winkel.)

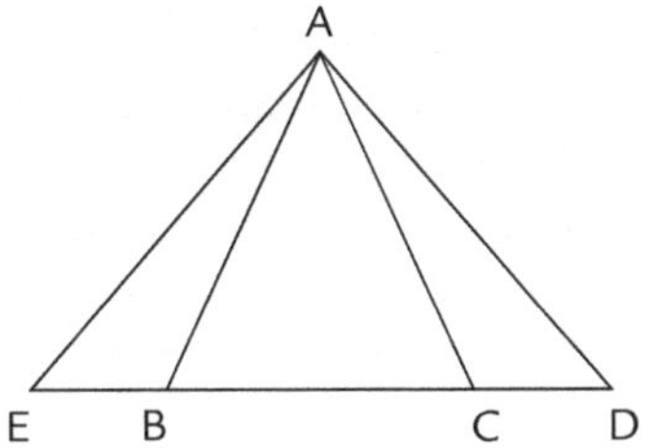

so ist in Δ ACE und AED

< E = D
< C = B
EC = BD

Δ ACE = ABD. also AC = AB

nach Saz 26. 1 Fall welcher Fall nur vom 4 Saz abhängt. – auch ist dann Δ AEB = Δ ACD, und < ABE = < ACD Bei einem Paar umgekehrten Säzzen ist schon zu vermuthen, daß die beyden Bestimmungen, die in den verschiedenen Säzen als | Bedingungen und als Folgen vorkommen, also beydes sind, demnach von einem höhern abhangen, und es blosse Willkühr ist, das eine izt als geseztes, und das andre als Folge, als noch nicht geseztes anzusehen; indem es als Folge erwiesen wird, wird gezeigt, daß es mit dem andern zugleich bestimmt, aber noch nicht fürs Bewußtseyn gesezt war. Diß gilt von allen Säzen überhaupt, und die Frage in jedem Lehrsaz heißt eigentlich in Rüksicht aufs Ganze des Gesezten, wie viel ist nothwendig zur Bestimmung des Ganzen, oder wenn das Ganze gesezt ist, wie viel muß ich von den Theilen erkennen, um daraus allein, die Erkenntnis des Ganzen das aber schon gesezt ist, entwikeln zu können?

Aus dem Begriff der Entfernung eines Punkts von einer Linie ergibt sichs daß im gleichschenklichen Δ Linien und Winkel zugleich bestimmt sind.

7. Saz. der Beweis ist wieder apogogisch und daher die gefoderte Konstruktion unmöglich.

Der Punkt, in dem die Linien zusammenstossen sollen, ist bestimmt, ist nur Einer; denn die Linien sind gegeben, d.h. bestimmt, also ihre Gränze gesezt; d.h. die Entfernung des C von A und B durchaus bestimmt; zugleich sollen die Linien zusammenlaufen, d.h. der Punkt C, die Gränze beyder, soll nur Einer seyn. Dieser Saz ist durchaus analytisch.

8. Saz. der Beweis fängt damit an, daß Eine Seite als gesezt gedacht wird, als bestimmt sind ihre Gränzen gesezt, und somit durch die Bestimmtheit der übrigen Seiten der dritte Punkt nach 7. – Das Sezzen zweyer Dreyekke ist ganz überflüssig. – Alsdenn wird [sich] auf den Grundsaz berufen: was einander dekt ist einander gleich – Nemlich aus dem Festsezzen der Punkte soll die Gleichheit der Winkel hergeleitet werden. Durch die Festsezzung der Punkte sind die Richtungen, Neigungen der Seiten unmittelbar bestimmt; ja die Grenzpunkte zweier Seiten sollen zusammenfallen d.h. die Linien sollen sie so gegeneinander neigen, daß diß erfolgt.

9. Saz. Aufgabe. Dieser Saz kan auch als Lehrsaz gestellt werden: Wenn von gleichen Dreyekken, eine gleiche Seite auf die gleiche Seite fällt, so ist der Winkel, [der] izt entsteht, das Doppelte der noch getrennten. Die Auflösung der Aufgabe besteht allein darinn, die gleichseitigen Dreyekke zu verzeichnen. |

10 Saz ist ganz dasselbe.

Scheinbar werden nur zwey Seiten jedes Dreyeks zweyen Seiten des andern gleichgemacht, die dritte ist dadurch schon bestimmt, und kan darum insofern nicht gerechnet werden. Aber der < D und E [ist] bestimmt, wenn AD = AE; und DF = FE gemacht werden.

denn durch AD = AE
ist < ADE = AED – und durch DF = FE
< FDE = FED

< FDA = FEA.

11.12 Saz. Aufgabe. Als Lehrsaz heissen beyde zusammen: Im gleichschenklichen Dreyek ist die durch den Mittelpunkt der Grundlinie und die ihr entgegengesezte Spizze bestimmte Linie senkrecht. Die Auflösung der Aufgabe besteht in beyden Fällen darin die unbestimmte Linie AB zur Grundlinie des gleichschenklichen Dreyeks zu machen, so daß im ersten Falle der gegebene [Punkt] C der Grundlinie, der Mittelpunkt derselben wird, im zweyten Falle daß die von dem ausser der Grundlinie [gelegenen] Punkte C auf sie gezognen Linien gleich werden. |

ZWEITES FRAGMENT

Figuren dekken sich heißt ihre Seiten und Winkel sind gleich. die Winkel sind bestimmt durch die sie einschliessenden Seiten, vergleichbar durch die gegenüberstehende, und die dadurch geschehne Begränzung der Seiten.

der Winkel ist nicht eine Gränze (ausser als Fläche, dann Gränze eines Raums) aber die Bestimmtheit der Begrenzung 2er sich begränzenden Linien also als Bestimmtheit doch eine Gränze,

An jedem mathematischen Objekt ist zu begrenzen a) sein positives, insofern es eine Begrenzung aufhebt (Linie die raümliche Beziehung von Punkten) als aufgehobnes selbst bleibt nur die Menge (der Punkte von der Linie) b) sein negatives α) insofern es als negirtes eines andern ist, Gränze ist, Linie der Fläche (nicht insofern es negirt, begränzt) denn insofern kommt nur dem andern ein Charakter zu, die negirende Linie, einer Linie, Fläche ist darum nichts mehr und nicht weniger, es entsteht nichts anders in ihr – als erst durch die andre das β) insofern sie negirt wird, nur zum Theil; begränzt wird,

der Punkt ist die einfachste Begrenzung der Unendlichkeit, die darum nichts absolutes ist, weil sie begrenzt werden kan; wäre sie absolut so wäre keine Mathematik möglich. das positive jedes mathematischen Gegenstandes ist sein Aufheben der Unendlichkeit.

der Winkel ist als α) die Begränzung[1] der Unbestimmtheit der raümlichen Beziehung der sich begränzenden Linien; er ist als Begränzung durch sie angedeutet

der Grund (Veranlassung (überhaupt und hier in der Geometrie)) ist Vermannichfaltigung der Einheit der Gränze; die neuen mannigfaltigen müssen | aber selbst wieder Begränzte seyn. die

[1] *Darüber:* begränzt

Vermannichfaltigung der Einheit der Gränzen gibt aber eine neue Gestalt der Figur, d. h. eine neue Einheit des Ganzen. das Gesez, die Einheit der Figur, ist das Verhältnis der Gränzen, diß Verhältnis kan seyn 1) Grösse ihrer selbst, also Gleichheit der Art, derselbe Maasstab 2) die Beziehung selbst der Grenzen, als Raum (eingeschlossne Winkel) in 1 sie selbst positiv. in 2 als Grenze, und dasjenige das sie begrenzen und bestimmen wird gemessen.

die Säzze: unter welchen Bedingungen Dreyeke einander gleich seyen, sind so auszudrükken: ein Dreyek ist durch soviel und so viel Bestimmungen, ganz bestimmt.

Eines ausser sich gesezten Punktes objektive Beziehung ist die Linie; einer ausser sich gesezten Linie objektive Beziehung ist die Fläche; einer ausser sich gesezten Fläche objektive Beziehung ist der Körper. Im Würfel ist vorhanden a) der Punkt b) die Linie c) die Fläche d) der Körper; in der Kugel keines als Grenze, und zugleich gesezte, beschränkende Gränze a) der Punkt nicht als solcher – α) der Mittelpunkt gehört nicht zur Kugel, und ist nicht Gränze, auch wenn er gesezt wird, β) wenn einer sonst gesezt wird, ist er willkührlich also nicht Begrenzung, b) die Linie nicht als Begränzung, α) die Diameter, Radien gehören nicht zur Kugel, und sind (als begränzte nicht) aber als begränzende willkührlich wo sie gesezt werden, β) die größten Kraise (ParallelKraise) begränzen die Kugel nicht, sind durch sie gegeben, und willkührlich wo sie gesezt werden, und als Kraise unbegrenzt c.) die Fläche; α) eine GröstenKraisfläche gehört nicht zur Kugel und ihr Ort ist willkührlich und ist begrenzt aber nicht begrenzend; β der Canevas die Umschliessung, wie die grösten Kraise, in sich zurükkehrende Linien, in sich zurükkehrende Fläche hat, wie die Kraise keine Punkte, so sie keine Linie zur Begrenzung; im Kraise liegt die Gränze (der Mittelpunkt, Diameter,) ausser dem, welche sie begränzt – |

es gibt nur drey Dimensionen, denn der Körper ist selbst wieder Punkt, d. h. allem entgegengesezt ausser sich, der sich selbst entgegengesezte Körper als Einheit wäre Linie.

der Hauptbeweis daß nur 3 Dimensionen sind müßte seyn, daß die raümliche Beziehungen der ausser sich gesezten Punkte Fläche, von andrer Art als sie selbst sind; beim Körper nicht; das hiesse, daß jene Gränze sind; dieser nicht. Gränze seyn ist Aufhörung der Beziehung; also darum weil Körper nicht Gränze ist – die Punkte Gränzen der Linie sind es, schliessen andern Raum aus, die Beziehung mit anderm Raum; der Körper ausser sich gesezt, ist entweder zwei Körper, mit einem Zwischenraum, der nicht ihre Beziehung, sondern ihre Absonderung ist – oder Ein Körper, denn er [ist] nicht das Aufhören der Beziehungen in irgend einer Rüksicht, sondern durchaus selbst ein bezognes.

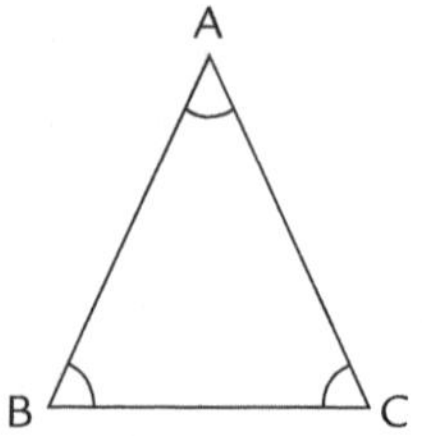

zB. α) BC bestimmt, gesezt, und B und C so auch AB und AC. oder der Punkt wo AB und AC sich schneiden, sich begrenzen nur einer weil gerade Linien, die sich neigen, nur in einem Punkte schneiden; dieser Punkt ist die Gränze beider Linien, also nur Eine Gränze, oder ihre Begränzung, als Geseztseyende Linie, d.h. ihre Länge bestimmt

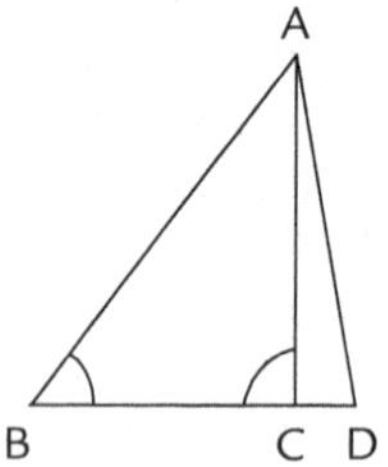

β) B und C. bestimmt und AB. A und B als Gränzen der Linie AB sind gegeben, als Punkte wo sie von BC und AC geschnitten werden muß, wodurch AC und BC begränzt wird; ist dadurch auch C als Punkt bestimmt, ist eine Mehrheit des Punktes C möglich wenn < B und < C und AB bestimmt ist? eine | andere Grösse der Linien BC und AC würde einen andern Punkt als C geben, und da AB dieselbe bleibt, der < C verändert werden, indem von AB als BegränzungsLinie der BC und AC, und als bestimmter die Grösse des < C abhängt; ist sie bestimmt, so ändert mit jeder Änderung der AC und BC der < C; apogogischer Beweis. Direkter: daß C nur ein einziger Punkt ist, worin sich BC und AC schneiden, wenn < B und C unverändert bleiben; die Richtung von AC und BC und AB ist bestimmt durch die < B und C; als begränzende die Winkel; wenn nun die AB von einer bestimmten Länge ein Δ machen soll mit BC und AC, AB dessen Grenzungspunkte gegeben sind, so sind diese Punkte auch für AC und BC gegeben, weil sich gerade Linien nur in Einem Punkte schneiden

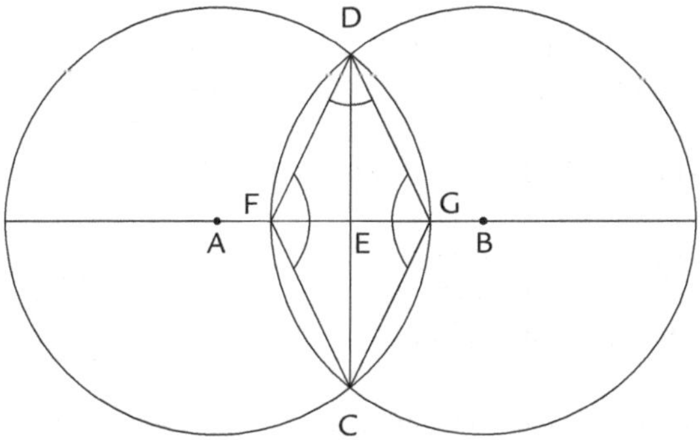

wenn FB = AG, so ist FE = EG
AG = AF + FE + EG
FB = FE + EG + GB =
AF = GB

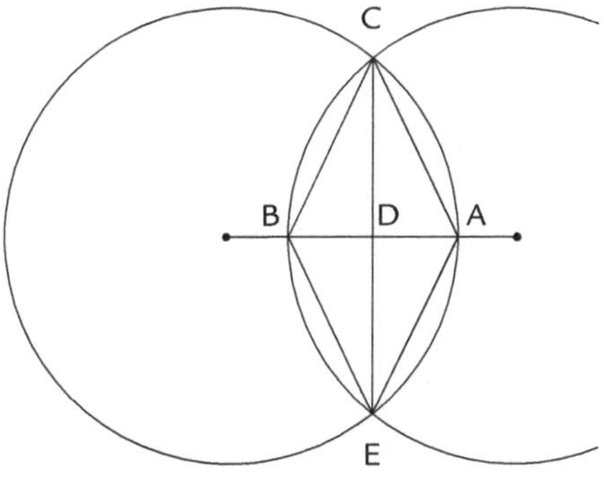

$$AG = \cancel{AF} + \cancel{FE} + \cancel{EG} - AE - EG + \cancel{FG} + \cancel{GB}$$
$$FB = \cancel{FE} + \cancel{EG} + \cancel{GB} - EB - EF + \cancel{FG} + \cancel{AF}$$
$$AG - AF - FE = EG \qquad AE + EG = BE + EF$$
$$BG + FE + EG = BG + EG + EF$$
$$FB - GB\,(= AF) -$$
$$AF + FG = AF + FE + EG$$
$$GB + FG = FE + EG + GB \qquad (FG = FE + EG)$$
$$AF + FG - AF - FE - EG = GB + FG - FE - EG - GB$$
$$AF + \cancel{FE} + EG - AF - \cancel{FE} - EG = GB + GE + FE - GB - GE - FE$$
$$FG \qquad AE = AF + FG - EG$$
$$FG - EG = FG - EF \qquad EB = GB + FG - FE$$
$$FB$$
$$AE + \cancel{EG} = AF + FE + \cancel{EG} =$$
$$BE + \cancel{EF} = AF + EG + \cancel{FE}$$
$$AE - \cancel{AF} - FE = BE - \cancel{AF} - EG$$

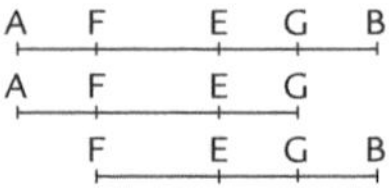

in der Algebra ist das x bestimmt; aber seine Bestimmtheit ist nicht gesezt; in der Geometrie gibt es kein x, es ist alles bestimmt und als solches gesezt, sein Bestimmtwerden ist nicht gesezt; seine Abhängigkeit ist = x. in Algebra sind die Bedingungen gegeben und das bedingte nicht; in der Geometrie ist das bedingte gegeben, und die Bedingungen sind als solche zu sezzen, zu zeigen; eine geometrische Aufgabe gibt bestimmt den Begriff des aufgegebnen.

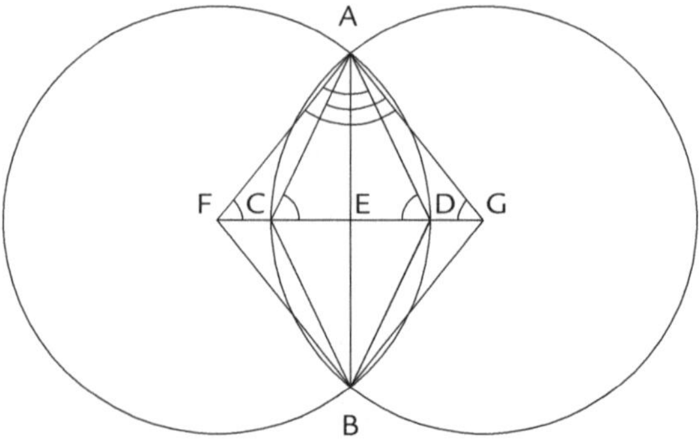

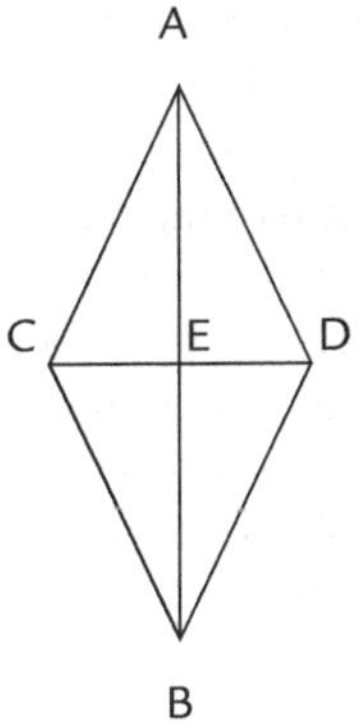

GrenzungsPunkte A und B sind gegeben auch C und D also
jene der Linie AB; diese der Linie CD, und einer der Linien CE und ED.
auch die Richtung der Linien AB und CD, und auch ihr SchneidungsPunkt E |
FA = AG
FD = GC
< AFD = < AGC denn der Durchschnittpunkt A der Bogen AD und AC ist derselbe und die Begrenzung dieselbe gerade Linie und FA = AG die Radien.

Δ AFD = AGC
und AD = AC
< FDA = GCA
also in Δ ACE und Δ ADE
< EDA = < ECA
AC = AD
AE = AE
GC – GD – DE = CE
GC – GD – DE
und < CAE = DAE
ferner
Δ AGB = Δ AFB
und wenn von Δ FDA und GAC
abgezogen wird Δ ACD so ist
Δ DAG = FCA
und < FAC = GAD
und < CAE = DAE

Linien, welche (negativ) ins unendliche verlängert, nie zusammenstossen, oder positiv welche überall gleich weit entfernt sind, heissen Parallellinien. Die Entfernung gemessen ist eine gerade Linie; um Entfernungen verschiedener zu | messen, muß ein drittes genommen, und die Gleichheit oder Ungleichheit mit demselben untersucht werden; hier muß in der Entfernung eine Gleichheit seyn, denn von welchem Punkte einer Linie zu einem Punkte der andern Linie, die Linie, welche die Entfernung mässe, wäre ganz unbestimmt; eine Bestimmtheit ist nur hinein zu bringen a) dadurch, daß immer der beiden Linien zwei Punkte genommen werden, die am kürzesten auseinander liegen, oder solche Linien, welche die kürzesten unter den EntfernungsLinien sind; die kürzesten sind *senkrechte* Linien; also alle senkrechten Linien, welche zwischen den Parallellinien gezogen werden, sind gleich;

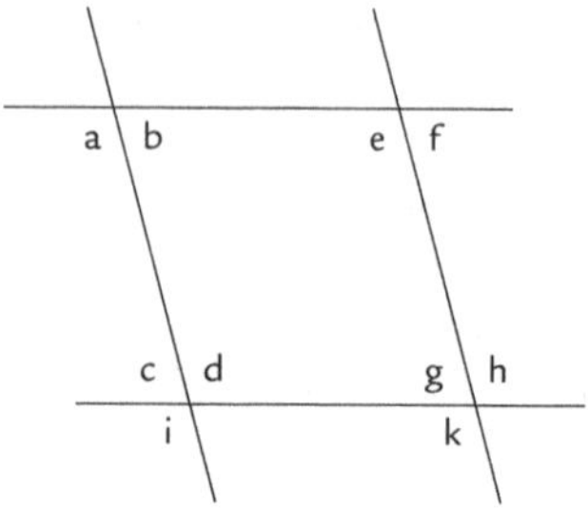

oder b.) daß die Winkel, welche die Entfernungslinien mit den Parallellinien machen, der a dem e, der b dem f gleich sey – ebendiß gilt auch bei den senkrechten, und das allgemeine, wodurch Bestimmtheit in diese EntfernungsLinien, das Maas, gebracht wird, ist, daß:

die Winkel, welche die EntfernungsLinien mit den ParallelLinien machen, gleich sind; der b dem f, der a dem e, entweder

a) sind diese Winkel auch a dem b, e dem f gleich, so sind die Linien senkrecht, und die kürzesten.

b) nicht; durch die Bestimmtheit (Gleichheit im allgemeinen, unbestimmt wie groß die Winkel selbst) wird die Grösse der Linie bestimmt, wegen der Einheit des Durchschneidungspunktes, welcher, und also die Länge der Linie, durch den Winkel bestimmt ist – auch die EntfernungsLinien im Fall b) sind gleich nach dem Begriffe der ParallelLinien; daß nun auch a dem d und h, oder dem i und k gleich sey, wäre noch zu erweisen; umgekehrt die Linien als gleich | bestimmt, sind auch die Winkel a und e gleich, denn die Grösse der Linien [wird] durch die < bestimmt.

um die EntfernungsLinien zu bestimmen, ist nur nöthig, a dem e, und b dem f gleich zu sezzen.

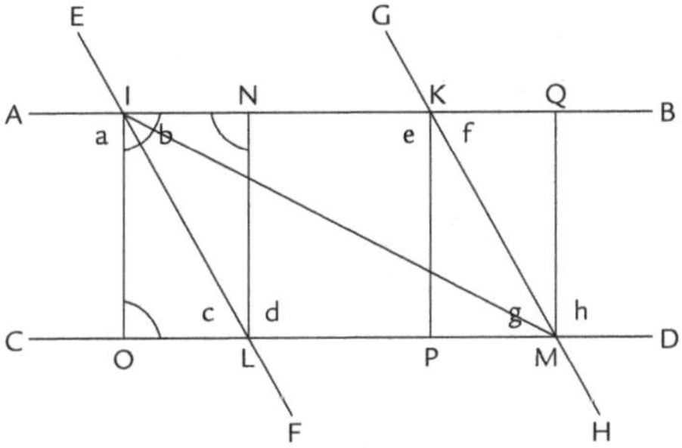

Fig. 1

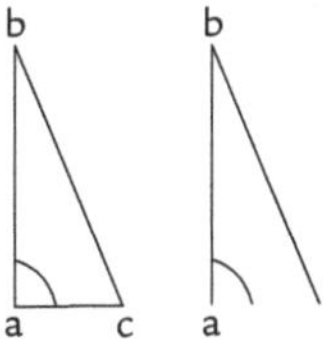

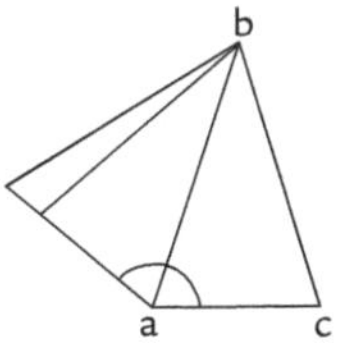

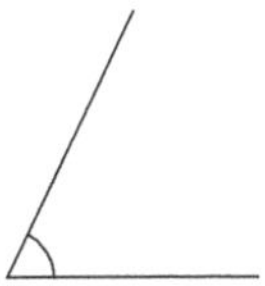

um zu beweisen daß a = d bestimme die beiden, oder einem bestimmten Theil beider gegenüberliegende Linie; ziehe aus I die senkrechte IO, aus L, die senkrechte LN so ist

IL = IL; IO = LN; und < IOL = < INL also Δ ILN = Δ ILO (einen Saz den Euclid nicht hat – denn IL bestimmt den Punkt L für OL, und den Punkt I für IN)

und < b = c; (und < OIL = < ILN

also weil OIA = NLM)

und weil b und c Ergänzungswinkel des a und d

< a = d

oder kürzer ziehe aus I die dem d und aus L die dem a gegenüberstehende Linien RL und IQ; so daß < β = < γ; und IQ = RL, so ist Δ IQL = Δ ILR und < a = d.

Beide Beweise die gleichen, der erste für b und c; der zweite für a und d; im ersten ist gleichgültig ob LN und IO senkrechte; wenn nicht, so muß < ILN = < LIO gemacht werden.

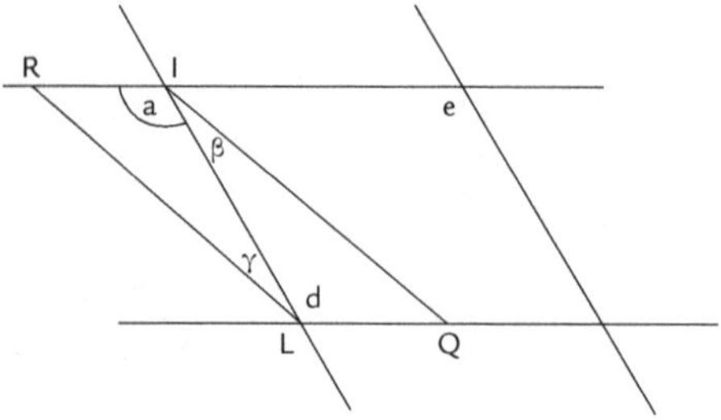

Fig. 2

also auch weil Fig. 1. Δ ILM = Δ IKM (denn < e = a = d; IM = IM; MK = IL) IG = LM; und also (weil a = d = < EIK, und c = b = FLM) auch EF und GH parallel. |

ÜBER SCHILLERS WALLENSTEIN

DER UNMITTELBARE EINDRUK...

Der unmittelbare Eindruk nach der Lesung Wallensteins ist trau- 349
riges Verstummen über den Fall eines mächtigen Menschen, unter einem schweigenden und tauben todten Schiksal. Wenn das Stük endigt, so ist alles aus, das Reich des Nichts, des Todes hat den Sieg behalten; es endigt nicht als eine Theodicee.

Das Stük enthält zweierlei Schiksale Wallensteins, das eine das 350
Schiksal des Bestimmtwerdens, eines Entschlusses, das zweite das Schiksal dieses Entschlusses und der Gegenwirkung auf ihn. Jedes kan für sich als ein tragisches Ganzes angesehen werden. Das erste – Wallenstein, ein grosser Mensch, denn er hat als er selbst, als Individuum über viele Menschen geboten, tritt auf als dieses gebietende Wesen, geheimnisvoll, weil er kein Geheimnis hat, im Glanz und Genuß dieser Herrschafft. Die Bestimmtheit theilt sich gegen seine Unbestimmtheit nothwendig in zwei Zweige, der eine in ihm, der andre ausser ihm; der in ihm ist nicht sowohl ein Ringen nach derselben, als ein Gähren derselben; er besizt persön-
liche Grösse, Ruhm als Feldherr, Retter eines Kaiserthums durch 351
Individualität, Herrschaft über viele, die ihm gehorchen, Furcht bei Freunden, und Feinden; er ist selbst über die Bestimmtheit erhaben, dem von ihm geretteten Kaiser und Staate, noch weniger dem Fanatismus an[zu]gehören, seine Plane können nur darüber selbst erhaben seyn; welche Bestimmtheit wird ihn erfüllen? er bereitet sich
die Mittel zu der grösten seiner Zeit; fürs allgemeine Deutschland 352
Frieden zu gebieten, fürs besondre sich selbst ein Königreich und seinen Freunden verhältnismässige Belohnung; – seine erhabene
sich selbst genügende, mit den größten Zwekken spielende und 353
darum charakterlose Seele kan keinen Zwek ergreifen, sie sucht ein höheres, von dem sie gestossen wird; der unabhängige Mensch, der doch lebendig, kein Mönch ist, will die Schuld der Bestimmtheit von sich | abwälzen, und wenn nichts für ihn ist, das ihm gebieten

kan, es darf nichts für ihn seyn, so erschafft er sich was ihm ge-
354 biete, Wallenstein sucht seinen Entschluß, sein Handeln und sein
355 Schiksal in den Sternen; (Max Piccolomini spricht davon nur wie
ein Verliebter.) Eben die Einseitigkeit des Unbestimmtseyns mitten unter lauter Bestimmtheiten, der Unabhängigkeit unter lauter Abhängigkeiten bringt ihn in Beziehung mit tausend Bestimmtheiten, seine Freunde bilden diese zu Zwekken aus, die zu den seinigen werden, seine Feinde ebenso, gegen die sie aber kämpfen müssen; und diese Bestimmtheit, die sich in dem gährenden Stoff, – denn es sind Menschen – selbst gebildet hat, – da er damit zusammen- und also davon abhängt, ergreifft ihn, mehr als daß er sie machte. Dieses Erliegen der Unbestimmtheit unter der Bestimmtheit ist ein höchst tragisches Wesen, und groß, konsequent dargestellt – die Reflexion wird darin das Genie nicht rechtfertigen sondern aufzeigen. Der Eindruk von diesem als einem tragischen Ganzen steht mir sehr lebhaft vor. Wenn dieses Ganze ein Roman wäre, so könnte man fodern, das Bestimmte erklärt zu sehen, nemlich dasjenige was Wallenstein zu dieser Herrschafft über die Menschen gebracht hat. Das Grosse, bestimmungslose, für sie kühne fesselt sie; es ist aber im Stük und konnte nicht handelnd dramatisch d. h.
356 bestimmend und bestimmt auftreten; es tritt nur, als Schatten-
bild, wie es im Prolog, vielleicht in anderm Sinne heißt, auf; aber das Lager ist dieses Herrschen, als ein gewordnes, als Produkt.

Das Ende dieser Tragedie wäre demnach das Ergreiffen des Entschlusses; die andre Tragedie, das Zerschellen dieses Entschlusses an seinem Entgegengesezten, und so groß, die erste ist, so wenig ist mir diese zweite Tragedie befriedigend. Leben gegen Leben, aber es steht nur Tod gegen Leben auf, und unglaublich! abscheulich! der Tod siegt über das Leben! diß ist nicht tragisch, sondern entsezlich!
357 diß zerreist siehe Xenien. daraus kan man nicht mit erleichterter
Brust springen! |

ÜBERSETZUNG

Vertrauliche Briefe

über

das vormalige staatsrechtliche Verhältniß

des

Waadtlandes (Pays de Vaud)

zur

Stadt Bern.

Eine völlige Aufdekkung der ehemaligen Oligarchie des Standes Bern.

Aus dem Französischen eines verstorbenen Schweizers übersezt und mit Anmerkungen versehen.

Frankfurt am Main
In der Jägerschen Buchhandlung
1798

Vertrauliche Briefe
über
das vormalige staatsrechtliche
Verhältniß
des
Waadtlandes (Pays de Vaud)
zur
Stadt Bern.

Eine völlige Aufdekkung der ehemaligen
Oligarchie des Standes Bern.

*

Aus dem Französischen eines verstorbenen Schweizers übersezt
und mit Anmerkungen versehen.

Frankfurt am Main
In der Jägerschen Buchhandlung
1798. |

Inhalt.

Erster Brief.

Verfassung der Wadt unter Savoyen.

Zweiter Brief.

Besiznehmung der Wadt durch Bern, und von demselben geschehene Bestätigung ihrer Rechte.

Dritter Brief.

Bern bemächtigt sich der Kirchengüter der Wadt.

Vierter Brief.

Bern läßt die Landstände eingehen, und übt die gesezgebende Gewalt aus.

Fünfter Brief.

Bern maßt sich die Macht, Auflagen zu machen, an, und das Eigenthum des Staatsvermögens.

Sechster Brief.

Bern maßt sich die gerichtliche Gewalt an, hebt besonders den Rechtsgang auf in der Verhaftung Martin's und in den Begebenheiten im Jahr 1791.

Siebenter Brief.

Fortsezzung.

Achter Brief.

Verfügung über die bewaffnete Macht.

Neunter Brief.

Fremde Kriegsdienste. |

Zehenter Brief.

Bern übt die kirchliche Gewalt aus: Schiksal der Archive der Wadt.

Eilfter Brief.

Die Berner Landvögte.

Zwölfter Brief.

Sonstige Aristokratie. |

VORERINNERUNG.

Die Briefe, von denen diese Uebersezzung einen Auszug liefert, haben den Advokat Cart aus Lausanne zum Verfasser, der seitdem in Philadelphia gestorben ist; bei ihrer Erscheinung im Drukke wurden sie gleich von der Regierung in Bern bei einer schweren Geldstrafe verboten; sie enthalten nämlich im Allgemeinen, eine auf Urkunden gegründete Darstellung der politischen Rechte der Wadt, – eine Vergleichung des Zustandes der Wadt, wie er ihren alten Rechten gemäß hätte beschaffen seyn sollen, mit demjenigen, in welchen sie durch die Herrschaft der Berner versezt wurde; – besonders eine Geschichte des ephemerischen Siegs dieser Regierung im Jahr 1791 über das in den Wadtländern wieder aufgelebte Bedürfniß, ihre Verfassung wieder hergestellt zu sehen, – eines Siegs, der eine Niederlage ihrer noch übrigen Rechte war, und zu dem Wunsche der Freiheit auch noch die tiefste Erbitterung aller Gemüther gegen ihre Unterdrükker hinzufügte. Da diese Darstellung in Briefform gegeben ist, so enthält sie zugleich auch die aus jenen Ereignissen und Umständen entspringende Empfindung, und so sehr dadurch leicht manche gegen die Glaubwürdigkeit der Sache selbst mißtrauisch werden, die nur reine historische Data verlangen, um in ihren Urtheilen und Gefühlen desto freier zu seyn, so ist jene Wirkung doch hier einerseits weniger zu besorgen, da die Rechte aus Urkunden und dem öffentlichen Gesezbuche erwiesen, und die Thatsachen vor dem Publikum vorgegangen sind, andererseits ist für eine grosse Menge Menschen eine Aeusserung von Empfindung deswegen nöthig, weil sie dadurch erst auf die Wichtigkeit der Sache selbst aufmerksam, welche sie durch die trokne Angabe der That-Erzählung des Geschehenen und der Umstände nicht gefühlt hätten, entweder weil sie sich in einer ähnlichen Lage nie befanden, oder überhaupt in einer unbekümmerten Sorglosigkeit leben, und nicht vermeinen, daß man über gewisse

Dinge die Geduld verlieren könne, und, wenn sie auch die Lage der Sache sehr gut kennen, sich doch über die Resultate höchlich verwundern.

Aus der Vergleichung des Inhalts dieser Briefe mit den neuesten Begebenheiten in der Wadt, aus dem Kontraste des Anscheins der im Jahr 1792 erzwungenen Ruhe, des Stolzes der Regierung auf ihren Sieg – mit der reellen Schwäche derselben in diesem Lande, seinem plözlichen Abfalle von ihr – würden sich eine Menge Nuzanwendungen ergeben; doch die Begebenheiten der Zeit sprechen | für sich laut genug; es kann nur darum zu thun seyn, sie in ihrer ganzen Fülle kennen zu lernen; sie schreien laut über die Erde:

359 Discite justiciam moniti,

die Tauben aber wird ihr Schiksal schwer ergreifen.

Die Anmerkungen sind neu, und enthalten manche zum Theil noch nicht bekannte Data zur Kenntniß der Statistik und Verfassung Berns. |

ERSTER BRIEF. 360

Lyon, den 20. Nov. 1792.

Ich wende mich nicht an den Herrn Sekelmeister der Wadt, (Seigneur Trésorier du Pays de Vaud) sondern an den Herrn von Muralt, das heißt, an einen Mann, der umgeben von den Vorurtheilen der Geburt und der Erziehung, bei der Dauer ihrer Herrschaft seinen Vortheil findet, auf den die Begebenheiten, die sie in Trümmer schlagen einen Eindruk gemacht haben, – der aber doch Tugend genug besizzen kann, um zwischen der Regierung, deren Mitglied er ist, und einem Volke, dessen Rechte verlezt sind, ein unpartheiischer Richter zu seyn; – an einen Mann, für den ich eben so viele Liebe als Achtung hegte, weil ich glaubte, er verdiene beides. Ich werde diese Empfindungen nicht verleugnen, indem ich Ihnen meine Gesinnungen so offen darlege, als sie es vor Gott selbst sind.

Glüklich will ich mich schäzzen, wenn die grossen Wahrheiten, die ich entwikkeln werde, durch Sie dazu beitragen können, in mein Vaterland Ruhe und Glük zurükzuführen; noch glüklicher, wenn beide durch eine ohne Erschütterung erfolgende Zurükgabe seiner Privilegien, in Zukunft auf einer Grundlage ruhen, die ihm den langen Genuß derselben verspricht. |

Ich werde die Principien unserer Staatsform nicht in der Natur selbst suchen, nicht, als ob ich es nicht fühlte, daß in ihr allein die wahre Quelle ist, aus der alle geschöpft werden müssen, und daß man sich nur von ihr entfernen kann, ohne von der einen Seite Gewalt, von der andern Zwang zu gründen; – ein Zustand, der jede Uebereinkunft der Art, zwischen Fürst und Volk, ungültig macht; und dem Volke für jeden Augenblik das Recht giebt, ihn aufzuheben; – ich werde aber nicht so weit gehen, um zu erweisen, welches die Rechte meines Landes sind, weit entfernt, die Aufhebung irgend eines Vertrags zu fodern, fodre ich nur die Beobachtung derselben.

Bern, und die Gegend umher (das Uechtland) hat eine lange Reihe von Jahrhunderten mit der Wadt gleiche Schiksale gehabt;

ohne Wiflisburg, (Avanche, das alte Aventicum) Orbe, Neuß (Nyon) Lausanne anzuführen, macht auch jede andre unsrer Städte ihr den Vorzug des Alterthums streitig.

Die Wadtländer bewohnen, wie die Berner, den alten Boden Helvetiens; in Zeiten, die uns näher liegen, wurden die einen wie die andern, von den Herzogen von Zähringen regiert, und wenn Berchthold V. der Stifter Ihrer Stadt war, so hatte vor ihm sein Vater Morsen (Morges), Iverdun erbauet, und die alte Stadt Milden (Moudon) wieder hergestellt. Diese Dynastie starb im Jahr 1218 mit | Berchthold V. aus: wäre es möglich, daß die Stadt Bern, die erst seit 27 Jahren existirte, damals schon eine beträchtliche Grösse, ein Uebergewicht, oder gar die Herrschaft gehabt hätte? So wenig, daß sie vielmehr gleich darauf, wie die Wadt, und unter den gleichen Bedingungen, unter die Regierung (eigentlich Schirmherrschaft) der Grafen von Savoyen kam; einem derselben verdanken Sie die Vergrösserung Ihrer Stadt vom Zeitglokkenthurm an bis zum Goliathsthor. Zwar trennten Ihre Voreltern dieses Band bald wieder, während die Wadt in ihren Verhältnissen mit dem Hause Savoyen blieb; aber dabei hörte sie nicht auf, frei zu seyn, sie büßte nicht das geringste an ihrer Verfassung ein, die gewiß unter allen damals in Europa existirenden die beste war.

Die Grafen von Savoyen haben nie in der Wadt residirt; sie wurden in derselben durch einen Landvogt repräsentirt, und zwar durch einen einzigen Landvogt, der nothwendig ein Eingebohrner der Wadt seyn mußte; auch fodre ich jeden auf, ein einziges Beispiel anzuführen, daß ein Piemonteser in dem Zeitraum von 318 Jahren, – so lange stunden wir unter dem Hause Savoyen – dieses wichtige Amt bekleidet hätte; sogar konnte sein Landvogt, ausser in dem seltnen Fall einer Bestätigung, diese Stelle nur zwei Jahre lang bekleiden, entweder, damit desto mehrere in den Genuß derselben kämen, oder daß sie nicht Zeit hätten, eine Macht zu erlangen, die für die Freiheit gefährlich hätte werden können.

Die souveräne Gewalt befand sich in den Händen des Volks und des Grafen, so, daß kein Theil ohne Mitwirkung des andern sie ausüben konnte. |

Das Volk war durch Abgeordnete der meisten Städte und Gemeinden des Landes repräsentirt, die sich in Ständeversammlungen vereinigten.

Der Adel, der keinen besondern Stand bildete, hatte weder eine besondere Repräsentation, noch Kammer; zwar hatten einige grosse Baronen, wie die Baronen von Grandson, Kossonay, La Sarra und andere, Siz in der Versammlung der Stände, vermöge des Rechtes ihrer Herrschaften, aber keines wegs vermöge ihrer Geburt. Wir haben hierüber gültige Zeugen; Quisard, einen gleichzeitigen Schriftsteller, Edelmann, und Geschäftsmann, dessen handschriftliches Werk sich in allen Ihren Bibliotheken befindet, und das mehr als einmal von Beamten der Regierung als Beweis angeführt worden ist; Ruchat, der seine Geschichte der Reformation den gnädigen Herren selbst zugeeignet hat, und ihnen dabei für die Mittheilung der Materialien dankt; Seigneux in seiner Schrift über die peinliche Rechtslehre*, – und was wichtiger ist, als diese Zeugen alle, – mehrere Originalurkunden der Grafen und Herzoge von Savoyen, die ich nachher anführen werde.

Die Stände machten die Gesezze, der Fürst oder vielmehr sein Landvogt bestätigte sie; daher kommt es, daß er im Jahr 1349 und 1362 durch zwei authentische Urkunden anerkannte, daß es ihm nicht zukomme, uns willkührliche Geldbusen oder andre Strafen aufzulegen. Sie kennen, mein Herr, die Statuten, deren | Formular und Inhalt Ruchat angeführt hat:** »Allen, die gegenwärtiges lesen und sehen, sey kund und zu wissen, daß heute, den 23ten dieses Monats Mai, im Jahr 1525, bei der hier zu Milden gehaltenen Ständeversammlung beisammen sich befanden: die Herren ....« hier folgen die Namen aller Deputirten, dann verbieten sie jedem

* Da Cart selbst die Hauptmomente der Urkunde aus Ruchat gegeben hat, so werden unten beim vierten Briefe nur die hiehergehörigen Stellen Seignieux's und Quisard's, den Müller bei seiner Schweizergeschichte benuzzen konnte, gegeben werden; die übrigen im Texte ausgezogenen Urkunden sind noch ungedrukt.

** Tom. I. pag. 67,

ein Buch zu kaufen, oder die Lehre fortzupflanzen, »dieses verfluchten und vermaledeiten Kezzers, Marthin Luthers,« unter steigenden Strafen, »und wer hartnäkkig und verstokt ist,« heißt es in der Verordnung, »soll mit seinem Buch verbrannt werden.«

Nun ist jede Verordnung, auf deren Ueberschreitung die Todesstrafe steht, eine Handlung, die nur der Souverainität zukommen kann. Daß die Bestätigung des Fürsten nothwendig war, ist dem Rechte des Volks nicht entgegen. Noch einmal, ich behaupte nicht, daß das Volk allein die höchste Gewalt ausgeübt habe; ich behaupte nur, daß kein Theil ohne Mitwirkung des andern sie ausüben konnte.

Zufolge desselben Staatsgrundgesezzes konnte der Herzog von Savoyen uns keine Abgaben auflegen; es wäre widersprechend gewesen, wenn er uns kein Gesez geben, und dabei über unser Eigenthum und über unsern Beutel hätte verfügen können.

Gern mache ich hier eine Vergleichung, die mir auffällt: Diese stolzen Engländer, die sich so viel auf ihre Magna charta zu gute thun, und von ihrer Ausfertigung an das auserwählte Volk gewesen zu seyn glauben, waren von den Fortschritten unserer Väter zur Freiheit weit entfernt. Ich finde in der Magna | charta folgenden Artikel, den ich mit unsern Staatsgesezzen vergleichen werde: »In unserm Königreich soll keine Abgabe oder Steuer aufgelegt werden, als nur durch den gemeinschaftlichen Willen unsers Reiches, nur zur Ranzion unserer Person, unsern ältesten Sohn zum Ritter auszustatten, und unsere älteste Tochter einmal auszusteuern.«*

Diese Urkunde ist die unsrige, nur mit dem grossen Unterschiede, daß in diesen traurigen und barbarischen Zeiten, in welchen das Lehenrecht die europäischen Völker am schwersten drükte, wir gegen unsern Prinzen auch nicht für jene drei lehensrechtliche Fälle verpflichtet waren, wie die Engländer.

* Nullum seutagium vel auxilium ponatur in regno nostro, nisi per commune consilium regni nostri, nisi ad corpus nostrum redimendum, et primogenitum filium nostrum militem faciendum; et ad filiam nostram primogenitam semel maritandam.

So erkannte es im Jahr 1328 Ludwig von Savoyen an, daß die von Milden (welche Benennung die ganze Landvogtei, d.h. dies ganze Land unter sich begriff) frei von Steuern seyen, und daß er kein Recht habe, ihnen solche aufzulegen. Eben dies haben unsre regierenden Fürsten zu verschiedenen Zeiten, in den Jahren 1346, 1390, 1430, 1435, 1451, und 1458 anerkannt.

Ich will damit nicht sagen, daß wir ihnen nicht manchmal, obgleich selten, Subsidien bewilligten, aber eben so oft erkannten sie an, daß dies aus beson|derer Gefälligkeit* geschähe. Sie nahmen keinen Anstand, diese Ausdrükke gegen freie Menschen zu gebrauchen, die ihnen freiwillig gaben, was sie ihnen auch hätten abschlagen können.

Alle die Urkunden sind den gnädigen Herren von der Stadt Morsen vorgelegt worden; die Abschriften befinden sich noch in der Kanzlei des Kommissariats; es wäre also unnöthig, sie hier anzuführen; ich begnüge mich, mein Herr, Ihnen die Uebersezzung der Urkunde vom 14ten Mai 1451 vorzulegen; die andern sind vom gleichen Inhalt:

»Wir Ludwig von Savoyen thun zu wissen jedermann, daß, da die Gemeinden der edlen Bürger und alle übrigen Einwohner der Städte Milden, Yverdun, Romont, Peterlingen, Murten, Stäffisburg (Estavager), Rue, Cossonay, Morsen, Neuß, Leclées, Sainte-Croix, Corberi, Grandson, Montagny, und unsre Burgvogteien unsers Wadtlandes, uns aus eigner Gefälligkeit und gutem Willen, für jede Feuerstelle gedachter Städte und Burgvogteien, (doch ausgenommen den zehenten Theil gedachter Feuerstellen, die für die Armen abgerechnet werden) zwei Goldgulden für dieses eine Mahl allein zur Bezahlung eines Theils unserer Schulden, und besonders des Heurathsgutes der – Charlotte von Savoyen, unserer

* De grace speciale; so auch in der gleich folgenden Urkunde de leur propre grace. Die wörtliche Uebersezzung: aus besonderer Gnade, würde uns anstössig seyn; weniger die Uebersezzung: zur Bezeugung der pflichtschuldigsten Devotion; doch hat man vom Texte nicht zu sehr abweichen wollen.

vielgeliebten Tochter, und seit kurzem Gemahlin des -- Prinzen Ludwigs (Dauphins von Frankreich, und nachherigen Ludwigs XI.) gegeben und bewil|ligt haben, ungeachtet gedachte Gemeinden und Burgvogteien dazu keineswegs verbunden sind, – so bekennen und erkennen wir Herzog --- zur Steuer der Wahrheit durch gegenwärtige Urkunde, daß gedachte Gemeinden uns für dieses eine Mahl allein diese Schenkung gemacht haben, aus ihrer blossen Gefälligkeit, Freigebigkeit und gutem Willen, weil sie weder gegen uns, noch gegen unsere Nachfolger weder zu dem obigen, noch zu irgend einer Abgabe, noch irgend einer Subsidie verpflichtet sind, sondern sowohl sie, als ihre Erben, sollen von allen Abgaben, und Geldbeisteuern gänzlich und für immer frei, und völlig verschont seyn.«

In der Urkunde von 1487 findet sich noch ein besonderer Umstand, der den Umfang unserer Freiheiten immer mehr ins Licht sezt. Die Stände der Wadt bewilligten damals Karln, dem Herzoge von Savoyen, eine Subsidie zu dem Kriege, den er wegen der Markgrafschaft Saluzzo führte, und er erkannte durch diese authentische Schrift, daß auch dies aus gutem Willen geschehe, und daß das Land dazu gar nicht verbunden gewesen wäre.

Unsere Voreltern verwechselten also den Fürsten nicht mit dem Vaterland, seinen Ehrgeiz nicht mit ihrem Ruhm, seine Bedürfnisse nicht mit ihren Pflichten; er konnte Krieg führen, aber sie machten es ihm zur Pflicht, anzuerkennen, daß er ihn nicht auf unsre Kosten führen könne. Unsre Voreltern waren frei, und sie verdienten es zu seyn.

Ich glaube, mein Herr, zwei wesentliche Dinge bewiesen zu haben; erstens, daß der Herzog von Savoyen uns nicht Gesezze geben konnte; sondern daß das Recht der Gesezgebung den Ständen des Landes in Verbindung mit dem Fürsten zukam; zweitens, daß er uns keine Abgabe auflegen konnte, nicht einmal, um | Krieg zu führen, und damit ist alles gesagt. Ich habe also durch diese zwei wesentliche Charaktere der Souverainetät bewiesen, daß sie dem Volke der Wadt, in Verbindung mit dem Herzog von Savoyen, zukam; das folgende wird Sie noch mehr davon überzeugen.

Diejenigen Gewalten in Staaten, die der Souverain nicht unmittelbar ausüben kann, die er deswegen Beamten anvertraut, müssen so organisirt seyn, daß sie ihrem Zwek, das Gesez in Ausübung [zu] bringen, immer entsprechen, es aber nie geben. Die Art, wie diese verschiedene Ausflüsse der höchsten Gewalt – die Gerechtigkeitspflege und die Polizei, die militärische Gewalt, die Verhältnisse zu den auswärtigen Mächten, die Vergebung der öffentlichen Aemter, und die Finanzverwaltung, – angeordnet sind, ist in den verschiedenen Ländern verschieden; in der Wadt verhielt es sich damit auf folgende Art:

Die Gerechtigkeitspflege befand sich ganz in unsern Händen. Ein Dekret der Stände vom Jahr 1413 verordnet folgendes: »Damit in gedachtem Wadtlande nur nach gutem und angenommenem Herkommen* gerichtet werde, so sollen die Burg- und Landvögte, um ihren Gerichtshof zu formiren, Landes-Eingebohrne zu sich berufen, wenn sie auch nicht von dem Orte selbst seyn sollten, weil gedachte Landschaft nur eine und eben dieselbe Bürgerschaft und Gemeinde ist.« |

Eine Urkunde von Amadeus von Savoyen vom 7ten December 1439 enthält folgendes: »Daß bei peinlichen Prozessen man nicht appellirt werden soll, angesehen in diesen Fällen, die Bürger das Urtheil zu fällen haben, und diese die Strafen der Verbrecher mildern können.«

Es wäre möglich, daß man einige Ausnahmen von diesen allgemeinen Regeln anführen könnte; aber Ausnahmen, Mißbräuche heben die Regel nicht auf. Auch damals gab es, wie heutzutage, feige Menschen, denen es nur um Geld und Fürstengunst zu thun war, und die bei einer treulosen Amtsführung die Vorrechte des Fürsten auf Kosten der Volksrechte so weit ausdehnten, als sie konnten. Dies gab zu verschiedenen Gegenvorstellungen Anlaß; wie die Urkunden von 1391, 1439 und 1451 beweisen; aber damals

* Coutumes, Herkommen, die gesezliche Kraft hatten, oder die vielmehr die einzigen Gesezze waren; weiter unten wird mehr davon gesprochen werden.

wurden solche Klagen angehört; diejenigen, die damit zu thun hatten, wurden weder verfolgt, noch proskribirt; man ließ ihnen Gerechtigkeit widerfahren. Amadeus gab im Jahr 1391 folgendes Dekret: »Wir wollen und befehlen, daß unsre Getreue, und Unterthanen keineswegs gehalten seyen, Briefen und Befehlen zu gehorchen, die in der Folge von uns ausgefertigt werden mögen, wenn nicht diese Klausel eingerückt ist: Wenn solches nicht gegen die Herkommen des Wadtlandes geht, indem es immer die Gewohnheit war, besagte Klausel in die Briefe unserer Vorfahren, und in die unsrigen einzurükken.«

Im Jahr 1451 schwur der Herzog Philibert, unsre Freiheiten, Rechte und Privilegien aufrecht zu erhalten, und gab seinen Beamten Befehl, nie dagegen zu handeln, ungeachtet einiger Briefe, Befehle, oder anderer Verwilligungen, die man wider gegenwärtigen Beschluß anführen könnte. |

Wenn man zu allen diesen Maasregeln, um die Vollstrekkung der Gesezze zu sichern, noch das nimmt, daß die Gesezze das Werk des Volks, oder seiner Repräsentanten waren, so wird man sich überzeugt haben, daß der Bewohner des Wadtlandes im Genuß der größten individuellen Sicherheit war, und nie weder einen dauernden Druk, noch einen willkührlichen, oder durch Kommissäre gefällten Richterspruch zu befürchten hatte.

Die gleiche Vorsicht, der gleiche tiefe Blik, der ihn vor jenem gesichert hatte, sicherte ihn auch vor dem militärischen Druk. Nicht nur konnten die Herzoge von Savoyen uns, um Krieg zu führen, keine Auflage machen, wie ich durch die Urkunde von 1487 bewiesen habe, sondern auch, unter diesem Vorwand nicht über unsre Person verfügen.

Wäre es nicht widersprechend gewesen, auf der einen Seite nicht zuzugeben, daß ihr Fürst die Gesezze machte, oder über ihr Eigenthum verfügte, und auf der andern ihm doch zuzugestehen, daß er über ihre Person verfügte? Sie wählten daher, die in den Krieg ziehen sollten, selbst aus; sie waren nur verbunden, dem Panner des Fürsten in die Bisthümer Sitten, Lausanne und Genf zu folgen, und zwar nur auf 8 Tage, mit Gehen und Wiederkommen.

»Sie konnten nicht wieder dazu aufgefodert werden, als wenn sie sechs Wochen nach ihrer Heimkunft von dem Auszuge zu Hause zugebracht hatten.«

So oft sie übrigens durch ihren Eifer und Muth sich verleiten liessen, diese Gränzen, und diese Zeiten zu überschreiten, so erkannte der Fürst sogleich, und durch eben so viele authentische Urkunden an, daß sie es aus besonderer Gefälligkeit, ohne dazu verpflichtet zu seyn, und ohne irgend eine | Konsequenz für die Zukunft, thäten; ich beweise dies mit den Urkunden von 1532, 1391 und 1487.

Ueberhaupt ist es wichtig, zu bemerken, daß die Wadt weder eine Verbrüderung, noch ein politisches Verhältniß mit Savoyen oder Piemont hatte. Die Hülfsquellen dieser Provinzen, ihre Bedürfnisse, die Kriege, die darin geführt wurden, oder die sie veranlaßten, der Aufwand, den der Fürst in dieser Rüksicht zu machen genöthigt war, alles dies war uns eben so fremd, als diese Provinzen selbst; mit Einem Wort, wir verhielten uns zu ihnen gerade so, wie heutiges Tags das Fürstenthum Neuenburg sich zu Preussen, Brandenburg, oder Schlesien verhält. Auch glaube ich nicht, daß man ein einziges Beispiel anführen könne, daß unsere Voreltern den geringsten Antheil an den häufigen Kriegen der Herzoge von Savoyen in Italien genommen hätten.

Aber wenn die Bewohner der Wadt nicht verbunden waren, mit der Armee des Fürsten über die durch die Verfassung vorgeschriebenen Gränzen und Zeit zu ziehen, so hatten sie dagegen das Recht, »diejenigen zu bekriegen, die ihnen Schaden zufügen würden, sich Freunde zu machen, und Bündnisse mit Auswärtigen zu schliesen, der Ehre des Fürsten unbeschadet.«

Ich weiß wohl, daß der blose Gedanke eines solchen Rechts, auf Seiten des Volks, diejenigen unwillig machen wird, die nicht dem Volke angehören wollen, daß sie es mit dem innern Zusammenhang und der Festigkeit einer guten Staatsregierung unverträglich finden, und vielleicht daraus den Schluß machen werden, daß dieses Recht nie hat existiren können. Allein ich beweise es durch die Urkunde vom 17. Dezember 1439, und zahlreiche Beispiele. |

Hatte nicht Lutry ein Offensiv- und Defensiv-Bündniß mit Lausanne, Lausanne mit Bern und Freiburg, Wivlisburg und Petterlingen auch mit diesen zwei Städten? Erneuerten Bern und Freiburg nicht sogar ihren Vertrag mit Petterlingen im Jahr 1532? Ein sehr merkwürdiger Umstand, da dieser Zeitpunkt den Ereignissen von 1536 so nahe ist, von denen ich Sie, mein Herr, in einem folgenden Briefe unterhalten werde?*

Der Besiz dieses Rechts zeigt deutlich, daß die Herzoge von Savoyen eher die Schirmherren der Wadt (wie auch Bern eine Zeit lang unter ihrer Schirmherrschaft stand) – als seine Herren im vollen Sinne des Worts waren. Dadurch wird die Nothwendigkeit der Reversalien begreiflich, die jedesmal von unsern Voreltern gefodert wurden, wenn sie ihnen Subsidien, Soldaten, oder sonst die Ausübung einer wichtigen Staatsgewalt bewilligt hatten. |

Die Finanzen der Wadt theilten sich in drei Klassen; den Fiscus des Fürsten, die Domänen der Provinz, und die Domänen der Gemeinden.

Die Herzoge von Savoyen zogen sehr wenig aus ihrer Baronie Wadt, und oft gar nichts. Sie besassen in seinem ganzen Umfang das Recht der Afterlehenschaft, die Lehenschaft in dem Gebiet der Städte, und nicht in den Städten selbst; denn ausser einem Becher Wein, der 3 oder 4 Sous werth war, und bei jedem Hauskauf bezahlt wurde, war man kein Lob** schuldig.

Sie hatten auch noch einige besondere Lehen; sie hatten die Einnahme der Zollstätte, die wegen des geringen Umfangs des Handels, und vorzüglich wegen der Einschränkung durch einen Tarif, an dem sie nichts ändern konnten, sehr unbeträchtlich war; endlich die Strafgelder, wovon die höchsten nicht über fünf Gulden gehen

* Dieses Recht der freien Städte, und daß es mit der Oberherrschaft von Fürsten über dieselben zusammen bestand, ist zu bekannt, als daß es nöthig wäre, Beispiele anzuführen; desto wichtiger ist es, vor Augen zu behalten, daß die Städte der Wadt solche freie Städte waren.

** L a u d e m i u m , lod, der deutsche Name, Lob, Löber, ist in der Schweiz gewöhnlich.

sollten, auch nahmen sie diese, wie auch die Konfiskationen, die in gewissen Fällen eine Folge der Todesstrafe, oder des überwiesenen Lehensbruchs waren, nur in ihren eigenthümlichen Gerichtsbarkeiten ein. |

Es ist eine wichtige Bemerkung, daß das Salz, das fast in ganz Europa verzollt wird, und auf dem auch in Piemont, in Savoyen, in Bugey, in Bresse, und im Lande Gex, damals Provinzen des Herzogs, ein Zoll lag, daß, sage ich, der Verkauf des Salzes in der Wadt keiner Abgabe unterworfen war, sondern der Handel damit jedem Bürger offen stand.

Für diese Vortheile waren dagegen die Herzoge von Savoyen verbunden, die Landstrasen zu unterhalten; ausserdem daß diese Schuldigkeit eine Folge des Zollrechtes ist, so wird sie auch durch eine Urkunde vom 27ten Febr. 1430, und durch eine mehrere Jahrhunderte lange Uebung bewiesen. Sie besoldeten auch die Maréchaussées, oder Geleitsmänner, und liessen die peinliche Gerichtspflege in allen ihren Städten auf ihre Kosten verwalten.

Die Einkünfte des Landes waren unendlich beträchtlicher, als die Einkünfte, die die Herzoge von Savoyen zogen; denn Einkünfte des Landes nenne ich die Einkünfte aus unsern Kirchengütern, weil jeder von uns eine gleiche Fähigkeit, sie zu besizzen, hatte, indem uns das Recht der Nuzniesung zustand, und weil wir sie wirklich besassen. Sie waren reicher begabt, als die meisten, die irgendwo in einem so kleinen Striche Landes liegen; ich nehme selbst Flandern nicht aus. Ueberhaupt konnten wir damals unsere Voreltern wegen dieser Frömmigkeit nicht tadeln; denn einen so grossen Antheil daran die Liebe zu Gott hatte, so war dadurch die Liebe zu ihren Familien oder Mitbürgern vielweniger verlezt, als man dem ersten Anschein nach glaubt.

Ohne von dem Hochstift Lausanne zu sprechen, das fast immer mit einem Eingebohrnen der Wadt besezt war, – war nicht einer der unsrigen Probst oder Stiftsherr zu Romainmotiers, Grandson oder Balance, zu Etoy, Peroy, St. Georg, Divonnes, Kommenthur zu Chaux, Abt in Peterlingen, Beaumont, Haucret, | Oujon, am Lac de Joux, Saint Sulpice, Montheron, Stiftsherrn, die die Einkünfte mehrerer Herrschaften zogen, oder Pfarrer eines Kapitels, der die Zehenten zog u. s. w.? Die Güter unserer Kirchen waren also nicht für unsere Familien verloren, sondern sie zirkulirten in denselben, bereicherten mehrere, und trugen immer zur Unterstüzzung der Armen bei. Ich habe also Grund zu sagen, daß wir ein reiches Provinzial-Eigenthum hatten.

Ausserdem hatte jede Gemeinde, wie heutiges Tags, noch ein besonderes Eigenthum, das in einigen für ihre Bedürfnisse hinreichte, in mehrern einen Ueberschuß abwarf, der die gemeine Masse von Reichthum vermehrte, indem er unter die Mitglieder der Gemeinde vertheilt wurde. – Alle hatten Güter, oder eine Kasse, die zum Unterhalt der Armen bestimmt war; jede Stadt hatte auch noch ein Spital; es gab deren sogar in mehrern Dörfern.

Durch diese weise Vertheilung, die jedem Theile des Staats ein Eigenthum bestimmte, fand der Fürst die Kirche, die Gemeinden, jedes in dem seinigen die ihm nöthigen Hülfsquellen, ohne daß der eine in das Eigenthum des andern Eingriffe machen konnte, und ohne daß weder das Land, noch die Gemeinden, noch die Einzelnen irgend einer weder direkten noch indirekten Auflage unterworfen waren.

Eine so vorzügliche Einrichtung hatte auch die Folgen, die noch jezt sichtlich sind. Diese Kette von Städten, die an dem Gestade unseres Sees in der Entfernung von zwei zu zwei Stunden sich aneinander anreihen; diese Menge von Dörfern, die sich fast berühren, und unser Land in seiner ganzen Ausdehnung bedekken, sind nicht in den lezten Jahrhunderten angelegt worden. Wir waren damals so viel, als was wir jezt sind, aber wir sind nicht mehr, was wir damals waren. |

ZWEITER BRIEF.

Lyon, den 25. Nov. 1792.

Mein Herr!

Ich will mich nicht in die zu geringfügigen einzelnen Umstände einlassen, welche die Ursache wurden, daß der Staat von Bern in die Rechte des Hauses Savoyen über die Wadt eintrat. Die schimpflichen Ausschweifungen der Geistlichen, die allgemeine Verachtung, in die sie gefallen waren, der Reiz der Reformation, oder vielmehr der Reiz der Güter, die einige Ehrgeizige selbst unter uns dadurch zu erhalten sich versprachen; der Krieg, den Franz der Erste zu gleicher Zeit mit dem Herzog von Savoyen führte, die unsern Voreltern gegebene Versicherung, daß ihre Privilegien in Ehren gehalten werden sollten, die Macht, die | unschäzbare Macht des vortheilhaften Augenbliks – alle diese Ursachen haben mehr oder weniger dazu beigetragen.

Die ersten Schritte der Schweizer zur Freiheit kündigten Gemeingeist, und alle die Tugenden an, die in seinem Gefolge sind. Sie wollten keine fremde Landvögte, und schikten sie, ohne irgend eine Mißhandlung, fort.

Uri, Schwiz und Unterwalden gelobten sich gegenseitigen Beistand, und zugleich dem Reich und seinem Oberhaupte Gehorsam; sie verlezten die Feudalrechte einiger Herrschaftsherren nicht; sie verlangten nur den Genuß ihrer ausgemachten Rechte. Da man ihnen dies mit Stolz abschlug, da einige eingekerkert, einer derselben zum Tode verurtheilt, andere verbannt wurden, so schüttelten sie endlich das Joch ab.

Sie befreiten auch ihre Nachbarn, die Bewohner von Glaris, rükten bewafnet daselbst ein, vertrieben die Oesterreicher, und hüteten sich wohl, von Eroberung zu sprechen. Ihr seyd unsere Brüder, sagten sie zu den Glarnern, nehmet Theil an unserem Glück, seyd frei, wie wir.

So wie der Krais des Bundes sich erweiterte, und ihre Kräfte sich entfalteten, so nahm die Stärke der Kantone, deren Anzahl auf 8 gestiegen war, einen andern Charakter an.

In der Zwischenzeit verbrannten sie Burgen, und führten mit dem Adel einen kleinen Krieg, der diesen allmählig ausrottete, sie kriegerisch machte, und zu grössern Unternehmungen vorbereitete.

Ihr Bündniß mit Ludwig XI. befestigte ihr Glük, und öfnete ihnen eine neue Laufbahn. Es ist schmerzlich zu sehen, daß ein Tyrann sich freier Hände bedient, | um seine Allmacht zu befestigen, und schwachen Republikanern die Mittel zu einer unumschränkten Herrschaft in die Hand giebt, die dem Geiste ihrer eigenen Regierung gerade entgegen ist. Ich sage nichts mehr darüber, aber es wäre sonst ein reichhaltiges Kapitel. Der erste Vertrag der Könige von Frankreich ist vom Jahr 1474.*

Ludwig XI. verspricht darin, den löblichen Kantonen in allen ihren Kriegen, und vorzüglich gegen den Herzog von Burgund, beizustehen, ihnen, so lang er lebe, als Beweis seines Wohlwollens gegen sie (pour Marque de sa charité,) die Summe von 90,000 jährlich, und 20,000 rheinischen Gulden vierteljährlich, wenn sie mit dem Herzoge im Kriege begriffen wären, ausbezahlen zu lassen. Die Niederlage bei Grandson, und die Schlacht bei Murten, waren 2 Jahre darauf die Folge dieses Vertrags.

Die Nachfolger Ludwigs XI. sezten um so mehr Werth auf das Bündniß mit den Schweizern, da diese im Stande waren, ihre Ansprüche auf das Herzogthum Mailand zu unterstüzzen. Ihre Freundschaft wurde gleich stark von Karl VIII., Ludwig XII., Franz I., Karl V. und dem Pabste auch von den unglücklichen Herzogen von Mailand gesucht. Man muß gestehen, daß sie sich damals an denjenigen verkauften, der am besten bezahlte, und mehr als einmal wendete das Geld die Pike eines Bruders gegen die Brust des Bruders. |

Der Herzog von Savoyen, der sich genöthigt sah, zwischen zwei gleich mächtigen Fürsten eine Parthei zu ergreifen, schlug sich auf die Seite Karls des Fünften; sogleich fiel Franz I. alle seine Staaten diesseits und jenseits der Berge an; La Bresse, Bugel, ein Theil von

* Histoire de France par Garnier t. 18. p. 119.

Savoyen, Piemont, wurden seine Beute. Der Herzog wurde in solche Dürftigkeit versezt, daß seine Gesandten, die er zum Reichstage nach Speier geschikt hatte, damit anfiengen, ihren Fürsten zu entschuldigen, daß er nicht in Person erschienen sey, er wußte, sagten sie, die Reisekosten nicht aufzutreiben.*

Unter diesen Umständen rükten die Berner in die Wadt ein, durch sie wurde der Einfall eben so leicht, als die Treue unserer Voreltern, unmächtig; ich weihe diese Erzählung ihrem Andenken; sie thaten alles, was die Umstände ihnen zu thun erlaubten, alles, was ihnen mit Recht wichtig war; sie waren bemüht, dessen versichert zu seyn, daß ihre Verfassung bliebe.

Der Geist der Unruhe, der in Genf so oft geherrscht hat, schreibt sich von alten Zeiten her. Bald im Streit mit ihren Bischöffen, bald mit den Herzogen von Savoyen, die eine Gerichtsbarkeit darin hatten, hatten sich die Genfer, wie Lausanne, Peterlingen, und Wivlisburg, durch ein Bündniß mit Bern und Freiburg verstärkt. Diese Verbündeten kamen Genf mehreremale mit ihrem Rath, ihrer Vermittelung und ihrer Macht zu Hülfe. Unter den Verträgen, die aus dieser Veranlassung nach einander gemacht, und fast eben so bald wieder gebrochen wurden, ist besonders der Vertrag von St. Julien wichtig, der im Jahr 1530 geschlossen wurde. |

Es ist darin ausgemacht, daß im Falle die Genfer von Unterthanen des Herzogs angegriffen oder beschimpft, und man ihnen Gerechtigkeit verweigern würde, so solle der Herzog verbunden seyn, das Wadtland den Städten Bern und Freiburg zu überlassen; welches ihnen als Eigenthum verbleiben soll, so wie es dieser Fürst besizt, wenn es durch eine zu veranstaltende gerichtliche Untersuchung sich ergebe, daß er dem Vertrag zuwider gehandelt habe.

Nach allen diplomatischen Gesezzen, die seit Jahrhunderten in Uebung sind, ist es augenscheinlich, daß der Herzog, der aller Orten unterlag, auch zu Genf Unrecht haben mußte. »Schon im Jahr 1534 schrieben die Herren von Bern an die Stände der Wadt, – an diese Stände, von denen man heut zu Tage nichts wissen will; sie

* Histoire de France tom. 25. pag. 396.

baten sie, sich nicht in diese Sache zu mischen. Auch alsbald hierauf der Herzog diesen Ständen den Befehl zuschikte, gegen Genf zu einer neuen Unternehmung zu marschieren, so wollten sie nichts damit zu thun haben, und diese Weigerung ist zum Theil schuld, daß die Unternehmung fehlschlug.« Dies erzählt uns der gute Ruchat in einer Geschichte, die nach Materialien verfaßt ist, welche ihm die gnädigen Herren dazu gaben, und deren Zueignung sie angenommen haben.

Das obige beweißt, daß Bern Einverständnisse in der Wadt hatte, und eben so beweisen es die Belohnungen, die hernach mehreren Wadtländern von ihnen gegeben wurden. Aus hundert Beispielen wähle ich nur eins. Der General Nägeli hatte seinen Spaziergang in unser Land nicht so bald vollendet, als er den Edlen | Chaillet de Peroy mit der Herrschaft St. Georg belehnte, dieser hinterließ eine Tochter, die einen de Martines heurathete. De Martines, der zu einem fünfjährigen Gefängniß verurtheilte de Martines, weil er ein sehr schlechtes Lied sehr schlecht gesungen hatte, stammt aus dieser Heurath ab.

Die Stadt Lausanne begünstigte vorzüglich den Einfall, den die Berner vorhatten. Da sie beständig mit ihrem Bischof in Prozeß war, so mußte sie glauben, durch die Vereinigung ihrer Macht mit der Macht ihrer Bundsgenossen, für sich selbst zu arbeiten, und zu einer völligen Unabhängigkeit zu gelangen.

Die Berner, die einmal behaupteten, der Herzog von Savoyen habe den Vertrag von St. Julien verlezt, sezten sich den 22ten Januar 1536 in Marsch; ihre Truppen besezten die Wadt, das Land Gex, einen guten Theil von Chablais, und sogar das Bisthum Genf; sie zogen nach 14 Tagen, nämlich den 5ten Februar, aus dieser Stadt wieder ab, und waren vor Ende des Monats zurük in Bern.

Es fiel in dieser kurzen Expedition weder ein Widerstand, noch Schlacht, noch Niederlage vor.

Der Vertrag von St. Julien sicherte zum voraus das Schiksal, die Rechte und Freiheiten der Wadt. Die Stadt Peterlingen, die alte Bundsgenossin der Berner, gab allen andern das Beispiel; sie bot den Bernern ihre Dienste an, leistete ihnen die Huldigung, die sonst der Herzog von Savoyen von ihr empfieng, und erhielt von ihnen eben die Versprechungen in Rüksicht ihrer Freiheiten. Peter Metral, | Schultheis von Peterlingen, wurde sogleich in seinem Amte bestätigt, und die Stadt vereinigte hierauf ihre Truppen mit den Bernischen.

Den folgenden Tag schikten die benachbarten Städte, Milden und Rue, Abgeordnete, liessen sich die Versicherung geben, daß der Vertrag von St. Julien genau würde beobachtet werden, und unterwarfen sich auf diese Bedingung. Ihre Stadtverfassung sollte auch in nichts verlezt werden, und sie mußten dies um so mehr glauben, da Claude von Clana, Herr von Villardins, einer ihrer Abgesandten, sogleich zum Landvogt und Statthalter des Wadtlands gemacht wurde.

Eine piemontesische Besazzung, die übrigens die Berner in ihrem Zug nicht aufhielt, erlaubte ihnen nicht, sogleich auch die Stadt Morsen in Besiz zu nehmen; aber die Abgeordneten derselben kamen nach St. Julien, wo das Heer damals stand, und thaten die gleichen Schritte, wovon ihnen Peterlingen, Milden und Rue das Beispiel gegeben hatten; sie liessen sich die Versicherung geben, daß die Privilegien des Landes in ihrem ganzen Umfang aufrecht erhalten werden würden, und unterwarfen sich unter dieser ausdrüklichen Bedingung.

So machten es alle Gemeinden des Landes. Alle hatten die gleichen Rechte, alle nahmen an den gleichen Versprechungen Antheil; alle haben noch die gleichen Rechte; denn ich glaube nicht, daß man behauptet, eine einzige sey unter andern Bedingungen besezt worden, und in jedem Fall verlangte ich den Beweis davon. |

In ruhigern Zeiten drükte der Bernische Staat diesen Versprechen, die den Grund unserer Verbindung ausmachen, das Siegel auf, und bestätigte sie; er fertigte darüber den 11ten April 1537 der Stadt Morsen die Urkunde aus; sie ist in folgenden Ausdrükken verfaßt:

»Nachdem wir die Bitte der Edeln, unserer lieben und getreuen Unterthanen der Stadt Morsen vernommen haben, die uns heute durch ihre Gesandtschaft vorgelegt worden, und des Inhalts ist, daß wir ihnen Briefe und Urkunden über das ausstellen möchten, was ihnen durch unsere Befehlshaber zu St. Julien, als sie sich uns unterwarfen, betreffend ihre Rechte, Freiheiten, und Vortheile versprochen worden ist:

Da wir hierauf ihr Ansuchen gegründet gefunden haben, so haben wir gedachte Versprechungen ratificirt und bestätigt, nämlich, wir für uns und unsere Nachkommen, wollen die gedachten von Morsen, und ihre Nachkommen, in ihren guten, billigen und vernünftigen Rechten, Freiheiten und Herkommen lassen und erhalten.«

Diese Urkunde ist also die geheiligte und unerschütterliche Grundlage unserer Verfassung, der Mittelpunkt, der unser Land an die Regierung, und die Regierung an unser Land knüpft, indem sie ihre gegenseitigen Rechte und Verpflichtungen festsezt.

Wir sind Unterthanen des bernischen Staats geworden, weil und insoweit er uns in unsern Privilegien, Freiheiten und Herkommen erhalten wird, so, wie wir sie unter den Herzogen von Savoyen besassen. |

Sollten wir nicht an die ununterbrochene Erfüllung dieser Versprechungen glauben? Nicht ein König machte sie uns; sondern unsers gleichen, unsere alten schweizerischen Brüder, die, wie wir, Unterthanen der Herzoge von Zähringen, und der Grafen von Savoyen, und dann Bundsgenossen von mehreren unserer Städte gewesen waren; mit einem Wort, es waren Schweizer, die so eben das Joch des Hauses Oesterreich abgeschüttelt hatten, weil ihre Privilegien von demselben verlezt worden waren.

Man spreche also nur nicht mehr von Eroberung, man untersuche nicht, was für Rechte dem Sieger, kraft derselben, zukommen. Wenn Bern aus diesem Rechte auf die Herrschaft über uns Anspruch gemacht hätte; wenn es dies hätte merken lassen, so hätten unsere Voreltern wohl eingesehen, was sie zu thun gehabt hätten.

Aber der ehrwürdigste Vertrag versichert uns die Erhaltung aller unserer Rechte, und aller unserer Privilegien, nicht ein einziges wurde ausgenommen. Dies ist unser, und zwar unser vornehmster Rechtstitel, er ist in allen unsern Archiven, er ist gleichstark in unserm Gedächtniß und in unsern Herzen abgedrükt. Jahre, Jahrhunderte sind seitdem verflossen, aber sie haben die Charaktere desselben weder auslöschen, noch im geringsten verwischen können. |

DRITTER BRIEF.

Lyon, den 9. Dez. 1792.

Die Schlacht bei Murten, die für die Schweizer so ruhmvoll war, bewirkte eine Veränderung der Einfachheit ihres Charakters. Karl, einer der reichsten Monarchen Europens, ließ einen Theil seiner Schäzze, die er nach damaliger | Sitte mit in den Krieg nahm, auf den Schlachtfeldern von Grandson und Murten; der Diamant von Sancy, der auf eine Million und 800,000 Liv. geschäzt wird, befand sich unter der Beute. Das Gold Oesterreichs und Frankreichs, das in der Folge in alle Kantone verspendet wurde, die Pensionen, die an ganze Räthe und Gemeinheiten von einer und oft von den beiden rivalisirenden Mächten bezahlt wurden, bald um Truppen zu erhalten, bald, daß sie sich nicht an die feindliche Macht verkauften – alle diese Arten der Bestechung machten die Schweizer eben so geldgierig, als sie vorher arm gewesen waren; das Sprichwort: Kein Geld, kein Schweizer, bezeichnete ihre Sitte; sie wurden die Flibustiers des festen Landes.

Meine Absicht ist nicht, ihr Andenken zu verläumden. Aber es ist wichtig, den Hang der Menschen in diesen Zeiten anzugeben, und dadurch die wahre Ursache der schnellen Eingriffe in den Vertrag aufzuzeigen, vermöge dessen die Wadt unter die Regierung der Berner kam. Der Hunger nach Reichthümern erlaubte ihnen weder gemässigt, noch gerecht zu seyn. Hätten sie das Wadtland nach seiner Verfassung regiert, so hätten sie nur sehr wenig daraus gezogen. Der Baron der Wadt zog daraus wenig für sich, und so viel, als dem Ehrgeiz eines Fürsten genügte, konnte eine Stadt nicht befriedigen, worin jeder es seyn wollte. Sie überliessen sich also ohne Zurükhaltung dem Geist der Zeit. |

Die Plakkereien, die die Genfer von ihrem Bischof und den Herzogen von Savoyen zu leiden gehabt hatten, waren, wie oben gesagt worden ist, der Vorwand der Bewafnung der Berner im Jahr 1536. Der Herzog hatte sie zu diesen Zeiten nicht gereizt, denn er hatte sich gegen einen Einfall der Franzosen zu vertheidigen, den er nicht abwehren konnte. Der Bischof nicht; denn dieser hatte sich längst geflüchtet. Dennoch eigneten sich die Berner als ihre That das zu, was Wirkung der Umstände war, und behaupteten, daß sie durch das Recht der Eroberung die Rechte des Bischofs und des Herzogs erworben hätten. Sie kündigten an, daß, da sie jezt in die Stelle dieser beiden getretten seyen, die Genfer, zu deren Vertheidigung sie gekommen waren, die Genfer, ihre bisherige Bundsgenossen, von nun an ihre Unterthanen seyen, sie nahmen sich vor, aus dieser Stadt eine Landvogtei zu machen, und nahmen sogar bei ihren Gerichtshöfen eine Appellation von einem Urtheil an, das von Genfern gefällt worden war; nur nach einem langen Streit, nach dem Empfang einer Summe Geldes, nach Errichtung eines Vertrags, durch den diese Stadt sich anheischig machte, eine Besazzung von Bernern einzunehmen, so oft diese es für gut finden würden, dann erst liessen ihre gute und getreue Bundsgenossen es sich gefallen, die Unabhängigkeit Genfs anzuerkennen.

Wivlisburg, Peterlingen, und Lausanne waren, ob sie schon in den gleichen Verhältnissen sich befanden, nicht so glüklich. Lausanne besonders, das durch Vereinigung seiner Waffen mit den Waffen der Stadt Bern, und durch mannichfaltige Begünstigung ihrer Unternehmung, das Joch des Bischofs abzuschütteln hoffte, änderte es nur. Die Berner überliessen gütigst an Lausanne ein kleines Abschnitsel von den Kirchengütern des Bißthums, die eigentlich, den Einwoh|nern von Lausanne und den Glaubigen, die diese Kirche ausmachten, ganz zugehörten. Die Stadt, die damals arm war, erhielt einen idealischen Zuwachs an Eigenthum, und verlohr in viel grösserem Verhältniß an politischen Rechten. Seit jenem Zeitpunkt sind seine Stände nie wieder zusammen berufen worden.

Wenn dies das Schiksal der Verbündeten Berns war, wie mußte erst das Schiksal desjenigen Theils der Wadt ausfallen, das mit Bern gar nicht verbündet war? Gleich in diesem Jahr wurden die Wadtländer genöthigt, die Reformation anzunehmen, und wenn sie auch dabei ihre Einwilligung gaben, so weiß man schon, wie es mit solchen Einwilligungen für eine Beschaffenheit hat.

Da die Kirche den größten Theil der Lehen des Landes besaß, so beredete man die Einwohner, sie werden von ihrer Lehenspflicht befreit werden; man hatte diese Lokspeise schon den Bewohnern des deutschen Kantons vorgesezt; und die Täuschung ihrer Hoffnung, die sie lange murren machte, wurde endlich eine Hauptursache des Aufstands, der im Jahr 1653 ausbrach, und den man gewöhnlich den Bauernkrieg nennt. Die wahre Ursache der Reformation liegt in der reichen Beute, die ihre Beförderer sich davon versprachen.

Unsere Kirchengüter wurden sekularisirt, – nicht, um den schimpflichen Verschwendungen eines verdorbenen Hofes zu dienen; die Schulden des Herzogs giengen uns nie etwas an; – sie wurden nicht sekularisirt, um die Schulden der Wadt zu bezahlen, sie war keinen Heller schuldig – auch nicht, um den Familien, die diese Stiftungen gemacht hatten, oder dem Lande, das alle repräsentirte, heimgegeben zu werden.

Unsere kirchliche Stiftungen wurden sekularisirt, um aristokratische Stiftungen daraus zu machen. Die heiligen Gefäse, das andere Geräthe, die metallenen | Heiligen, die kostbaren Verzierungen der bischöflichen und der Klosterkirche, wurden nach Bern gebracht; und diese Gaben, die die Frömmigkeit unserer Voreltern Gott dargebracht hatten, wurden in lange goldne Ketten und andern weltlichen Puz verwandelt, der lange zum Luxus der Bernischen Familien diente. Diese waren es, die an die Stelle der Diener der Religion traten, sie sind es, die seitdem und noch in unsern Tagen, mit Ausschliesung der Eigenthümer – der Familien und des Landes allein den Genuß unserer Kirchengüter haben. Bernische Landvögte repräsentiren heut zu Tage unsern Bischof, unsere Prioren, unsere Aebte, unsere Stiftsherren und unsere Klöster. Sie repräsentiren diese Konvente keuscher Mädchen, die ihre schlaflosen Nächte, ihre Gebete, ihre Jungferschaft Gott weihten. Welche Repräsentation! wenn sie sie wenigstens nur in Ansehung des geistlichen vorstellten, aber noch einmal, sie allein ziehen alle Einkünfte.

Offenbar in diesem Sinne nennen die Berner diese Begebenheit die glükliche Reformation; gewiß, wenn sie für sie glüklich war, so war sie es nicht für uns; nicht allein sind wir des Genusses unserer

Kirchengüter beraubt worden; sondern der Reformation ungeachtet bezahlen wir noch alles, was wir zur Zeit der katholischen Religion bezahlten, und vielleicht mehr, wenn schon die Ursachen der meisten dieser Zinse, die in ihrem Princip ein Mißbrauch waren, nun ganz weggefallen sind. Es giebt Familien, deren Voreltern sich anheischig gemacht hatten, an die Diöcese oder an den Pfarrer des Kirchspiels jährlich ein gewisses Geld zu bezahlen, um das Recht zu haben, in einer eignen Kapelle sich Messe lesen zu lassen, und diese Familien bezahlen es unter dem Titel eines herrschaftlichen Zinses noch heut zu Tage, und ohne es zu wissen. Ich kenne eine, die jährlich einen Zins von einigen hundert Maas Wein bezahlt, der unter der Be|dingung ausgemacht worden war, daß in einer gewissen Abtei, zum Besten der Seelen der vergabenden Familie, die im Fegfeuer seyn könnten, alle Monate eine Messe gelesen würde. Bern hat das Fegfeuer und die Messe abgeschafft; aber der hochgeachte Herr Landvogt zieht alle Jahre den Zins.

Hier gehörten grosse Waldungen zum Pfarrgut, und reichten für alle Bedürfnisse des Pfarrers überflüssig zu; heut zu Tage, da diese Domaine vom Staate verschlungen, oder sein Lehen geworden ist, müssen diese Gemeinden für die Feuerung ihrer Pfarrer noch einmal das Kapital errichten, oder was aufs nämliche hinaus läuft, sie müssen ihm die Feuerung liefern.

Da die grossen Stiftsherren sich in dem größten Theile Europens die Zehenten angemaßt hatten, und die Pfarrer von jenen grossen Zehentherren auf eine kleine Besoldung gesezt waren, so sammelten sich diese von der Wohlthätigkeit noch einen kleinen Beitrag, sie benuzten die Zeit, wenn der Landmann seine Erndte eingethan hatte, traten andächtig in seine Scheune, und segneten den Kornhaufen. Der fromme Bauer gab ihnen einen Schwaden Aehren. Diese anfangs freiwillige Gabe wurde in der Folge als eine Schuldigkeit gefodert. Ich weiß, daß in mehrern katholischen Ländern der Mißbrauch reformirt worden ist; aber in unserm reformirten Lande ist der Mißbrauch befestigt worden, indem der vorgebliche Zins in ein Herrschaftsrecht verwandelt, und sogar auf mehrere Güter als Bodenzins ausgedehnt worden ist. Eine Menge unserer Gemeinden haben Vorstellungen gemacht und prozessirt; Vorstellungen und Prozesse waren vergeblich. Ihre Angehörigen bezahlen seit 256 Jahren die Kosten einer Zeremonie, die nimmer geübt wird. – Alle sind zu beständigen Fuhren für die Erhaltung des Baues der in Schlösser verwandelten Klöster verbunden, ungeachtet in den | katholischen Zeiten die meisten dies nicht schuldig waren. Ich kenne eine, die in weniger als 2 Jahren gegen den ausdrüklichen Inhalt der Urbarien, nach denen sie von dieser Last frei ist, dreitausend Gulden dafür ausgegeben hat. – Die guten Unterthanen, die geschmeichelten beliebten Unterthanen, sind die verhaßten Vampire, die diese Mißbräuche begünstigen, und dabei gewinnen. Aber der rechtschaffene Mann, der sie bekämpft, der die öffentliche Ordnung und selbst die Festigkeit der Regierungen in der Achtung des Eigenthums findet, ist ein gefährlicher Mann, man proskribirt ihn.

Durch nichts war diese Achtung des Eigenthums mit der Reformation unverträglich geworden. Man ziehe alle Lehrer des Kirchenrechts zu Rathe, ungeachtet ihrer erstaunlich abweichenden Meinungen, kommen wenigstens alle darin überein, daß die kirchlichen Einkünfte in drei Theile getheilt werden sollten; sie bestimmen den geringsten für den Unterhalt der Kirchendiener; den beträchtlichsten für den Unterhalt der Armen, und den dritten für die Unterhaltung und Wiederaufbauung der Kirchen. Ich gestehe, daß der erste Endzwek getreu erfüllt wurde; zuverlässig haben unsere Geistliche nur den kleinsten, den allergeringsten Theil der Einkünfte unserer Kirchen; freilich sind sie die Kinder derselben, sie sind aus der Wadt. Was die Armen betrifft, so theilen ihnen die gnädigen Herren davon mit; aber ich zweifle, ob sie den 500sten Theil derselben ziehen. Ihre Gemeinden, denen sie zugewiesen werden, werden von ihnen belagert, sie selbst sind schlecht unterhalten, welches vor der glükseligen Reformation nicht der Fall war. Was die Ausbesserung oder Wiederaufbauung der Kirchen betrifft, so liegt sie an den meisten, ich glaube an allen Orten, auf den Gemeinen; ich | kenne deren sogar mehrere, die sich durch die Wiederaufbauung ihrer vor Alter zusammenfallenden Tempel ganz ruinirt haben. Durch diese Einschränkungen war es dann möglich, daß Bern, geschikter als alle kanonische Doktoren, noch einen vierten Theil von unsern Kirchengütern machte; und gewiß, dies ist der Theil des Löwen. Ich will damit nicht sagen, daß die 13 Landvögte der Wadt dreizehen Löwen seyen.

Die Geschichte giebt uns nur zwei Beispiele eines Volks, das im Lauf eines Jahres Verfassung und Religion zu ändern gezwungen wurde; das erste Beispiel wurde nicht durch einen Menschen, sondern durch einen heiligen, einen von Gott ausdrüklich gesandten Propheten gegeben; mit einem Wort, von Mahomet. Die Berner, ohne Heilige zu seyn, haben das zweite gegeben, oder vielmehr, sie liessen es durch die Wadt geben. Auch verlangte Mahomet für sich nur Huldigungen; eignete weder sich, noch seiner Familie, noch den Bewohnern von Medina oder Mekka ausschließlich die Einkünfte der Tempel zu, die er in Kirchen des wahren Gottes verwandelte.

Mein Herr, ich werfe die Augen auf alle Monarchen, die im 16ten Jahrhundert lebten, ich werfe sie auf die, die heut zu Tage regieren. Ich finde keinen einzigen, der es gewagt hätte, oder jezt es wagte, einer Provinz ihre Kirchengüter wegzunehmen, oder auch nur aus eigner Gewalt die Anwendung derselben zu verändern.

Heinrich VIII., dieser Tyrann, der drei seiner Gemahlinnen auf das Schaffot schikte, – mußte bei seiner Kirchenreformation die Erzbißthümer, Bißthümer, Stifter und Pfründen mit allen ihren Einkünften bestehen lassen – wenn einige | Klöster aufgehoben wurden, so geschah dies nicht zum Vortheil der Barone, oder einer privilegirten Rasse.

In den verschiedenen Theilen Deutschlands, die die Reformation annahmen, in den Niederlanden, wurde es in dieser Rüksicht nicht anders gehalten. Wenn wir auf unsere Zeiten sehen, gieng das Haus Oesterreich, das beständig wegen seines Despotismus verschrieen wird, je so weit, als Ihre Voreltern thaten? Joseph II. zog einige brabantische Klöster ein; aber er machte aus ihren Einkünften keine Pfründen für den belgischen, vielweniger für den österreichischen Adel; er kündigte vielmehr an, daß er die Kapitalien zu Stiftungen für das allgemeine Beste verwenden würde, und ich glaube, er that es; und doch empörten sich diese Provinzen gegen dies Unternehmen, sie nannten es einen kirchenräuberischen Anfall ihres Eigenthums, über welches sie allein das Recht hätten zu verfügen.

Die Beeinträchtigungen, die wir erlitten haben, sind schreiend, und wenn schon zweihundert und 56 Jahre seit jener ungeheuern Zerrüttung verflossen sind, so ist die Wunde, weit entfernt, sich vernarbt zu haben, nur immer tiefer gewor|den. Wie dumm, oder wie unredlich sind die Menschen, die uns damit trösten wollen: ehemals wurden bei euch aus den Kirchengütern die Kosten des Gottesdienstes bestritten, jezt trägt sie der Staat, und was liegt euch an der Veränderung des Gottesdienstes, wenn er euch nur nichts kostet? – Mit der Verschiedenheit des Gottesdienstes will ich mich nicht aufhalten; diese Untersuchung gehört nicht für einen Layen; es ist für mich genug zu wissen, daß gelehrte Disputationen diesen Gegenstand zu seiner Zeit ins Licht gesezt haben, daß die Kathedralkirche zu Lausanne der Schauplaz derselben war; ungeachtet nur der hundertste Theil der Nation dabei zugegen war, so bekamen dadurch doch die übrigen auch die Ueberzeugung, daß der Pabst Unrecht, und Kalvin Recht habe; ich glaube dies so gut, wie diejenige unserer Voreltern, die dabei zugegen waren, es glaubten; auch so gut, als die, die nicht dabei waren. Aber was die Ausflucht betrifft: was liegt euch daran, wenn es euch nur nichts kostet – das ist eine andere Sache, oder vielmehr, das ist die Sache. Es kostet uns viel, und diese Erinnerung wird unser Glück vergiften, so lange die Ursache derselben bleiben wird.

Wenn ich recht gezählt habe, so sind 131 Diener des heil. Evangeliums in der Wadt, die vom Staate besoldet werden, die ehrwürdige Akademie von Lausanne mitgerechnet.

Ihre Einkünfte belaufen sich von 800 bis 1400 Franken, worunter auch der Ertrag der liegenden Güter, die zu der Pfarre gehören, mitbegriffen ist. Ich nehme die Mittelsumme also zu 1100 Franken, ich will auch noch annehmen, daß dieser ganze Werth der Besoldung eines Pfarrers jährlich vom Staate bezahlt wird, so, daß der Ertrag der zur Pfarre gehörigen Güter als Equivalent der Kosten | für die

Unterhaltung der Pfarrhäuser, – hier nicht in Abzug gebracht wird; die jährliche Ausgabe steigt also auf 189 tausend einhundert Livres.

Halten wir gegen dies Resultat die Rechnung der Einnahme. Alle Pfarreien, die heut zu Tag existiren, existirten schon vor der Reformation, unabhängig von den Kapellen, die zu ihnen gehörten. Die meisten waren reichlich dotirt; ich kenne mehrere, die unabhängig vom Pfarrgut, das Zehendrecht auf dem ganzen Kirchspiel hatten, und ihn in einer Menge Dörfern zogen, so, daß der Staat in den Gütern unserer alten Pfarreien nicht nur einen hinlänglichen Fond unsere Pfarrer zu besolden, sondern noch einen beträchtlichen Ueberschuß gefunden hat. Die ungeheure Einkünfte unseres Bißthums, unserer Klöster, unserer Priorate und unserer Abteien kommen also ganz, und ohne Abzug, an einige Berner Familien; ich werde in einem folgenden Briefe beweisen, daß der Staat den wenigsten Nuzzen davon hat. |

Unglüklicherweise ist dies alles nur eine Kleinigkeit. Die reiche Beute unserer Kirchen, sollte man denken, hätten den Durst der Berner gestillt, aber er wurde dadurch noch mehr gereizt. Der Herzog von Savoyen hatte sich auf einen gewissen Fall anheischig gemacht, ihnen die Summe von 60,000 Thlr. zu bezahlen; die Hypotheke derselben waren seine Rechte auf das Wadtland. Die Berner foderten von unsern Voreltern die Bezahlung dieser Summe.

Und doch giengen die Schulden des Herzogs uns ganz und gar nichts an; er hatte dies durch verschiedene feierliche Urkunden anerkannt; ich habe in meinem ersten Brief eine angeführt. Er konnte die Ländereien, die er in der Wadt hatte, verpfänden, aber nicht die Wadt, die nur ihr selbst gehörte. |

Bern war nun im Besiz der Hypothek. Sich der Hypothek bemächtigen, und noch das Kapital fodern, ist das nicht zu viel gefodert? Wenn die strenge Gerechtigkeit in solchen Dingen zu entscheiden hätte, so würde folgen, daß, da unsere Voreltern die Schuld, für die ihr Baron sein Recht auf ihr Land verpfändet hätte, bezahlten, sie dadurch eine völlige Unabhängigkeit erlangt haben. Der Beweis der Thatsache, die ich anführe, findet sich in allen unsern Archiven.

VIERTER BRIEF.

Lyon, den 18. Dez. 1792.

Nachdem wir unserer Kirchengüter beraubt waren, sollte uns auch unsere Freiheit genommen werden. Und durch welches unglükliche Schiksal mußte dies vorzüglichste Gut uns durch unsere alten Brüder, durch einen Schweizer-Kanton, zu einer Zeit geraubt werden, da er sie so eben mit Aufopferung so vielen Blutes errungen hatte? |

Der Gedanke, daß die Bürgerschaft einer kleinen Stadt das Recht hat, eine unumschränkte Gewalt über ganze Provinzen auszuüben, ihnen Gesezze vorzuschreiben, Abgaben von ihnen zu fodern – ist vielleicht noch empörender, als die Idee eines einzigen, dessen Willen allein das Gesez macht. Denn in dieser Stadt giebt es Perukenmacher, Mezger, Schuster, Schneider, Krämer, und wenn sie schon in Verbindung mit einigen vornehmern Familien das Ganze ausmachen, so erniedrigt ein aus solchen Theilen bestehendes Ganze diejenigen, die sich für seine Unterthanen ansehen müssen. Eine solche Herrschaft ist nicht natürlich; denn der Begriff der Herrschaft schließt den Begriff der Gleichheit aus, und hier findet nicht nur Gleichheit in Ansehung der Geburt, der Erziehung, des Standes und des Vermögens, sondern in verschiedenen Rüksichten auch grosse Vorzüge mancher wadtländischer Familien über bernische Familien statt.

Die Regierung eines einzigen beleidigt die Eigenliebe viel weniger; ihre Unförmlichkeit verschwindet unter dem Pompe und der Pracht, die die königliche Würde umgeben; das Volk tröstet sich damit, einen Herrn zu haben, den die | Größten für den ihrigen erkennen. Den Talenten, den Tugenden, dem Ehrgeize steht die Laufbahn offen; alle Unterthanen können sie, der eine so gut, als der andere, durchlaufen, und oft ließ der Sohn eines Bauern, eines Handwerkers, als Minister einem mächtigen König nur den Schatten seiner Würde. Ueberdem | giebt es wenige oder vielmehr gar keinen König in Europa, dessen Macht nicht durch eine gesezmässige

Staatsverfassung eingeschränkt ist. Spanien, Portugal, Frankreich, Brabant, England, Böhmen, Ungarn, Oesterreich, Siebenbürgen, Dännemark und Schweden, zeigten uns, oder zeigen meistentheils noch das Bild | eben so vieler Völker, die die Macht mit ihren Fürsten theilen, bei der Gesezgebung ihre Stimme geben, und sich selbst besteuern. Das so leichtsinnige und so verschwenderische Haus Bourbon, das so ehrgeizige, und wie Ihre Voreltern sagen, so tyrannische Haus Oesterreich, haben beide ihren Unterthanen Stände|versammlungen gelassen; das Haus Nemours, und der König von Preussen, nach ihm der Grafschaft Neuenburg – ist es nun nicht gehässig, daß die Bürgerschaft von Bern, nachdem sie unsere Privilegien aufrecht zu halten feierlich schwur, uns nicht nur unserer Kirchengüter beraubt hat, sondern auch des der Freiheit | theuersten Rechts in einer Nationversammlung, oder was aufs gleiche hinaus läuft, in einer Ständeversammlung repräsentirt zu werden. Vor dem Jahre 1536 wurde sie alljährlich zusammen berufen; seit 1536 auch nicht ein einzigesmal.* (s. am Ende dieses Briefs) Vor dieser Epoche erkannten unsere Voreltern keine | andere Gesezze an, als solche, die sie sich selbst gaben, und seit jener Epoche machen uns die Räthe der Bürgerschaft von Bern Gesezze über alles, allenthalben, und für alles; es scheint sogar, daß sie bei der endlosen Vermehrung die Absicht haben, unsere Erniedrigung und ihre Macht uns desto tiefer fühlen zu lassen. Mit | dieser Menge gesezgebender Akte läßt sich nur das vergleichen, was seit einigen Jahren in Frankreich in dieser Rüksicht geschieht.

Aber unsere Staatsmaschiene ist, wenn man gewissen Leuten glauben will, eben so feste als harmonisch organisirt. Es scheint also, man sollte sie ihren Gang gehen lassen, und doch vergeht keine Woche, in der nicht zwanzig Verordnungen ihre Bewegungen beschleunigen, mindern, oder anders bestimmen; ihre Anzahl ist so groß, daß zuverlässig weder der Kanzler (Stadtschreiber), noch irgend ein Advokat, den 50sten Theil derjenigen kennt, die während ihrer Geschäftsführung gemacht worden sind, und es ist vielleicht kein Richter, der den 200sten Theil kennt. Oft habe ich in der Kanzlei nach irgend einer Verordnung gefragt, die erst vor kurzem gegeben war, und doch kannte man sie ganz und gar nicht. So, daß es häufig geschieht, daß man Verordnungen als neu ergehen läßt, die schon ein- zwei- bis dreimal gegeben waren, oder die mit schon vorhandenen im Widerspruche stehen. |

Ehemals konnten die Prinzen eines der ältesten Häuser Europens ohne unsere Einwilligung den Verkauf eines Buches nicht verbieten, das dem herrschenden Glauben entgegen war, sie konnten uns kein Strafgesez geben; – und jezt macht uns die Bürgerschaft einer kleinen Stadt Gesezze, über alles, was uns umgiebt und angeht, über das, was für die öffentliche Ordnung wesentlich wichtig ist, wie über die geringfügigsten Kleinigkeiten. Die Bürgerschaft von Bern, oder ihr Rath, schreibt uns vor, bei welchen Gelegenheiten und in wie weit es uns erlaubt seyn solle, zu tanzen, Kegel zu schieben, mit dem Hamen zu fischen. Ich sage nicht, daß diese Gesezze der simpeln Polizei, die überall der Obrigkeit des kleinsten Orts überlassen sind, nicht dazu dienen, die gute Ordnung zu erhalten. Ich beschwere mich nur über ihre Quelle; je geringfügiger sie sind, desto mehr beweisen sie, bis auf welchen Grad man uns erniedrigt, klein gemacht hat, und daß alle Art politischer Freiheit, alle Akte, die ein Zeichen derselben sind, oder sie voraussezzen, uns gleichmässig untersagt sind. – Aber hätten denn unsere Voreltern darein gewilligt, sie, die sich es so sehr angelegen seyn liessen, uns das Erbe der Freiheiten und Rechte, die sie von ihren braven Vätern erhalten hatten, uns unverlezt zu hinterlassen – hätten sie selbst darauf Verzicht gethan? Haben unsere Stände, in einer Versammlung, durch irgend einen positiven und aufzuweisenden Akt auf den Antheil Verzicht gethan, den sie an der Regierung | hatten? Nein, mein Herr! nie, nie; ihre gesezliche Macht ist gekränkt, aber in diese Anmassung nie eingewilligt worden.

Unsere vier guten Städte hatten noch eine Repräsentation übrig behalten, die ihnen einigen Zusammenhang gab. Unter den Herzogen von Savoyen vereinigten sich ihre Abgeordneten alle Jahre, sie bereiteten die Angelegenheiten vor, die vor die Stände gebracht werden sollten. Seitdem diese abgeschafft sind, sezten jene nichts destoweniger ihre Vereinigung und Versammlungen fort. Sie bewachten den kostbaren Rest unserer Rechte; sie machten oft nüzliche Vorstellungen, und ungeachtet ihre schwache Maasregeln dem Strom der Gewalt nicht widerstehen konnten, so hatten sie doch mehr Gewicht, als wenn sie vereinzelt gewesen wären. Ueberhaupt konnte dieser lezte Schatten der Freiheit unserer Väter uns nicht gleichgültig seyn. Allein zu Anfang dieses Jahrhunderts haben die Räthe der Bürgerschaft von Bern uns auch dies noch geraubt, ohne Veranlassung, ohne vorherige Mittheilung, ohne gegenseitige Erklärungen, ohne rechtliche Untersuchung – nur, weil das ihr Willen und Meinung war, haben sie jenen vier Städten verboten, sich fernerhin zu versammeln. |

* Seigneux in seinem Systeme abrégé de jurisprudence criminelle accommodé aux loix et à la constitution du pays. Lausanne 1756. sagt hierüber folgendes: »Da die Wadt ehemals zu Burgund gehörte, so herrschte zu allen Zeiten nicht nur in den Gesezzen beider Länder, und in der Form der Gerichte eine grosse Uebereinstimmung, sondern auch in der Art, die Gesezze zu machen. Die gesezgebende Gewalt wurde durch die Versammlung des Plait général oder der Stände ausgeübt, welche aus der Geistlichkeit, dem Adel (milites) und den Gemeinen bestanden; sie bildeten die Landstände, unter dem Vorsiz des Fürsten oder des Bischofs, der sie alle Jahre den ersten Mai zusammen berief. Der deutsche Reichstag ist das passendste Bild dieser Ständeversammlungen, auch in Frankreich haben noch einige Provinzen einen Schatten derselben übrig behalten.«

Müller (Geschichte der Schweiz I B. 16 Kap. pag. 463.) »Graf Peter von Savoyen sezte im Jahr 1264 Hugo von Palesieur zum ersten Landvogt über die Wadt. Jährlich hielten die Stände des Landes in der Stadt Moudon (Milden) bei dem Landvogt ihre Versammlung, und wenn sie durch die Syndike dieser Stadt einen ausserordentlichen Landtag begehrten, so durfte der Landvogt nicht über drei Wochen desselben Zusammenberufung aufschieben. Dann kam der Comthur von der Chaux (unweit Cossoney), der Probst von Romainmotier, der Cistercienster Abt von Hautcrest, der Vikarius von Romont, der Abt von See des Jura (lac de Joux), der Abt von Marsens, der Probst von Peterlingen, auch vom St. Bernhard und von St. Oyan (St. Claude), kamen die in diesem Lande begüterten Aebte; alle diese nahmen die Prälatenbank ein: der Adel hatte die Grafen von Greyerz und von Romont an ihrer Spizze; unter ihnen sassen die Freiherren von Cossonay, von la Sarra, von Aubonne, von Monts, und von Grandcourt; viele andere Herren schlossen den adelichen Orden: die Vorsteher der vier guten Städte, Moudon, Iverdun, Morges und Nion, sassen vor den Gesandten zehen geringerer Städte. Kein feiler Baron mochte, um die Hoffnung der Grafenwürde, noch die Eitelkeit minderer Edlen, um den Freiherrntitel, das Land an den Fürsten verrathen; denn zu jener ersten war die Genehmigung der Stände nöthig,« (es ist bekannt, welchen wichtigen Einfluß im Parlament in England die Krone dadurch erhält, daß sie das Prärogativ hat, Lords zu machen) »und es durfte keiner zu den Freiherren sizzen, der nicht fünf und zwanzig Vasallen und wenigstens dreitausend Pfund Einkommen hatte. Es wurde weder ein Vorschlag der Stände zum Gesez ohne Bestätigung im fürstlichen Rath, noch eine Verordnung, welche dem Fürsten gefiel, wurde Gesez, ohne den Willen der Stände.« – Dies hat Müller aus den handschriftlichen Nachrichten Quisards gezogen, welche Cart im ersten Briefe auch anführt. |

FÜNFTER BRIEF.

Lyon, den 25. Dez. 1792.

»Wenn die ausübende Gewalt über die Erhebung der Auflagen anders, als allein mit der Einwilligung des Volks verfügt, so findet keine Freiheit mehr Statt;« dies sagt uns Montesq. I. Th. in seinem Geist der Gesezze, und im Wadtland macht uns die Erfahrung dies noch tiefer fühlen.

Ungeachtet der von den savoyischen Herzogen so oft wiederholten Erklärungen, daß sie kein Recht haben, irgend eine Steuer, es sey in welcher Absicht es wolle, in der Wadt auszuschreiben; ungeachtet der Pacta conventa, dieses Grund- und Gegenseitigen Vertrags, der im Jahr 1536 die Rechte der Regierung und des Volks bestimmte, ungeachtet der feierlichen Versprechungen, die Ihre Voreltern den unsrigen machten, unsre Privilegien und Freiheiten zu erhalten, sind wir doch nach und nach aller beraubt worden.

Da die Bürgerschaft von Bern von unsern Vätern die Summe von 60,000 Thalern foderte, die ihr die Herzoge von Savoyen schuldig waren, und deren Hypotheke sie im Besiz hatte, mußte nothwendig jeder besteuert werden. Man versprach feierlich, daß dies nicht mehr geschehen sollte, und die Regierung | wiederholte dies Versprechen durch ein Dekret vom 11. Jan. 1676. Allein es ist nicht gewissenhaft beobachtet worden, und wenn man uns keine direkte Steuern auferlegt hat, so man uns desto weniger mit indirekten verschont. Ich werde anderswo beweisen, daß, nach Verhältniß seines Reichthums, vielleicht kein Land grössere Lasten trägt, als das unserige.

Bern wollte die Landstrasen des Kantons wieder herstellen lassen; diese Arbeit dauerte mehrere Jahre; kein einförmiger Plan wurde dabei weder angekündigt, noch befolgt; in einigen Orten wurden keine Beiträge dazu verlangt; in andern wurden [sie] verlangt; an einigen erhielten die Eigenthümer, deren Güter dabei gelitten hatten, eine Entschädigung, in andern nicht. Mit einem Wort, bei dieser, wie bei so vielen andern Gelegenheiten, wurde nach der uneingeschränktesten Willkühr gehandelt. Die Reihe kam endlich an die Landvogtei Morsen; den 29. April 1782 legte die Regierung, aus ihrer eigenen Gewalt allein, auf die Grundstükke dieser Landvogtei eine Steuer, die nach Verschiedenheit der Grundstükke, auf eine Pose 10 Bazzen und darunter betrug. Man sezte dabei weder fest, wie oft man des Jahrs die Auflage fodern würde, noch wie viele Jahre dies dauern sollte.

Die Auflage an und für sich mußte uns schon beunruhigen – aber in solchen Fällen vergolden alle Fürsten, auch die, welche nur mit Bewilligung der Stände Abgaben erheben, doch immer die Pille, sie sprechen von ihrer landesväterli|chen Liebe, von ihrem Bedauern, in die gegenwärtige Nothwendigkeit gesezt zu seyn, und ihren Hoffnungen auf die Zukunft; aber uns wurde der Befehl, die Abgabe zu entrichten, mit einem harten und erniedrigenden Tone angekündigt; der Landvogt erklärte uns durch einen Befehl vom 6. Febr. 1781, daß, wenn er einige Unrichtigkeit in der Tabelle finden würde, die ihm von unsern Grundstükken gegeben werden sollte, so würde er auf unsere Kosten sie verbessern lassen, und die Sache den gnädigen Herren anzeigen. Kurz darauf wurde uns mit einer Exekution gedroht, wenn wir uns nicht sogleich unterwürfen.

Die Stadt Morsen hatte Tugend genug, um dieser gefährlichen Neuerung und unbedachtsamen Drohungen Widerstand zu leisten. Sie schikte 2 ihrer Glieder nach Bern; diese legten mit einer Bittschrift Grundtitel unseres Staatsrechts vor; sie bewiesen, daß im Allgemeinen der Nachfolger der Herzoge von Savoyen, der Baron der Wadt kein Recht hat, uns Auflagen zu machen, da sein Vorgänger es nicht hätte ausüben können. Für diesen besondern Fall bewiesen sie unter andern durch eine Urkunde vom 27. Febr. 1430, daß unsere Provinz sich anheischig gemacht hatte, den alten Baronen unter der Bedingung Zölle zu bezahlen, daß die Baronen die Landstrasen unterhalten, und auf ihre Kosten für die Sicherheit der Reisenden sorgen sollten; welches Bern selbst in einem Dokument vom 2. Sept. 1575 anerkannt hatte. Sie beriefen sich endlich auf einen Umstand, der bei allen Völkern vom größten Gewicht ist, auf einen Besiz von einigen hundert Jahren, | oder seit einem so entfernten Zeitraum, daß man ihn gar nicht mehr bestimmt angeben kann.

Was antwortete man hierauf? Man wird es kaum glauben, aber ich habe den Beweis in Händen, und will ihn aufzeigen, wenn man es verlangt. – »Bezahlt, und eure Gründe sagt nachher.«

Welchen Eindruk mußte nicht erst diese verkehrte Maxime machen, die von dem ersten Departement des Staats angenommen und in Ausübung gebracht wurde. Welche Hülfe blieb uns noch übrig? Die des schwachen und gerechten, die Hülfe des Gesezzes: »daß kein Eigenthümer aus seinem Besiz solle noch könne gesezt werden, ohne rechtliche Vorladung und Erkenntniß.« – Wir flehten um gesezliche Hülfe, unsere Abgeordneten kehrten nach Bern zurük; sie verlangten gehört zu werden, ehe über sie ein Urtheil gesprochen würde, verurtheilt zu werden, ehe sie bezahlen müßten; sie verlangten mit einem Wort gesezmässige gerichtliche Untersuchung – und konnten sie nie erhalten.

Acht Jahre verflossen, während deren man an gar keine Untersuchung unserer Rechtstitel dachte. – Unsere Vorschüsse für das Gebiet von Morsen beliefen sich auf 9394 Franken. Erst, nachdem die Landstrase fertig, die Dauer der Abgabe ihrem Ende nahe war, kündigte man uns eine Untersuchung an, mit der | man nach Recht und Gewissen hätte anfangen sollen, in einem Dekret vom 6. Febr. 1790.

Die bedenklichste Epoche, die jemals Europa erschüttert hat, in der alle Gemüther durch die erstaunungswürdigste Revolution in Bewegung gesezt waren, diesen Zeitpunkt wählte man nach 8 Jahren, um die heikelste Frage des Staatsrechts abzuhandeln, eine Frage, die fast überall und jederzeit Stösse und Zerrüttungen der Staaten veranlaßt hat. Diese Betrachtung war es, welche die Stadt, | deren Obrigkeit und Einwohner seitdem so verläumdet worden sind, zu dem Entschlusse bewog, nur auf die Stimme ihrer Ergebenheit, ihrer Mässigung und Klugheit zu hören, und in ihrer Vorstellung auf die Untersuchung Verzicht zu thun, und den zu hoffenden Ersaz der aufgewandten Summe der Rüksicht aufzuopfern, daß die günstige oder ungünstige Entscheidung gleich unangenehme Folgen nach sich ziehen würde, – übrigens ihre Rechte dabei ihrem Souverain, wie ihrer Stadt, vor Augen zu legen, damit man aus ihrem Stillschweigen keine Folgerung gegen sie ziehen könne. – Durch jene Aufopferung, die die Stadt Morsen machte, blieb die Sache in statu quo, die Rechte des Fürsten waren, wie die Rechte des Landes, gedeckt, bis ruhigere Zeiten diese wichtige Erörterung erlaubten. Ich wage es zu behaupten, daß kein König in Europa diesen Mittelweg nicht angenommen hätte, und seinen Unterthanen Dank nicht gewußt hätte, ihn vorgeschlagen zu haben. |

Der kleine Rath von Bern verwarf mit Stolz diesen Vorschlag der Stadt Morsen, als der Würde der Regierung zuwider, und fand es nöthig, so bald, als möglich, Hand anlegen und sorgfältig die Beschwerden und Vorstellungen der Stadt Morsen untersuchen zu lassen. Ich will dies Gefühl der Würde nicht untersuchen, aber hat es sich auch auf eine würdige Art gezeigt? Unter einer Regierung, die sich eine unumschränkte Gewalt zuschreibt, steht nur das Gesez zwischen ihr und dem Volk, und wenn gleich eben diese Gewalt ihr die Macht giebt, das Gesez so oft zu ändern, als ihr beliebt, so darf doch eine solche Aenderung keine rükwirkende Kraft haben. Der Prozeß muß also nach dem Gesez entschieden werden, wie es in dem Augenblikke vorhanden ist, da er entsteht; denn wenn die Regierung ein Gesez für diesen Fall, und über diesen Fall selbst machen kann, so wird ein Urtheil überflüssig, sie richtet, indem sie das Gesez macht, und wird gewiß Recht haben, so oft sie es haben will. Nun wird nach dem Herkommen in der Wadt, das seit Jahrhunderten und auch im Augenblik des Dekrets, von dem hier die Rede ist, derjenige, der eine Rechtsfoderung hat, eben dadurch der Ankläger, und muß diese Foderung vor dem Richter des Orts des Klägers anbringen. Dies ist das Gesez, das bisher sowohl in Ansehung des Fürsten, als der Privatpersonen gegolten hat. Ich selbst habe für oder wider den Staat vor den Gerichtshöfen zu Aelen, Lausanne, Morsen, Romainmotiers, Valorbe u.s.w. Prozesse geführt. Warum sollte es, dem Gesezze und einer beständigen Uebung zuwider, in dieser Sache anders gehalten werden? |

Denn so fährt der kleine Rath in seinem Dekret fort: »Daß er den hochgeachten Herren, den Sekkelmeistern und Vennern, den Auftrag gegeben habe, die Abgeordneten der Stadt Morsen vor ihre Audienz auf einen gesezten Termin vorladen zu lassen, damit sie mit ihren Gründen gehört werden, und darauf werden die Einsprüche, die sich ergeben mögen, nach der Lage der Sache, sowohl jenen Abgeordneten, als der Stadt Morsen, mitgetheilt werden.«

So ist unsere Prozeßordnung umgestossen worden. Die Stadt Morsen ist im Besiz, man fodert eine Auflage von ihr, und zwingt sie, Kläger zu werden! Ferner sollte sie vor den Gerichtshof ihres Wohnorts, der aus unpartheiischen Richtern bestünde, vorgeladen werden, und man fodert sie in erster Instanz nach Bern! Sie sollte sich vor ihrem gewöhnlichen Richter stellen, und man ladet sie vor eine Kommission! – Kommissionen in Civilfällen – Kommissionen in Kriminalfällen – das ist zu arg, zu arg! Und wer sind diese Kommissionen, vor welchen der Prozeß geführt werden soll? Die Parthei selbst! Denn die Venner Kammer entscheidet in allen Fällen, ob für den Staat Prozeß geführt werden soll, und als sein Repräsentant wacht sie dann über die Führung des Prozesses. |

Ich glaubte daß die Wichtigkeit des Gegenstandes viel weniger eine Ursache war, sich vom Gesez zu entfernen, sondern viel mehr ein Beweggrund, es zu befolgen. Ich glaubte, daß die Regierung, die so viele Gewalten in sich vereinigt, sich derselben in ihrer eignen Sache entschlagen und anerkennen sollte, daß sie, wie der geringste ihrer Unterthanen, dem Gesez unterworfen ist. Gewissen und feines Gefühl foderten dies eben so wohl, als die Gerechtigkeit.

Ich glaubte auch, daß die Bürgerschaft von Morsen, die gezwungen war, zu prozessiren, als sie erklärte, sie verlange nichts, mit Güte empfangen, gehört werden würde; allein, als auf die Vorladung die abgeordneten Magistratsglieder nach Bern kamen, und ihr Ansuchen vorlegten, wie viele Erniedrigungen hatten sie nicht zu verschlukken, wie viele harte Reden mußten sie hören! Das Blut kochte den Bernern in allen Adern bei dem blosen Gedanken, daß unsere Provinz es wage, zu vermuthen, daß die Bernische Allmacht irgend eine Gränze habe, und ehrwürdige Rathsherren machten ihnen diese Erklärung, wobei sie diese Ausdrükke selbst gebrauchten. Bei andern wurden sie mit folgenden empfangen: »Wenn ihr vor einigen Jahren es gewagt hättet, das Recht zu bezweifeln, das der grosse Rath hat, euch nach seinem Gutbefinden Steuern aufzulegen, so hätte man euch den Kopf vor die Füse gelegt.«

Ein alter Landvogt war es, der diese Blutlogik den klärsten Grundsäzzen des natürlichen und Staatsrechts, und den ehrwürdigsten Urkunden entgegensezte. Man ist nicht dabei stehen geblieben; unsere Städte mußten an einer Streitfrage ein Interesse nehmen, die das ganze Land betraf. Mehrere machten Vorstellungen, sie sprachen von unsern alten Privilegien; sie bewiesen sie; diese Beweise | waren beschwerlich. Man fürchtete diese Auferstehung zur Tugend und zu einigem Gemeingeist; man mußte ihn von seinem ersten Aufschwung an erstikken; man sezte ihm dreitausend Bajonette, sechzig Kanonen und Kommisarien entgegen. Dies nennt Mallet du Pan »die Kunst, zu regieren, welche die Regierung von Bern in einem hohen Grade besizt, und welche in dem übrigen Europa fast verloren gegangen ist.« Gewiß, wenn dies Regierungskunst heißt, und die Räthe Berns sie noch ausüben, so ziehe ich mich in die Wälder zurük.

Thathandlungen unterbrachen nothwendig den Gang eines Prozesses, der, nach dem Dekret vom 6. Febr. 1790, mit der möglichsten Eile betrieben werden sollte. Was vermag die Gerechtigkeit gegen Gewalt? Was vermögen Urkunden gegen Kanonen? Die Stadt Morsen hörte also auf, zu reklamiren, aber da die unterdrükte Vernunft von Zeit zu Zeit immer wieder zu ihrer Macht gelangt, und es wichtig ist, sie aufzuklären, so werde ich beweisen, daß in keinem Fall die Räthe der Berner Bürgerschaft aus eigner Authorität eine Auflage auf die Wadt oder auf einen Theil derselben legen können. |

Es ist ein sehr grosser Irrthum, die Güte einer Verfassung nach den mehr oder weniger Auflagen zu messen, die man unter derselben bezahlt. In diesem Fall wäre die Verfassung Englands die schlechteste von allen; denn nirgends bezahlt man so viele Abgaben. Und dennoch giebt es kein Volk in Europa, das eines grössern anscheinenden Wohlstandes und so vieler individuellen und Nationalachtung genießt. – Weil der Engländer frei ist, weil er die in der Freiheit liegende Rechte genießt – *1) (s. diese u. nachfolgende Bem. am Ende dieses Briefs) mit einem Worte, weil er sich selbst besteuert. Wenn es bei uns anders wäre, welchen Folgen wären wir ausgesezt?

Heute taxirt man uns für Strasen, morgen wird man uns taxiren, um ein Schloß zu bauen oder auszubessern, um Kanonen zu giesen, um Krieg zu führen, um den Staatsschaz, um die Besoldung der Geistlichen und vielleicht der Landvögte zu vermehren; in diesem wie in so vielen andern Fällen ist nur der erste Schritt sauer. *2) Gebt den an sich selbst ungerechten Grundsaz zu, und eine Kette von Mißbräuchen wird die nothwendige Folge davon seyn; die Regierung wird uns sagen, daß sie uns keine Rechnung abzulegen, keine Gründe der Nothwendigkeit der Auflage, keine Rechenschaft über die Verwendung | des erhobenen Geldes zu geben hat; und wenn sie für jeden, der es wagt, darnach zu fragen, die Drohung mit einer Kommission mit der Bastille von Arburg, oder mit dem Schaffot hinzufügt, was wird dann unser Schiksal seyn?

Wir müssen beständig auf den Vertrag zurükkommen, der im Jahr 1536 unsere Provinz der Regierung von Bern unterwarf, beständig auf die Versprechung, die wesentliche Bedingung desselben, uns in unsern Freiheiten, Rechten und Privilegien zu erhalten, wie wir sie unter dem Hause Savoyen besassen. Die Frage geht also darauf hinaus, zu wissen, ob der Herzog von Savoyen oder vielmehr der Baron der Wadt uns, für sich, eine Steuer auflegen konnte.

Das Gesez bestimmte die höchste Geldstrafe auf fünf Gulden; in keinem Fall konnte er eine höhere Geldstrafe auflegen, und er hätte uns aus eigener Gewalt sollen besteuern können! |

Ich berufe mich nur auf die oben angeführten Urkunden, in denen er unsere Freiheit, von ihm nicht besteuert zu werden, im vollen Sinne des Worts anerkennt.

Ich will damit gar nicht sagen, daß wir in keinem Falle und auf keine Art sollen besteuert werden; wenn unsere Provinz ein reelles Bedürfniß hat, wenn das Staats-Eigenthum zur Bestreitung desselben nicht hinreicht, wenn die Stände der Wadt dies anerkennen, die Steuer, ihre Grösse, und die Art, sie zu erheben, dekretiren werden, dann, aber niemals anders, müssen wir uns ihr unterziehen.

Uebrigens ist es augenscheinlich, daß wir für Bedürfnisse, die unserem Lande fremd sind, keine Abgabe schuldig sind, für Bedürfnisse, um es heraus zu sagen, die nur Bern oder dem deutschen Kanton eigen wären. Neuenburg bezahlt nicht zu den Bedürfnissen Preussens und Brandenburgs; Hannover nichts zu den Bedürfnissen Englands, eben so wenig, als England zu den Bedürfnissen Hannovers: wir gaben nichts zu Bestreitung der Bedürfnisse von Bresse, Bugey, Savoyen und Piemont, oder von Chamberi und Turin; warum sollten wir verbun|den seyn, zu den Bedürfnissen Berns und des deutschen Kantons beizusteuern? Haben unsere Stände jemals zu dieser Vereinigung, dieser Vermischung der Interessen, zu diesem Amalgama eingewilligt, das unserer Verfassung völlig zuwider ist? Wenn wir diese Bedürfnisse auf uns selbst einschränken, so sind sie nicht groß, und wenn wir unser Provinzial-Eigenthum dazu verwenden, das keine andere Bestimmung haben sollte, so wird es nie nöthig seyn, von Auflagen zu sprechen.

Man kann mit Gewißheit annehmen, daß vor dem Jahr 1536 die Stadt Bern, die doch schon mehreres Eigenthum besaß, noch keinen Staatsschaz hatte; unsere Kirchengüter haben ihn gebildet und angefüllt; ferner die Feudal-Einkünfte, die Zölle, der Salzverkauf, die Subsidien für die Regimenter im Dienste fremder Mächte.

Ich gebe sehr gern zu, daß dieser Theil der öffentlichen Einkünfte, der jährlich in den Staatsschaz gelegt wird, mit Treue, vieler Weisheit und Sparsamkeit verwaltet worden ist, ein Umstand, der zu seiner Bereicherung nothwendig muß beigetragen haben; aber nun, wem gehört denn dieser Schaz?

Wenn man den ehrlichen alten Weibern in Bern glauben will, so gehört er ausschließlich ihrer Bürgerschaft; und giebt es dort nicht auch unter den Männern viele solche alte Weiber? Ein Berner gieng mit einem Fremden spazieren, der sich aus Wißbegierde nach den Hülfsquellen des Staats erkundigte. Im Laufe des | Gesprächs wurde das Wort Staat bald mit dem Ausdruk: die gnädigen Herren, verwechselt. – Mein Herr, die gnädigen Herren haben eine Menge Domainen. Da, wo sie nicht das nuzbare Eigenthum haben, haben sie die unmittelbare Lehensherrlichkeit, wo sie diese nicht haben, haben sie die Oberlehensherrschaft, so, daß auf die eine oder die andere Art alles, was im Kanton existirt, den gnädigen Herren gehört. Ueberdies.... Mein Herr, fiel der Reisende ein, die Sonne der gnädigen Herren scheint sehr heiß, lassen Sie uns in Schatten gehen.... die ganze Breite und die ganze Länge der Strasen, mein Herr, gehört auch den gnädigen Herren. Ich hörte das übrige nicht, aber ich hatte oft Gelegenheit zu bemerken, daß bei einem sonst guten Ton, es wenige Städte in Europa giebt, wo die Leute, die man Leute von Stande nennt, zuweilen so sehr Pöbel sind, als in Bern.

Die Bürgerschaft dieser Stadt hat freilich ein Eigenthum für sich; aber ich frage die eifrigsten Anhänger der Fürsten, ob irgend ein Monarch in Europa sich als ein ihm zugehöriges Eigenthum die Einkünfte der Kirchen, der Zehenten, der Zölle, der Posten, der Salzzölle, mit einem Wort, die Einkünfte des Fiskus seiner Staaten, zueignen könne, und ob im Gegentheil diese dem Fiskus zugehörige Einkünfte nicht zum allgemeinen Besten verwendet werden müssen? Wenn dies mit allen Kaisern, Königen, Churfürsten, Herzogen der Fall ist, muß es sich in Rüksicht auf die Bürgerschaft von Bern, die den Baron der Wadt vorstellt, nicht auch so verhalten? |

Das vorhergehende enthält zugleich die Antwort auf eine schlechte Rechnung, die ich oft habe machen gehört. »Die gnädigen Herren, sagen gewisse Berner, haben mehrere Ländereien in der Wadt an sich gebracht, wie zum Beispiel diejenigen, aus denen sie die Landvogteien Aubonne und Oron gemacht haben, sie gehören also uns.« Dies wäre wahr, wenn sie mit dem Gelde dieser Stadt erkauft worden wären, aber es ist nicht mehr wahr, wenn sie mit dem Gelde unseres Landes bezahlt worden sind, und in dieser Rüksicht wäre eine grosse Rechnung zu machen; die gnädigen Herren haben Güter, Zehenten, Lehen und Herrschaften unserer Kirchen verkauft, –– und zu Lehen gemacht, aber um einen viel höhern

Werth, als der Werth der Ländereien ist, durch welche sie jene zu ersezzen schienen; und ersezzen und erwerben ist zweierlei.

Es ist also augenscheinlich, daß der Staat einen Schaz hat, und daß dieser Schaz eben so wenig der Schaz der Stadt Bern ist, als diese Stadt, die ein Theil des Staats ist, nicht allein den Staat ausmacht.

Diese Unterscheidung ist sehr wichtig. Durch die beständige Verwechslung der Bürgerschaft von Bern mit der Regierung, und der einen und der andern mit dem Staat, verstand man sich nicht mehr, welches immer gefährlich ist; denn wenn im allgemeinen die Regierungen ihre Gewalt wohl zu benuzzen wissen, wenn man sich versteht; so thun sie dies in einem noch weit höhern Grad, wenn man sich nicht versteht. Der Irrthum war so groß, daß man die Menge glauben machte, die Anwendung der Staatsgelder zum Besten des Volks sey eine Wohl|that, ein Geschenk der gnädigen Herren. Die gnädigen Herren kauften in Zeiten der Theurung Korn für einen sehr hohen Preis, und liessen es wohlfeil verkaufen; die gnädigen Herren verloren Millionen dabei. Die gnädigen Herren waren es, die das Volk aus ihrem eigenen Beutel ernährten, und es schien, als ob dies der Beutel einiger Berner Familien wäre; täuschen wir uns darüber nicht mehr; dieser Beutel ist die Kasse des Staats, unsere gemeinschaftliche Kasse.

Da der Staat ein Land-, Lehen-, Herrschafts- und Oberlehenherrliches Eigenthum besizt, da er in den besten Banquen Europens sehr grosse Kapitalien liegen, andere bei mehreren Gemeinden, und verschiedenen Privatpersonen stehen hat, da er die Zölle, *3) den Pacht der Posten, *4) den Profit vom Salzmonopol, *5) und von den Truppen, die im Dienste auswärtiger Mächten stehen, zieht, da er überdies einen baaren Schaz besizt, dessen Summe sich seit zwei Jahrhunderten jedes Jahr vermehrt hat, und ein Geheimniß der Regierung ist, *6) da er weder Gesandte noch Soldaten hält, und da die Gemeinden einen grossen Theil der allgemeinen Ausgaben tragen, so sind die jährlichen Einkünfte unermeßlich.

Ist es also nicht gehässig, daß man uns bei dieser Lage der Sachen von Abgaben, und zwar von gezwungenen Abgaben gesprochen hat? Was sage ich gesprochen, hat man sie nicht in dem größten Land unsers Landes gefodert? Konnte man einen bessern Gebrauch von den ungeheuern Staatseinkünften machen, als sie zur Anlegung der öffentlichen Landstrasen zu verwenden? |

Wenn wir das System einiger Berner annehmen, die das Eigenthum des Staats für Eigenthum der Regierung nehmen, so sind wir noch schlimmer daran; eine Auflage hat dann keinen andern Zwek, als einen Schaz zu vergrössern, an dem wir nicht nur keinen Theil haben, sondern der auch noch gegen uns gebraucht werden kann. Je reicher die Regierung ist, desto ärmer werden wir seyn; je mehr sie ihre Macht vergrössert, desto grösser werden ihre Mittel, uns zu unterdrükken.

Die Regierung von Bern hat drei Fünftheile der grossen Wahrheit, daß man uns ohne Bewilligung der Stände nicht besteuern könne, anerkannt, denn sie hat nur zwei Fünftheile der Kosten zu den neu angelegten Strasen von uns zu verlangen geschienen.

Aber welches ist der Grundsaz, nach dem in Bestimmung dieses Verhältnisses verfahren worden ist? Gründet es sich auf eine schon festgesezte Regel? Es giebt keine darüber. Gründet es sich auf die Willkühr der gnädigen Herren? Ich habe bewiesen, daß wir nur nach unserm Willen steuerbar sind. |

*1) Der Verfasser hat es nicht mehr erlebt, wie sehr in den leztverflossenen Jahren durch die den Einnehmern mehrerer Abgaben zugestandene Gewalt, die Sicherheit des Eigenthums in mancher Rüksicht blosgestellt und die Hausrechte geschmälert, wie theils durch Suspension des Grundgesezzes die persönliche Freiheit, theils durch positive Gesezze die staatsbürgerliche Rechte beschränkt; – wie auffallend es geworden ist, daß ein Minister durch eine sich zu eigen gemachte Majorität im Parlament der Volksmeinung zu trozzen vermag, daß die Nation so unvollständig repräsentirt ist, daß sie im Parlament ihre Stimme nicht geltend zu machen vermag, und daß ihre Sicherheit mehr auf der Furcht vor ihrer nicht konstitutionellen Macht, auf der Klugheit der Minister, oder auf der Diskretion der höhern Stände beruht. – Durch diese Einsicht und durch jene Thatsachen ist denn auch die Achtung der englischen Nation selbst bei vielen ihrer stärksten Bewunderer gesunken. Die jezige Unzulässigkeit dieses Beispiels hat übrigens mit dem Hauptsazze [nichts zu thun], daß die Güte der Verfassung eines Landes nicht nach der Grösse der Abgaben zu schäzzen ist, die man in demselben bezahlt.

Daß man, wenn von der schlechten Staatsform des Kantons Berns die Rede war, gewöhnlich die Antwort erhielt, die Unterthanen bezahlen aber fast gar keine Abgaben, und sie deswegen als glükselig und beneidenswerth pries, – beweißt nur, für wie viel geringer es noch sehr allgemein gehalten wurde, gar keiner staatsbürgerlichen Rechte zu geniesen, als ein paar Thaler jährlich weniger in der Tasche zu behalten.

⋆2) Die Taxe, die das englische Parlament auf den in Amerika einzuführenden Thee machte, war höchst gering; aber das Gefühl der Amerikaner, daß mit der an sich ganz unbedeutenden Summe, welche die Taxe sie gekostet hätte, zugleich das wichtigste Recht verloren gegangen wäre, machte die amerikanische Revolution.

⋆3) Die Zölle sind sehr gering; für einen Zentner Cacao z. B., der am stärksten taxirt ist, werden 2 Liv. 4 s. bezahlt, für den Zentner Oel, Seife, Zukker, Kaffee nur 12 bis 14 s. (ein Schweizer-Livre, oder Franke ist ¼ eines französ. Thalers, oder 1/16 eines N. Louisd'ors; ein Berner Bazzen 1/40 eines französ. Thalers; ein Berner Pfund 30 Berner Kreuzer, oder 3/16 eines franz. Thlrs. Eine Berner Krone ist 25 Berner Bazzen, oder 5/32 eines N. Louisd'ors. – Die Gulden, von denen im Texte die Rede ist, sind Schweizergulden, und werden zu 4 Berner Bazzen, das ist, 1/10 eines französ. Thalers, gerechnet.)

⋆4) Siehe den 13ten Brief.

⋆5) Nur das Sanenland hat das Recht (oder wie man sich in Bern ausdrükt, die Erlaubniß), sich selbst mit Salz zu versehen; sonst [ist] der Salzhandel ein Regal; der Fond, den die Regierung dazu anwendet, ist 700,000 Kronen (s. Anm. 3.); dies Kapital warf noch im Jahr 1786 einen Gewinn von 90,000 Kronen ab; der im Jahr 1794 auf 53,000 Kronen herunter gesunken war; das Pfund Salz (ein Berner Pf. 17 Unzen Apothekergewicht) kostete 3½ fr.; um | den Gewinn wieder steigen zu machen, wurde es deswegen im Dez. 1794 auf 4 Berner Kreuzer erhöht. Der beständige unwandelbare Vorrath muß 200,000 Zentner, der wandelbare 100,000 Zentner seyn; sonst wurden jährlich etwa 102,000 Zentner, damals bis auf 123,000 Zentner verbraucht; die Ursache war, daß von andern Kantonen viel Salz im Bernischen, wo es sonst theurer, aber jezt wohlfeiler war, gekauft wurde. Man rechnet, daß zwei Drittheile des ganzen Verbrauchs zu den Käsen und für das Vieh gebraucht werden.

*6) Dieser Schaz ist ein Geheimniß auch für die Regierung selbst; es giebt keine besondere Kammer, welcher die Aufsicht darüber anvertraut wäre; der grosse Rath verfügt über die Summen, die darein gelegt, oder daraus erhoben werden sollen; das Register dieser Summen liegt in dem Schazgewölbe selbst, und nur darein werden sie verzeichnet; die Schlüssel dazu verwahren sieben verschiedene Beamte, die alle zusammen bei der Niederlegung oder Erhebung von Geldern in dem Gewölbe gegenwärtig seyn müssen, und nur ihr bestimmtes Geschäfte ausrichten, nichts nachsehen dürfen; da schon vor einigen hundert Jahren mit Sammlung dieses Schazzes der Anfang gemacht worden, und sich also sehr viele alte Geldsorten darunter befinden, da diese in Schränken verwahrt, und seitdem bald dazu, bald davon gethan worden ist, so ist begreiflich, wie weder durch Muthmassungen aus geschichtlichen Datis, noch etwa durch eine Schäzzung aus der Ansicht des Gewölbes selbst, über die Grösse des Schazzes etwas wahrscheinliches sich sagen läßt. Es war bei der Regierung selbst schon die Rede davon, ob sie dies Geheimniß nicht für sich wenigstens aufheben wollte, allein sie fand es rathsamer, sich selbst auch die grössere Achtung zu erhalten, die man für etwas unbekanntes hat. |

SECHSTER BRIEF.

Lyon, den 4. Jänner 1793.

Mein Herr!

Die Regierung von Bern hat sich die gesezgebende, und die Gewalt, uns aus eigner Macht Steuern aufzulegen, zugeeignet, wenn sie auch noch die richterliche Gewalt ausübt, wenn sie mit der Gewalt, das Gesez zu machen, auch noch die verbindet, uns zu richten, so fallen wir in die vollkommenste Sklaverei.

Ich habe es in meinem ersten Briefe bewiesen, mein Herr, daß unter dem Hause Savoyen die richterliche Gewalt gänzlich in unsern Händen war; wenn der Gegenstand eines bürgerlichen Prozesses über die Kompetenz des Gerichtshofes, der die erste Instanz hatte, gieng, so gieng die Appellation an das landvogteilische Gericht zu Milden, und in sehr wichtigen Fällen konnte auch noch an die Stände appellirt werden. Um Gerechtigkeit zu erlangen, brauchten wir weder aus unserm Lande zu reisen, noch aus der Sphäre unserer Herkommen zu treten; unsern Mitbürgern mußte es um so angelegener seyn, uns Gerechtigkeit widerfahren zu lassen, da auch an uns die Reihe kommen konnte, über sie zu Richtern berufen zu werden.

Die peinliche Rechtspflege, die um so viel wichtiger ist, da sie sich über die Personen, ihre Freiheit, ihre Ehre und ihr Leben erstrekt, stand gleichfalls uns zu. Keine Bürger von Chamberi oder Turin verwalteten sie, nicht der Baron | der Wadt richtete uns, oder schikte Kommissarien, uns zu richten, wir richteten uns selbst.

Das berühmte Gesez, das die Engländer als die Egide ihrer Freiheit betrachten, die Habeas Corpus Akte schreibt sich bei uns von fast fünfhundert Jahren her, und dieser Zeitpunkt ist weniger das Datum des Ursprungs, als der Bestätigung dieses Gesezzes; es lautet folgendermassen: »Niemand soll innerhalb des Stadtbezirkes verhaftet werden, als nur nach einem Schluß der Bürger dieser Stadt, ausgenommen ein auf der That ertappter Räuber, oder Verräther, oder Mörder, oder wer auf einem Verbrechen ergriffen wird, auf welches die Todesstrafe gesezt ist.«

Man sieht daraus, von welchem Belang die Rechte unserer Bürgerschaften in jenen alten Zeiten waren. Sie erkannten in allen unvorsezlichen, wie auch in denjenigen Verbrechen, auf welche keine Leibesstrafe gesezt war. Schwerere Verbrechen gestatteten die Verhaftung, aber sie mußten augenscheinlich, der Thäter mußte auf der That ertappt seyn. Nicht die Einbildungskraft des Landvogts der Wadt, nicht ein gehässiges Angeben, bewirkte diese Augenscheinlichkeit; die Geschwornen erkannten darüber, und diese Geschwornen mußten Mitbürger seyn. |

Ich bitte Sie, zu bemerken, mein Herr, daß die angeführte Urkunde für das Verbrechen beleidigter Majestät keine Ausnahme macht.

Wenn die Augenscheinlichkeit des Verbrechens erkannt, und der Angeklagte verhaftet war, so fand gegen das von den Bürgern gefällte Urtheil keine Appellation statt, denn sie hatten auch noch das Recht, die Strafe der Schuldigen zu mildern. (Urkunde vom 7ten Dezember 1439.)

Die Burgstrase zu Lausanne hat eine Gerichtsbarkeit behalten, und die bis auf diese lezte Zeiten unsere Gemeinden nicht ganz und gar verloren hatten.

Die Regierung von Bern errichtete anfangs ein Appellationsgericht, das keinen bleibenden Siz hatte; mehrere Jahre hindurch zog es in den verschiedenen Landvogteien der Wadt umher, und entschied da die bürgerlichen Prozesse in lezter Instanz; nach vielen Streitigkeiten darüber wurde es zulezt in Bern fixirt, und hieß die welsche Appelaz-Kammer.

Die Stadt Milden behauptete, daß ihr damit grosser Nachtheil geschähe. Die Regierung bot ihr eine Summe Geldes an, die sie nicht annehmen wollte, welche hierauf in dem Schloß von Lucens hinterlegt wurde, wo sie noch heutiges Tags liegt. – Ich erzähle dies aus dem Gedächtniß, ich glaube übrigens den urkundlichen Beweis darüber zu besizzen, den ich nachsuchen werde. Die Stadt erhob bei einer grossen staatsrechtlichen Sache eigentlich nur eine

Zwischenfrage; es ist | nicht darum zu thun, zu wissen, ob die Appellationen ausschließlich in Milden geschehen müssen; sondern ob man den Siz derselben in eine Stadt ausserhalb unsers Landes verlegen, und das Recht darüber zu entscheiden, Mitgliedern des Raths der Stadt Bern ohne Einwilligung unsrer Stände übertragen werden konnte.

Ich unterscheide diese staatsrechtliche Frage gänzlich von der Sache selbst; die Regierung hat sie sehr erträglich gemacht. Unsere Prozesse sind immer in unserer Sprache und durch unsere Advokaten geführt worden, welches leztere den deutschen Unterthanen nicht erlaubt ist; man beraubt sie des so natürlichen Rechtes, ihre Vertheidiger nach ihrem Gefallen und unter ihren Mitbürgern zu wählen; sie müssen unter Advokaten von Bern wählen; man hat auf diese Art zu Gunsten dieser Herren die Prozesse zu einer Art von Landvogtei gemacht. – Doch dies geht uns nichts an; was uns wesentlich ist, ist eine gute, eine aufgeklärte und unpartheiische Justiz, die uns gewöhnlich von der obersten Appellationskammer ertheilt wird.

Auch ich will gerecht seyn, und ihr mit Vergnügen hierüber meine Hochachtung bezeugen; sie ist sehr wohl verdient.

(Warum kann ich nicht ein gleiches gegen das Oberkonsistorium thun, gegen die Zollkammer, den geheimen Rath, den kleinen Rath, die abscheulichsten aller Gerichtshöfe Europa's, ich nehme selbst die heilige Inquisition nicht aus; bald werde ich dies beweisen!) Warum muß ich noch einige Ausnahmen gegen die Appellationskammer selbst zulassen? Ein Spruch, wodurch die gnädigen Her|ren sich die grosse Waldung von Roverea, zum Nachtheil der wahren Eigenthümer, nämlich der Gemeinden dieses Thals, zusprachen, hat niemand von ihrem Rechte überzeugt; doch einige besondere Fälle heben die Hauptsache und die Allgemeinheit meiner Beobachtung nicht auf.

Unsere Lage ist übrigens, in Rüksicht auf die Fälle, wenn die Regierung selbst Parthei wird, die umgekehrte geworden. Wenn ehedem unser Baron einige Prozesse mit unsern Landsleuten hatte, so richteten w i r ihn, und heut zu Tage richtet e r uns in seiner eignen Sache. Woher kommt dieser Unterschied? Daher, weil ehemals ein Fürst, und jezt die Bürgerschaft einer kleinen Stadt unser Baron ist. Gegen ihre Allgewalt schüzte uns noch einigermassen die Organisation unserer peinlichen Gerichtshöfe; wir sassen darin, vor uns wurde der Prozeß verhandelt; wir sprachen los, oder erkannten die Strafe, selbst Todesstrafe; jenes unbedingt, diese in erster Instanz; wenn schon im leztern Fall die Verhandlungen an den kleinen Rath geschikt werden mußten, der in lezter Instanz darüber abspricht, so kann er doch nur nach ihnen ein Urtheil fällen, das Schiksal des Angeklagten hängt immer davon ab. Unsere Personen waren gegen die Angriffe einer willkührlichen Gewalt um so sicherer, da die peinliche Gerichtsbarkeit von der Gewalt der Landvögte ganz unabhängig ist, und da verschiedene Verordnungen, | die freilich zu oft übertreten worden sind, ihnen verbieten, irgend jemand, sey es, wer es wolle, zu verhaften.

Ich glaube nicht, daß in der Wadt grössere Sittlichkeit herrscht, als in dem deutschen Theile des Kantons; doch wird man im Schallwerk zehen Deutsche gegen einen Wadtländer finden. Sollte dies etwa daher kommen, daß in dem einen Lande die Landvögte die peinliche Gerichtsbarkeit ausüben, und im andern nicht? *1) (s. diese und nachfolgende Bemerkungen am Ende dieses Briefs.)

Ueberhaupt ist sie in der Wadt gut verwaltet worden, sie war wachsam und milde, und man kann sich – wenn man blos auf die Sache, nicht aufs Recht sieht, über den Theil nicht beklagen, den die gnädigen Herren ausübten; unser Zustand war noch erträglich, er hätte ohne Unruhen verbessert werden können; die Regierung, weit entfernt, dadurch zu verlieren, hätte mehr Festigkeit bekommen – aber man hat sich gänzlich einer treulosen und schlechterdings abzuweisenden Verhezzung hingegeben. Man hat plözlich das ganze Gebäude unserer Gesezze umgestürzt; man hat unser Eigenthum wie unsere Personen blosgestellt, und indem man uns unserm Wohnort und unserm Richter entzog, indem man an die Stelle der gesezmässigen und beschränkten Gewalt des Barons der Wadt eine willkührliche sezte, ist diese Gewalt eben so verhaßt, als unerträglich geworden.

Die Regierung verbot vor einigen Jahren den Umlauf der Freiburger und Lucerner Münze; die Nachbarschaft, die Lage verschiedener Theile dieser Kantone, die ganz durcheinander zerstreut sind, der leichte und beständige Besuch der | beiderseitigen Messen und Märkte, machten dieses Verbot fast unnüz; an sich war es von geringer Wichtigkeit, und der gewöhnliche Mangel an Münze machte, daß man jede um so lieber nahm. Auf einmal werden mehrere Leute in der gleichen Woche an verschiedenen Orten von verschiedenen Landvögten vorgefodert; diese erklären ihnen, daß, da sie sich Freiburger Bazzen und Halbbazzen bedient haben, so werden sie hiemit zu einer Geldstrafe verurtheilt. Ihr Ankläger wurde ihnen weder vorgestellt, noch genannt, keine Vertheidigung wurde ihnen zugelassen; sie mußten bezahlen, die Sache mochte wahr seyn oder nicht, sie mochten gegen den Angeber oder gegen diese Art zu verfahren, Einwendungen zu machen haben; man hörte auf nichts; man nehme dazu, daß der Angeber und der Landvogt, jeder einen Drittheil der Geldstrafe haben, und nun urtheile man, ob man dies Verfahren mit der Sicherheit des Eigenthums vereinbaren könne. Sicher hätte in Frankreich weder die Münzkammer, noch ein Parlament, noch der König so etwas zu unternehmen gewagt, oder nur den Gedanken gehabt; auch wurden alle Bürger dadurch sehr beunruhigt; allein die Wunde traf nur den Beutel; sie waren dies gewohnt, und geduldeten sich. Aber man bereitete uns Wunden viel schmerzlicherer Art.

Ein Gerücht verbreitet sich in unsern Städten und Dörfern, daß Hr Martin, Pfarrer zu Mézières, mitten in der Nacht aus dem Schoose seiner Familie ge|rissen, von einem aus Bern geschikten Kommando Soldaten nach dieser Stadt gebracht, und da in ein Gefängniß geworfen worden sey. Diese Maasregel ließ einen Mord, ein grosses in dieser Stadt begangenes Verbrechen vermuthen, denn bisher hatte man bei uns das Forum delicti und die Regel, ubi culpa, ibi poena respektirt und befolgt.

Indessen erkundigt man sich, und bald erfährt man, daß dieses nächtliche Aufheben die Wirkung einer blosen Delation ist, die der Schreiber des Konsistoriums von Mézières – nicht bei dem Richter des Orts, nicht bei dem Landvogt, sondern bei Herren von Diesbach, Herren zu Mézières angebracht hat – daß nämlich Hr Martin bei einer Sizzung des Konsistoriums folgendes gesagt habe: »Euer Herr verlangt von euch den Erdäpfelzehenten; ihr werdet einen Prozeß darüber zu führen haben; die Frage scheint mir leicht zu entscheiden zu seyn; sie hängt von der Frage ab: Müssen die Erdäpfel als Korn, oder als Gemüß betrachtet werden? Was halten Sie davon, Herr Assessor?«

»Meiner Treu, Herr Pfarrer, die Erdäpfel sind eben so wenig Korn, als der Kohl es ist.«

»Also ist man keinen Zehenten dafür schuldig. Jezt ist der Zeitpunkt, mit Nachdruk und Gewalt Vorstellungen zu machen. Sehen Sie, was in Frankreich geschieht.«

»Der Doktor Cart hat sich mit Schande bedekt, daß er den gnädigen Herren darüber Entschuldigungen machte, eine Schrift verfaßt zu haben, in welcher er die Rechte unsers Landes vertheidigt.« *a) |

Dies, mein Herr, ist das Corpus delicti; nicht das Verbrechen, sondern die Anklage eines Verbrechens, wegen dessen man zum erstenmale eine Ausnahme vom allgemeinen Gesezze gemacht, und einen in einem Amte stehenden Bürger dem Richter des Orts entzogen hat; dies ist das Verbrechen, wegen dessen, ohne vorgängige Vorladung, ein Geistlicher in den Finsternissen der Nacht aus den Armen seiner verzweiflenden Familie gerissen, in eine mit starker Begleitung versehene Kutsche geworfen, und in die Gefängnisse der Hauptstadt abgeführt worden ist.

Sie, mein Herr, waren Zeuge dieser Begebenheiten, Sie müssen sie wohl glauben; aber wenn diese Linien je einem Manne von Rechtschaffenheit und Empfindung unter die Augen kommen, der unsere Regierung nicht kennt, welche Idee von Despotismus er sich auch gemacht, oder unter welchem Despotismus er auch gelebt haben mag, er wird es kaum glauben wollen, daß die Obrigkeit von Bern ihn so weit hat treiben können.

Und warum ist eine Grundregel, die sie selbst seit 246 Jahren befolgt hat, übertreten, warum ein Familienvater dem Gerichte seines Wohnorts entzogen worden?

Weil er angeklagt ist, ein Verbrechen des Hochverraths begangen zu haben! Ich werde nachher untersuchen, ob selbst dies ein Grund zur Ausnahme wäre; – aber daß ein Mann behauptet, man seye von Erdäpfeln keinen Zehenten schuldig, macht ihn dies zum Hochverräther? – Ein Mann, der Vorstellungen darüber vorschlägt, ist er deswegen ein Hochverräther? – Ein Mann, der einen Schritt | von mir tadeln würde, ein einzeler, ein isolirtes, anspruchsloses Individuum, der unter dem Schuzze der Gesezze steht, nie sich über sie erhoben hat, wäre ein solcher des Hochverraths schuldig?

Man schaffe doch unsere Gerichtshöfe ab, denn ich weiß nichts, was nicht ein Majestätsverbrechen wäre, und wenn der kleine Rath von Bern auf diesen Grad unsere Rechte umstürzen kann, so werfe man unsere Gesezze, unsere Urkunden, den Grundvertrag unserer Verfassung ins Feuer; man reiche uns allen Ketten und Eisen, wenn wir das eine dulden, so sind wir wohl werth, das andere zu tragen.

Das auffallendste in der Erzählung des Angebers Reymond sind die Worte: »Es ist Zeit, mit Nachdruk und Gewalt Vorstellungen zu machen.« Sie verrathen eine Falschheit, die niemand hätte entgehen sollen. Es ist augenscheinlich, daß der Angeber durch einen ungereimten Zusaz einen sehr unschuldigen Rath verstärken oder vielmehr verdrehen wollte, den Rath, mit Nachdruk Vorstellungen zu machen; aber wenn man Gewalt braucht, so macht man nicht Vorstellungen, und wenn man Vorstellungen macht, so gebraucht man nicht Gewalt.

Ein anderer höchstwichtiger Umstand wird Ihnen dabei aufgefallen seyn; die Delation Reymonds ist nicht auf der Stelle, sondern erst nach einigen Wochen gemacht worden; nicht der kompetenten Obrigkeit, sondern dem Eigenthümer | des Erdäpfelzehenten, der also bei der Sache interessirt ist, und der zufälligerweise zugleich Mitglied der Regierung war, der alles das vermengte. – Ich schweige, denn was ich darüber sagen möchte, wäre am Ende auch Hochverrath.

Die Mitglieder des Konsistoriums wurden abgehört, ihre Aussagen waren zum Vortheil Hrn Martins; er wurde auf freien Fuß gesezt, *2) nicht, weil der peinliche Prozeß, den man ihm machte, an sich selbst ungereimt war, sondern aus Mangel an Beweisen. Hr Martin ist sehr glüklich gewesen! Vierzig Familienväter, die, wie er, des Hochverraths, und aus eben so triftigen Ursachen, angeklagt worden sind, haben mehr zu leiden.

Die französischen Emigranten liefen uns in Menge zu. Anfangs bedauerten wir sie, sie waren wirklich unglüklich. Die meisten hatten viel, oder alles verloren; wir sind gute Leute, die Emigranten weinten zuweilen, wir weinten mit ihnen; sie gewannen uns so unser Zutrauen ab, – aber um es zu verrathen. Man sieht aus dem vorhergehenden, daß, wenn sie sich zu beklagen hatten, auch wir uns eben nicht glüklich zu preisen hatten, wir vertrauten ihnen auch unsere Klagen an.

Die Treulosen! wie haben sie dies mißbraucht! Jedes Wort von uns wurde hinterbracht, kommentirt, erweitert, jedes wurde in ihrem vergifteten Munde ein Gegenstand der Beunruhigung für die Regierung! Sie waren die Propagandisten, die von den Jakobinern überall hingeschikt worden seyn sollten; es gab keine andere. Die Emigranten allein haben durch ihr Lermblasen die Gefahr entstehen gemacht. |

Die Mittel waren verschieden. Bald erregten sie die Furcht des Fortschritts der Seuche; die Bewegung, die sie selbst machten, war das sichere Zeichen davon; so hatte sie in Frankreich angefangen, sich zu zeigen; und wenn nicht alle Mächte sich mit ihnen vereinigten, so werde es bald keine Könige, keine Bischöffe, keinen Adel, keine Aristokraten, keine Abgaben, keine schwelgende Müssiggänger mehr geben. – Bald kündigten sie einen leichten Sieg an, es waren nur einige unruhige Köpfe, die in Frankreich herrschten; alle, die beitragen würden, sie zu schlagen, würden Ehrenzeichen, Aemter, Schäzze bekommen; diese Herren machten in der Hizze ihrer Großmuth die ganze Welt glüklich.

Ueberdem sagten sie einen Bankerot mit eben der Gewißheit voraus, als die Kontrerevolution, und verbanden beides mit einander, so, daß viele Leute unter uns, die Renten in Frankreich besassen, an der Revolution hiengen, da an sie ihr Vermögen gebunden war;

andere waren aus einem edlern Beweggrund ihre Freunde, diese grosse Begebenheit wurde in der Schweiz, wie überall, der Gegenstand täglicher Gespräche, und eine Veranlassung zu Partheien.

Wir machen uns gern Festtage; der 14te Julius (1791) kam, und wir feierten ihn zu Vivis, Lausanne, Rolle und Copet; man trank die Gesundheiten der Nationalversammlung und aller Freunde der Freiheit; einige Embleme, und die Kappe, das Simbol derselben, wurden vor den Augen der Zuschauer aufgepflanzt; wir hatten Ball und Feuerwerk – aber man sage, ob an einem dieser Orte irgend ein | Gesez verlezt, eine obrigkeitliche Person verkannt, oder ein Aristokrate mißhandelt wurde; man sage endlich, ob man ein einziges Wort gegen die Regierung aussprechen hörte.

Die Aristokraten wollten auch ihren Tag haben; sie versammelten sich in groser Menge zu Cully; wie wir, speißten sie öffentlich, sie tranken Gesundheiten auf die Aristokratie, und stekten mehr als Eine weisse Kokarde aus; aber was wir nicht thaten, sie endigten damit, sich zu prügeln. Einer der Gäste, ein Mann ohne Galle, und der über beide Partheien spaßte, schlug die Gesundheit der Patrioten vor; sein Nachbar, ein Hofmann, beantwortete dies mit einem derben Stoß mit der Faust; dies war das Signal zu einer Schlägerei; bald sah man nichts als aufgehobene Fäuste, Stökke, Säbel; man prügelt sich in die Wette; der eine pakt seinen Nachbar, und schleppt ihn in den See, während der Herr Landvogt von Erlach, der Präsident des Festes, auf den Tisch steigt, und haranquirt; vergeblich! seine Stimme verliert sich im Tumult, und der lärmende Umsturz der Tafel fügte zu dem bisherigen Unglück noch das, nichts mehr zu trinken zu haben.

Wenn eins dieser beiden Feste eine Strafe, eine Vorladung vor das hochwürdige Konsistorium verdiente, so war es gewiß das zweite; aber man nahm Rüksicht auf die Absicht und auf die Personen. Es ist klar, daß der erste Fauststoß zur Ehre Amphitrions gegeben war, und dieses Verdienst benahm allen folgenden Stössen ihr Unverdienstliches.

Die Patrioten sind nicht so wohlfeil davon gekommen; das Wort, Hochverrath, war ausgesprochen, und man war sehr entschlossen, dies Verbrechen überall zu sehen; alle Handlungen unseres Festes wurden als solche denuncirt. |

Sogleich werden tausend bezahlte Menschen in die Dörfer geschikt, sie bearbeiten das Volk, sie breiten die ungereimtesten Märchen aus, sie sprechen nur von Verschwörung, Verrätherei; sie machen glauben, daß einiger Städte Bürger das Land verkauft haben, und das Beil schwebt über dem Haupte eines jeden, der es wagen würde, dem Volk die Täuschung zu benehmen. Zugleich marschieren dreitausend Mann, die meisten aus dem deutschen Kanton, und vor ihnen her eine zahlreiche Artillerie, in unsere Provinz ein, mit allen Zurüstungen des Kriegs und der Rache versehen. Blut, Hinrichtungen – schreien die Berner; und diese Sprache im Munde, umgeben mit diesen Attributen der Gewalt, errichten vier Berner Kommissarien einen Thron, sezzen sich darauf, suchen Schuldige auf, über ein Verbrechen, von dem keine Spur vorhanden war, das niemals existirte, und massen sich so die erhabenen Funktionen der Gerechtigkeit an, indem sie die heiligsten Charaktere derselben verlezzen.

Zu gleicher Zeit reizen verschiedene Proklamationen Haß, Eifersucht und Rache auf; sie laden zu Delationen, soll ich sagen zum Verbrechen ein, sie versprechen Geheimhaltung und Belohnungen.

Hier schrekken militairische Exekutionen die Gemüther; von einer willkührlichen Macht befohlen, verbannen sie alle Hoffnung auf Gerechtigkeit. Nicht, weil ein Familienvater viele Zimmer hat, quartiert man zehen, fünfzehen, zwanzig | Soldaten bei ihm ein, oder vertreibt ihn aus seinem Hause, um ein Militairlazareth daraus zu machen; sondern weil er ein Patriot ist; und aus dem entgegengesezten Grunde ist der Aristokrate frei davon. *3)

Kanonen, mit Kartätschen geladen, bedrohten unsere Hauptstrasen, und bestrichen unsere Rathhäuser; beim Geruche der Lunten berathschlagten unsere zitternden Räthe, oder vielmehr berathschlagten sie nicht.

Die meisten dieser Räthe werden vor diese Diktatorialkommission berufen, der der Rath der Bürgerschaft von Bern seine Gewalt übertragen hat. Eine doppelte Reihe Soldaten engt ihren Gang ein;

Kanonen von Minute zu Minute abgefeuert, kündigen ihnen den Zorn des aufgebrachten Herrn, seine Allgewalt, und seine Macht an; endlich erscheinen sie vor den Repräsentanten des Barons der Wadt; ihre Stellung kann ich mir einbilden; aber wer vermöge es, ihre Empfindungen auszudrükken? Man gab ihnen aus dem Becher der Erniedrigung Verweise und Drohungen, in eine lange Strafpredigt zugerichtet, zu kosten.

Und was war ihr Verbrechen? Was war das Verbrechen ihres Landes?

Hatten wir einen Aufstand gemacht? Hatten wir die Waffen gegen die Bürgerschaft von Bern ergriffen?

Waren wir gegen irgend einen ihrer Befehle ungehorsam gewesen? Hatten wir uns gegen einen ihrer Landvögte vergangen?

Hörten die Gesezze bei uns auf, wirksam zu seyn? War die Obrigkeit verachtet? Waren die Lehengüter verwüstet worden? Weigerten wir uns, die Gerechtsame, die wir der Herrschaft schuldig waren, zu entrichten?

Nichts, nichts von allem diesem! Einige unserer Städte hatten demüthige Vorstellungen wegen der Auflage, des Mißbrauchs der Zölle, des Prozesses des Herrn | Martin gemacht, und endlich hatten wir aufs Wohl des französischen Volkes getrunken; und dafür sind wir nicht wie Menschen, sondern wie empörte Sklaven behandelt worden.

Dafür sind Familienväter von Kerker zu Kerker geschleppt worden, während zwanzig andere der Tyrannei entflohen. Dafür haben wir Verurtheilungen zum Tode, zur Verbannung, zu langwierigem Gefängniß gesehen. – Mütter, Gattinnen, Kinder, die ihr zu weinen hattet, und die ihr noch weint, hebt eure Hände zu Gott auf, er beschliese über euch! – Wofür sind wir denn aufgeopfert worden? – Einem Gefühle des Stolzes, einigen Privatabsichten, und den Zwekken des Ehrgeizes.

Unser Land, und besonders die Stadt Lausanne, war mit emigrirten Aristokraten angefüllt, wie ich schon gesagt habe. – Einige Berner fanden es unendlich angenehm, ihnen ein Schauspiel ihrer Herrschaft zu geben. Die römischen Patricier unterhielten das

Volk mit Gladiatorengefechten; zu Algier und Marokko machen sich der Dey und der Kaiser den Spaß, ihren Unterthanen die Köpfe abzuhauen. Die Emigranten hatten so stark zur Gewalt aufgefodert, daß man ihnen die Schüssel auftischen wollte, die sie wünschten; – unser Blut, die Thränen unsrer Weiber, unsrer Kinder, war das Getränke dazu.

Es scheint, dieses Fest sollte bezahlt werden. Das Geheimniß ist durch einen Brief Mallet du Pan's an den Marschall von Castries vom 17. Sept. 1792 ausgekommen. |

»Das Korps der Schweizergarden wird in einem hohen Grade die Sorge theilen, die Sicherheit und die Polizei des Ortes zu behaupten, den der König zu seiner Residenz wählen wird. Sie werden es für höchst wichtig halten, Männer dabei anzustellen, die mehr als Ein Talent vereinigen; denn da zu glauben ist, daß wir auf längere oder kürzere Zeit unter einer militärischen Regierung stehen werden, so werden den höhern Offizieren nicht nur militairische Kenntnisse nöthig seyn, sondern auch Erfahrung in der allgemeinen Polizei, Festigkeit, Geübtheit in der Staatsverwaltung, und Wachsamkeit. Die Revolution hat bewiesen, wie selten solche Menschen sind, und sie sind eben so nothwendig, sie zu tilgen, als sie nothwendig gewesen wären, sie zu verhindern. In Erwägung der Schwierigkeiten guter Wahlen, habe ich den Baron von Erlach, Landvogt von Lausanne, ermuntert, in den Garden wieder Dienste zu nehmen. Anfangs schob er diesen Gedanken weit von sich, aber endlich ergab er sich. Der Aerger, den ihm die Schweizerdemokraten, und das ganz schimpfliche Betragen der Kantonen verursacht, haben das ihrige beigetragen, ihn zu bestimmen. Er hat so eben bei dem Grafen von Artois um die Stelle eines Oberst-Lieutenant im Regiment der Schweizergarden angehalten. Er hat seit 2 Jahren eben so viel Kopf als Charakter bewiesen; er verbindet kaltes Blut mit Thätigkeit, Urtheilskraft mit dem Ueberblik des Ganzen. Niemand hat es mehr verstanden, Zutrauen und Furcht einzuflössen; er ist buchstäblich die Vorsehung der Wadt; er ist es auch für die französischen Emigranten, die bei ihm mehr als Protektion gefunden haben, und die er noch leztlich in der Wadt gegen den Plan, den man in der Schweiz hatte, alle Franzosen fortzuschikken, erhalten hat.« |

Göttliche Allmacht! darum also ist Lausanne der blutende Altar geworden, auf dem man so viele Opfer geschlachtet hat! Darum, o meine Mutter, meine Gattin, meine Kinder, darum weint ihr. Darum hat man euch euern Sohn, euern Gatten, und euern Vater entrissen.

Mein Herr, man kann den Stil Mallet du Pan's nicht verkennen; sein Brief stand in allen Journalen; sie zeigten in den ersten Tagen des Novembers an, daß er im Sicherheitsausschuß der Nationalkonvention niedergelegt worden ist, jedermann konnte und kann sich noch von seiner Aechtheit überzeugen.

Gabriel von Erlach wollte Minister, erster Agent der militairischen Regierung seyn, Landvogt zu Paris auf Berner Manier, Major domus seyn, vielleicht wie die ersten Majores domus der Capet. |

Doch, Ihre Kommission hält ihre Sizzungen fort, wenn sie mich nicht in ihre Hände bekommen hat, so erlauben Sie, daß ich mich einen Augenblik mit ihr beschäftige, und ihre Operationen durchlaufe.

Nach unsern Gesezzen müssen alle Geschworne der Führung der peinlichen Prozesse beiwohnen; angesehen der Wichtigkeit der Sache, wenn einige derselben Anverwandte des Angeklagten, oder abwesend sind, so soll sie der Präsident des Gerichtshofes ersezzen, daß das Gericht vollzählig ist; in allem besteht es in dreizehen Geschwornen, ausser dem Gerichtsschreiber; – warum bestand also Ihre Kommission nur aus vier Personen? Alles übrige gleich gesezt, wiegen vier Berner dreizehen andere Menschen auf?

Der erste Charakter eines Richters und besonders eines peinlichen Richters, ist eine wohlanständige Ruhe, und eine völlige Unpartheilichkeit. – Und ein gewisses Mitglied dieser Kommission vergaß sich und sein Amt so sehr, daß es ohne Ende das Opfer, das es verhörte, apostrophirte, ihm Grobheiten sagte, und Drohungen ausstieß.

»Wenn die Frage davon ist, ein Zeugenverhör vorzunehmen, gegen einen, der wegen Verbrechen im Verhaft ist, sollen die Zeugen ihm vorgeführt werden, damit er sie widerlegen und verwerfen, wie es sich treffen mag, und daß er diejenigen beeidigen sehen kann, die annehmbar befunden werden.« Dies sind die eignen Worte unsers Gesezzes. |

Und doch hat die Kommission eine sehr grosse Menge von Zeugen abgehört, ohne daß ein einziger weder den Angeklagten vorgestellt, noch beeidigt worden wäre. Loi I, fol. 453.

»Folgende Personen können zu keinem Beweis, welcher Art er seye, zugelassen werden, als Eltern gegen ihre Kinder -- noch die Bedienten desjenigen, gegen welchen die gerichtliche Untersuchung geht.« Loi fol. 435.

Doch hat man den Bedienten des Herrn von Saint George aufgefodert, gegen seinen Herrn auszusagen; man wollte schlechterdings, er solle die Erklärung thun, daß er seinen Herrn nach Frankreich begleitet, und daß dieser sich zum Mitglied eines Klubs habe aufnehmen lassen. Auf seine muthige Weigerung, eine Unwahrheit zu bezeugen, wurde ihm mit Stokschlägen gedroht, und ein Diener der hohen Kommission, hereingerufen von ihr, mit einem Ochsenziemer bewaffnet – ich will nicht weiter erzählen, Abscheu und Grauen befällt mich, meine Haaren stehen gen Berge bei dem Gedanken: daß ein Zeuge gefoltert wird – beim Gedanken, daß man von einem treuen Bedienten durch Prügel eine Aussage erzwingen will, die der Wahrheit und dem Gesezze zuwider ist. Die geringste Einsicht muß sie für nichtig erklären. Kann die Gewalt sie gesezmässig machen? Gewiß sind die Sentenzen, die nach den Protokollen der Kommission gegeben worden sind, nach Billigkeit, Gewissen und Recht nichtig. Aber nachdem man sich über alle Gesezze weggesezt hat, um Verbrechen zu erschaffen; welches sind nun die Verbrechen, die man entdekt hat? Gehen wir die Sentenz des unglüklichen Rosset und de la Motte's durch, die übrigen sind allein darin begriffen. |

Sie haben dem Feste zu Ouchy beigewohnt! Und es wäre ein Majestätsverbrechen, die Gesundheit der Nationalversammlung und aufs Wohl der französischen Nation getrunken zu haben! In wie vielen Ländern Europa's hat man nicht ein gleiches gethan? Zu Birmingham störten bestellte Leute das Fest, verbrannten das Haus des Doktor Priestley, eines der vornehmsten Mitfeiernden. Es entstand auch ein peinlicher Prozeß daraus, aber gegen wen? Nicht gegen die, die das Fest gefeiert hatten, sondern gegen die, welche es gestört hatten; Doktor Priestley wurde für alles, was er verloren hatte, an Werth zweitausend Pf. Sterling, entschädigt.

Und dann, wenn diese Feste an sich selbst ein Verbrechen waren, warum hat man nicht alle gerichtlich belangt, die ihnen beigewohnt haben? Warum hat man unter der Menge einige Opfer ausgewählt? Wer hat diese Auswahl, und wie hat man sie gemacht? Mein Herr, ich muß mich wohl in alle diese Umstände einlassen; sie erwekken Schauder.

Die Herren Rosset und la Motte sind auch noch beschuldigt worden, zugegeben zu haben, daß man unter ihren Augen Zeichen der Empörung und aufrührerische Lieder ausgetheilt habe.

Vors erste scheint es, man hätte vielmehr denjenigen den peinlichen Prozeß machen sollen, die sie ausgetheilt haben, als denjenigen, die sie haben austheilen gesehen.

Ferner, ist ein Lied ein Hochverrath? Caira trillern, ist das ein Hochverrath? In diesem Falle gäbe es viele Verbrecher in der Schweiz und in ganz Europa. | Dieses Lied war seit mehreren Wochen in jedem Munde, die Vögel sogar sangen es, man tanzte diese Melodie, sie wurde öffentlich auf dem Spaziergang und bei Bällen gespielt, jeder wußte sie; – die Emigranten beschwerten sich darüber; vielleicht wäre es menschlicher gewesen, ihnen diesen Verdruß nicht zu machen – aber wenn in diesem Liede ein Majestätsverbrechen liegt, warum es nicht sogleich verbieten? Es war vor dem 14ten Julius und am 14ten Julius selbst keine Verordnung darüber vorhanden.

Die ausgetheilten Zeichen der Empörung waren Knöpfe der französischen Uniform, und dreifarbige Bänder. – Aber, mein Herr, ist es nicht seit Jahrhunderten Gebrauch bei uns, die Farben verschiedener Nationen zu tragen? Sehen wir nicht auf unsern Märkten die

Farben Frankreichs, Hollands, Sardiniens mit Lärmen aushängen? Werden unsere jungen Leute nicht beim Trommelschlag eingeladen, nach ihrer Wahl einer derselben zu folgen? Endlich trugen zehentausend unserer Landsleute die dreifarbige Kokarde, sie trugen sie mit Ihrer Bewilligung, und wir hätten ein Verbrechen des Hochverraths begangen, daß wir sie einen Augenblik trugen.

Die Herren Rosset und la Motte sind auch noch überwiesen worden, zweien beschuldigten Personen, vielleicht ihren Freunden, angerathen zu haben, sich zu entfernen.

Und auch das wäre ein Majestätsverbrechen! Und man hat sich entschliesen können, diesen Beweggrund in einem Verdammungsurtheil anzuführen, bei | welchem ein Theil der Stimmen auf den Tod gieng, die Majorität für fünf und zwanzigjähriges Gefängniß entschied! Mein Herr, es existiren zwei Briefe von zwei Mitgliedern der Regierung, die einen ganz ähnlichen Rath einem Manne gaben, der aus den gleichen Ursachen wirklich auf der Flucht ist. Diese Mitglieder haben vielleicht die unglüklichen Rosset und la Motte gerichtet, vielleicht waren sie unter denen, die auf Tod gestimmt haben! Der Himmel ist über uns. – Man sagt, es gäbe einen Gott, es ist süß, es zu hoffen, oder es zu glauben. Ihr Berner, die ihr ihn anzubeten scheint, habt ihr ihn gefürchtet?

Endlich sind Rosset und la Motte angeklagt worden, dem Klub von Pontarlier sich associrt zu haben. Und auch dies wäre ein Hochverrath! Aber waren wir im Kriege mit den Franzosen? Waren unsere alten Verbindungen mit dieser Nation unterbrochen oder aufgehoben? Hattet Ihr eine Verordnung gemacht, Ihr, die Ihr deren bei allem und bei nichts macht, hattet Ihr eine gemacht, die uns diese Verbindungen mit Nachbarn verbot, welche wir als unsere Brüder zu betrachten die Gewohnheit haben? Mehr als einmal verkauftet Ihr unser Blut an den Ehrgeiz oder an die Laune ihrer Könige, und der Antheil, den wir an ihrer Freiheit nehmen, wäre ein Majestätsverbrechen!

Junge Leute, Familienväter, hatten vor langer Zeit eine Gesellschaft gebildet. Beunruhigt durch Proklamationen, die zur Angeberei einladen, und Spionen ankündigen, erstaunt über die willkührliche Maasregeln, die voraussezzen, daß | wir Sklaven sind, sagen sie zu einander: »Wir wollen uns über das Staatsrecht unsers Landes unterrichten, das wir zu lange vernachlässigt haben, uns gegen die Rotte Spionen in Sicherheit sezzen, womit wir bedroht werden, wenn wir uns zuweilen dem Zutrauen und der Freundschaft hingeben, laßt uns versprechen, daß dies nur unter uns geschehe, und daß nichts davon ausgesagt werde.« Sollte man es glauben, daß man aus diesem so natürlichen Wunsche ein Hochverrathsverbrechen gemacht hat, daß die, welche ihn gethan haben, in Gefängnisse geworfen, zu vier oder fünf Jahren Gefängniß verurtheilt worden sind, oder sich genöthigt sahen, einen Despotismus zu fliehen, der eine Wirkung der Tugend in ein Laster verkehrte.

Was habe ich mit allem diesem beweisen wollen? Daß nicht nur kein Verbrechen des Hochverraths begangen, sondern, daß auch nicht der leichteste Anschein eines solchen vorhanden war. – *4) Der Regierung haben ihre Maasregeln der Unterdrükkung vielleicht eine Million gekostet, ist ihr darum die Verwaltung des Staatsschazzes anvertraut?

In einem folgenden Briefe werde ich beweisen, daß, wenn auch ein Majestätsverbrechen der ersten Grösse begangen worden wäre, doch die Untersuchung und das Urtheil in erster Instanz nur unsern gewöhnlichen Gerichtshöfen zukommen kann.

Sie werden wohl finden, dünkt mich, daß ich mich lebhaft ausdrükke; ich fühle es auch, mein Herr, und auch dies ist ein Werk ihrer Maasregeln. Seit fünf|zehen Monaten ist mein Auge, meine Seele, mein Geist beständig auf das Unglük gerichtet, in das man mein Vaterland gestürzt hat, es schwebt mir im Wachen, wie im Schlaf vor; unwillkührlich immer damit beschäftigt, war ich ganz niedergesunken; aber seit ich diese Briefe zu schreiben angefangen habe, finde ich, so wie ich meine Gedanken festhalte, und sie entwikle, in dem Gefühle, das mich niederdrükte, Kräfte des Lebens, und in der Liebe zu meinem Vaterlande, Genüsse, die diese Liebe immer nur vermehren werden.

⋆1) Das Wadt hat in dieser Rüksicht viele Vorrechte vor dem deutschen Theile des Kantons; die peinlichen Gerichtshöfe der Wadt instruiren den Prozeß, und sprechen in erster Instanz; der kleine Rath in Bern hat das jus aggratiandi und aggravandi; nur in Lausanne hat er das Begnadigungs-Recht allein; im deutschen Kanton hingegen (einige Städte ausgenommen) ist die Kriminaljustiz gänzlich in den Händen der Regierung; der Landvogt (selbst ein Mitglied der Regierung) verhört den eines peinlichen Verbrechens Bezüchtigten, die Zeugen, und führt die ganze Untersuchung; kein Rechtsbeistand wird dem Beklagten gegeben; das Protokoll der Untersuchung wird an den kleinen Rath geschikt, der nach demselben und nach einem Bericht darüber, den die Kriminalkommission macht, welche aus den drei jüngsten Rathsherren besteht, über Tod und Leben in erster und lezter Instanz abspricht; es ist keine Gewalt über demselben, der das Begnadigungsrecht hätte. In der Stadt hat der Großweibel (Grand Sautier, ein Mitglied des grossen Raths, Polizei- und Zivilrichter bis zu einer gewissen Kompetenz, und zugleich Aufwärter des grossen und kleinen Raths) die peinliche Untersuchung; diese legte er in der Kanzlei zur Einsicht der Mitglieder des grossen Raths nieder, der kleine Rath spricht in erster Instanz, der grosse Rath mehrt oder mindert oder bestätigt diese erste Sentenz, wobei der Großweibel, der die peinliche Untersuchung gehabt hatte, als offizieller Vertheidiger auftritt. Wie wenig durch diese Vertheidigung für den Delinquenten gesorgt ist, ist leicht begreiflich; da er sich in seinem Verhör wohl so viel als möglich zu verschweigen suchen, und damit denn auch oft manchen Umstand verschweigen wird, der sein Verbrechen mindert. Dadurch allein ist die bekannte Geschichte begreiflich, daß ein Mädchen als Kindsmörderin zum Tode verurtheilt wurde, und da sie auf den Richtplaz geführt werden sollte, nun gegen den Geistlichen äusserte, es sey ihr nur um das Kind leid, | das sie unter dem Herzen trüge; bei näherer Untersuchung wurde sie denn auch wirklich noch schwanger mit dem Kinde befunden, wegen dessen Ermordung sie in einigen Stunden sterben sollte; auf Befragen, warum sie dies nicht früher gesagt habe, gab sie zur Antwort, sie habe nicht das Herz gehabt, den gnädigen Herren, die sie verhörten, zu widersprechen.

Im Jahr 1794 bekam ein Bauer, der von seiner Gemeine das Zeugniß hatte, sich immer gut aufgeführt zu haben, der Trunkenheit nie ergeben gewesen zu seyn, dabei als ein eingeschränkter Mensch bekannt war, mit einem Berner Herrn bei der Abrechnung für eine Weinfuhr, wobei der Bauer mehr, als er sonst gewohnt war, getrunken hatte, Händel; der Bauer glaubt Unrecht erlitten zu haben, kommt in der Trunkenheit vom Wortwechsel zu Schmähungen über die vornehmen Herren überhaupt, und zu dem Wunsche, daß doch die Franzosen sie einmal demüthigen möchten. Der Berner verklagt ihn über diese Schmähungen beim Landvogt; der Bauer, dem man gesagt hatte, er bessere durch die Entschuldigung des Rausches seine Sache nicht, verschweigt bei dem Verhör diesen Umstand, der doch wohl Reden entschuldigt hätte, und wird vom kleinen Rathe auf sechs Jahre ins Schallenhaus (das Zuchthaus für grössere Verbrecher) geschikt. Durch die Verwendung der Dorfsvorsteher und seiner Verwandten wurde der arme Kerl, den dieses Urtheil krank gemacht hatte, endlich losgegeben, und nur verurtheilt, ein Jahr nicht ausserhalb seines Dorfes zu gehen.

Ich mag von diesen durch ihre Verbesserung zufällig bekannt gewordenen Uebereilungen nicht den Schluß auf viele nicht bekannt gewordene machen; man urtheile selbst, ob der Rechtsgang nicht zu einem solchen Schlusse berechtigte.

Ein noch vor einiger Zeit in vielen Landstädten üblicher Gebrauch deutet darauf hin, daß wohl das Landvolk in einem peinlichen Fall ehemals einen Vertheidiger haben durfte. An dem zur Hinrichtung angesezten Tage nemlich versammelten sich die Ortsvorsteher unter Vorsiz des Landvogts, auf einem öffentlichen Plazze; ein Ankläger tritt auf, auf ihn folgt nun ein Vertheidiger, der vor den Ohren des Delinquenten, dem schon einige Tage vorher das Todesurtheil angekündigt worden ist, sich die Lungen anstrengt, ihn zu rechtfertigen; hierauf läßt denn der Landvogt das zu Bern gefällte Todesurtheil öffentlich publiciren, und der Missethäter wird zur Hinrichtung geführt. Diese Gewohnheit, die dadurch, daß sie blosse Formalität geworden ist, ganz empörend war, hat man vor einigen Jahren abgeschafft, aber damit auch den noch übrigen Schatten eines der schäzbarsten Rechte der Bürger gesitteter Staaten vertilgt.

Ich will auch nicht entscheiden, wie viel von dem, was ich sagen werde, auf die Schuld des peinlichen Rechtsganges,* der eigentlich gar kein Rechts|gang ist, oder ob es ganz auf die Immoralität des Volks, oder wenn man will, auf die Verderbniß der menschlichen Natur, komme, daß man, wie Cart sagt, 10 Deutsche gegen einen Wadtländer in dem Schallenhaus findet – daß, meiner Ueberzeugung nach, in keinem der Länder, die ich kenne, nach Verhältniß der Grösse, so viel gehängt, gerädert, geköpft, verbrannt wird, als in diesem Kanton; ohne die authentischen Belege zu einer solchen Behauptung zu haben, wäre es vielleicht besser, sie nicht zu thun; sie sollte hier vor das Publikum gebracht, eine Auffoderung seyn, um dieses Publikums Willen die Liste nur der seit 10 Jahren im Kanton Hingerichteten bekannt zu machen, wodurch allein jene Behauptung umgestossen werden kann.

Die Regierung hat seit einigen Jahren diese Mängel ihres Rechtsgangs selbst gefühlt, und sich Vorschläge thun lassen, wie ihnen abzuhelfen wäre, auch einen Preis auf einen Plan zwekmässiger Verbesserungen gesezt.

*a) Ich brauche es wohl nicht zu sagen, daß ich diese Entschuldigungen nie gemacht habe. (Anmerk. des Verf.)

*2) Die Regierung machte ihm dabei, als eine Art von Entschädigung, ein Geschenk von 100 Louisd'ors; aber man sieht, daß den Wadtländern die Erbitterung über die durch jenes Verfahren geschehene Verlezzung ihrer Rechte dadurch nicht abgekauft wurde. Der Angeber Reymond verlor seine Schreibersstelle. Die Bauern liessen sich durch die großmüthigsten Anerbietungen ihres Barons nicht abhalten, einen höchstkostspieligen Prozeß zu führen.

*3) Die Quartiermeister brachten aus Bern Verzeichnisse der Einwohner der Städte mit, in welche die Truppen gelegt werden sollten. Die der Regierung verdächtigen Hausväter waren auf dieser Liste mit einem M (mauvais) oder MM. oder gar mit MMM bezeichnet; und nach diesen Zeichen bestimmte der Quartiermeister die Menge der in ein Haus zu legenden

* Wobei noch zu bemerken ist, a) daß in Bern noch torquirt wird; b) daß das Bekenntniß des Delinquenten zum Todesurtheil nicht nothwendig ist.

Soldaten, die selbst auch bald diese Unterscheidung fühlten, und [sich] darnach betrugen. Auf diese Art sahen sich diese verdächtigen Bürger deswegen allein, weil sie verdächtig waren, noch vor dem Anfange irgend einer Untersuchung bestraft.

*4) Die Handlungen, die der Grund der Verurtheilung sind, waren Zeichen; sie konnten angesehen werden, als Zeichen der Freude über die glüklich errungene Freiheit des französischen Volkes, oder als Zeichen eines Wunsches, auch im Genusse derselben zu seyn, als Zeichen des Entschlusses, seine gesezmässige aber verlornen Rechte wieder zu erhalten, als Zeichen der Absicht, die gesezmässige Gewalt der Regierung auf eine unrechtmässige Weise anzugreifen; es scheint, die Regierung habe entschieden, daß die lezte Absicht Statt gefunden habe. |

SIEBENTER BRIEF.

Lyon, den 20. Jänner 1793.

Mein Herr!

Ich wiederhole es, wenn auch ein Majestätsverbrechen von der ersten Grösse in der Wadt begangen worden wäre, oder begangen würde, so kann die Untersuchung und das Urtheil in der ersten Instanz nur unsern gewöhnlichen Gerichtshöfen zukommen; ich werde dies durch die allgemeinen Grundsäzze des Staatsrechts, durch den Geist unserer Gesezze, durch ausdrükliche Gesezze selbst, durch die Uebung, und daraus beweisen, weil sonst für uns keine Art persönlicher Sicherheit möglich wäre.

Was das erste betrifft, so wollen wir den berühmten Verfasser des Geistes der Gesezze hören; er war selbst ein Edelmann; in allen seinen Schriften zeigt es sich, daß er an seinem Stande und seinen Privilegien hieng. »Wenn, sagt er, in einer Person oder in einer Staatsobrigkeit die gesezgebende und ausübende Gewalt vereinigt sind, so findet keine Freiheit mehr Statt, weil man fürchten kann, der gleiche Monarch oder der gleiche Senat möchte tyrannische Gesezze machen, um sie tyrannisch zu vollziehen. Auch findet keine Freiheit Statt, wenn die richterliche Gewalt von der gesezgebenden und ausübenden nicht getrennt ist; wäre sie mit der gesezgebenden Gewalt verbunden, so wird die Gewalt über Leben und Freiheit der Bürger willkührlich, denn der Richter wäre Gesezgeber. Wäre | sie mit der ausübenden Gewalt vereinigt, so hätte der Richter die Macht eines Unterdrükkers. Alles wäre verloren, wenn das gleiche Individuum oder ein Korps der Vornehmen, des Adels oder des Volks die drei Gewalten in sich vereinigte.«

»In den meisten europäischen Reichen ist die Regierung gemässigt, weil der Fürst, der zwei dieser Gewalten hat, die Ausübung der dritten (der richterlichen) seinen Unterthanen überläßt. Bei den Türken, wo diese drei Gewalten auf dem Haupte des Sultans vereinigt sind, herrscht abscheulicher Despotismus. In den italiänischen Republiken, in welchen diese drei Gewalten vereinigt sind, giebt es weniger Freiheit, als in unsern Monarchien; auch muß die Regierung, um sich zu behaupten, eben so gewaltsame Mittel anwenden, als die türkische; Beweise hievon sind die Staatsinquisitoren (zu Venedig) und der Stok, in welchen jeder Angeber jeden Augenblik in einem Billet seine Anklage werfen kann.

Man sehe, wie die Lage eines Bürgers in diesen Republiken beschaffen ist. Derselbe Senat hat, als Vollstrekker der Gesezze, die ganze Gewalt, die er sich als Gesezgeber gegeben hat. Er kann den Staat durch seine allgemeinen Befehle verheeren; und da er auch die richterliche Gewalt in Händen hat, so kann er jeden Bürger durch seine Willkühr im einzelen zu Grunde richten.« |

Dies ist es, mein Herr, was Ihre Regierung können will; dies ist der fürchterliche und zerstörende Hebel, auf dem unser Eigenthum, unsere Freiheit, unser Leben ruhen soll! Was können wir ihm entgegen sezzen? Eure Tugenden! Ihr habt deren gewiß!

Aber ihnen allein können wir uns nicht anvertrauen; wenn ihr schon Mitglieder der Regierung seyd, so seyd ihr doch Menschen, Leidenschaften und der Gebrechlichkeit unterworfen. Dies hat Gesezze nothwendig gemacht; diese allein können Zutrauen erzeugen, und ihre Beobachtung es erhalten.

Ungeachtet aller dieser Gefahren streite ich euch nur das vereinigte Ganze jener schröklichen Gewalt ab, und nicht einen Theil derselben, ich gestehe euch das Recht, in lezter Instanz zu richten, zu, eine Gewalt, die kein König in Eu|ropa ausübt, und die alle Staatsrechtslehrer für so gefährlich halten, wenn sie zu den übrigen Gewalten hinzukommt. Diese Gefahr kann nur dadurch bis auf einen gewissen Grad vermieden werden, daß man dem Volke einen Theil der richterlichen Gewalt läßt, das Recht, den peinlichen Prozeß durchzuführen, und in erster Instanz das Urtheil zu fällen.

Ich unterstüzze meinen Saz noch durch die besondern Grundsäzze unserer Gesezze, und durch diese Gesezze selbst.

Niemand kann Richter in seiner eignen Sache seyn; Gewissen, Ehre, Gerechtigkeit rufen dies allen Menschen zu.

Nach Loi II, fol 439. und Loi II, fol. 369. kann einer, der auf irgend eine Art bei der Sache interessirt ist, nicht zeugen, ein Verwandter, selbst im dritten Grade, kann nicht Richter seyn, wie sollte der Baron der Wadt in seiner eigenen Sache Richter seyn können?

Es war doch wohl seine eigne Sache, denn er hat die Herren Rosset und la Motte verurtheilt, weil sie durch ihre Anwesenheit bei der Versammlung zu Ouchy den 14. Jul. das Verbrechen derjenigen theilten, die sie notorisch in | der Absicht zusammen berufen hatten, um durch Worte und Handlungen* die Gewalt unserer Regierung anzugreifen.

Nach dem Gesezze 4, fol. 263 verfällt derjenige, der sich des Verbrechens beleidigter göttlicher oder menschlicher Majestät schuldig macht, ausser der Leibesstrafe auch in die Strafe der Konfiskation des Vermögens.

Nach dem Gesezze 3, fol. 387, ist es den Herren, die die Gerichtsbarkeit haben, verboten, der Führung eines peinlichen Prozesses beizuwohnen, sondern sie sollen sie ihren Burgvögten und neutralen Richtern anvertrauen, die an den Konfiskationen keinen Theil haben. Diese Regel sollte keine Ausnahme leiden, schon die Schaam scheint keine zuzulassen. |

Und doch hat die Regierung von Bern den Herrn von Yens zum Tode verurtheilt, und die Konfiskation seiner Güter anerkannt.

Hätte der Herzog von Savoyen, Baron der Wadt, zu einem seiner Angehörigen sagen können: »Ich verurtheile dich zum Tode, und spreche mir dein Vermögen zu.« Es ist ein Gedanke zum Rasendwerden. Und der Rath der Bürgerschaft von Bern, der Baron der Wadt, könnte dies sagen, und thun?

Nicht der Regent von Schweden hat Ankerström verurtheilt; er hat vielmehr seinen Kindern die konfiszirten Güter zurük gegeben.

Ich mache aus dem vorhergehenden den Schluß, daß, wenn ein allgemeines Gesez die gesammte richterliche Gewalt der Regie-

* Ich fodre jedermann auf, eine Handlung anzuführen, durch welche dieser Grund, den das Urtheil angiebt, unterstüzt würde; auch führt das Urtheil keine einzige an. (Anmerk. des Verf.)

rung von Bern zuspräche, man doch, im Falle eines Verbrechens des Hochverraths, eine Ausnahme davon machen sollte, und daß unsere Gerichtshöfe das Recht, wenigstens in erster Instanz darüber zu erkennen, um so mehr behalten sollten, da ihnen dies in allen andern Verbrechen zukommt. |

Ich werde jezt untersuchen, ob dieses Recht, das aus den Grundsäzzen folgt, einem positiven Gesezze zuwiderlauft.

Ich habe schon bemerkt, daß die alte Urkunde von Milden von der allgemeinen Regel, im Falle eines Hochverraths-Verbrechens, keine Ausnahme macht.

In der alten Sammlung Quisard's, Buch I. Kap. 49. Urtheilssprüche über Verbrechen, besagt Art. 1., daß der Stadthalter des Orts und die Beisizzer des Gerichts die Strafsentenzen fällen sollen, wie folgt; die folgenden Artikel enthalten nun die verschiedene Strafen nach der Verschiedenheit der Verbrechen, und Art. 19 enthält die Strafe für den Hochverrath (trahison).

Quisard hatte unsere Herkommen *1) (siehe, wie die vorhergehenden Bemerk. am Ende dieses Briefs) gesammelt; unsere Gesezze waren dies im eigentlichen Sinne, sie giengen von einer Generation zur andern durch blose mündliche Ueberlieferung über, und existirten nur im Gedächtnisse der Greise und obrigkeitlichen Personen; die Gemeinden, deren Abgeordnete sonst die Stände ausmachten, vereinigt mit den Gemeinden Vivis und Lassarra, sammelten sie zum Theil im Jahr 1577, und baten die gnädigen Herren um die Bestätigung derselben; da dies Werk noch unvollkommen war, so veranstalteten sie im Jahr 1616 eine neue Sammlung, die nun unser Gesezbuch ausmacht. »Und da uns dieser Entwurf vorgelegt worden ist, sagten die gnädigen Herren, daß wir ihn billigen | und bestätigen möchten, so haben wir ihn genau durchgesehen, verbessert, dazu und davon gethan, – alles zum Besten unserer Unterthanen und zum Gedeihen unseres Staats, – daß er so verbleiben und bestehen solle, so lang es uns gut dünken wird – und dies mit Beifügung folgender Erklärungen: 1.) Daß, wenn eine der vorgenannten Städte besondere Freiheiten hat, die von uns schon ehedem bestätigt worden sind, so ist unsere Meinung, daß sie in ihrer Form und Kraft verbleiben sollen, ohne daß durch dieses Gesezbuch (coutumier) sie in irgend einer Art verlezt werden sollen, alles ohne unsern Schaden.«

Ich bin unvermerkt von meinem Gegenstande abgekommen; doch ist diese Episode nicht ohne Interesse. Man sieht, daß die Regierung nur stuffenweise und nicht geradezu sich die gesezgebende Gewalt zugeeignet hat, daß unsere Gemeinden im Jahr 1572 und 1616 unser Gesezbuch machten, und es dann unserem berner Baron zur Bestätigung vorlegten, wie sie sonst dem savoyischen Baron ihre Gesezze vorlegten; so weit gieng alles vortreflich; aber als er davon und dazu that, verwechselte er das Recht, ein Gesez zu bestätigen, mit dem Rechte, es zu machen. Zwar geschah es zum Gedeihen der Republik Bern, und man begreift schon, wie dies gemeint ist; von der andern Seite beruhigte man die Gemeinden durch die Erklärung, daß dies ihren Freiheiten nicht schaden sollte. Ein Mittelweg zwischen der Gewalt, die noch schüchtern war, und der Furchtsamkeit, dem Bewußtseyn, jenes Recht nicht immer gehabt zu haben. *2)

Aber 176 Jahre sind seit der lezten Periode verflossen; man hat sogar jenen Mittelweg einzuschlagen vergessen, und ist ganz auf das Extrem der Allgewalt | übergegangen. Lassen wir dies, um zu sehen, was diese zum Gedeihen der Republik vermehrte und verminderte Gesezze vorschreiben.

Nach Gesez 1, fol. 385, das die Fälle angiebt, in denen man jemand verhaften kann, kann die Regierung im Fall einer offenbaren Empörung gegen die Verordnungen des Souverains jemanden verhaften. Aber die Verhaftung und der Prozeß des Verhafteten sind ganz verschiedene Dinge. Daraus, daß die Regierung zu einem berechtigt ist, folgt gar nicht, daß sie es auch zum andern sey. Es ist in dieser Rüksicht unveränderliche Regel, daß die Ausnahmen sich nicht von sich selbst verstehen, und da in allen Fällen der Gerichtshof des Orts, wo das Verbrechen begangen worden ist, die Untersuchung vornimmt, und die Sentenz fällt, so hätte die Ausnahme ganz ausdrüklich genannt werden müssen, wenn die Regierung sich den Prozeß in dem besondern Fall eines Majestätsverbrechens hätte vorbehalten wollen; aber diese Ausnahme findet sich in keinem unserer Gesezze, folglich hätte sie auch nicht Statt haben sollen.

Die Erfahrung beweißt dies ferner, und Sie selbst haben es anerkannt. Der Major Davel *3) hatte nicht die dreifarbige Kokarde aufgestekt, Gesundheiten getrunken, und Liedchen gesungen; er hatte einen Trupp Bewaffneter nach Lausanne geführt, in der Absicht, sich des Landvogts zu bemächtigen, und eine Revolution zu machen; das Verbrechen war offenbar, und dies war gewiß ein Hochverrathsverbrechen. Und doch, wer führte die gerichtliche Untersuchung, wer sprach das Urtheil? Die gewöhnlichen Gerichtshöfe der Stadt Lausanne. |

Wird man mir vielleicht einwenden, daß das Verbrechen Davels zu Lausanne begangen war; daß diese Stadt zwei Grade der bürgerlichen und peinlichen Gerichtsbarkeit besizt?

Ich antworte geradezu: Die meisten Angeklagten waren, wie Major Davel, wegen Verbrechen angeklagt, die sie zu Ouchy oder Rasure, das heißt, im Bezirk der Lausanner Gerichtsbarkeit, begangen hatten. Sie waren in dieser Rüksicht ganz im Falle des Majors Davel. Warum beraubte man also willkührlich diese Stadt der Rechte ihrer Gerichtsbarkeit, und ihre Einwohner des Rechts, hier gerichtet zu werden. Vielleicht ist es nicht gleichgültig, in Erinnerung zu bringen, daß Rosset und la Motte, de Yens, St. Georges, die zwei Joseph, David, Mercier, die zwei Brüder Panserot, Lardy, Chabot, Jequier, Bouet, Fabre, Kune, Dapples, Durand, Crousaz, alle Bürger oder Einwohner von Lausanne waren.

Es wäre nicht schwer, anzugeben, warum die Wahl vorzüglich auf diese Stadt gefallen ist, warum drei Geistliche und einige Edelleute, warum auch ich darunter begriffen worden bin!

Ich habe bisher von allgemeinen Grundsäzzen, von den Grundsäzzen unserer Gesezze, und der Gewohnheit gesprochen. Ich will mit dem Verfahren der Stadt | Bern, die an die Stelle unserer Gerichtshöfe vier Kommissarien sezte, nicht die allgemeine Meinung, sondern nur das Verhalten eines Königs vergleichen, der die Konstitution seines Landes umgestürzt, und ihm ganz nach seinem

Willen eine Verfassung gab. Unter den 57 Artikeln, die Gustav III. im Jahr 1772, als die Konstitution vorlegte, ist folgender: »Alle Kommissionen mit dem Recht zu richten, alle ausserordentlichen Tribunalien sind in Zukunft abgeschafft, als Mittel, die nur den Despotismus und die Tyrannei begünstigen können.« So erklärte sich ein König, dem man Schuld gab, selbst beides zu wollen, und der doch nicht | so weit zu gehen wagte; ihr habt es gewagt, Berner; was sage ich? ihr habt es wirklich gethan!

Hochverrath! beleidigte Majestät! diese fürchterlichen Worte haben den entsezlichsten Ungerechtigkeiten, die jemals die Erde beflekten und mit Blut färbten, zum Schleier gedient! Unter einer guten Regierung bestimmt das Gesez genau, worin sie bestehen, und schließt sie in enge und festgezeichnete Grenzen ein, die der Willkühr nichts überlassen. So haben es die Amerikaner gemacht; der Artikel in ihrer Konstitution darüber lautet so:

»Der Verrath gegen die vereinigten Staaten besteht nur darin, Krieg gegen sie zu führen, oder sich mit den Feinden zu einer Hülfsleistung zu verbinden.«

»So, sagt Herr Nekker, hat ein sanftes und gemässigtes Volk, das doch eben aus den Greueln des Bürgerkrieges heraustrat, die fürchterlichste Anklage, diejenige, die willkührlicher Auslegungen am meisten fähig ist, eingeschränkt. Ach! gewiß hatten die Amerikaner noch nicht den Charakter, der Verbrechen aufsucht, und | findet; am wenigsten den wilden Gedanken, eine Regierung durch die Ruthen, oder das Eisen der Henker zu erhalten.« Nekker schrieb zu Coppet; es scheint, er zeichnete das, was unter seinen Augen vorgieng.

Und ihr tugendhafte Bostonier, die ihr mich in meiner Jugend umringtet, und so gut gegen mich wart, weil ich ein Schweizer war; die ihr mich zu einem öffentlichen Mahle einludet, unter einen Baum, den eure Väter der Freiheit heiligten, mir so herzlich die Gesundheit meines Vaterlandes zutrankt, ihr glaubtet es frei; ihr bildetet euch nicht ein, daß man darin des Hochverraths schuldig seyn könne, wenn man über den Zehenten von Erdäpfeln spricht, wenn man darüber Vorstellungen vorschlägt, wenn man das wahre oder geglaubte Betragen eines Advokaten tadelt; ihr dachtet nicht, daß man als Hochverräther sich schuldig mache durch Bänder, Knöpfe und Lieder! Mir selbst auch ahndete das nicht.

Vielleicht war es unbesonnen, diese Dinge in dem Zeitpunkt, worin wir uns befanden, zur Schau zu tragen; vielleicht war es zwekmässig, unserm Enthusiasmus dafür Einhalt zu thun. Aber wenn eine Strafpredigt vom ehrwürdigen Konsistorium nicht hinreichend schien, existirten denn unsere Gerichtshöfe nicht mehr? Die Mitglieder, aus denen diese bestehen, werden in allen unsern Städten, und im größten Theile der Orte, die unter der Gerichtbarkeit unserer Provinz stehen, von Euch, oder von euern Landvögten ernannt! Wenn dessen ungeachtet einige verdächtig, oder bei der Sache interessirt gewesen wären, konnten nicht unpartheiische und rechtschaffene Männer an ihre Stelle gesezt werden? |

Aber so bemächtigte sich Mißtrauen, Furcht, Verzweiflung aller Gemüther; nur unbezweifelter Aristokratismus schüzte dagegen; und nicht jeder ist Aristokrate.

Viele Familienväter, selbst Greise, haben, ohne in diese Begebenheiten verflochten zu seyn, ihre Güter verkauft, und lieber ihr Vaterland verlassen, als noch ferner unter dem Beil eines beispiellosen Despotismus leben wollen.

Auch ich mußte unschuldig, Sie mußten es, mein Herr, und jeder weiß es, fliehen, wie einer, der mit Verbrechen bedekt, und mit allen seinen Schrekken umgeben ist. In den Finsternissen der Nacht, durch abgelegene Wege, unter Gottes Auge, wandt ich mich durch die Berge von Bougy, meine Seele erhob sich zu ihm, meine Wünsche waren für mein Vaterland, ich will es ihnen frei sagen, mein Herr, sie waren nicht für seine Unterdrükker.

Hätten Sie der Gerechtigkeit ihren ordnungsmässigen Gang gelassen! Weit entfernt, zu fliehen, hätte ich, hätten wir alle uns ihr unterworfen; nicht einer wäre geflohen. Ich habe Sie, mein Herr, den obersten Beamten meines Landes, ich habe Sie um ein Gefängniß gebeten; unsere Fiskale hätten angeklagt, und | einen bestimmten Antrag gemacht; die Angeklagten hätten sich vertheidigt, Zeugen wären gesezmässig vorgeladen und verhört worden;

auf welche Art das Urtheil ausgefallen wäre, es wäre nach dem Gesezze gewesen. Jezt fühlte man weder Reue, noch Unzufriedenheit, noch Verlegenheit!

Fühlt man etwa keine? Ich will mich bei dieser Frage nicht aufhalten; aber ich weiß, an was ich mich zu halten habe. |

Nur dies: es kann gefährlich werden, zu viel auf den Mangel der Tugend bei einem Volke zu rechnen, der Keim derselben ist in allen Herzen, in dem Herzen meiner Mitbürger viel mehr, als man glaubt, und der unvorgesehenste Zufall kann ihn entwikkeln.

⋆1) Die Sammlung der Gesezze der Wadt heißt daher coutumier.

⋆2) Wie es mit Einführung der peinlichen Halsgerichtsordnung in der Wadt gieng, erzählt Seigneux (im ang. Werke) auf folgende Art, woraus erhellt, daß auch in diesem Falle die Regierung von Bern allein die gesezgebende Gewalt ausübte; »die Schweizer, sagt er, nahmen die Karoline an, ohne ihr jedoch gesezliche Kraft zu geben.« (Die Berner Regierung hat auch bis auf den heutigen Tag kein peinliches Gesezbuch, und es ist ihr auch entbehrlich, da sie zugleich gesezgebende und richterliche Gewalt ist.) Die Regierung befahl die Befolgung derselben ihren Vasallen, die das Recht über Leben und Tod haben, und besonders der Stadt Lausanne an; in Ansehung der leztern erhellt es aus unsern Gerichts-Protokollen, worin man findet, daß, da im Jahr 1555 ein Mädchen ihre Leibesfrucht abgetrieben hatte, das peinliche Gericht die in der Karolina darauf gesezten Strafe der Ertränkung veränderte; die gnädigen Herren gaben dem Gerichte darüber scharfe Verweise; auf die deswegen eingereichten unterthänigen Entschuldigungen antworteten sie: »Daß sie zwar durch die gegebenen Entschuldigungen nicht befriedigt worden wären, doch die Sache für diesmal auf sich beruhen lassen wollten, aber sie (die peinlichen Richter von Lausanne) sollen sich wohl in Acht nehmen, und in Zukunft die Verbrecher nach ihren Verdiensten und nach dem kaiserlichen Rechte strafen, und ihnen keine Gnade erweisen.«

⋆3) Die Geschichte dieses Aufstandes findet man in Meiners erster Reise in die Schweiz. |

ACHTER BRIEF.

Lyon, den 25. Jänner 1793.

Mein Herr!

Unsere Verfassung erfüllt eben so weise den Zwek, uns vor Kriegen und ihrem mannichfaltigem Elend, in das uns der Ehrgeiz unsers Barons und sein uns fremdes Interesse stürzen könnte, zu bewahren, als diese Verfassung wenig geachtet worden ist.

Der Baron der Wadt erkannte, wie ich schon angeführt habe, den 17. Dez. 1439, daß die Einwohner unsers Landes das Recht haben, diejenige zu bekriegen, die ihnen Schaden zufügen würden, sich Freunde zu machen, und mit Fremden Bündnisse einzugehen, der Ehre des Herrn unbeschadet.

Da aber das Volk ihm auch einen kleinen Theil der militärischen Gewalt übertragen hatte, so war es nöthig, die Ausdehnung derselben genau zu bestimmen, zu machen, daß er sie nicht überschreiten könnte. Die Urkunden von 1352, und 1391 beweisen, daß er die Soldaten des Wadtlandes nur in die Bißthümer Genf, Lausanne und Sitten führen konnte, und zwar nur auf einen Zug von acht Tagen mit Gehen und Wiederkommen. – Sie beweisen, daß, wenn die Truppen | diese Gränzen und diese Zeit überschreiten wollten, dies ganz aus gutem Willen [geschähe] und aus besonderer Gefälligkeit (par grace speciale, Ausdruk der Urkunde.)

Hierin besteht nun auch die militärische Gewalt der Bürgerschaft von Bern; in nicht mehr, in nicht weniger. Wo sie in dieser Rüksicht weiter gegangen ist, hat sie unsere Verfassung, unsere Urkunden, und ihre eigene Verbindlichkeiten verlezt.

Man wird einwenden, daß die Art, Krieg zu führen, sich mit der neueren Taktik nicht vertragen kann, daß ein Auszug auf 8 Tage mit Gehen und Heimkehren für die Plane der Vergrösserung oder der blosen Vertheidigung der Berner Bürgerschaft, selbst auch für die Sicherheit der Wadt nicht hinreichend seyn könne – und ich gebe dies sehr gerne zu; aber dies ist kein Grund, daß unsere Privilegien verlezt werden, daß der Baron der Wadt sich ein Recht anmasse, das an sich selbst und nach seinen Folgen nothwendig der Masse der Nation angehören muß. Unter dem Hause Savoyen trat der gleiche Uebelstand ein, aber der Herzog half ihm nicht aus eigener Macht ab. Nur mit Einstimmung des Landes, nach Ausfertigung einer Urkunde, durch die seine Rechte in ihrem ganzen Umfang verwahrt wurden, blieben die Truppen entweder länger als 8 Tage unter Waffen, oder zogen sie über die Gränze der drei Bisthümer.

Da die Wadt von einem besondern Volke bewohnt wird, da sie in keiner Verbindung mit Savoyen, Piemont, Bugey oder Bresse steht, da sie nach ihren eigenen Herkommen und abgesondert regiert werden sollte, so mußte sie sich gegen alles verwahren, was ihrer Unabhängigkeit Eintrag thun konnte, und eine zerstöhrende Verwirrung herbei führen mußte. |

Glükliche Neuenburger! ihr habt diese isolirte Sphäre und diese Unabhängigkeit euch erhalten. Die Auflagen und die Kriege des Königs sind keine Handlungen eures Grafen. Ihr seyd nicht nur nicht schuldig, dem Könige, insofern er König ist, Soldaten zu stellen, es ist euch auch erlaubt, wider ihn zu dienen.

Dies war auch unser Verhältniß gegen den König von Cypern und Jerusalem, den Herzog von Savoyen, den Fürsten von Piemont, und den Markgrafen von Saluzzo.

Auch gegen die Bürgerschaft von Bern standen wir in diesem Staatsverhältniß, eine Aenderung des Barons hat an unserer Verfassung nichts geändert. Jede Aenderung ohne Einwilligung unserer Stände ist eine Tyrannei, eine Verlezzung des Vertrags, durch welchen die Baronie der Wadt an die Bürgerschaft von Bern gekommen ist.

Gewiß sind auch in dieser wie in allen andern Rüksichten grosse Eingriffe in denselben geschehen. |

Schon dies war ein Eingriff, daß man im Jahr 1653 unser Land nöthigte, gegen die deutschen Unterthanen des Kantons Bern die Waffen zu ergreifen. Die Stadt Milden, damals den glüklichen Zeiten noch näher, in denen sie eine politische Existenz hatte, hatte das Andenken ihrer Rechte nicht verloren; ihre Berathschlagung fiel dahin aus, daß sie marschiren wollten, nicht, als ob sie dazu verbunden wären, sondern, um zur Erhaltung der Ruhe in dem deutschen Kanton mitzuwirken, gegen ihn jedoch nicht Krieg zu führen. Diese Berathschlagung ist in den Protokollen der Räthe von Milden aufbewahrt.

Ein Eingriff war es, daß man uns nöthigte, am Krieg im Jahr 1712 Antheil zu nehmen, der keine Beziehung auf die Baronie der Wadt hatte.

Unser Baron hat sicherlich das Recht nicht, zu fodern, daß alle seine Angehörigen vom 16ten Jahre an bis ins 60ste Uniform equipirt und bewaffnet, und zu jeder Zeit fertig seyen, auf seinen Befehl zu marschieren. Bemerken Sie dabei, mein Herr, daß ich die Sache an sich selbst nicht tadle, vielleicht ist sie bis auf einen gewissen Grad ganz zuträglich; wenn sie unsern Ständen vorgeschlagen worden wäre, so zweifle ich nicht, daß sie nicht darein gewilligt hätten; aber wenn sie der Bürgerschaft von Bern die ganze Gewalt liessen, die das Oberhaupt eines freien Volkes nothwendig haben muß, so glaube ich doch nicht, daß sie ihm die unbedingte Gewalt übertragen hätten.

Wir haben in Friedenszeiten keine besoldete Truppen; im Kriege bestehen sie nicht aus einem Haufen zusammengelesener Leute, die kein Vaterland, keine Freunde haben, deren Tod kaum bemerkt wird, und wenigstens gleichgültig ist, wenn er auch nicht als eine Erleichterung für die menschliche Gesellschaft | angesehen wird. Eigenthümer, Väter und Söhne, die ihren Familien, ihren Geschäften, allem entrissen werden, was ihnen theuer ist, sind es, die in die Schlacht gehen. Ein Sieg könnte so gut, als eine Niederlage, das ganze Land in Trauer versezzen; man tröstet sich, wenn das Wohl des Vaterlandes es verlangt; aber man würde sich nicht trösten können, wenn man fühlte, daß ein so schmerzhaftes Opfer dem Ehrgeiz oder nur einigen eingeschränkten Rüksichten der Bürgerschaft von Bern gebracht worden ist, ich glaube sogar, daß der Versuch gefährlich für sie seyn würde. So lange wir im Frieden sind, dulden wir Mißbräuche, deren Abänderung vielleicht durch einen

Bürgerkrieg zu theuer erkauft wäre; aber wenn der Krieg nicht augenscheinlich ein nothwendiger Vertheidigungskrieg wäre, so ist es schwer zu berechnen, welches Ende er nehmen würde.

Wir haben dem Himmel dafür zu danken, unser Land ist selten der Schauplaz des Krieges gewesen, und die Nation war eben so selten gezwungen, ihn auswärts zu führen; wir haben dies wesentlich unserer örtlichen Lage zu danken, vielleicht auch der Klugheit der Regierung; diese Rüksicht ist für mich wichtiger, als viele andern, und macht mich wünschen, daß wir unsern jezigen Baron behalten, wenn er nur von seiner Seite unsere Rechte besser achtet, als er bisher gethan hat, und wenn sie uns in ihrem ganzen Umfang zurük gegeben werden; und wäre es, um unser Mißtrauen zu tilgen, nicht gut, wenn man unter andern auch anfienge, das Volk über Vorfälle aufzuklären, die sich so eben erst ereignet haben. |

Erlauben Sie, mein Herr! daß ich Ihnen darüber mein Herz öffne, womit ich Ihnen zugleich das Herz der grossen Mehrheit meiner Landsleute öffne, das die Furcht verschlossen hat.

Wir sind alle Zeugen von dem grossen Antheil, den die Regierung von Bern an der Sache der Emigrirten nahm, von den Wünschen, die sie für den glüklichen Erfolg ihrer Bemühungen that, von der Neigung, dazu beizutragen, gewesen. Alle Mitglieder des grossen Raths haben wohl nicht Theil daran genommen; aber Intriganten hatten den Stoff gegeben, und eine grosse Mehrheit nachgezogen.

Die öffentlichen Blätter haben uns drei Akte angekündigt, die sich ganz auf diese Absichten beziehen. Der Vertrag von Pavia, nach welchem die Eidgenossenschaft der Koalition der gegen Frankreich verbündeten Mächte beitretten, und die Stadt Bern, welche dies entscheiden sollte, in der vorgeschlagenen Vertheilung zur Belohnung das Land Gex bekommen sollte.

Der Brief des Herrn Marwals, Staatsraths der Grafschaft Neuenburg, welcher an den König von Preussen geschrieben ist, und worin er ihn benachrichtigt, daß die Berner Deputirten bei der Tagsazzung zu Arau den Auftrag haben, einen Bruch mit Frankreich vorzuschlagen, der französische Gesandte sollte fortgeschikt werden, und eine Armee in dieses Königreich einmarschieren.

Endlich die Auffoderung des Königs von Sardinien an Bern, die Franzosen aus Savoyen zu vertreiben, in Kraft, ich weiß nicht, welches Garantie-Vertrags. |

Diese Dokumente stellt man mit Einrükken von 1600 Schweizern, und mit der Bewaffnung von 16000 andern zusammen, die im Zeitpunkt des französischen Einfalls in Savoyen auf die Gränzen gestellt wurden; ferner mit manchem, was ein gewisser vornehmer Herr im Gespräch sich entfallen ließ, mit seinen Briefen, und den Briefen seiner Freunde; vorzüglich auch mit dem Zeitpunkt dieser Aeusserungen, da sie in die Zeit des Einmarsches der preussischen und österreichischen Armeen, und ihrer Niederlage fallen; man schließt daraus, daß Ihre Regierung weniger um sich zu vertheidigen, als um anzugreifen waffnete, daß lezteres nur darum unterblieb, weil die Siege der Franzosen es nicht dazu kommen liessen. Nach der Berner Zeitung sollten die Preussen damals bald: Wer da! in Paris rufen; daraus ist begreiflich, wie die Berner hoffen konnten, das gleiche bald auch in Savoyen thun zu lassen.

Man blieb bei diesen Kombinationen nicht stehen, mein Herr, und ich will Ihnen alles sagen, was man spricht.

Nach der Konstitution soll kein Korps Linientruppen dem gesezgebenden Körper sich auf 30,000 Toisen nähern, oder innerhalb dieser Gränze sich aufhalten, als nur auf sein Verlangen oder mit seiner Genehmigung.

Alle Schweizertruppen hatten der Nation, dem Gesezze und dem Könige Gehorsam geschworen; und dieser Eid war von der Schweiz nicht mißbilligt worden, der es frei stand, dies zuzugeben, oder ihre Regimenter zurük zu ziehen. Die gesezgebende Versammlung verlangte demzufolge, daß die Schweizergarden sich aus der Nähe ihrer Sizzungen zurük ziehen, und aus dem Kraise marschieren sollten, den die Konstitution selbst ihnen zu betreten versagt. D'Affry weigerte sich, zu gehorchen, bis er von seinen Herren Befehl dazu erhalten hätte. Auch | diese Weigerung stellt man mit allen vorherigen Ereignissen zusammen. Man behauptet, daß diese braven Leute, daß 900 unserer Brüder, ohne es zu wissen, dazu bestimmt waren, zu einer Gegenrevolution mitzuwirken, daß sie als Opfer einer Hoffnung fielen, die nicht die ihrige war, als Opfer einer Verschwörung, die sie verabscheut hätten.

Niemand hat aufrichtiger, als ich, über ihren Tod geweint. Brave junge Männer, man hat euch angeklagt, zuerst geschossen zu haben; ha! weit entfernt, euch darüber zu rechtfertigen, will ich es gern glauben, ihr standet auf eurem Posten, man bedrohte ihn, ihr mußtet in seiner Vertheidigung sterben.

Aber hätte man euch da lassen sollen? Wäre es möglich, daß der Rath von Bern dabei die Absicht gehabt hätte, die man ihm zuschreibt, daß er in der Berathschlagung über diese Umstände so gesprochen hätte: »Wir können es uns nicht verhehlen, die Abschaffung der Aristokratie in Frankreich wird das Grab der unsrigen; diese Betrachtung allein muß uns bestimmen, ob übrigens die Schweizergarden glüklich sind, oder ob sie niedergemezzelt werden, wir haben in beiden Fällen den Vortheil davon; im ersten Falle haben wir den Ruhm, die Monarchie gerettet zu haben; die Wiederherstellung ihrer Macht wird die unsrige sichern, und die Beute des französischen Volks wird, nicht unsere Soldaten, deren Antheil nur die Gefahr ist, aber uns alle, uns Patricier, bereichern. Wenn im Gegentheil unsere Regimenter, als Opfer unserer Maasregeln, durch das Schwerdt eines Volks, das in Wuth gesezt ist, umkommen, was liegt uns | daran? Verhandeln wir nicht seit Jahrhunderten das Blut unserer Unterthanen, ohne eine andere Absicht, als zu unserem Privat-Vortheil? und diesen finden wir auch in ihrer Niederlage; wir werden ihre blutige Hemden in die Höhe heben, sie ihren Vätern, Brüdern, Verwandten zeigen; wir werden ihnen sagen: Seht, wie diese Franzosen, die ihr bewundertet, und deren Beispiel ihr nachahmen zu wollen schienet, seht, wie sie eure Söhne, eure Brüder behandelt haben; steht auf, ihr müßt euch vertheidigen, euch rächen.«

Wäre es möglich, mein Herr, daß dieser Plan von Anfang bis zu Ende befolgt worden wäre, daß ihre Regierung 1600 Mann in Genf hätte einrükken lassen, und eine Armee von 16000 Mann aufgestellt hätte, mehr in der Absicht, anzugreifen, als sich zu vertheidigen, und daß die Siege der Franzosen allein die Kette so vieler Treulosigkeiten zerrissen hätten.

Ich werde mich sehr hüten, weder diese Plane noch diese schlimme Absichten für gewiß zu behaupten; und ob sie gleich Wahrscheinlichkeit haben, so hat mich doch eine lange Erfahrung gelehrt, wie sehr man gegen Wahrscheinlichkeiten mißtrauisch zu seyn Ursache hat. Wenn also an allem obigen nichts Wahres wäre, so unterrichte man uns doch darüber, man nehme uns einen Zweifel, der uns von einer Regierung zurük stößt, die wir wünschten lieben zu können. Man versichere uns, daß so viele Angst, so viele Kosten, so viele privat- und allgemeine Aufopferungen die Vertheidigung unserer Gränzen zum einzigen Zwek hatten, ohne irgend eine Absicht der Vergrösserung von Seiten der Berner Bürgerschaft, ohne ehrgeizige Absichten von Seiten einiger Mitglieder derselben. |

Die blose Möglichkeit solcher Absichten, die unnöthigen Gefahren, in die sie uns gestürzt hätten, muß uns ein lebhaftes Gefühl davon geben, wie wichtig es für die Wadt ist, zu allen Zeiten auf die Beobachtung und Befolgung der Urkunden von den Jahren 1352, 1391, 1439 und 1487 zu dringen, und ihrem Baron in diesem wesentlichen Zweig der Staatsverwaltung keine unbedingte Gewalt einzuräumen, welche die Sicherheit, das Glük und die Existenz aller Jahre lang in Gefahr sezzen kann. |

NEUNTER BRIEF.

Lyon, den 27. Jänner 1793.

Mein Herr!

Die Bürgerschaft von Bern hat zwar an den fremden Kriegen keinen unmittelbaren Antheil genommen; aber dadurch, daß sie mehreren Mächten Regimenter stellte, machte sie uns mittelbar, Theil daran zu nehmen. Die größten Uebel sind die Folgen davon gewesen; unsere Sitten, unsere Ehre, unser Vermögen hat eben so sehr dadurch gelitten, als die Art der Kapitulationen Unzufriedenheit erregt hat.

Die Macht der Verführung ist eben so gefährlich, als Gewaltthätigkeit; jene bietet öffentlich alles auf, zuerst um Regimenter zu stellen, alsdenn um sie zu rekrutiren. Junge Landleute gehen für ihre häuslichen Geschäffte auf Messen und Jahrmärkte. Ein Sergeant, seine Spießgesellen, ein Tambour, mit ein Paar Musikanten, machen einen Krais an den Strasenekken; sie schenken reichlich Wein ein, versprechen den jungen Purschen, die sich mit ihnen vereinigen wollen, ganz laut Mädchen; mit einem Wort, sie zeigen ihnen das Panier der Ausschweifung und Liederlichkeit, um sie zur Fahne des Kriegs zu führen. |

Unsere herkommlichen Gesezze geben, der Natur und der Vernunft gemäß, der väterlichen Gewalt eine grosse Ausdehnung. Nur erst im fünf und zwanzigsten Jahre ist ein Sohn fähig, irgend einen Vertrag zu machen. Aber die väterliche Gewalt hat sich unter den Vortheil einiger Berner beugen müssen. Ein Vater kann sein Kind nicht mehr zurükfodern; er verliert alle Rechte, die seine Liebe und das Gesez ihm gaben, sobald er sich für einen fremden Dienst hat anwerben lassen. Ein Vater will seinen Sohn nicht strafen, sondern ihn durch einen verdienten Verweis zum Guten zurükführen; dieser droht, Soldat zu werden; der Vater schweigt. Eine grausame Aengstlichkeit tritt an die Stelle der häuslichen Ruhe; jeder Markt in einer benachbarten Stadt erneuert die Unruhe des Vaters, der Mutter, der ganzen Familie.

Aber, wenn Frankreich, Holland und Piemont im Krieg miteinander begriffen sind, wie können wir zusehen, daß am gleichen Ort, und in der gleichen Stunde für jede dieser feindlichen Mächte ohne Unterschied unter uns geworben wird? Wie können wir es ansehen, daß ein Bruder sich zu einer Parthei, und der andere Bruder zur feindlichen Parthei sich schlägt? Ist es die heilige Vaterlandsliebe, die diese Bande zerreißt? Ach nein! man verkauft ihr Blut dem, der es bezahlen will! Betäubt, in der Trunkenheit des Lasters, in das man sie gestürzt hat, sind sie keine Menschen, es können keine Menschen seyn, die auf diese Art sich anwerben lassen; man hat sie vorher bis zur schändlichsten Rohheit erniedrigt. Gewiß, so weit muß man seyn, um, ohne Ursache, für einige Sous des Tags gegen seinen Verwandten, seinen Freund, seinen Mitbürger das Schwerdt füh|ren zu können. Ist dies nicht geschehen? Haben wir nicht selbst einen solchen frevelhaften Kampf erlebt? Machten nicht in der Schlacht bei Fontenoi unsere Mitbürger einen Theil der französischen und der holländischen Armeen aus? Man hat sogar bemerkt, daß die Schweizer viel wüthender, viel fürchterlicher sind, wenn sie einander gegenüber stehen, als unter jeden andern Umständen; in wilde Gladiatoren umgeändert, gehen sie nur auf Sieg, einen verbrecherischen und schändlichen Sieg; er träuft vom Blute ihrer Brüder.

Die Fürsten, die uns gebrauchen, freuen sich dieser abscheulichen Mittel, ihre Macht auszudehnen, oder sie ihre eigenen Unterthanen stärker fühlen zu lassen; aber, wenn man im allgemeinen unsere Tapferkeit bewundert, so verachtet man dagegen den Grund derselben. Die Schweizer haben sich dadurch den Ruf der Habsucht und des Geldgeizes zugezogen, der sehr gerecht scheint, und der es doch nicht allgemein ist.

Wenn die Abreise eines Rekruten seiner Familie schmerzlich ist, so ist seine Rükkunft für alle umliegende Dörfer beunruhigend. Ein junger Mensch ist mit guten Sitten fortgereißt, und kommt mit der Gewohnheit des Lasters zurük; er war fleissig, und ist ein Müssiggänger geworden; eine blühende Gesundheit kündigte sich unter einer groben Form an; zurük bringt er einen geschmeidigern Anstand, Kekheit, und die Keime einer grausamen Krankheit; er verderbt die Sitten der jezigen und vergifftet das Blut der künftigen Generationen.

Das Gefühl mißbilligt diesen schändlichen Handel, und unser Staatsrecht nicht weniger. |

Unser gegenwärtiger Baron verfügt über unsere Regimenter zu Gunsten fremder Mächte, und unsere Verträge erlauben ihm nicht, darüber zu seinem eignen Nuzzen zu verfügen. Der Herzog von Savoyen wird in der Markgrafschaft Saluzzo angegriffen, er erkennt in einer authentischen Urkunde, daß die Wadt nicht verbunden ist, ihm hiebei Hülfstruppen zu stellen; – und durch die Bürgerschaft von Bern werden wir genöthigt, nach Frankreich, Holland, Piemont, England, und Korsika zu schikken!

Das Stillschweigen, das wir viel zu lange über diese Dinge beobachten, ist uns weder durch Staats- noch durch ein besonderes Interesse geboten; unser Land erhält keine Entschädigung für die Verlezzung seiner Rechte.

Der Kanton Bern unterhält in Frankreich Ein Regiment, zwei in Holland, eins in Sardinien, die Schweizergarden in Frankreich und Holland, die Regimenter, an denen mehrere Kantone Theil haben; im Ganzen sind dabei wenigstens 2000 Mann aus unserem Lande. Der stärkste Sold des Soldaten ist nie vier Bazzen des Tags. Der niedrigste Taglohn in der Wadt ist acht Bazzen und eine Flasche Wein; oft zehen, zwölf Bazzen mit der Flasche.

Die Bearbeitung unsers Bodens ist äusserst beschwerlich; und ob er gleich kaum fünf Procente trägt, so richten doch vier starke Ochsen nicht mehr aus, als in einigen Provinzen Frankreichs ein Esel, oder ein Maulesel. Unsere Weinberge | sind keine Languedoc'sche; der Ertrag muß durch Arbeit, Dünger, Erdetragen erzwungen werden. Alle unsere Hände sind nöthig, alle haben zu thun; die, welche uns durch den Soldatendienst entzogen werden, müssen wir durch Deutsche, Savoyarden und durch verlaufene Leute aus allen Ländern ersezzen; also nicht der Mangel an Arbeit veranlaßt unsere junge Leute, ihr Vaterland zu verlassen.

Entweder ist nun der Rekrute arm, oder hat er einiges Vermögen; – ist das erste der Fall, wie groß ist nicht der Verlust des Vaters, der ein Weinbauer oder ein Pächter ist? Jedermann weiß, daß in diesem nüzlichen Stande die Menge der Kinder das Glük der Familie ausmacht, und sie verlassen ihren Vater, wenn er alt wird und sie stark sind, wenn sie in seine Arbeit eintreten, ihn im Alter ernähren, oder in seinem Fortkommen ihm beistehen könnten. Dieser sehr zahlreiche Stand ist bei uns sehr arm, und der fremde Dienst ist eine Hauptursache davon. Er hat noch andere traurige Folgen. Die Veränderung der Gewohnheiten und der Nahrungsmittel; der plözliche Uebergang von dem Anblik unserer Berge, Seen, Thäler, zum traurigen, unbegränzten Einerlei der Ebenen; die schmerzliche Versezzung aus einer dünnen und reinen Luft in einen schweren Dunstkrais, alles dies wirkt sehr schmerzlich auf die Schweizer. Eine ihnen eigne Krankheit ist die gewöhnliche Folge davon; sie sind Fische ausser dem Wasser. Die physische Nothwendigkeit ruft sie dahin zurük, und nöthigt sie zur Desertion. Werden sie eingefangen, so endigt der Henker ihre Leiden, er straft sie für den Einfluß des Klima, oder vielmehr für das Verbrechen des entsezlichsten Handels, ein Ver|brechen, das nicht das ihrige ist, und das durch ihre Strafe noch viel abscheulicher wird. Entgehn sie der Wachsamkeit ihrer Befehlshaber, erreichen sie endlich das Land, das ihren Lungen die Möglichkeit des Lebens wieder giebt – so verdammen sie militairische Gesezze, die man nur kennt, weil sie in Uebung sind, zu grossen Schadloshaltungen gegen ihre Hauptleute, oder zu Ketten.

Der Rekrute, der einige Mittel hat, ist den gleichen Uebeln unterworfen; er entgeht ihnen nur, wenn er den Abschied kauft, der ihn sehr theuer kommt. Bis er ihn erhält, oder wenn er seine Dienstzeit aushält, müssen die traurigen Sous, die ihn nicht ernähren können, eine Unterstüzzung von seiner Familie ergänzen, wodurch jährlich viel Geld aus der Schweiz geht.

Aber vielleicht gewinnt die Wadt durch ihre Offiziere wieder, was sie durch die Soldaten verliert? Keineswegs; denn auch sie verursachen ihr einen Verlust an Gelde. So lange sie keine Kompagnie haben, und dies ist der Fall bei dem größten Theile, kann keiner von seiner Gage leben, viele verzehren drei, viermal so viel. Ich schäzze die Anzahl der Lieutenante und Unterlieutenante aus der Wadt, die in fremden Diensten sind, auf siebenzig; ich will nur 20 Louisd'ors auf jeden rechnen, die er jährlich mehr verzehrt, als sein Einkommen ist, so beträgt dieser Verlust für unser Land jährlich über 10,000 Rthlr.

Und wofür wird dies alles, Menschen, Sitten und Geld, aufgeopfert? Damit die Regierung von Bern den Werth ziehe, den sie für jeden unserer wie das Vieh | verkauften Leute fodert, und hauptsächlich, damit einige Berner Familien für sich allein allen Vortheil von den Regimentern und Kompagnien haben. * (s. am Ende dieses Briefs) Nach der Kapitulation des Regiments Ernst gehören zwölf Kompagnien ausschließlich den Berner Familien, die auch noch an den sechs übrigen Theil haben, und die noch in den Kauf obenein die Obristenstelle, oder das Regiment selbst haben. Bei dem Tode eines Obristen überspringt der junge Berner Major den siebenzigjährigen Obristlieutenant, der aus dem Kanton gebürtig ist, wie dies bei Hrn Wattewyl gegen Hrn Olivier der Fall war. So, mein Herr, haben Sie sogar Ihre Regimenter aristokratisirt, und haben gemacht, daß diese Aristokratie uns nach Frankreich, Holland, England, Korsika u. s. w. verfolgt. Das heißt die Sonne der gnädigen Herren gewiß sehr weit hin scheinen lassen.

Wenn diese Veranstaltung das Beste des Staates zum Zwek hätte, so würde man sich darüber trösten; aber sie hat, ich wiederhole es, nur das Beste einiger Berner Familien zur Absicht. Was das empörendste ist, die Bürgerschaft von Bern giebt nicht einen einzigen Soldaten zu diesen Regimentern; der Kanton liefert sie alle, er allein trägt diese drükkende Last, – denn der deutsche Theil des Kantons ist mit dem unsrigen hierin im gleichen Fall – und einige Berner Bürger müssen ganz allein allen Nuzzen davon haben! Sind wir denn Ihr Eigenthum, sind wir | elende Sklaven, deren Arbeit, Schweiß und Existenz ganz allein für den Vortheil ihres Herrn in Rechnung kommen?

Die wadtländischen Offiziere machten im Jahr 1790 Vorstellungen darüber, sie baten, daß dieser Unterschied, der eben so ungerecht, als erniedrigend ist, aufgehoben werden möchte; mehrere unserer Städte unterstüzten sie in diesem Ansuchen; die Antwort war eine Strafpredigt und Drohungen.

»Glükliches Helvetien! welcher Urkunde verdankst du deine Freiheit? Deinem Muthe, deiner Standhaftigkeit, deinen Bergen. – Aber ich bin dein Kaiser. – Aber ich will nicht mehr, daß du es seyest. – Aber deine Väter waren die Sklaven meines Vaters. – Eben deswegen wollen ihre Kinder dir nicht dienen. – Aber ich hatte das Recht durch meine Würde. – Und wir, wir haben das Recht der Natur.«

Dieses Gespräch läßt euch Voltaire mit dem Kaiser halten; wir wollen mit unserm Baron, der kein Kaiser ist, nicht so sprechen. Anstatt uns auf das Recht der Natur zu berufen, halten wir uns an unsere Urkunden; wie viele Barone schäzten sich glüklich, wenn ihre Angehörige dabei stehen bleiben wollten! Die Urkunden von den Jahren 1352, 1391, 1439, und 1487 seyen der Maasstab Ihrer militärischen Gewalt bei uns; wenn die Stände des Landes darüber nicht eine andere Uebereinkunft treffen. Die Bürgerschaft von Bern wolle sich keine grössere Gewalt über uns anmassen, als die, mit der sich die Prinzen des ältesten Fürstenhauses von Europa begnügten. Gewiß, mein Herr, ich glaube sehr billig zu seyn. |

* Die Aristokratien, sagt Montesquieu, haben von denjenigen Patriciern Gefahr zu fürchten, die an der Regierung nicht Theil nehmen können; sie im Zaume zu halten, sey vorzüglich das fürchterliche Inquisitionstribunal in Venedig nothwendig gewesen. Die Regierung von Bern befriedigt seine überzähligen Patricier theils durch die vielen Stellen im Kanton, die die Staatsverwaltung erfordert; theils wurde sie derselben vorzüglich durch die fremden Kriegsdienste los; seitdem diese aufgehört haben, ist sie mit denselben auch wegen der Ansprüche der niedrigern Berner Bürgerschaft auf sogenannte bürgerliche Posten in Verlegenheit gekommen, zu welchen dieser Klasse, die nicht zu den regierenden Familien gehört, durch die jezige zahlreichere und bedeutendere Konkurrenz vornehmerer Patricier, der Zugang schwerer wird.

ZEHENTER BRIEF.

Lyon, den 29. Jänner 1793.

Mein Herr!

Giebt es noch eine Art der Gewalt über uns, welche die Regierung von Bern nicht besässe? Fehlt ihr irgend etwas zur unumschränktesten Herrschaft? Ja, sie könnte auch noch unsere Gewissen beherrschen, durch die Religion diejenigen binden, die es durch die bürgerlichen Einrichtungen nicht völlig wären; mit einem Worte, die gnädigen Herren könnten auch noch Pabst seyn. – Nun, und sie sind es auch; sie üben in unserem Lande die kirchliche Obergewalt aus. Nicht zufrieden, unsern Bischof und sein ganzes hierarchisches Gefolge ihrer weltlichen Güter beraubt zu haben, haben sie auch ihr geistliches Gebiete angefallen. Die gnädigen Herren haben noch mehr gethan, denn was können sie nicht? Sie | haben sich über alle heilige Kirchenväter und Kirchenversammlungen hinaufgesezt; haben uns die Religion unserer Voreltern abschwören lassen, und uns diejenige Religion gegeben, die ihren Absichten gemäß war.

Von dieser Epoche an ist ihr Landvogt zu Lausanne der beständige Sekretär unserer verehrlichen Akademie geworden, er präsidirt bei ihren Sizzungen. Die Professoren, alle Studenten stehen unter seiner Gerichtsbarkeit, er hat die Aufsicht über ihre Studien und ihre Fortschritte, er nimmt auch den Eid ab, den sie schwören müssen, um zum heil. Predigtamt zugelassen zu werden. Bei den Versammlungen unserer Predigerklassen, einer Art von Synoden, präsidiren die Landvögte, meist alte Offiziere, die jezt in ehrwürdige Dekane verwandelt sind, und sich ganz verwundern, mit geistlichen Sachen zu thun zu haben. Die gnädigen Herren vergeben die Pfarreien, ⋆1) (s. am Ende dieses Briefs) und so wie sie die Prediger machen, und Gott weihen, so stossen sie dieselben auch wieder in die Welt zurük, entweder durch Suspension von ihren Amtsverrichtungen, oder durch völliges Abschaffen, nach ihrem

Wohlbelieben, und immer zum Besten ihrer Unterthanen. Die gnädige Herren erkennen über Nothzucht und Ehebruch. Sie scheiden auch die Ehen nach ihrem Wohlgefallen; sie trennen, was Gott zusammen gefügt hat, und verweigern oder erlauben die Scheidung nach ihrem Belieben.

Ich fange an zu begreifen, warum ein Artikel des Consensus, *2) auf den unsere Geistliche schwören müssen, ihnen verbietet, gegen die Prädestination zu | predigen. Einer gesezgebenden Gewalt unterworfen zu seyn, die mit der richterlichen Gewalt, mit der militairischen Gewalt, mit der kirchlichen Gewalt, und noch mit der ausübenden Gewalt verbunden ist, dazu muß man prädestinirt seyn.

Unsere Voreltern hatten zwei Evangelien, ein religiöses, und damit sie dieses besser verstünden, haben die gnädigen Herren es durch Gelehrte aus dem Hebräischen und Griechischen in die Landessprache übersezzen lassen. – Das andere, ein politisches, befand sich in den Archiven der Landvogtei der Wadt, und der Klöster; es sezte die Rechte und Pflichten unsers Barons gegen seine Angehörige, und die Rechte und Pflichten dieser gegen unsern Baron fest. In unserem Lande selbst konnten wir uns darüber unterrichten, und indem wir die einen erfüllten, kräftig die andern fodern. Unsere Landvogtei hatte ihre eigene und unabhängige Kanzlei; fast alle unsere Gemeinden haben noch Urkunden mit ihrem Siegel. Dieses zweite Evangelium nun ist uns entrissen worden; die Archive der Baronie und der Klöster, welche leztere jene oft ergänzen, waren nie ausserhalb unsers Landes gebracht worden; die Herzoge von Savoyen ehrten diese Urkunden und die Archive. Eingebohrnen der Wadt war die Aufsicht darüber anvertraut, dies garantirte ihre Erhaltung. Seit dem Jahr 1536 hat die Regierung diesen Schaz nach Bern bringen lassen, sie hat sie in Händen, diese kostbaren Lichtstrahlen, | und spendet uns davon nur aus, was ihr zuträglich ist. Ich will nicht von dieser Sparsamkeit sprechen, wir haben über den Verlust zu weinen.

Bisher habe ich nur von den allgemeinen Grundsäzzen und Mitteln gesprochen, von denen die Ausübung der Gewalt ausgeht, und woraus sie sich entwikkelt. Alle sind in einer Hand, in der Hand einiger Berner Familien.

Wenn man bedenkt, daß sie damit noch die Vergebung aller kirchlichen, bürgerlichen, militairischen, aller ehrenvollen und einträglichen Aemter verbindet, so wird man finden, daß es in der ganzen Welt keinen Baron giebt, der mit unserem Baron zu vergleichen wäre.

Nachdem ich gezeigt habe, was die Grundsäzze unserer Verfassung waren, und wie sie umgestürzt worden ist, so werde ich nun ins Einzelne gehen, und die Betrachtung unsers Zustandes in dieser Rüksicht wird uns den Werth dessen, was wir verloren haben, immer fühlbarer machen.

In meinem nächsten Briefe werde ich sie von den Landvogteien unterhalten. Ich weiß wohl, daß alles, was ich gesagt habe, und alles, was ich noch sagen werde, mißfallen kann; aber das Gemählde, das ich Ihnen mache, drükt die Gemüther meiner meisten Landsleute, seyen Sie dessen versichert; warum hartnäkkig auf einem Wege bestehen, dessen Ende nur Unglük aller Art seyn kann? Warum, wenn man die rechte Strase verfehlt hat, lieber in der Verirrung immer fortwandeln, als umkehren? Ich wiederhole es Ihnen, mein Herr, Sie halten Ihre | und unsere Schiksale in der Hand; das, was einige unter Ihnen Würde, was andere Politik nennen, droht Sie, droht uns, zu Grunde zu richten.

*1) Die Pfarreien im deutschen Kanton sind von zweierlei Art, Rangpfründen, und Kreditpfründen; jene werden an die Kandidaten nach ihrem Alter vergeben, diese, wie es auch schon der Name zeigt, nach dem Kredit, den die Kompetenten durch Familien-Verhältnisse u.s.w. haben; zu den Rangpfründen gehören alle, deren Einkünfte gering, wenige, deren Einkünfte mittelmässig sind; unter den Kreditpfründen sind manche, deren Ertrag sich jährlich auf 3000 Thlr. und darüber belaufen kann; natürlich werden diese Berner Bürgern zu Theil, die einträglichsten den jüngern Söhnen vornehmer Familien, Tochtermännern von Rathsherren u.s.w. Für die, die im deutschen Kanton ins Predigtamt treten wollen, wozu nur die Städtebürger das Recht haben, ist in Bern eine theologische Anstalt; die drei Jahre, die zum Studium der Theologie bestimmt sind, muß der Kandidat nicht nothwendig zum Studiren anwenden, er braucht sie nur verstreichen und nach Verfluß derselben sich examiniren zu lassen; denn er kann die Erlaubniß erhalten, zugleich Hauslehrer, dabei halbe und ganze Jahre abwesend zu seyn; ja in den drei vollen Jahren ein Schulmeisteramt auf dem Land zu versehen, und sich nur nach Verlauf derselben zum Examen einzufinden.

*2) Ein symbolisches Buch, dessen nähere Bestimmungen der helvetischen Confession der Universität in Lausanne und der ganzen Geistlichkeit der Wadt, anzunehmen, zu glauben und zu beschwören, von der Regierung in Bern anbefohlen wurde; Ruchat hat die Geschichte der Streitigkeiten gegeben, wozu dieser Befehl Anlaß angab, den die wadtländische Geistlichkeit anfangs ihrer Gewissens-Freiheit widerstreitend fand, dem sie jedoch endlich zum Theil mit einschränkenden Erklärungen, die ihre Gewissen beruhigten, Gehorsam, der ihnen ihre Stellen erhielt, leisteten. |

EILFTER BRIEF.

Lyon, den 6. Februar 1793.

Mein Herr!

Meine Verwunderung für den Geist der Gesezze ist immer mit Erstaunen verbunden. Wie ist dieses vortreffliche Werk dem Verbrennen, sein Verfasser der Verfolgung entgangen? Wäre er aus der Wadt gewesen, die Bastille von Arburg oder Chillon wäre seine Belohnung gewesen.

Eine vorzügliche Quelle von Unordnung in aristokratischen Staaten ist nach Montesquieu dies, wenn die Aristokraten sich die Staatsgelder zueignen, unter dem Vorwand, von Belohnungen oder Besoldungen für die Aemter, die sie versehen, und, wenn sie dem Volke Steuern auflegen, und die Abgaben, die sie von ihm erheben, unter sich vertheilen. Dieser leztere Fall, sagt er, ist selten; eine Aristokratie ist in diesem Falle die härteste aller Regierungen.

Als Rom's Verfassung sich zur Aristokratie neigte, vermied man sorgfältig diesen Uebelstand. Die obrigkeitlichen Personen zogen niemals Besoldungen für ihre Aemter. Die Häupter der Republik bezahlten so gut Auflagen, als die andern; sogar mehr, und zu weilen ganz allein. Endlich weit entfernt, die Staatseinkünfte unter sich zu theilen, theilten sie alles, was sie aus dem öffentlichen Schaz ziehen konnten, alles, was das Glük ihnen an Reichthümern zutheilte, unter das Volk aus, um Verzeihung für ihr hohes Ansehen zu erhalten. In den italiänischen | Republiken verhält es sich nicht anders; die einträglichen Aemter eines Kanzler, die Sekretairstellen des Staats, des Senats, und der verschiedenen Kollegien gehören den bürgerlichen. Der Adel öffnet ihnen die Laufbahn der Künste, und entschädigt sie dadurch für diejenigen Ehrenstellen, die er sich vorbehält; öffentliche Anstalten rufen den Mann von Genie zum Ruhm; zugleich überläßt der Adel dem Volke den Handel, schießt ihm Kapitalien vor, und entschädigt es so durch wirkliche Reichthümer, für die drükkende oder eitle Ehre zu regieren.

In Genua haben prächtige Strasen, durch Felsen geführt, Millionen gekostet, nicht den Staat, nicht das Volk, sondern einige aristokratische Familien. Hier, wie in Venedig, haben diese auf ihre Kosten Kollegien, Spitäler, Zufluchtsörter für den Kranken, für die Armuth und das Alter gestiftet. Hier befindet sich das Albergho di poveri, ein Pallast, wo arme junge Leute auf Kosten einiger wohlthätigen Reichen erzogen werden; die Mädchen erhalten ein Heurathsgut, wenn sie dies Haus verlassen, die Mannsleute haben ein Handwerk erlernt, und jeder erhält eine Ausstattung. Mit einem Wort, die Aristokratie hat in diesem Lande alles gethan, daß ihre Grösse selbst für die einen ein Mittel zum Glük, für alle ein Mittel zum leichten Fortkommen würde.

Was haben die Berner Familien für uns gethan? Nichts. – Was hat die Regierung für uns gethan? Nichts, nichts; ach! wenn sie sich nur darauf eingeschränkt hätte, nichts zu thun, wenn sie, statt unser Glük zu vermehren, uns nur dies erhalten hätte, wenn sie nur nicht das ganze Gebäude unseres Staatsrechts und die Quelle unseres Wohlstandes zerstört hätte, so könnten wir sie noch segnen; und diese Ergiesung unseres Herzens, die Sprache unserer Dankbarkeit, würde uns | eben so süß seyn, als uns die Klagen bitter sind; aber es ist so weit gekommen, daß ich meine Augen nicht auf das, was wir waren, werfen, und mit dem, was wir sind, vergleichen darf, ohne mich des Hochverraths schuldig zu machen. Von dem Erbtheil, das unsere Väter uns hinterlassen haben, sprechen, ist Aufruhr, es zurük fodern, ist offenbare Empörung.

Vor dem Jahr 1536 hielt der Herzog von Savoyen keine Landvögte zu Neuß, Morsen, Vivis, Aelen, Milden, Yverdun, Peterlingen, Steffisburg, Romont u.s.w. An jedem dieser Orte befand sich nur ein Burgvogt; dieses Amt war eben so ehrenvoll, als einträglich; es war nicht ausschließlich mit einem Bürger von Chambery, oder von Turin besezt; sondern ausschließlich mit Eingebohrnen der Wadt. Die Burgvögte waren nicht vom Volke besoldet, sondern von dem Herzoge von Savoyen; sie kosteten dem Lande keinen Kreuzer; sie hatten den Vorsiz bei den Gerichtshöfen, und maßten sich nichts weiteres an; die Gemeinden übten die Polizei ganz, ungetheilt, aus, ohne Streit über ihren Umfang oder Kompetenz, in allen ihren Zweigen.

Es gab nur einen einzigen Landvogt, ich wiederhole es, und er war aus der Wadt; er behielt sein Amt zwei Jahre lang; von dem Herzoge besoldet, hatte er nur solche Geschäfte zu besorgen, die dem Lande nüzlich waren, er war ihm auf keine Art zur Last. Nach unsern Verträgen konnte darin ohne Einwilligung der Stände nichts geändert werden, und alles ist durch den einseitigen Willen | der Berner Regierung umgestossen worden; sie hat an die Stelle Eines Landvogts fünfzehen gesezt, an die Stelle eines wadtländischen Landvogts, fünfzehen Berner Landvögte; an die Stelle eines Landvogts, der uns nichts kostete, fünfzehen Landvögte, die uns alle Jahre zweihundert und vierzigtausend Schweizerfranken kosten. Die Zehenten, Zinse, Lehen und Güter unserer Kirchen werden dazu verwendet.

Ganz Frankreich war unter der alten Regierung in 31 Gouvernements eingetheilt; es gab darunter keines, das nicht sechsmal so viel Umfang als die Wadt hatte. Nach diesem Verhältnisse hätte, die Einkünfte unserer Landvögte zum Maasstab genommen, ein Gouvernement eine Million viermalhundert und vierzigtausend Schweizerfranken kosten sollen; und doch kostete eins den König nur vierzigtausend; und diese Gouvernements besaß nicht ein Bürger einer kleinen Stadt, etwa zuweilen einer aus der Klasse der Handwerker oder Krämer; sondern die vornehmsten Grossen des Königreichs, auch Prinzen von Geblüt, die ihre Geburt und Rang zu glänzenden Stellen bestimmte. Sonderbar! unter einer Regierung, wo von den Finanzen nie Rechnung abgelegt wurde, wo sie mehr zur Unterstüzzung des Luxus eines verdorbenen Hofes, als zum allgemeinen Besten verwendet wurden, wo die beständigen Verschwendungen, und eine schmähli|che Raubsucht eine so unabhaltbare als gewaltsame Revolution herbei geführt haben – waren die Einkünfte des Gouvernements einer Provinz 36 mal geringer, als in der simpeln Baronie der Wadt.

Diese hat ungefähr 20 Stunden in die Länge, und 10 in der größten Breite; und blos die Besoldungen der Landvögte in einem so kleinen Umfang kosten uns jährlich zweimalhundert und vierzigtausend Franken.

Man wird wohl erwarten, daß Beamte, die so gut bezahlt werden, dem gemeinen Wesen höchst förderlich sind, und daß durch ihre Vermehrung von einem bis auf fünfzehen das Volk fünfzehenmal glüklicher ist. In der That umfaßt ihr Amt auch die wichtigsten Gegenstände; sie sprechen in erster Instanz in Prozessen, welche die Barone und die Geistlichen ihres Amtes persönlich betreffen; jeder von ihnen spricht allein in Appellationen bei bürgerlichen Prozessen; sie präsidiren bei den Klassen-Synoden, und den Konsistorien, üben die Oberpolizei aus, ziehen die Staatseinkünfte ein u. s. w. Alles dies sezt gründliche Kenntnisse des bürgerlichen und Feudalrechts, besonders unserer Landesgesezze und der unzähligen Verordnungen, die ihnen beigegeben sind, die Kenntniß der Staatsverwaltung, endlich eine Gewohnheit der Arbeit und der Geschäfte voraus. Ich gebe zu, daß einige diese Einsichten alle oder zum Theil besizzen; aber man wird mir auch eingestehen, daß der größte Theil keine einzige derselben besizt; vom Loos oder vom Rang * (s. am Ende d. Briefs) hängen die Landvogteien ab, und es kommen sehr häufig Männer darauf, die weder unsere Gesezze, noch unsere Sitten, noch unsere Verhältnisse kennen; ich will eine unserer Land|vogteien, und eine Zeit von 18 Jahren zum Beispiel nehmen. Die Landvogtei Romainmotiers hatten nach einander der Herr Marschall Jenner, der Herr Obrist von Lutternau, der Herr General Tscharner, und jezt der Herr Brigadier Ernst; diese Herren sind gewiß vortrefliche Männer, und ausgezeichnete Offiziere. Aber ist es möglich, daß sie vortrefliche Richter sind, und daß sie, ohne sich jemals mit der Rechtswissenschaft abgegeben zu haben, auf einmal in einem Alter von 60 oder 70 Jahren Rechtsgelehrte werden? Niemals lasen sie unser Gesezbuch; sie könnten es jezt lesen, und es nicht mehr verstehen; und doch haben sie oft, und oft allein über Vermögen und Ehre der Bürger zu entscheiden.

Auch kann man nicht in Abrede seyn, daß die Landvogteien nicht des allgemeinen Besten wegen errichtet worden sind; dieses kam gar nicht in Betracht; man hat dabei nur das Beste einiger Berner Familien zum Zwekke gehabt; ein Landvogt ist ein Pfründer; die ehemals religiöse Pfründen sind aristokratisch geworden. Ein Berner hat sein Leben in Frankreich, Preussen, Holland und Piemont zugebracht; dort ein Regiment besessen, sich da bereichert; um unser Land hat er sich dadurch nicht verdient gemacht; er ist alt und schwach geworden; sein Rang ruft ihn zu einer guten Landvogtei, er legt die Waffen aus der Hand, kommt heim, und sezt sich ganz gemächlich an den Plaz des Probstes von Romainmotiers und seiner zwölf Domherren. Die Tafel dieser dreizehen ist für ihn allein; für ihn, für einen Fremden, den wir nicht kennen, der nie nichts für | uns gethan hat, der nichts für uns thun kann, begabten unsere Voreltern dieses Stift. O glükseliger Kalvin! o glükselige Reformation, wie viel Mißbräuche habt ihr nicht abgestellt, wie viel Gutes haben wir euch nicht zu verdanken!

Unser Land hat eine reichliche Jagd, sie ist für den Herrn Landvogt.

Unsere Flüsse, unsere Seen sind voller Fische; auch für den Herrn Landvogt; was auf dem Schlosse nicht verzehrt wird, wird verpachtet, und was der Magen nicht verdauet, füllt den Beutel; man muß in dieser Welt alles benuzzen.

Warum hat man zur Zeit der Reformation nicht auch die Abgaben aufgehoben, deren Ursache mit der Veränderung des Gottesdienstes gänzlich aufhörte? Warum sind so viele Zinsen, so viele Mißbräuche, die an dieser Ursache hiengen, gewissenhaft beibehalten worden? – Des Herrn Landvogts wegen.

Warum gab man bei Aufhebung der Klöster ihre Güter nicht den Familien, die sie gestiftet hatten, oder dem Lande zurük? Des Herrn Landvogts wegen. Der arme Mann! |

Der Abt von Romainmotiers hatte sich das Recht zugeeignet, im Monat August ausschließlich Wein zu verkaufen. Man hat dies gehässige Privilegium zu Gunsten des Landvogts beibehalten; dies ist die Erndtezeit; die Arbeit macht durstig, man trinkt um so viel mehr, es ist billig, daß der Landvogt den Nuzzen davon hat; er schenkt diesen Monat in dem größten Theil seiner Landvogtei allein Wein aus, und tränkt den größten Theil der Einwohner – für ihr Geld.

Jedes Jahr werden vor der Erndte die Zehenten verliehen; ein Theil des Ertrags, den man les Vins nennt, wird zum voraus abgegeben, und gehört von Rechtswegen der Frau Landvögtin. Ist dies denn die Absicht dieser frommen Abgabe? Machten sich unsere Voreltern anheischig, den Zehenten zu bezahlen, um den Damen eine Höflichkeit zu machen? Und wenn der Zehente einen Ueberschuß giebt, warum läßt man diese zehente Garbe, an der der Schweiß des Armen hängt, die man der Dürftigkeit nimmt, ihm nicht auf dem Felde?

Es ist wahr, die Frau Landvögtin erweist ihrer Seits auch wieder Höflichkeiten. Jede Landvogtei muß zu gewissen Jahreszeiten eine bestimmte Zahl Poularden, Kapaunen, Truthäne, und sogar Senf liefern. Alles wird unter die Rathsherren von Bern nach weisen Regeln vertheilt; dies ist zwar eine Kleinigkeit, aber man erkennt oft auch in Kleinigkeiten den Zwek der Staatseinrichtungen.

Morsen liefert die Kastanien, und dies ist billig, es ist da ihr Hauptmarkt. Die Bediente des Landvogts kommen mit einem Mäß und mit Säkken, und erheben von jedem Faß eine mit seinem Inhalt verhältnißmässige Menge. Die Burgvögte, der Landvogt des Herzogs von Savoyen thaten dies nicht. Ich fodre jeden auf, | mir irgend ein Gesez, irgend einen Tarif aufzuweisen, wodurch diese Abgabe geboten wäre, sie ist sogar erst seit wenigen Jahren in Uebung. Die Frau Landvögtin, die von ihren Bekannten in Bern den Auftrag hatte, ihnen ihre Kastanien einzukaufen, ließ sich Kastanien bringen; man sah ein, daß diese Muster zusammen etwas ansehnliches ausmachten; im nächsten Markt foderte man wieder Muster, und nach und nach ist das Muster eine Schuldigkeit geworden.

Sollte man es für möglich halten, daß folgender Mißbrauch Statt findet? Mehrere Landvögte lassen die Zehenten versteigern, mit der Bedingung, daß das Korn, welches in die Kornhäuser des Staats geliefert wird, beim Messen mit einem Staabe gestrichen werden solle, der Piton heißt, und eine sechs bis zehen Pfund schwere

Walze ist, die das Korn im Streichen preßt, und macht, daß eine grössere Menge in das Maas geht. Im Gegentheil liefern sie den Geistlichen und beim Verkauf auf dem Markt das gleiche Korn nur mit einem Streichholze gemessen, einem Instrumente, das etwa ein halbes Pfund wiegt; der Unterschied fällt dem Landvogt in die Tasche. Wenn man bedenkt, daß es Dörfer giebt, die jedes Jahr zwei- bis dreihundert Säkke Zehenten abgeben, so begreift man, welche Summe durch diesen kleinlichen Gewinn dem Staate verschleudert wird.

Ein ausdrükliches Gesez verbietet diesen Unfug; (Loi 2, fol. 269) wie ist es möglich, daß ein Landvogt, der dieses Gesez vor Augen hat, das jedermann vor Augen hat, es so offenbar, so ungestraft verlezzen kann? |

Wir waren Zeugen von noch viel verdammlichern Mißbräuchen: in einer gewissen Landvogtei bediente man sich unter mehreren Landvögten nach einander eines grössern Maases bei der Lieferung der Zehenten, und eines kleinern beim Verkauf oder sonstigen Ablieferung derselben. Einer der seltnen Landvögte, aber wie es deren doch giebt, einer der tugendhaften Männer, der sein Vaterland mehr als seinen Beutel liebte, dessen Wunsch es war, daß wir ein Vaterland hätten, und der oft, aber vergebens, Mittel dazu vorschlug, dieser Landvogt, der unsere Thränen, vielleicht auch unsere Hoffnungen, mit ins Grab nahm, – ließ endlich diese unredlichen Maase vernichten; aber die, welche dadurch gewonnen hatten, hatten sich nicht gescheut, aus einem solchen Umstande Nuzzen zu ziehen.

Man würde sich irren, wenn man solche Sachen einzig und allein einer Habsucht oder Geize zuschreiben wollte. Sie sind vielmehr eine Wirkung der Staatseinrichtungen, der Erziehung, und der Umstände; noch einmal, diese Einrichtungen, die Landvogteien, haben keineswegs das allgemeine Beste zum Zwek. Wir haben dreihundert Jahre lang mit einem einzigen Landvogt gelebt, dessen Amt den Herzog von Savoyen jährlich wohl nicht über zweihundert Louisd'ors und jezt unser Land jährlich zweihundert und vierzigtausend Franken kostet. |

Ist ein junger Berner leichtsinnig, ein Verschwender, zehrt er sein Vermögen auf, denkt er bei sich, und man sagt es ihm von allen Seiten: »Eine gute Landvogtei wird alles wieder ersezzen.« Seine Gläubiger kreditiren ihm darauf; der Erfolg ist so gewiß, daß jener Ausdruk zum Sprichwort geworden ist. Das Warten währt oft lange, es fängt schon oft eher an, als der junge Aristokrate in die Regierung gekommen ist.

Nimmt man mit diesem langen Warten seine Bedürfnisse, den Gang des menschlichen Geistes, das Planmachen und Berechnen, wenn man ein Ziel so lange vor sich sieht, so kann man sich seine Stimmung in dem glüklichen Augenblik vorstellen, in welchem die Hoffnung seines Lebens endlich erfüllt ist, er hat das Fieber des Genusses, und man weiß, wie sehr das Fieber den Verstand verwirrt, und den Patienten ausser sich sezt. Auch beginnt der Berner, wenn er auf seiner Landvogtei angekommen ist, eine neue Existenz; seine Stimme, sein Ton, sein Anstand, seine Neigungen, seine Ansicht der Dinge ist auf einmal umgekehrt; er ist nicht mehr derselbe Mensch; und wenn er sich nie um sein Interesse bekümmerte, so thut er [es] jezt um so mehr. Die Frau Landvögtin sagt es ganz naiv, ihre Familie sey nicht der Luftveränderung wegen auf die Landvogtei gekommen.

Man merkt dies auch auf mehr als eine Art; aber mehrere einzelne Beispiele davon zu geben, wäre mir schmerzhaft. Das Resultat ist mit einem Wort, ein Landvogt, seine Familie, und alles, was sie umgiebt, hat sechs Jahre lang herrlich gelebt; eine vierspännige Equipage, Reitpferde, eine Koppel Hunde, eine vor|zügliche Tafel hindern sie nicht, noch 80, 100, 140,000 Schweizerfranken heim zu bringen; und der abgehende wird durch einen andern ersezt.

Man wird erwarten, daß die Landvögte wenigstens die Gerechtigkeit unentgeltlich ausüben, oder vielmehr, man wird finden, daß sie dafür hinlänglich bezahlt sind. Aber nein, und auch dies wird eine neue Quelle von Mißbräuchen, so wie ein neues Mittel, uns aller politischen Existenz zu berauben. Die Polizei, die ehedem unsere Gemeinden in ihrem ganzen Umfange ausübten, wobei noch keine Unterscheidung einer höhern und niedern Polizei gemacht wurde, ist fast ganz in die Hände unserer Landvögte gekommen; sie haben den herumziehenden Krämern die Erlaubniß zu geben, ihre Waaren auszukramen, den Komödianten, Schauspiele unserer Jugend, Bälle zu geben; ohne ihre Erlaubniß kann man keinen Affen, Bären, [kein] Murmelthier in der Stadt tanzen lassen; diese Dinge sind so geringfügig, daß man sie kaum glaubt.

Gewiß sollten die Landvögte für die Ertheilung der Gerechtigkeit, oder für das Siegeln der Akten keine Sporteln ziehen; beides gehört zu ihrem Amte, und für dies Amt sind sie schon nur zu sehr bezahlt; sonst wurde für solche Sache nichts bezahlt, aber der Trieb, überall zu gewinnen, hat diese Sporteln beträchtlich gemacht. Ein Urtheil kostet bei der Oberappellationskammer in Bern 148 Bazzen, ($^{37}/_{10}$ französ. Thlr.) und gewiß sind sie wohl erworben und wohl verdient; wie kommt es denn, daß die gleiche Sache bei einem niedrigern Gerichtshof dem Gerichtshof der Landvogtei anderthalb, zwei, drei bis vier N. | Louisd'ors kostet? Doch will ich mich dabei nicht aufhalten. Die Gränzlinie zwischen den Gegenständen der Polizei und den Gegenständen der Gerichte ist sehr zweideutig; man hat dies seit ungefähr zehen Jahren benuzt, um die meisten Prozesse vor den summarischen Gerichtshof der Landvögte zu ziehen. Diesen machen die Landvögte mit ihren Schreibern allein aus, und üben hier ganz allein eine Gewalt aus, die sie im Gerichtshof der Landvogtei (Cour baillivale) mit vier Beisizzern theilen müßten. Haben sie keine Kenntniß der Geschäfte, wie es oft geschieht, oder keine Uebung, welches auch oft der Fall ist, so wird eigentlich der Schreiber Landvogt, wie es an mehreren Orten ist. Vor einen summarischen Gerichtshof gehören Sachen von geringer Wichtigkeit, die mündlich vorgetragen, und ohne Verzug, ohne alle oder wenigstens ohne grosse Kosten entschieden werden; statt dessen giebt es vor diesen sogenannten summarischen Gerichtshöfen oft Prozeßschriften zu vier Theilen, wovon die Sporteln nur in zwei Theile gehen.

Es finden noch andere Mißbräuche Statt, die der Aufmerksamkeit der Regierung wohl werth wären, und die ein Fremder kaum glauben wird. Ich werde in | der Folge von den Zöllen reden, jezt nur von der Art, wie die Urtheile in dieser Rüksicht gefällt werden. Die Strafe der Zolldefraudation, diese sey absichtlich gewesen oder aus Unachtsamkeit geschehen, ist immer die Konfiskation. Der Werth, beliefe er sich auch auf 100,000 Thaler, wird in drei gleiche Theile getheilt, der eine fällt dem Angeber zu, der zweite dem Landvogt, und der dritte dem Staat. Und wer spricht über die Konfiskation, wer entscheidet, ob sie statt haben soll, oder nicht? Der Landvogt! Er spricht sich auf diese Art ein Drittheil der Waaren zu.

Gewiß giebt es in Bern Tugenden; aber wenn man bedenkt, daß sie selten es sind, wenn sie es je sind, was zu den Pläzzen in der Regierung führt, daß vom Rang oder vom Zufall die Landvogteien allein abhängen, so wird man es gefährlich finden, diese Tugend in Versuchung zu führen, und noch gefährlicher, sich der Möglichkeit auszusezzen, keine zu finden. Welch ein ungeheurer Widerspruch! Ein Mitglied der Regierung kann zu Bern bei einem Prozeß seines Verwandten sogar bis in den dritten Grad keine Stimme geben; aber ausserhalb dieser Stadt, wenn er Landvogt geworden ist, beugen sich die Gesezze unter seiner Macht, er urtheilt in seiner eignen Sache, und spricht sich durch eine schöne und gute Sentenz das Gut eines andern zu.

Man wird glauben, daß dieser Uebelstand vielleicht durch weise Einschränkungen gemildert ist, daß ein genauer und regelmässiger Prozeß vor dem Urtheil vorausgeht, daß dem Beklagten alle Mittel zur Vertheidigung offen stehen, daß vollständige Beweise unumgänglich nothwendig sind. Nichts von allem dem; die Sache wird weder vor dem niedern Gerichtshof, noch vor dem Gerichts-|hof der Landvogtei verhandelt, sondern vor dem summarischen Gerichtshof des Landvogts. Fast immer ist der Zollbeamte der Angeber, er versieht auch das Geschäft des Fiskals, seine blose Angabe ist ein hinlänglicher Beweis, er hat das Drittheil der Konfiskation. Ein Kaufmann ist gut empfohlen; er hat mit zwei Personen zu thun, in welchen ein Angeber, ein Fiskal, Zeugen, und Richter vereinigt sind; zwei Personen mit einem Wort, wovon die eine den Beweis führt, die andere das Urtheil spricht, erhalten für dies schöne Geschäft die zwei Drittheile seines Eigenthums.

Was kann ein Kaufmann in dieser Verlegenheit thun? Kann er zur Hülfe eines Advokaten seine Zuflucht nehmen? Nicht immer, auch dies hängt von dem Belieben des Landvogts ab. Folgendes ist mir begegnet:

Ein Mann wurde verklagt, Hanfsaamen eingeführt zu haben, ohne Zoll zu bezahlen. Der Zolleinnehmer verlangte die Konfiskation. Der Beklagte bat mich, sein Vertheidiger zu seyn. Unser Land zieht keinen Hanfsaamen, und alle unsere Bauern bauen Hanf; die Einfuhr sollte also durch Prämien ermuntert werden; dafür liegt ein harter Zoll darauf. Ich gieng in die Audienz; der Herr Landvogt wendete sich zum Zolleinnehmer: Mein Herr, erlauben Sie, daß der Herr Advokat für diese Sache rede? – Ja, hochgeachter Herr Landvogt. – Nun gut, denn wenn Sie sich widersezt hätten, so hätte ich es nicht gelitten. – Ich nahm die Freiheit, vorzustellen, daß ich dem feinen und artigen Benehmen des Herrn Einnehmers auf einer Seite volle Gerechtigkeit widerfahren lasse, aber daß ich | diese Sache doch nicht deswegen führe, weil es ihm so gefalle, sondern weil mein Klient das Recht habe, sich zu vertheidigen, und ich, sein Vertheidiger zu seyn. Ich bewies es, so gut ich konnte. – Mein Herr, ich glaube, sie wollen raisonniren. – Ich bin in dieser Absicht hieher gekommen; wollten sie, daß ich de raisonnire? – Wissen Sie, daß ich Sie zur Thüre hinausführen lassen werde? – Ich gieng fort, schrieb sogleich an den Herrn Landvogt; und, um mich den Bitten meiner Klienten zu entziehen, erklärte ich ihm, daß ich nie wieder vor seiner Audienz erscheinen würde, welches ich auch die drei oder vier Jahre lang hielt, die er noch auf der Landvogtei blieb. Uebrigens entschied der Landvogt auf Konfiskation.

Ich bin es der Gerechtigkeit schuldig, zu sagen, daß viele Landvögte mir diesen Theil ihres Amtes, der mit dem Vortheil, den sie dabei haben, unverträglich ist, sehr ungern auszuüben schienen; einer derselben weigerte sich sogar, vor einigen Jahren in einer Sache zu urtheilen, die mit einer Konfiskation begleitet seyn konnte, er wies sie an den Amtsstatthalter (Lieutenant Baillival), ich habe ihn in Bern darüber tadeln gehört; sein Gewissen wird ihn nicht tadeln; aber freilich sprach er, seinen weniger ängstlichen Mitbrüdern, durch seine Weigerung das Urtheil.

Was wird man vollends zu Urtheilssprüchen sagen, vermöge deren die Landvögte Geldstrafen ansezzen, von denen sie selbst den dritten Theil ziehen? Einer dieser Herren lud mehrere Personen vor, hörte sie in seiner Privataudienz ab, und sezte ihnen darauf eine Geldstrafe von 10 Louisd'ors an; dies machte 53 Schweizerfranken (13 ⅓ französ. Thlr.), für seinen Theil. Die in Strafe Verfallenen appellirten; ich nahm mir die Freiheit, zu bemerken, daß es der Würde | eines unmittelbaren Stellvertreters des Souverains nicht gemäß sey, den Dienst eines Fiskals zu verrichten; daß er als Fiskal, der eine gerichtliche Vorladung vornähme, Parthei würde; daß, wenn der Appellationsrichter die Vorladung ungegründet fände, man ihn entweder in die Unkosten verurtheilen würde, oder nicht; daß das leztere eine Ungerechtigkeit, eine Ungleichheit des Rechts, eine Partheilichkeit wäre, weil der Vorgeladene, wenn er schuldig befunden würde, die Kosten zu bezahlen hätte, und man sie ihm also, wenn er unschuldig befunden würde, auch vergüten müßte; daß man aber im ersten Fall gegen die Schiklichkeit verstossen würde; daß ausser der Verlegenheit dem Herrn Landvogt ein Verzeichniß der Unkosten vorzulegen, es unschiklich wäre, ihn zu einer simpeln Parthei zu machen.

Diese Bemerkungen waren natürlich und gerecht; man hätte mir dafür Dank wissen, vielleicht sie benuzzen sollen. – Keineswegs; meine Schrift wurde den Herren Heimlichern, als gegen die schuldige Ehrerbietung laufend, und als ein frevelhafter Eingriff, ich weiß nicht in was, angegeben. Man drohte mir, man machte einen grossen Lermen; am Ende wurde der Spruch des Herrn Landvogts kassirt, und meine Klienten von der Geldstrafe freigesprochen; aber ihnen wegen des Inhalts ihrer Rechtfertigungsschrift ein Verweis gegeben; die Kosten mußten sie wegen ihrer Unhöflichkeit selbst tragen; ich berufe mich auf das Dekret selbst, daß es diesen Grund enthält. Und doch war ich der Verfasser der Schrift, man wußte es, ich hatte sie als mein Werk anerkannt; wenn jemand schuldig war, so war ich es. |

Könnte die fürchterliche Bewegung der grossen Masse in unserer Nähe, die man unklugerweise uns zu geben versucht hat, eine Veranlassung werden, daß so schreienden Mißbräuchen abgeholfen wird! Möchte dieses Heilmittel uns die Krämpfe, und die Krise erspahren, die immer den Tod zur Folge hat, wenn sie nicht zur Gesundheit zurük führt.

* Nur ein Mitglied des grossen Raths ist fähig, Landvogt zu werden. Der grosse und kleine Rath zusammen besteht, wenn er vollzählig ist, aus 299 Mitgliedern, und darf nicht unter 200 herabsinken. Der kleine Rath wird aus und von dem grossen Rath durch eine Vermischung von Stimgeben und Ballotiren besezt, jedesmal nach Abgang eines Mitgliedes. Der grosse Rath wird erst wieder vollzählig gemacht, wenn die Anzahl der übriggebliebenen Mitglieder sich den 200 nähert, und dies trifft gewöhnlich alle 10 Jahre zu. Die Wahlherren sind der kleine Rath (mit den 2 Schultheisen, 27 Männer), ausserdem noch 16 (Seizeniers) von dem grossen Rath, die schon eine Landvogtei gehabt haben (Alt-Landvögte). Unter denjenigen alten Landvögten, die zu derselben Zunft gehören, (und alle Berner Bürger müssen Mitglieder einer Zunft (Gesellschaft) seyn) entscheidet das Loos, wer Wahlherr werden soll; oft befinden sich solcher, die fähig sind, Sechszehner zu werden, 15, 12, oft auch nur einer oder zwei auf einer Zunft; da dieses Loosen erst den Mitwoch vor dem Charfreitag (an welchem Tag die Besezzung des grossen Raths geschieht) vor sich geht, und die Zahl aller alten Landvögte, zum Beispiel im Jahr 1795, sich auf 70 belief, so wird bei allen siebenzig vorher Besuch gemacht, intrigirt, berechnet; man begreift, wie mannichfaltig die Kombinationen seyn müssen, die ein Kandidat zu machen hat, um sich auf jeden Fall der Stimmen zu versichern. Die Erwählung der Mitglieder in den grossen Rath selbst geschieht eigentlich durch Stimmenmehrheit; jeder der Wahlherren hat aber einen, zum Theil auch zwei Kandidaten zu ernennen, durch die gemeinschaftliche Uebereinkunft, daß e i n e m Klienten aller Wahlherren jeder seine Stimme giebt. In Ansehung der übrigen Kandidaten bestimmt die Wichtigkeit ihrer Familien, | und tausendfältige andere

Rüksichten die Stimgebung. Wer hierin den übrigen am meisten zu imponiren weiß, wenn sie seinen Willen nicht thun wollten, ihren Günstlingen seine Stimme zu verweigern, am hartnäkkigsten droht, der wird am meisten Einfluß haben. Da jeder der Wahlherren einen oder zwei neue Mitglieder selbst zu ernennen (namsen) hat, so ernennt der Vater seinen Sohn, oder seine zwei Söhne, oder seinen Bruder, hat er eine Tochter, wählt er sich einen reichen Tochtermann aus u. s. w. Hat eine Familie mehrere junge Männer, die im Alter sind, in [den] Rath kommen zu können, und glaubt sie, doch nur einen hinein bringen zu können, so kauft derjenige, der sich als Kandidat stellen will, den übrigen es ab, daß sie sich nicht auch bewerben. – Kurz, unter 92 Mitgliedern, die im Jahr 1795 in den grossen Rath aufgenommen wurden, wurde nur von einem einzigen gesagt, daß seine Verdienste in etwas zu seiner Erwählung beigetragen haben. Man sieht aus dem bisherigen im Allgemeinen die Form dieser Wahl, aber um von der Betriebsamkeit, die vorher geht, den Intriquen, die dabei gemacht werden, der Mannichfaltigkeit der Kombinationen, um die Mannichfaltigkeit der Interessen zu verknüpfen, der Leidenschaft, womit dies alles betrieben wird, oder den Gefühlen, die auf den glüklichen oder unglüklichen Ausgang folgen, – von der Gewaltsamkeit dieser Hoffnungen, der Furcht, der Angst – von der Stärke dieser Freude, oder dieser Verzweiflung, um von allem diesem zusammen ein Bild zu bekommen, muß man alles selbst mit angesehen haben. Man hat Beispiele, daß Männer, die ihrer Erwählung schon vorher gewiß waren, (wie es überhaupt immer nur sehr wenige zweifelhaft sind) doch über die nun erreichte Wirklichkeit auf einige Tage närrisch geworden sind; – wem alle seine Sorge und Mühe mißlingt, und ausgeschlossen wird, dessen Gemüth wird auf immer niedergeschlagen seyn, auf immer einen nagenden Wurm in sich tragen; denn dem vornehmen Berner ist dieser einzige der höchste Lebensweg; war er auf diesem unglüklich, so kann sein Gemüth durch nichts mehr ganz erfüllt werden.

Die Landvogteien werden unter denjenigen verloost, die im gleichen Jahre in den grossen Rath gekommen sind; die ältern Promotionen haben die Wahl, ob sie auf eine Landvogtei

Anspruch machen wollen, findet sich unter der ältern Promotion keiner, so kommt sie an die jüngere Promotion; wer also sonst reich ist, kann einer Landvogtei am längsten entbehren, und dann die beste erhalten; daher kommt es, daß in Romainmotiers (dem Beispiel, das Cart anführt) nacheinander so viele alte Offiziere Landvögte wurden; sie hatten, als Kommandanten der Regimenter in fremden Diensten, sehr einträgliche Stellen, und kamen erst im Alter zurük, um, nachdem sie vielleicht nur bei ihrer Ernennung in den grossen Rath einer Rathssizzung beigewohnt hatten, jetzt wieder einer beizuwohnen, in der sie, als die ältesten, ohne Konkurrenz die beste Landvogtei für sich nehmen. |

ZWÖLFTER BRIEF.

Lyon, den 18. Februar 1793.

Es giebt wenige Aristokratien, in welchen die Unterthanen von den untergeordneten Aemtern der Regierung ausgeschlossen sind; aber uns ist gar keine Stelle aufbehalten; die ersten, die mittlern und die niedrigern gehören ausschließlich Bürgern von Bern. Man muß Bürger von Bern seyn, um Schreiber, Waibel, Laufer, Sikrist, Todtengräber, Böttcher der gnädigen Herren, um Akademiepedell, Trompeter werden zu können. Kein Talent, keine Empfehlung, keine Tugend vermag uns zu diesen hohen Aemtern zu bringen; derjenige Theil unseres Souverains, der sie besezt, ist entsezlich eifersüchtig darauf; wenn er nicht in den Tempel selbst eingehen kann, so tröstet er sich mit der Thüre; stolz auf seine Livree, sieht er auf die, die auf der Strase stehen, mit Verachtung herab.

Nicht nur ist jedes, auch das geringste Amt, im Innern der Regierung über unserer Sphäre, sondern, wo es unabhängig von den Landvogteien, in der Wadt selbst, einträgliche Stellen giebt, so beraubt man uns deren, um einen Berner damit zu bekleiden.

Zu Villeneuve ist ein Hospital, das in sehr alten Zeiten gestiftet worden ist, vielleicht ursprünglich durch die Freigebigkeit des Hauses Savoyen; doch bin ich darüber nicht gewiß; aber das weiß ich zuverlässig, daß es nicht von der Stadt | Bern dotirt worden ist, ja, daß sie nicht einen Heller dahin gegeben hat, da hingegen mehrere wadtländische Familien sehr beträchtliche Vergabungen dahin gemacht haben; die Verwaltung dieses Spitals gehörte weder den Bürgern von Chambery, noch den Bürgern von Turin; es war ein Amt, zu dem ohne Unterschied alle Wadtländer den Zutritt hatten. Heut zu Tage hat die Regierung eine Stelle des Trostes daraus gemacht, aber nicht des Trostes für die Armen. Dieser sonst allgemeine Ausdruk hat in Bern eine besondere Bedeutung. Kann ein akkreditirter Bürger nicht in die Regierung kommen, so giebt man ihm zum Trost einen Trostposten. Er wird Verwalter des Hospitals zu Villeneuve; man entschädigt ihn auf unsere Kosten, und auf Kosten der Armen. Ein Schäfer entdekt eine Salzquelle; die Bewohner der Gegend umher rufen: ein Glük! ein Glük! – Ihr Pinsel! ist die Aristokratie nicht mehr? Die Wälder, die euch bisher gehörten, und nur von euch benuzt werden durften, werden jezt zu einem Gebrauch verwendet werden, der für euch keinen Heller abwirft. Es wird dabei ein Direktor, Ingenieurs, Schreiber nöthig – gut! alle diese Aemter werden für Berner seyn; sie werden den Nuzzen der Entdekkung haben, und ihr alle Lasten tragen. – Welch eine Theilung! |

Es schwebt mir dunkel vor, daß unter den Herzogen von Savoyen die Zölle verpachtet waren, und gewiß wurden sie durch Wadtländer erhoben; seitdem hat man daraus Stellen gemacht, die ausschließlich für Berner sind; und so blieb es zwei lange Jahrhunderte durch. Vor etwa zwanzig Jahren hat man eine strenge Kontrolle über diese Zollämter eingeführt; und diese Stellen, die, so lang die Rechnungen so obenhin abgelegt wurden, sehr gut waren, sind durch die Einführung einer genauern Rechnung sehr mittelmässig geworden. Seitdem erst stehen auch uns diese Stellen offen; doch ist die Oberaufsicht einem Berner aufbehalten worden.

Die Posten des Kantons Bern werfen eine erstaunliche Summe ab; seine Lage im Allgemeinen zwischen Deutschland, Frankreich, Savoyen und Italien, seine besondere Lage zwischen mehreren schweizerischen Ländern, die zu klein sind, um selbst Posten anlegen zu können, der Gang der Dinge, der statt eines Felleisen, das ein Pferd fortbrachte, in der Folge der Zeit ein Wägelchen, und nun mehrere vierspännige Wagen nothwendig machte – alles dies macht den Ertrag höchst beträchtlich. Man glaubt vielleicht, daß er zum Besten des Staates verwendet wird; daß die Bauern, die die Landstrasen unterhalten, und ihre Züge dabei hergeben müssen, durch einen geringen Theil jener Einkünfte entschädigt werden: keineswegs; diese vertheilen sieben oder acht Berner Herren unter sich, die sich nicht nur mit dem ganzen Geschäfte nicht abgeben, sondern die daneben auch die Einkünfte von Landvogteien geniesen können. |

Man entdekt Steinkohlenminen in verschiedenen Gütern. Einige Berner glauben darin die Minen von Potosi zu finden, und folglich machen die gnädigen Herren ihnen eine freie Schenkung damit. Einer von denen, an den eine solche Mine abgetreten worden war, verkauft mit einer Glashütte seine Rechte an die Minen; den Käufern zieht ein verunglüktes Geschäft einen Bankerott zu; die Gläubiger wollen zum Verkauf der verfallenen Güter schreiten; die gnädigen Herren widersezzen sich, und verbieten es; die Schenkung, sagen sie, die unsern Bürgern gemacht worden ist, war persönlich, und kann nicht auf andre übergetragen werden. Der Eigenthümer eines Gutes glaubte also ganz treuherzig, daß dies bis in die Eingeweide der Erde ihm gehöre, daß die Quellen, die er darin entdekken könnte, die Steinbrüche, Mergel- oder Steinkohlenlagen, die darunter liegen könnten, einen Theil seines Eigenthums ausmachten. Er mußte es glauben, weil dies dem gemeinen Rechte, den Gebräuchen aller Völker gemäß ist, und weil keines unserer Gesezze diese Ausnahme macht. – Allein dieser Eigenthümer betrog sich.

Aber wenn man in seinem Eigenthum zum Nuzzen eines Berners minirt, so gehört doch wohl die Oberfläche ihm, und ihm allein; die Regierung, die Löber, Zinse, Zehenten u.s.w. davon erhebt, wird ihm doch das übrige sichern. – Keineswegs, diese Oberfläche ist den Bernern für ihr Vergnügen vorbehalten, wie die Grundlage für ihren Nuzzen. Sie haben das Recht, auf allen unsern | Ländereien zu jagen, sich selbst geschenkt, sie machen daraus Jagdbezirke zur Ergözlichkeit ihrer Mezger, Bäkker, Schumacher, Schmiede so gut, als ihrer vornehmsten Herren; sie verwüsten sie nach ihrem Belieben ohne Unterschied des Wetters, der Felder, oder der Jahrszeiten. Wenn auch Gesezze sie in verschiedenen Rüksichten deswegen einzuschränken scheinen, so sezzen sie sich ungestraft darüber hinaus; die Landvögte selbst geben das Beispiel, indem sie Jäger halten, die die Felder vom Frühling an, ohne Rüksicht auf die Früchte, verwüsten. Wagt man es, zu klagen? Man zieht sich Haß zu, von dem man früher oder später zu leiden hat. Ach, ich habe nur zu sehr die Erfahrung davon gemacht!

Die Berner gründen auch diesen Mißbrauch darauf, daß es ein Regal sey; aber sie haben doch selbst zu viel Urtheilskraft, als daß sie sich selbst darüber ehrlicherweise täuschten. Der Baron der Wadt mag meinetwegen das Recht haben, im ganzen Lande zu jagen, ich begreife dies; aber ist denn mein alter Perükenmacher Bischof, Baron der Wadt? Ist jeder Berner Baron der Wadt? Sie werden durch ihre eigne Regierung repräsentirt, wollen sie zu gleicher Zeit Repräsentanten und Repräsentirte seyn, und jedem Bruch einer Einheit, die in dreitausend Theile getheilt ist, die gleiche Macht, und die gleichen Rechte zuschreiben, die sie der Einheit selbst geben.

Uebrigens ist die Politik der Regierung hierin sehr faßlich, die regierenden Familien wollten den übrigen Bernern ein Spielzeug geben; diese brüsten sich mit der Ehre, auf unserem Eigenthum jagen zu dürfen, indeß uns selbst dies nicht | erlaubt ist, und der Eigenthümer in eine Strafe von fünfzig Gulden verfällt, wenn er einen Haasen, der sich auf seinem Gute nähret, oder eine Drossel umbringt, die seine Trauben pikt.

Um für ihr Vergnügen ein weiteres Feld zu haben, haben sich die Berner und Freiburger Bürger gegenseitig die Jagd in beiden Kantonen erlaubt, so, daß sich unser Baron und sein Regal zu so viel Köpfen vermehrt, als die Anzahl der Berner und Freiburger Bürger ist.

Ausserdem, daß denjenigen Gütern, die ursprünglich von den Herzogen von Savoyen zu Lehen gegeben worden sind, und bei deren Ankauf das Jagdrecht wie jedes andere Recht bezahlt worden ist, dieses Recht unstreitig zukommt, so haben auch die Bürger der vornehmsten Städte der Wadt das Recht zu jagen, die Herzoge von Savoyen haben es durch verschiedene authentische Urkunden anerkannt, die Regierung von Bern hat dies selbst anerkannt; ich glaube, sie bezahlen eine Abgabe dafür; und doch fodern die Landvögte ihnen Geldstrafe ab, wenn sie ohne ihre Erlaubniß jagen.

Man wird vielleicht finden, daß ich über diesen Gegenstand zu weitläufig bin, und daß, wenn man über die Entziehung so vieler Rechte zu klagen hat, man sich nicht auch noch bei Klagen über die Entziehung der Vergnügungen aufhalten soll; aber diese Ergözlichkeit ist für uns ein positives Recht. Ich will | nicht sagen, daß jeder zu jeder Zeit soll jagen dürfen, noch daß eine weise Polizei nicht Regeln darüber zur Erhaltung der Güter, auch, wenn man will, des Wildprets, festsezzen soll; aber ein Handwerker aus Bern oder Freiburg muß nicht auf unsern Gütern ein Recht ausüben, das ein Handwerker, das ein Bürger oder Edelmann aus der Wadt nicht ausüben darf; mit einem Wort, man muß uns nicht erniedrigen, nicht durch Vergleichungen und demüthigende Ausnahmen alle Gefühle in uns abstümpfen.

Ich weiß nicht, ob ein Nobile in Venedig das ausschliesende Recht hat, auf dem ganzen Gebiete Venedigs zu jagen, aber ich bin gewiß versichert, daß der Häscher, der Trompeter, der Böttischer, mit einem Worte, daß nicht das ganze Volk in Venedig dies Recht hat.

Man giebt uns von Jugend auf Gewehre in die Hand, oder vielmehr, man zwingt uns, uns auf unsere Kosten damit zu versehen; und der brave Landmann, der Gutsbesizzer, der so im Gebrauche der Schießgewehre erzogen ist, kann sich derselben nicht bedienen, um den Haasen zu schiesen, der seinen Kohl frißt.

Werde ich den Muth haben, die ganze Tiefe unserer Schande zu ergründen, und zu ermessen? Es sey! Ein Wadtländer, der sich in Bern niederläßt, kann dort keinen Hund halten. Dies ist ein Privilegium, das nach einem ausdrüklichen Geseze selbst nur der Bürgerschaft gehört.

Findet man in Ihren Urkunden, mein Herr, ein einziges Dokument, wodurch bewiesen würde, daß der Herzog von Savoyen einen Theil des Lemanischen Sees verpachtete; und doch haben Sie ihn Ihren Landvögten zum Eigenthum | gegeben; man fischt darin nur für sie oder für ihre Rechnung. Einige Herrschaftsherren am Ufer, die Baronen von Koppet, von Prangins, von Rolle, der Herr von Allamand, die Stiftsherren des Kapitels von Lausanne, als Herren von St. Prex, hatten und haben noch auf unserem schönen See das droit de quête, das heißt, wenn ein Fischer, oder wer es ist, fischte, so konnten sie, wenn sie selbst oder jemand von ihren Leuten da war, von drei Nezzügen einen für sich fodern, ihre Wahl mußte sich in der Zeit dreier Steinwürfe gegen das Nez entscheiden. Dies Recht war eine der Sonderbarkeiten des Feudalrechts, deren Beispiele so häufig sind. Jeder konnte, wenn er sich diesem Recht unterwarf, auf dem Gebiete jener Barone fischen, und also noch viel mehr auf dem Gebiete des Herzogs von Savoyen. Warum hat man ein uneingeschränktes Fischrecht mit Ausschliesung des Volkes, daraus gemacht? Mit einem Wort, warum hat man uns unserer Rechte im Boden unserer Güter, auf ihrer Oberfläche, in der freien Luft, und im Abgrunde der Wasser, beraubt?

Hat man uns auf irgend eine Art dafür entschädigt? Die Wadt erzeugt zwei einzige Artikel in solcher Menge, daß sie sie ausführen kann; einige Käse, und vorzüglich viel Wein. Wir finden ihn gut, weil er bei uns gewachsen ist; und dies ist ein glüklicher Umstand, man muß ein Schweizer seyn, um ihn trinken zu können; wir können ihn also nur in der Schweiz anbringen; der deutsche Kanton betrinkt sich darin. Man glaubt vielleicht, wir können ihn ihm geradezu und ohne Schwierigkeiten verhandeln? Keineswegs; die Berner haben sich auch diesen Handel zu eigen gemacht; sie haben den Bewohnern des Sibenthals, den Gränznachbarn der Viviser und wadtländischen Weinberge verboten, hieher zu | kommen, und den Eigenthümern den Wein abzukaufen; sie müssen ihn zwanzig Stunden weiter durch lauter Berge von Bern und der Gegend um Bern holen. Die Berner haben uns sogar verboten, dies Erzeugniß, auch was jeder selbst gezogen hat, in den deutschen Kanton zu führen, und da zu verkaufen, bei Strafe der Konfiskation. Die Wirthe dieses Landes können zwar in unser Land kommen, und einkaufen; aber wenn sie Bankerot machen, so können wir nur auf hundert Kronen Anspruch machen, wenn wir auch hunderttausend zu fodern haben, indeß der Berner Kaufmann seine Schuld ganz ausbezahlt erhält.

Wir haben endlich nicht der Freigebigkeit der Regierung den unvollkommenen Kanal von Entre-Roche, nicht ihrer Macht den Iverduner See zu danken, und wenn die Natur, die ihn grub, einem Volk vor dem andern Anspruch auf die Beschiffung desselben gegeben hätte, so wäre es wohl dem Volke, in dessen Lande er liegt. Nein, die Natur muß vor dem Interesse der Bürgerschaft von Bern schweigen. Wir dürfen unsere Weine erst nach ihr darauf verschikken, damit sie den ersten Verkauf hat. Der Doge von Venedig vermählte sich jedes Jahr mit dem adriatischen Meere, er wirft einen Ring in seine Wellen. Die Berner halten sich an keine so leere Zeremonie, sie nehmen die Fische und die Schiffahrt für sich.

Jedermann hat wohl die Reisen des berühmten Hauptmanns Guliver gelesen; nach Entdekkung der Länder Lilliput, und Brobdingnak kommt er endlich auf die fliegende Insel Laputa. Seine laputische Majestät besizzen auf dem festen | Lande das grosse Reich Balnibarbes. Wenn eine Stadt, sagt Guliver, nicht alle Abgaben bezahlen will, die es dem König beliebt, ihr aufzulegen, so hat er ein untrügliches Mittel, sie zurecht zu bringen; er läßt seine fliegende Insel über der rebellischen Stadt und den angränzenden Ländereien halten; dadurch hält er die Sonne, den Regen, den Thau von dem Lande ab, und die Folge sind Hungersnoth, grosse Sterblichkeit, und Verzweiflung. Ach, mein Herr, ohne die fliegende Insel haben die Berner es so zu machen gewußt, daß nur für die Hochmögenden Gnädigen Herren die Sonne in der Wadt scheint, nur für sie Regen und Thau darauf fällt; trösten wir uns, laßt uns hoffen! Ehemals drehte sich die Sonne, jezt dreht sich die Erde; an jeden kommt in dieser Welt die Reihe, ein wenig früher, ein wenig später. Ehe Sie Landvögte waren, hatten Sie österreichische Landvögte; lassen wir die Vorsehung machen. O, mein Vaterland! der Gegenstand aller meiner Wünsche ist dein Glük; sie werden einst denen nicht entgegen seyn, die, mein Herr, für Ihr Glük sind.

Lyon, den 24. Jul. 1793.

Mein Herr!

Ich habe es Ihnen gesagt, und ich halte mein Wort, die diksten Wälder sind mir werther, als das schönste Land der Welt, wenn eine willkührliche Regierung darüber herrscht. Ich gehe in die Wälder Amerika's. |

Ein Freund, der die Folge dieser Briefe in Händen hat, wird sie Ihnen und dem Publikum zugleich mittheilen. In meinem ersten werde ich beweisen, daß die Wadt, in Verhältniß mit ihren Hülfsquellen, eine grössere Summe an Abgaben bezahlt, als irgend ein Land der Welt. Es ist Zeit, alle Irrthümer zu beleuchten, welche Schmeichelei oder Unwissenheit auf Kosten der Wahrheit und des Völkerglüks fortpflanzt.

Man wird finden, ich habe viele Dinge ausgelassen, oder vergessen, aber ich werde suchen, daß keine Wahrheit, die meinem Vaterlande nüzlich ist, mir entgehe, und daß das Opfer, das ich ihm bringe, nicht vergeblich sey. |

ANMERKUNGEN

Die Anmerkungen beschränken sich auf Nachweise der im Text vorkommenden Zitate und Bezugnahmen auf andere Schriften sowie auf Verweise innerhalb des Textes. Darüberhinaus geben sie für das Textverständnis notwendige Erläuterungen zu historischen Personen, Ereignissen und sonstigen Sachverhalten. Die Anmerkungen sind nicht als Kommentar zu verstehen. Aus den Schriften, auf die sich Hegel explizit oder implizit bezieht, wird dann ausführlich zitiert, wenn diese Schriften heute nur schwer zugänglich sind. Bibelzitate werden nur durch Angabe der Stellen nachgewiesen; von Hegel genannte Bibelstellen werden nicht nochmals in den Anmerkungen genannt, es sei denn, daß Hegels Angaben korrigiert werden müssen. Bei leicht zugänglichen Schriften werden Nachweise in extenso in der Regel nur dort gebracht, wo Hegel das Original sehr ungenau, stark verkürzt oder in einer Weise zitiert, die mißverständlich sein könnte. Angeführt werden diejenigen Ausgaben, von denen wir mit Sicherheit wissen oder mit einiger Wahrscheinlichkeit vermuten können, daß Hegel sie benutzt habe; sonst werden nach Möglichkeit die jeweiligen Erstausgaben herangezogen, bei älteren, häufig überarbeiteten Werken auch die letzte, zu Lebzeiten des Verfassers erschienene Auflage; gegebenenfalls wird die Nummer des betreffenden Werkes im Katalog der Bibliothek Hegels, *herausgegeben von Manuela Köppe (GW 31,1–2), angegeben (KHB mit numerus currens). Bei Zitaten werden stets Schreibung und Zeichensetzung der zugrunde gelegten Ausgaben beibehalten. Soweit möglich werden die betreffenden Stellen zusätzlich nach Band und Seite der heute gebräuchlichen Gesamtausgaben nachgewiesen.*

Einfache Textauszeichnungen in der zitierten Literatur (wie Sperrung, Kursivierung, Schwabacher, größere Schrifttype) werden hier stets durch Sperrung, doppelte oder mehrfache Textauszeichnungen (doppelte Sperrung, gesperrte Kursive) ohne besondere Angabe durchweg durch Kapitälchen wiedergegeben. Wenn die Typographie *des Drucktextes durch die Wiedergabekonvention, für den Grundtext eines Buches (Fraktur oder Antiqua) die Grundschrift der Ausgabe zu verwenden, nicht mehr erfaßt werden kann, wird durch die Verwendung von Antiquaschrift (*Bodoni*) die Wiedergabetreue gesichert. Die in den lateinischen Buchtiteln vorkommenden* v *für vokalisches* u *sowie* u *für konsonantisches* v *werden hier in der Regel als* u *respective* v *geschrieben, nur bei frühen Drucken und einigen charakteristischen Ausnahmen bleibt die originale Schreibung gewahrt. Das Frakturzeichen für* et *in der Abkürzung* etc. *wird hier durch* & *ersetzt. Die in den frühen Drucken lateinischer und griechischer Werke gebräuchlichen Ligaturen und Abbreviaturen (einschließlich des noch im 19. Jahrhundert gebräuchlichen griechischen* ›ς‹ *(Stigma) für* στ *und des lateinischen* ›;‹ *für* ›ue‹ *in* ›-que‹ *und des Striches oder Bogens über Vokal für* ›m‹ *und* ›n‹ *sowie der Ligatur für* ›quam‹*) werden hier nachweislos aufgelöst.*

Die fortlaufende Zahl zu Beginn jeder Anmerkung verweist auf die zugehörige Textstelle im vorliegenden Band, neben der diese Kennziffer am Rande steht.

Die drei öfter herangezogenen Schriften werden wie folgt zitiert:

Josephus: Jüdische Alterthümer	Des Vortrefflichen Jüdischen Geschicht-Schreibers Flavii Josephi Sämtliche Wercke, Nemlich Zwantzig Bücher von den Jüdischen Alterthümern, *[…]. Mit beständigen Anmerckungen, nicht alleine über die Alterthümer, sondern auch über die übrigen Bücher, erläutert, Von Johann Baptist Ott, […]. Zürich 1736.*
Kant: Critik der praktischen Vernunft	Immanuel Kant: Critik der praktischen Vernunft. *Riga 1788 (K 137)*
Pauw: Philosophische Untersuchungen über die Griechen	[Corneille de] Pauw: Philosophische Untersuchungen über die Griechen. *Aus dem Französischen übersetzt mit Anmerkungen von Herrn Professor Villaume. 2 Bde. Berlin 1789.*

1 In der Anschauung … ist.] *Siehe* Iohann Gottlieb Fichte: Grundlage der gesammten Wissenschaftslehre als Handschrift für seine Zuhörer. *Leipzig 1794. 72f., 197, 211–214 (GA I,2. 297, 370, 378f.).*

2 Das Wesen … unendlichen] *Ebd. 235–279 (GA I,2. 391–416):* §. 5. Zweiter Lehrsatz. II. *Insbesondere 258 (GA I,2. 403,28–404,7):* Also die Zusammensetzung u n e n d l i c h, und o b j e c t i v ist selbst ein Widerspruch. Was auf ein Objekt geht, ist endlich, und was endlich ist, geht auf ein Objekt. Dieser Widerspruch wäre nicht anders zu heben, als dadurch, daß das Objekt überhaupt wegfiele; es fällt aber nicht weg, außer in einer vollendeten Unendlichkeit. Das Ich kann das Objekt seines Strebens zur Unendlichkeit ausdehnen; wenn es nun in einem bestimmten Momente zur Unendlichkeit ausgedehnt wäre, so wäre es gar kein Objekt mehr, und die Idee der Unendlichkeit wäre realisirt, welches aber selbst ein Widerspruch ist. / Dennoch schwebt die Idee einer solchen zu vollendenden Unendlichkeit uns vor, und ist im Innersten unsers Wesens enthalten. Wir sollen, laut der Anforderung desselben an uns, den Widerspruch lösen; ob wir seine Lösung gleich nicht als möglich denken können, und voraussehen, daß wir sie in keinem Momente unsers in alle Ewigkeiten hinaus verlängerten Daseyns werden als möglich denken können. Aber eben dies ist das Gepräge unserer Bestimmung für die Ewigkeit. / Und so ist denn nunmehro das Wesen des Ich bestimmt, insoweit es bestimmt werden kann, und die Widersprüche in demselben gelößt, insoweit sie gelös't werden können.

3 Seyn kan nur geglaubt werden] *Diese Wendung geht zurück auf den durch Jacobi in die damalige Diskussion eingeführten Begriff des Glaubens; siehe* Friedrich Heinrich Jacobi: Ueber die Lehre des Spinoza in Briefen an den Herrn Moses Mendelssohn. *Breslau 1785. 163f. (JWA 1. 115f.);* Jacobi: David Hume über den Glauben oder Idealismus und Realismus. Ein Gespräch. *Breslau 1787, 23–49 (JWA 2. 21–31), insbesondere 24 (JWA 2. 21,35f.): Glauben ist* jedes Fürwahrhalten, welches nicht aus Vernunftgründen entspringt.

4 (Kantische Gottheit)] *Diese Bemerkung bezieht sich wahrscheinlich auf das Postulat des Daseins Gottes und den Begriff des* reinen praktischen Vernunftglaubens *in:* Kant: Critik der praktischen Vernunft. *Insbesondere 227 bzw. 256–260 (AA V. 126 bzw. 142–145).*

5 eines Mannes … durchloffen] *Hegel spielt an auf die Überlieferung Ex 2,10, daß Mose wie ein Sohn der Tochter des Pharao am Hofe aufgewachsen und erst als Erwachsener* zu seinen Brüdern *gegangen sei; vgl. Act 7,20–22.*

6 kraftloses Andenken … Väter] *Die Verheißung des Landes, die Gott den Vätern gegeben habe, wird nur zweimal in der Rede des Moses an*

das Volk erwähnt (Ex 13,5.11); hierdurch wird die überlieferungsgeschichtliche Differenz zwischen der Tradition der Väterreligion und der Exodustradition überbrückt. Von Seiten des Volkes Israel werden keine Verheißungen oder Erinnerungen als Motiv für den Auszug aus Ägypten genannt, sondern lediglich die dort drückenden Lebensverhältnisse.

7 40jahrelange fortgesezte veränderte Lebensart] *Nach der biblischen Tradition ließ Gott das Volk Israel vierzig Jahre in der Wüste umherziehen, bis alle gestorben waren, die Übles getan hatten und deshalb nicht in das verheißene Land kommen sollten; siehe insbesondere Num 14,33f., 32,13 sowie Dtn 32,48–52 und Jos 5,6.*

8 Menge seiner Geseze] *Siehe insbesondere die Opfergesetze Lev 1–7.*

9 Erst unter den Königen] *sc. seit den Zeiten Sauls, Davids und Salomos.*

10 Essener] Io. Laur. Moshemii *[...]* Institutionum historiae ecclesiasticae antiquae et recentioris libri quatuor ex ipsis fontibus insigniter emendati, plurimis accessionibus locupletati, variis observationibus illustrati. *Helmstadii 1755. Saeculum primum, pars prima. caput II. 22:* §. IX. Essaei quia ruri plerumque et ab hominum consuetudine remoti vivebant, tanto facilius altercationes cum ceteris effugere poterant. Genus hoc per Syriam, Aegyptum, vicinasque regiones fusum, in silentio et contemplatione religionem esse positam arbitrabatur, strictioreque vivendi genere, variisque exercitationibus, quas ab Aegyptiis accepisse videtur *[Fußnote]*, ad perfectiorem virtutis gradum eniti studebat. Nec tamen una et eadem erat omnium sententia. Alii primum vitam agebant coelibem, et alienis liberis educandis et instituendis operam dabant: alii uxores non libidinis explendae, sed unice generis humani propagandi caussa ducebant. Qui in Syria habitabant, Deum victimis et sacrificiis placari posse, ritu licet a communi Iudaeorum valde diverso, docebant: ex quo apparet, eos litteram legis a Mose latae non prorsus repudiasse. At in locis Aegypti desertis qui commorabantur, illi Deo nullum sacrificium, quam animum compositum et rerum divinarum meditationi deditum, offerendum esse praecipiebant; quod ostendit, totam illis legem aenigma quoddam visam esse. – *Siehe auch Anm. 36 sowie GW 3. 215f.: Exzerpt 37,* Aus: Mosheim, Kirchengeschichte. *Die gleiche Zusammenstellung der Essener mit Johannes dem Täufer findet sich in GW 1. 283,6–9.*

11 Johannes] *Zum Wirken Johannes des Täufers siehe Mt 3,1–12 sowie* Des Vortrefflichen Jüdischen Geschicht-Schreibers Flavii Josephi Sämtliche Wercke, Nemlich Zwantzig Bücher von den Jüdischen Alterthümern, *[...]. Mit beständigen Anmerckungen, nicht alleine über die Alterthümer, sondern auch über die übrigen Bücher, erläutert, Von Johann Baptist Ott, [...]. Zürich 1736. 446f. (Buch XVIII, Kap. 5):* 2. Es waren aber

viele Juden, welche darfür hielten, Herodis Armee wäre darum zu Grunde gegangen, weil ihn Gott wegen dem Tode Johannis, welcher der Täuffer zugenannt wird, habe straffen wollen. Dann Herodes hatte denselbigen tödten lassen, ob er schon ein frommer Mann war, welcher die Juden beständig zum Guten vermahnete, daß sie gegen einander Gerechtigkeit übeten, Gott mit einem frommen Wandel verehreten, und sich dann auch tauffen liessen. Dann Gott würde sich ihre Tauffe gefallen lassen, wann sie sich derselbigen nicht nur bedieneten, um ihre Sünden auszusöhnen, sondern wann sie ihre Herzen rechtschaffen reinigten, und sich vor aller Sünde hüteten. *[Fußnote]* Diese Reden gefielen den Leuten so wol, daß sie dem Johannes häuffig zulieffen. Weil nun Herodes förchtete, dieses möchte zu einem Aufstande Gelegenheit geben, dann es schiene, Johannes habe das Herz des Volcks in seinen Händen, und könne sie leiten, welchen Weg er wolle, sahe er für besser an, ihn zuvor aus dem Wege zu räumen, als | eine Neuerung entstünde, und er es zu spät bereuen müßte. Aus dieser Ursache wurde er gefangen gesezt, in das obgedachte Macheruns *[Fußnote]* geführet, und daselbst getödtet. Die Juden aber hielten darfür, weil Gott darüber seye erzörnet gewesen, habe er, ihn zu straffen, seine Armee zu schanden richten lassen.

12 Noah … Todtschlags] *Gen 9,2–6.*

13 Kant, Jägerverbot ewiger Frieden] Immanuel Kant: Zum ewigen Frieden. Ein philosophischer Entwurf. *Königsberg 1795 (KHB 192). 54 (AA VIII. 341–386, hier 363f.).*

14 Abraham Seegen] *Gen 22,17f.*

15 Moses 10 Gebote … Gelüste.] *Ex 20,2–17; Dtn 5,6–18.*

16 erzwingt die Erlaubnis] *Ex 12,31f.*

17 gezwungenwerdens zur Freiheit] Jean-Jacques Rousseau: Du contract social; ou, principes du droit politique. *Amsterdam 1762 (KHB 1417). 36 (I,7):* ce qui ne signifie autre chose sinon qu'on le forcera d'être libre *[…].*

18 Die Vorsteher … Exod. 12,27] *Ein Zeugnis der Passivität des Volkes Israel und seiner Ältesten sieht Hegel auch darin, daß im allgemeinen keine Reaktionen von ihnen auf Mosis Reden berichtet werden; die hier angeführte Stelle Ex 12,27f. bildet eine Ausnahme.*

19 Gefässe ihrer Nachbarn] *Ex 3,22; 11,2; 12,35f.*

20 Mosis Angesicht … Tempel] *Ex 34,33–35. – Es handelt sich hier noch nicht um den Tempel, sondern um das Zelt, das die Israeliten vor dem Bau der Stiftshütte als Heiligtum hatten.*

21 Eleusinischen Geheimnissen … durfte] Christoph Meiners: Ueber die Mysterien der Alten, besonders über die Eleusinischen Geheimnisse.

In: Vermischte Philosophische Schriften. *Bd 3. Leipzig 1776. 164–342, zu den Eleusinien insbesondere 225–323. – Zur Lehre durch Bilder siehe 270f.:* Diese Mysterien | waren nun weiter nichts als dramatische Vorstellungen der Geschichte der Ceres und Proserpine, oder der Freuden Elysiums oder der Quaalen des Tartarus. Diese Auftritte wurden mit so großer Kunst ausgeführt, daß sie nicht nur Aug und Ohr rührten, sondern alle Sinne betäubten, und den Hörern und Zuschauern kalten Angstschweis, heiligen Schauder, so wohl als entzückende Freude, und aus allen diesen plötzlich abwechselnden entgegengesetzten Empfindungen entspringende Andacht hervorbrachten. / Hauptsächlich bestanden die Mysterien in einer Täuschung erregender *[!]* Nachahmung der vornehmsten Thaten und Begebenheiten der Göttinnen, denen zu Ehren die Eleusinischen Geheimnisse gefeyert wurden. *– Zu den Opfern siehe 262; zum Schweigegebot siehe 318:* Sowohl die kleinen, als grossen Mysterien wurden allein unter der Bedingung des heiligsten Stillschweigens mitgetheilt; auf ihre Bekanntmachung, oder Entweihung folgten von den ältesten Zeiten her entsetzliche Verfluchungen und Todesstrafe. Daß sowohl das, was man in den kleinen Mysterien sah, als das, was man in den Großen hörte, allen Uneingeweihten verschwiegen werden mußte, beweist Meursius mit einer großen Anzahl von Zeugnissen alter Schriftsteller, die deswegen überflüßig sind, weil man eben das durch einige unbezweifelte Facta darthun kann. *– Zu den Eleusinien siehe aber auch die sehr kritische Darstellung von* [Corneille de] Pauw: Philosophische Untersuchungen über die Griechen. *Aus dem Französischen übersetzt mit Anmerkungen von Herrn Professor Villaume. 2 Bde. Berlin 1789. Bd 2. 190–206.*

22 FeuerSaüle und Rauch] *Ex 13,21f.; 14,24; 19,18; 24,17.*

23 Blut als das lebendige] *Gen 9,4f.; Lev 17,10; Dtn 12,23–25.*

24 besondre Stand der Priester] *Siehe insbesondere Lev 8.*

25 Reinigungen] *Siehe insbesondere Lev 15.*

26 Unreinigkeit vieler Vögel und Thiere] *Siehe insbesondere Lev 11; 20,25; Dtn 14,4–21.*

27 Gott ist Herr] *Ex 20,2; Dtn 5,6f.*

28 die Solonischen Geseze] *Zu Solons Gesetzgebung im allgemeinen siehe* Pauw: Philosophische Untersuchungen über die Griechen. *Bd 1. 16–20. 33–36. Bd 2. 50. – Siehe ferner Anm. 119.*

29 Pauw] Pauw: Philosophische Untersuchungen über die Griechen. *Bd 2. 233:* Nichts ist ungereimter, als das vermeinte Vorhaben, womit Lykurg umgegangen seyn soll, unter den Lacedämoniern eine vollkommene Gleichheit des Vermögens einführen zu wollen: denn man sieht leicht ein, daß diese Gleichheit nie aus der Theilung der Ländereien entstehen konnte,

in einem bergigten Lande, wo die alten Feldmesser nicht im Stande waren, zwei ganz gleiche Theile abzumessen.

30 Besthaupt] *Beim Tod eines Leibeigenen mußte noch im 18. Jahrhundert eine Naturalabgabe in Form des besten Stück Viehs (Besthaupt) oder des besten Kleidungsstücks an den Grundherrn geleistet werden.*

31 Erstgeburt von ... Feldfrüchten] *Siehe Anm. 102.*

32 9,5–6] *sc. Dtn 9,5f.*

33 ein Adler Steine erwärmt] *Hegel spielt hier wohl auf eine Fabel an, die jedoch nicht nachgewiesen werden konnte.*

34 diß ganze zertrümmert] *Hegels Ausführungen über die äußere Abhängigkeit Israels und die* traurige Art von Staat *erlauben keine genaue historische Zuweisung;* zertrümmert *oder* vollends zu Boden getretten *(49) wurde Israel jedoch durch die Eroberung Jerusalems und die Zerstörung des Tempels durch Titus im Jahre 70 n. Chr.*

35 Knechte fremder Nationen] *Siehe Anm. 125.*

36 Essener ... Sadducäer] *Zur Zusammenstellung der Essener, Pharisäer und Sadducäer siehe* Io. Laur. Moshemii *[...]* Institutionum historiae ecclesiasticae antiquae et recentioris libri quatuor *[...]. Helmstadii 1755. 21 (saeculum I, pars 2):* §. VI: Doctiores, qui legis et rerum divinarum exquisitam scientiam sibi arrogabant, in varias scissi erant sectas et familias *[Fußnote]*: quas inter tres numero et auctoritate ceteras longo intervallo post se relinquebant, illae nimirum, quae Pharisaeorum, Sadducaeorum et Essaeorum nominibus distinctae erant. Priorum binarum frequens extat in libris sacris memoria: Essenos ex Iosepho, Philone et aliis novimus. Hae nobiliores familiae de illis quidem rebus universe inter se consentiebant, sine quibus stare nullo modo potest Iudaeorum religio: at de maximis tamen quaestionibus et cum ipsa hominum salute coniunctis aeternas inter se rixas alebant. Ex quibus quantum detrimenti ad rudem et illiteratam plebem manaret, facile cuivis intellectu est. – *Zu den Essenern siehe Anm. 11; zu den Pharisäern und Sadducäern siehe die Fortsetzung des Zitats, 21f.:* §. VII. Dissidebant nempe primum de ipsa lege seu de iuris divini norma. Pharisaei scriptae legi addebant aliam ore traditam et propagatam seu non scriptam: eam Sadducaei cum Essaeis spernebant, sola lege scripta contenti. Dissentiebant deinde de sensu legis. Duplicem enim quum Pharisaei sensum in divino codice quaererent, alium obvium et verborum, alium reconditum et rerum: Sadducaei nil tradere legem praecipiebant, praeter id, quod per verba significatur. Ab utrisque diversi Esseni plerique saltim verba legis omni potestate carere, resque illis expressas rerum sacrarum et coelestium imagines esse, arbitrabantur. His de ipsa lege litibus aliae accedebant de

maximi momenti rebus dissensiones, maxime de poenis et remunerationibus legis: quas quidem Pharisaei ad corpus et animam pertinere atque vitae huius fines excedere, statuebant: Sadducaei vero hac mortali vita terminari opinabantur. Inter hos interiecti Esseni futuras quidem poenas et praemia decernebant, sed animis tantum, non corporibus, quae ex maligna materia constare, animarumque carceres esse, putabant. / §. VIII. Tanti licet momenti de rebus hae factiones inter se decertarent, haud tamen mutuis sese iniuriis religionis caussa vexasse leguntur. Hanc animorum moderationem honestis et legitimis caussis nemo temporum illorum peritus adscribet. Sadducaei gratia et auctoritate apud proceres, Pharisaei apud populum valebant. Altera igitur secta vix alteram sine gravissimo periculo hostiliter aggredi poterat. Romani praeterea, si quid in | populo et republica molitae fuissent, haud dubie turbarum auctores non levibus poenis mulctassent. Adde his, Sadducaeos homines fuisse commodos et omnibus turbis et disputationibus per ipsam, quam sequebantur, disciplinarum inimicos. – *Siehe auch die folgenden Paragraphen X und XI.*

37 Joseph. jüd. Alterth. ... zu rächen.] *Es ist nicht bekannt, ob Hegel eine Übersetzung benutzt hat. Daß er* Joseph. jüd. Alterth. *schreibt und nicht* Antiquitates, *deutet jedoch auf eine – noch nicht identifizierte – deutschsprachige Vorlage. Deshalb wird hier eine damals gängige Übersetzung zitiert; siehe* Josephus: Jüdische Alterthümer. *10 (Buch I, Kap. 4):* 2. Nabrod, der Sohn Chams, des Noa Enkel, ein starcker und verwegener Mann, war der Anstifter, daß sie sich gegen Gott so verächtlich und schimpflich aufführten. Derselbe beredete sie, sie hättens nicht Gott, sondern ihrer eigenen Macht zu dancken, daß es ihnen jetzund so wol gienge. Er that das alles, in der Hoffnung, sich eine Herrschaft über sie zuwege zu bringen, indem er dachte, die Leute können nicht besser von Gott abfällig gemacht werden, als wann er sich für ihren Obersten aufwerffe, und ihnen Hülffe wider ihn zusagte, im Fall er eine neue Sündfluth zu schicken drohete. Zu dem Ende versprach er ihnen nicht allein, einen solchen hohen Thurn zu bauen, welchen das Wasser nicht möchte überschwemmen, sondern er wollte auch ihrer Voreltern Untergang rächen.

38 Nabrod (Nimrod)] *Vgl. Gen 10,8f.*

39 Evpolemus ... übrig geblieben.] Eusebius de euangelica praeparatione a Georgio Trapezuntio e græco in latinum traductus opus cuique fideli non solum utile uerum etiam iocundum & per necessarium nouissime impressum & exactissime emendatum. *In:* Habes in hoc volumine lector optime diuina Lactantii Firmiani opera *[...]. Venetiis 1509. [65] (vgl.* Eusebius Werke. *Hrsg. [...] von Karl Mras. Teil I. Berlin 1954.* = Die griechischen

christlichen Schriftsteller der ersten Jahrhunderte, *Bd 8,1, 552f.: IX,41,5–8):* De Babylone quoque Abydemus hæc scribit: Omnia inquit illa loca aquis contecta fuisse dicuntur. Belus autem regionem sicasse perhibetur & Babyloniam condidisse / quæ mænia aquarum illuuione deleta Nabuchodonosorus restituit / quæ remanent ad hæc Macedonum tempora. Et post pauca cum principatum ait Nabuchodonosorus accæpisset continuo Babylonem triplici muro quindecim diebus muniuit / fluuios Armachalem atque Acrachanum ab Euphrate ortos obstruxit / plaudem etiam effodit uiginti passuum altitudinis parasangærumque quadraginta / portasque in ea fecit quas Riuotenentes appellabant / quibus apertis babyloniæ campos irrigabant / rubrique maris inundationem obstruxit / & Teredonem urbem ad sustinendos Arabum impetus condidit / & in regia pensiles hortos plantauit: Hæc ab Abydone sumere placuit.

40 theils Noah ... Leben ist] *Gen 9,2–4.*

41 Daß Isaak ... zurüknehmen konnte] *Gen 27,33–40.*

42 Als Moses ... Lasten] *Ex 5,1f.20–22.*

43 auch machten ... bange machen] *Ex 6–11.*

44 Muthlosigkeit ... zog.] *Ex 14,10–12.*

45 Jos. ... verbittere.] Josephus: Jüdische Alterthümer. *76 (Buch IV, Kap. 4):* [1.] Diese Meuterey blieb nicht lang ersessen, sondern erhebte sich bald hernach hefftiger, als vorhin. Sintemal sie aus solchen Ursachen entstund, daß sichs ansehen ließ, als würde sie lang währen. Dann da die Leute jezt erfahren, daß ohne den Willen und Verhängniß Gottes nichts geschehe, beredten sie sich jezt, Gott thue es Mosi zu Gefallen, daß er so sehr über sie zörne, und er habe die Verunglückte nicht so vast wegen ihren Sünden gestraffet als weil ihn Moses darum angesucht. – *Vgl. Num 16.*

46 Abraham war ein reicher Hirte] *Gen 13,2.6; 14,14.*

47 die Brunnen ... bald wieder] *Zu Abrahams Nomadenleben siehe insbesondere Gen 12–13.*

48 Er zerriß ... Trennung] *Gen 12,1.*

49 die griechischen Kolonisten] *Siehe Anm. 69.*

50 Egypten ... Gerar] *Gen 12,10–20; Gen 20.*

51 keine Kanaaniterin heurathen lassen] *Gen 24,3f.37f.*

52 Ebron] *recte:* Ephron*; siehe Gen 23,8–20.*

53 Isak baute Korn] *Gen 26,12.*

54 Abraham Beschneidung] *Gen 17,10–14.*

55 herrschen über alles] *Hegel bezieht sich auf die Verheißungen, Abraham zu einem großen Volk zu machen; siehe etwa Gen 12,2; 17,8; 22,17.*

56 teuflische Abscheulichkeit ... Sichem] *Gen 34,1–29.*

57 Jakobs Empfindung ... Satansthat] *Gen 34,30; 35,1.*

58 Kenanen und Perissen] *In der heute üblichen Schreibweise:* Kanaanitern und Pheresitern

59 sein Gott ... ziehen] *Gen 35,1.*

60 Isak bei Laban] *Hegel spielt wahrscheinlich darauf an, daß Jakob (so, nicht Isaak) bei Laban jeweils sieben Jahre um dessen Töchter Rachel und Lea gedient hat und scharfe Auseinandersetzungen zwischen Jakob und Laban um das Eigentum an den Herden stattgefunden haben; siehe Gen 29–31.*

61 Abrahams Bastarte ausgeschlossen] *Gen 25,5f.*

62 Jakob und Esau] *Es ist nicht deutlich, ob Hegel hier auf Isaaks Segen für Jakob (Gen 27,23–29) oder auf eine andere Episode anspielt; da es um den Besitz von Gütern geht, könnte er sich auf das Geschenk Jakobs für Esau beziehen; siehe Gen 32,14–21 und 33,9–11.*

63 אל שדי] *lies:* El Schadai; *vgl. Gen 17,1; 28,3; 35,11; 43,14; 48,3; Ex 6,3; Num 24,6 u. ö. – Die übliche Übersetzung ist:* der allmächtige Gott.

64 Nach dem Tode ... Götter.] *Siehe Anm. 125.*

65 die Juden ... hatten] *Von der Verlosung der Gebiete ist mehrfach die Rede; siehe Jos 13,6; 14,2f.; 15–21; 23,4. Die folgende Stellenangabe* 24,13. *bezieht sich jedoch nicht auf die Verlosung, sondern Gott bekräftigt dort, daß er den Stämmen Israels Städte, Weinberge und Ölbäume gegeben habe, die sie nicht selber angelegt haben.*

66 Abraham ... seyn] *Siehe Anm. 46 und 47.*

67 um ... zu werden] *Diese Motive Abrahams werden durch Gen nicht nahegelegt.*

68 Jos. 24,6.] *recte:* Jos. 24,2.

69 Kadmus, Danaus] *Kadmus, Gestalt der griechischen Mythologie: Sohn des phönizischen Königs Agenor. Um seine von Zeus nach Kreta entführte Schwester Europa zu suchen, kam er nach Böotien, gründete dort mit seinen Begleitern mehrere Städte, zum Schluß Cadmea, das spätere Theben; siehe* Ovid: Metamorphosen. *III,1–130. Ihm werden zahlreiche Erfindungen zugeschrieben; u. a. soll er das phönizische Alphabet nach Griechenland gebracht haben. – Danaus, König von Libyen, floh mit seinen fünfzig Töchtern, den Danaiden, vor den Nachstellungen seines Bruders Aigyptos und dessen fünfzig Söhnen nach Rhodos und weiter nach Argos; dort begründete er das Geschlecht der Danaer. Literarisch ist dieser Stoff gestaltet von* Aeschylus: Die Schutzflehenden.

70 Die Haine ... wieder] *Siehe Anm. 46.*

71 Theophanien ... hohen Objekts] *Siehe etwa Gen 12,1–3.7; Gen 15 u. ö.*

72 körperliche Eigenheit] *sc. die Beschneidung; siehe Gen 17,10f.*

73 in Egypten und in Gerar] *Gen 12,10–20 und Gen 20.*

74 gegen die fünf Könige] *Gen 14,9–17.*
75 gutmüthigen Ebron ... Sara] *Gen 23,8–20; recte:* Ephron.
76 Seinen Sohn ... Frau hohlen.] *Gen 24,3f.37f.*
77 geliebten Sohn ... schlachten] *Gen 22.*
78 seinen Sohn Ismael ... stöhrte] *Gen 21,9–16.*
79 So rächten ... Abscheulichkeit] *Gen 34,1–29.*
80 Isaaks] *recte:* Jakobs.
81 Als Joseph ... Eigenthum.] *Gen 47,13–26.*
82 Jakob] *Wohl irrtümlich für* Isaak.
83 Als Moses ... Legitimation] *Siehe insbesondere Ex 4,8f.28–31.*
84 in einigen Künsten ... wurden.] *Ex 7,8–12.*
85 Moses allein ... Gottes] *Ex 6–11, insbesondere 10,27f.; 12,31–33.*
86 die mannichfaltigsten Plagen] *Ex 7–11.*
87 unter allgemeinem Jammergeschrei] *Ex 12,30. – Es wird aus Hegels Formulierung nicht deutlich, daß dies ein Jammergeschrei der Ägypter über ihre Toten war.*
88 Die Juden ... Angriff] *Ex 12,29.*
89 die Israëliten ... Haüsern] *Ex 12,7.13.22f.*
90 die berühmten Diebe ... Marseille] *Die Erzählung von der Pest in Marseille und Toulon ist kurz vor Hegels Niederschrift durch eine Übersetzung in Deutschland verbreitet worden:* Herrn von Antrechau[x]'s *[...]* merkwürdige Nachrichten von der Pest in Toulon welche im Jahr 1721 daselbst gewüthet hat. Mit belehrenden Anmerkungen für die Nachkommenschaft. Aus dem französischen übersetzt von Adolph Freyherrn Knigge. Nebst einer Vorrede von D. Joh. Alb. Heinr. Reimarus. *Hamburg 1794. – Jean d'Antrechaux, der Bürgermeister von Toulon, beschreibt in seinem – im Original 1756 veröffentlichten – ausführlichen Bericht die Ausbreitung der Pest in Südfrankreich, insbesondere in Toulon – mit dem Interesse, bei etwaigen künftigen Fällen besser gerüstet zu sein. In seinem Buch* Verborgene Quellen des Hegelschen Denkens *(2. Auflage. Berlin 1983) sieht Jacques d'Hondt in Antrechaux' Bericht die Quelle für Hegels Rede von den* berühmten Dieben von Marseille. *Die Verbindung zum Auszug der Juden aus Ägypten sieht er darin, daß auch die von den Juden geraubten Gegenstände gleichsam vergiftet seien, weil sie nicht einen Beitrag zur Verwirklichung der Freiheit leisteten, sondern tiefer in die Knechtschaft hineinführten. Doch geht d'Antrechaux nur am Rande (33) auf den Diebstahl ein, daß Seeleute, die sich eines verseuchten Ballens Seide bemächtigen, dadurch ungewollt die Pest weiter ausbreiten und zugleich ihre ersten Opfer werden; er nennt auch die Zeit der Pest eine Zeit für Diebe und Hehler (67). Seine sehr sorgfältige Darstellung bietet jedoch keinen*

Anlaß, das Schlagwort von den berühmten Dieben von Marseille *zu prägen; die Verbreitung der Pest nach Toulon erfolgte auch nicht durch Diebe, sondern durch einen mit einem ›Gesundheitsschein‹ versehenen Reisenden namens Cancelin. Hegel dürfte deshalb eine damals verbreitete, literarisch schwer faßbare Anekdote im Blick haben: Nach einer – auf Grund von Gerichtsakten in Toulouse, die d'Antrechaux aber nicht erwähnt – in unterschiedlichen Variationen verbreiteten Erzählung haben vier (oder auch mehr) Diebe bei der Pestepidemie in den Jahren 1628–1631 Pestopfer ausgeplündert, ohne selber infiziert zu werden. Um nach ihrer Festnahme ihr Leben zu retten, haben sie die Zusammensetzung des sie (angeblich) immunisierenden, täglich einzunehmenden Essigs verraten: Absinthe, Salbei, Minze, Rosmarin, Lavendel, Zimt, Nelken und Knoblauch. Dieses – völlig wirkungslose – Rezept wurde bei der Pest in Marseille im Jahre 1720 öffentlich zur Nachahmung ausgehängt und auch erneut von Dieben angewendet; deshalb knüpft sich an diese Anekdote die Rede von den* Dieben von Marseille. *Bis zum Ende des 19. Jahrhunderts ist dieser Essig unter dem Namen* Vinaigre des 4 voleurs *als Heilmittel anerkannt und gehandelt worden.*

91 Die einzige That … entsprechen.] *Ex 3,21f.; 11,2; 12,35f.*

92 Reue Egypten verlassen zu haben] *Ex 14,10–12; 16,2f.; 17,2f.; Num 11,4f.; 14,2f.; 21,4f.*

93 Der Befreier … Gesezgeber] *Mose als Befreier: Ex 14; als Gesetzgeber: Ex 19–31; 34.*

94 Honig und Milchreichen Landes] *Ex 3,8.*

95 ehe Moses … Zelt hatte] *Siehe insbesondere Ex 39–40.*

96 Feuer und Wolken] *Ex 13,21f.; 14,24; 19,9.16–18; 24,15–18; 40,36–38; Num 9,15; 14,14.*

97 Ein Götterbild … hört nicht] *Dtn 4,28.*

98 Moses gab … Tempels.] *Ex 33,7; 40.*

99 Pompejus mag … fand.] Josephus: Jüdische Alterthümer. *336f. (Buch 14, Kap. 5), über die Eroberung Jerusalems und die Besichtigung des Tempels durch Pompeius: 4. [..|.]* Dißmal wurde der Tempel sehr entheiliget, da doch vor der Zeit niemand hinein gesehen hatte, ich geschweige gekommen war. Dann Pompeius, und viele von seinen Leuten, giengen in den innersten Tempel hinein, und besahen die Dinge, die keinem andern Menschen als allein den Priestern zu sehen erlaubt war. Doch erzeigete er eine grosse Redlichkeit, dann wiewol innwendig im Tempel ein güldener Tisch, der heilige Leuchter, und andere güldene Gefässe, samt einem grossen Hauffen zum Gottesdienst gehörigen Gewürze, deßgleichen im Schatz bey zwey tausend Talente an barem Geld vorhanden war, rührte Pompeius

nichts darvon an, sondern führte sich hierinnen auf, wie seiner Tugend geziemete.

100 die Priester ... aufgedekt] *Hegel verschmilzt hier die vorderasiatische Göttin Kybele mit der ägyptischen Göttin Isis/Neith. Beider Kulte sind auch schon im römischen Reich in einander übergegangen. Die von Hegel zitierte Wendung gilt seinen Zeitgenossen jedoch als Ausspruch der Göttin Isis; siehe* Friedrich Schiller: Die Sendung Moses. *In:* Thalia. *Hrsg. von Schiller. Bd 3, H. 10 (1790), 3–37, hier 17: [...]* auf einer Pyramide zu Sais fand man die uralte merkwürdige Innschrift: »Ich bin alles was ist, was war, und was seyn wird, kein sterblicher Mensch hat meinen Schleyer aufgehoben. *(NA 17. 384). In der Verwendung des Verbs* aufgedekt *stimmt Hegels Formulierung jedoch mit Kant überein; siehe* Kant: Critik der Urtheilskraft. *Berlin und Libau 1790 (KHB 185). 194f. Fußnote:* Vielleicht ist nie etwas Erhabeneres gesagt, oder ein Gedanke erhabener ausgedrückt worden, als in jener Aufschrift | über dem Tempel der Isis (der Mutter Natur): »Ich bin alles was da ist, was da war, und was da seyn wird, und meinen Schleyer hat kein Sterblicher aufgedeckt.« *(AA V. 316 Fußnote) – Siehe ferner* Schiller: Das verschleierte Bild zu Sais. *In:* Die Horen. *Erster Jahrgang (1795) (KHB 988), Bd 3, St. 9, 94–98 (NA 1. 254–256).*

101 ihre Priester ... entmannte] *Die Entmannung der Cybelepriester hängt zusammen mit dem – mit dem Cybele-Kult verbundenen – Attiskult: Attis, der Geliebte der Kybele, wird von ihr, als er eine andere Frau heiraten will, zum Wahnsinn getrieben und entmannt sich selbst. – Eine hiervon abweichende, aber ebenfalls mit Selbstkastration des Attis verbundene Version des Mythos berichtet* Pausanias: Graeciae descriptio. *VII,17.*

102 Als Zeichen ... ausgelöst werden] *Ex 13,11–16; 23,19; 34,19–26; Dtn 26.*

103 Der Körper ... zukommt] *Siehe insbesondere die Reinheitsgebote Lev 12–15.*

104 Was ihm ... wurde.] *Siehe etwa die Vernichtung Jerichos oder Ais, Jos 6,24; 8,28.*

105 Wie das ... abhängen konnte] *Num 18.*

106 Von den Bildern ... entweiht] *Siehe Anm. 21.*

107 Die 3 grossen ... Verfassung] *Ex 23,14–17; 34,18–24; Lev 23; Dtn 16.*

108 charakteristisch ist ... läßt.] *Ex 31,12–17 u. ö.*

109 Die Erscheinungen ... überbringen.] *Ex 20,18f.*

110 sie bekamen ... floß] *Ex 3,8; 13,5; Lev 20,24; Num 13,27; Dtn 11,9.*

111 ihre Gräber ehrten] *Dies läßt sich der Nachricht entnehmen, daß nicht allein Abraham (Gen 25,9f.), sondern auch noch Jakob in derselben Höhle wie Sarah begraben wurden; siehe Gen 47,30; 42,29f. und 50,12.*

112 die alten Einwohner ... vertilgen] *Siehe Ex 17,14; 23,20–33; Num 33,50–52; Dtn 7,1–3.16; 9,1–3; 20,16–18; 31,3; Jos 6,17.21; 8,1–29 u. ö.*

113 die Israeliten ... leben] *Siehe insbesondere Jos 9,16–27.*

114 Diejenigen, die ... werden.] *Siehe Anm. 7.*

115 Vom Kriegsdienste ... hatten] *Dtn 20,5–7.*

116 Moses versiegelt ... Glüks] *Dtn 28.*

117 Mendelssohn ... geboten seyen] Moses Mendelssohn: Jerusalem oder über religiöse Macht und Judentum. *Berlin 1783. II. 31:* Um es mit einem Worte zu sagen: ich glaube, das Judentum wisse von keiner geoffenbarten Religion, in dem Verstande, in welchem dieses von den Christen genommen wird. Die Israeliten haben göttliche Gesetzgebung, Gesetze, Gebote, Befehle, Lebensregeln, Unterricht vom Willen Gottes, wie sie sich zu verhalten haben, um zur zeitlichen und ewigen Glückseligkeit zu gelangen; dergleichen Sätze und Vorschriften sind ihnen durch Mosen auf eine wunderbare und übernatürliche Weise geoffenbart worden; aber keine Lehrmeinungen keine Heilswahrheiten, keine allgemeine Vernunftsätze. Diese offenbaret der Ewige uns, wie allen übrigen Menschen, allezeit durch Natur und Sache, nie durch Wort und Schriftzeichen.

118 Daß ein Gott ... Staatsgeseze] *Ex 20,2f.; Dtn 5,6f.*

119 Solon und Lykurg] *Zu Lykurg siehe* Plutarch: Vitae parallelae. Lycurgus. *8–10, sowie Anm. 29. – Ebd. Solon. 5. 13–16.*

120 Ebenso war ... zurückkehren] *Siehe insbesondere Lev 25,8–17.39–41.54.*

121 Wer aus ... empfangenem ab.] *Num 27,1–11.*

122 auf den Fall ... Befehle] *Dtn 17,14–20.*

123 einzigen unbefohlnen Schlag] *Ex 2,11f.*

124 eines Adlers ... aufschlug] *Hegel spielt hier wohl auf eine Fabel an, die jedoch nicht nachgewiesen werden konnte.*

125 Auf Mosis Tod ... erschien.] *Hegel bezieht sich hier auf die sogenannte Zeit der Richter, vor der Einführung des Königtums, die nach der Überlieferung durch den beständigen Wechsel von Abfall und Rückkehr zu dem Gott Israels geprägt war; siehe Ri 2,10–19 u. ö. Als Begründung für den Dienst an den fremden Göttern, d. h. für den Baalskult, wird – neben der Vermischung mit den Einwohnern Kanaans – mehrfach genannt, daß eine neue Generation herangewachsen sei, die von den großen Taten Gottes an Israel nichts mehr gewußt habe; neben der eben genannten Textstelle siehe Ri 8,34 u. ö. Israel war damals etwa achtzehn Jahre lang den Moabitern, sieben Jahre lang den Midianitern und vierzig Jahre den Philistern unterworfen; siehe Ri 3,14; 6,1; 13,1.*

126 El Schadai] *Siehe Anm. 63.*

127 5. B. M. 14,19.20.] *recte: Dtn 4,19f.*

128 odium generis humani] *Des* odium generis humani, *des Hasses gegen das Menschengeschlecht, wurden nach* Tacitus: Annales. *XV,44,4, die Christen zur Zeit ihrer Verfolgung durch Nero überführt.*

129 Als die Juden ... einführten] *Zu Mosis Offenheit gegenüber der Institution des Königtums siehe Dtn 17,14–20; zu Samuels Ablehnung siehe 1 Sam 8,6–18.*

130 Glanzzes der Salomonischen Regierung] *Salomos Reichtum und Weisheit werden mehrfach hervorgehoben; siehe etwa 1 Kön 10,23. Das Drückende seines Glanzes sieht Hegel wohl in Zusammenhang mit Salomos Bautätigkeit: dem Bau des Königspalastes und des Tempels, 1 Kön 5–7.*

131 vollends zu Boden getretten] *Siehe Anm. 34.*

132 Sadducäer] *Siehe Anm. 36.*

133 Essener] *Siehe Anm. 36.*

134 Feyer des Sabbaths zu übertreten] *Zur Heiligung des Sabbaths siehe Ex 31,12–17, zur Übertretung siehe Num 15,32–36; zur Übertretung im Kampf siehe etwa Jos 6,15. Anders als der Abfall von Gott spielt jedoch die Verletzung der Sabbathheiligung keine bedeutende Rolle in den alttestamentlichen Texten.*

135 Zerstöhrung] *Siehe Anm. 34.*

136 Schiksal Makbeths] *Siehe Anm. 227.*

137 Pflanze hat Salz- und Erdtheile] *Die Quelle dieser Aussage konnte nicht nachgewiesen werden.*

138 die Liebe ... die Furcht] *Vgl. Cant 8,6:* Denn die Liebe ist stark wie der Tod, und ihr Eifer ist fest wie die Hölle. *sowie 1 Joh 4,18:* Furcht ist nicht in der Liebe, sondern die völlige Liebe treibt die Furcht aus; denn die Furcht hat Pein. Wer sich aber fürchtet, der ist nicht völlig in der Liebe.

139 Julia in Romeo] William Shakespeare: Romeo und Julia. *In:* Wilhelm Shakespears Schauspiele. *Neue verbesserte Auflage. Bd 9. Mannheim 1779. 285 (2. Akt, 2. Aufzug; Julie):* Meine Zärtlichkeit ist so gränzenlos, als die See; meine Liebe so tief, wie sie; je mehr ich dir gebe, desto mehr hab' ich; denn beyde sind unerschöpflich –

140 Euer Gott ... unser Gott] *Hegel scheint hier – unabhängig von einer literarischen Quelle – das Verhalten der Griechen wie auch anderer polytheistischer Völker prägnant zu formulieren.*

141 Haß des ganzen menschlichen Geschlechts] *Siehe Anm. 128.*

142 »Der eingeweihte ... opfern.«] Plato: Phaedrus. *251 a; siehe* Platonis philosophi quae exstant Graece ad editionem Henrici Stephani accurate expressa cum Marsilii Ficini interpretatione accedit varietas lectionis studiis societatis Bipontinae. *Vol. 10. Biponti 1787. 330.*

143 Anmaaßungen der höheren Officialen] *Unter diesen* höheren Officialen *sind die* Consulenten und Advocaten *der Ausschüsse gemeint; siehe Anm. 146.*

144 Landschaft] Landschaft *war der in Württemberg übliche Name für den Landtag.*

145 Ausschuß] *In Württemberg stand der Ständische Ausschuß seit dem Erbvergleich von 1770 dem Herzog als ein Machtfaktor gegenüber, der jedoch auf Grund der mehrfach eigennützigen Tätigkeit der* Consulenten und Advocaten *seine kritische Kontrollfunktion nicht in der gebotenen Weise wahrnehmen konnte. Auf dem Landtag von 1797 wurde der früher amtierende Engere Ausschuß abgelöst; an seiner Stelle wurden zwei neue Ausschüsse unter neuen Bedingungen berufen.*

146 Consulenten und Advocaten] *Es handelt sich hierbei um höhere Beamte, die für die Ausschüsse – und oftmals an ihnen vorbei – die Tagesgeschäfte vorbereiteten und abwickelten. Als ein Beispiel für die Mißwirtschaft der Consulenten wird Hegel Amandus Stockmayer d. Ä. vor Augen gestanden haben, der sich der Bestechung durch den Herzog schuldig gemacht hatte; ebenso bestechlich waren allerdings auch die Magistrate.*

147 Operationen der geheimen Truhe] *Hier handelt es sich anscheinend um eine unmittelbar der Verfügungsgewalt des Herzogs unterstehende Finanzierungsquelle.*

148 Mit dem Landtage] *Herzog Friedrich Eugen (1732–1797) hatte den Württembergischen Landtag – zum ersten Mal seit 1770 – zum 22. September 1796 einberufen, insbesondere um neue Steuern erheben zu können, um die von Frankreich geforderte Kriegsentschädigung in Höhe von 4 Millionen Gulden und Naturalabgaben aufbringen zu können. Das Zusammentreten des Landtags verschob sich jedoch wegen der Kriegsereignisse bis zum 17. März 1797.*

149 Parlamentsrede von Fox] *Rudolf Hayms Bericht ist weder inhaltlich noch zeitlich ausreichend präzise, um die von Hegel zitierte Rede des englischen Staatsmannes Charles James Fox (1749–1806) mit Gewißheit zu identifizieren. Es ist jedoch zu vermuten, daß Hegel sich auf Fox' ausführliche Rede vor dem Unterhaus vom 26. Mai 1797 bezieht; siehe* Mr. Grey's Motion for a Reform in Parliament. *In:* The Speeches of the Right Honourable Charles James Fox, in the House of Commons. *In six volumes. Vol. VI. London 1815. 339–370 (Fox: 340–370). Durch welche Zeitung diese Rede oder ein Ausschnitt aus ihr Hegel bekannt geworden ist, läßt sich nicht mehr ermitteln.*

150 ex providentia majorum] *Es handelt sich hier nicht um einen spezifisch rousseauistischen Ausdruck, sondern um einen staatsrechtlichen*

Begriff, der sich bereits weit früher nachweisen läßt; siehe etwa De providentia maiorum *[...]* disputabit Christian Gottfried Lange. *Ienae 1693 u. ö.*

151 Die aüssere Unabhängigkeit ... Könige] *Diese Abhängigkeit der jüdischen Könige von Rom bestand bereits seit Herodes dem Großen, der unter dem 2. Triumvirat (43–32 v. Chr.; Octavian, Marcus Antonius und Marcus Aemilius Lepidus) zum König von Jerusalem ernannt worden ist, bis hin zum Untergang des jüdischen Staates im Jahre 71 n. Chr.*

152 Johannes ... war] *Joh 2,25.*

153 In der Bergpredigt ... seyn] *Siehe etwa Mt 5,21f.23f.31f.33–37; Mt 6,1–8. 14–18.*

154 Triebfeder, Achtung] Kant: Critik der praktischen Vernunft. *147f. (AA V. 82f.).*

155 Montesquieu ... in Mars[eille]] *Hegel spielt auf eine damals bekannte Anekdote an: Montesquieu stellt anonym Geld zur Verfügung, um den von Seeräubern festgehaltenen Marseiller Kaufmann Robert freizukaufen. Als er erkannt wird, entzieht er sich dem Dank, der ihm in einer unterwürfigen und somit unfreien Weise dargebracht wird. – Diese Anekdote ist damals auch in Deutschland mehrfach literarisch gestaltet worden: zunächst durch* [Louis Sébastien] Mercier: Montesquieu à Marseille. Piece en trois actes. *Lausanne et Neuchatel 1784 [u. ö.], wenig später durch* Wolfgang Heribert von Dalberg: Montesquieu, oder die unbekannte Wohltat. Ein Schauspiel in drey Handlungen, für die Mannheimer National Schaubühne. *Mannheim 1787 u. ö. Es ist nicht zu ermitteln, welche von beiden Quellen Hegel bekannt gewesen ist; vielleicht ist ihm die Anekdote auch aus der Rezension in der* Allgemeinen Literatur-Zeitung *127 (26. April 1789), 204–206, vertraut gewesen.*

156 Steuer ... (σκανδαλιζειν)] *Mt 17,25–27.*

157 die Liebe ... Ehe] *Mt 19,1–9.*

158 24 Kap.] *Mt 24 handelt von der Zerstörung Jerusalems und der Wiederkunft Jesu am Ende der Welt.*

159 Im Johannes ... Oberhaupt] *Siehe etwa Joh 7,37f.; 8,12.18; 10,27–30; 11,25; 13,34f.; 14,6.*

160 Weinstok und seine Reben] *Joh 15,5.*

161 Messias; ein MenschenSohn] *Mt 26,63f.*

162 Sünden vergeben (ἀφειναι)] *Siehe etwa Mt 9,2 und Lk 7,48.*

163 wenn ihr ... vergeben] *Mt 6,14.*

164 Richtet nicht ... werdet] *Mt 7,1.*

165 dir sind ... vergeben] *Lk 7,48.*

166 Vollmacht ... zu lösen] *Mt 16,19.*

167 v. 33. dem ... Gewalt ist] *Mt 5,33–36.*

168 v. 25ss. Seyd unbekümmert ... Noth] *Mt 6,25–34.*

169 cap 18] *Mt 18,3.*

170 nur der ... Bahrdt] *Mt 19,12. – Unter den einschlägigen Passagen der zahlreichen Schriften Bahrdts kommt die folgende dem Résumé Hegels am nächsten:* Carl Friedrich Bahrdt: Die sämtlichen Reden Jesu, aus den Evangelisten ausgezogen und in Ordnung gestellt zur Uebersicht des Lehrgebäudes Jesu. *2 Bde. Berlin 1786–1787. – Bd 1. 204f.: Bahrdt fingiert einen Dialog zwischen Jesus und Thomas und läßt Jesus – nach Erläuterung der Vorteile wie auch der Problematik der Ehelosigkeit – resümieren:* Also – läßt sich darüber weiter nichts sagen. Wer die Gabe der Enthaltsamkeit | hat, der bleibe ledig. Wer sie aber nicht hat, der unternehme auch die Gefahr, die damit verbunden ist. Die Sittenlehre kan hier nichts algemeines vestsezen. Man muß es des Menschen eigner Ueberlegung überlassen, ob er heirathen will oder nicht. Beides hat seine Vortheile: beides seine Lasten.

171 Luc. 7,37. ... geliebt hat.] *Lk 7,37–47.*

172 das Reich Gottes sey da] *Mt 4,17.*

173 zum Jüngling ... eingehe] *Mt 19,21–24.*

174 andre Gerechtigkeit ... Tugenden] *Mt 5,6–9.*

175 von der Welt verfolgt] *Mt 5,10.*

176 Materie der Geseze ... Erfüllung] *Mt 5,17–19.*

177 Matth. 12,31ss.] *recte: Mt 12,32.*

178 Wer den Menschen ... erlangen] *Mt 12,31f.*

179 τη βασιλεια των ὀυρανων] *Mt 18,1.*

180 sezt Plato ... Himmlischen] Plato: Phaedrus. *246a–251a.*

181 Engel, die ... leben] *Mt 18,10.*

182 ὁ ὑιος ... το ἀπολωλος] *Mt 18,11.*

183 was ihr ... gebunden] *Mt 18,18.*

184 Ausschikung ... zurük] *Mt 10,1–15.*

185 Haß der Welt, Verfolgung] *Mt 10,22f.*

186 seid nicht ... wollt.] *Mt 10,27.*

187 Furchtlosigkeit ... bringen wird.] *Mt 10,28.*

188 v. 55. ὀυχ ὀυτος ἐστιν ... ἀυτου.] *Mt 13,55–57.*

189 äsopischen Fabeln] *Siehe etwa* ΑΙΣΩΠΟΥ ΜΥΘΟΙ. Fabulae Aesopicae graecae quae Maximo Planudi tribuuntur ad veterum librorum fidem emendatas Ioannis Hudsonis suisque adnotationibus illustratas atque indice verborum locupletissimo instructas edidit Io. Michael Heusinger editio auctior et emendatior curavit et praefatus est Christ. Adolph. Klotzius. *Eisenach und Leipzig 1776.*

190 Matth. 12. ... Ärgernis] *Mt 12,1.*

191 David … gegriffen] *1 Sam 21,4–7.*

192 er führt … Geschäfte an] *Mt 12,5.*

193 Am gleichen Tage … Hülfe] *Mt 12,10f.*

194 Dem Gebrauch … Gebotnes.] *Mt 15,2–9.*

195 zwischen dem … Puritaner] *Siehe* Immanuel Kant: Die Religion innerhalb der Grenzen der bloßen Vernunft. *Königsberg 1793 (KHB 187). 4. St., § 3. 254 (AA VI. 176).*

196 aus Achtung … handeln] *Siehe* Kant: Critik der praktischen Vernunft. *126–144 (AA V. 71–81).*

197 Meinet nicht … Nächsten] *Mt 5,17.*

198 euer Wort sey] *Abgekürzt für Mt 5,37:* Euer Wort sei Ja, ja, nein, nein. Was darüber ist, ist von Übel.

199 ich sage … widerstehen] *Mt 5,39.*

200 so hatte Kant … befiehlt] Kant: Critik der praktischen Vernunft. *147f. (AA V. 83).*

201 Liebe Gott … dich selbst] *Mt 22,37.39.*

202 seine Bemerkung … hinweg] Kant: Critik der praktischen Vernunft. *147f. (AA V. 83).*

203 ein andres Recht und Licht] *Mt 5,20–22.14–16.*

204 Auflösung der Geseze … erfüllt werden] *Mt 5,17.*

205 das πληρωμα des Gesezes] *Röm 13,10.*

206 complement der Möglichkeit] Christianus Wolfius: Philosophia prima, sive ontologia, methodo scientifica pertractata, qua omnis cognitionis humanæ principia continentur. *Editio nova priori emendatior. Francofurti et Lipsiae 1736. 143 (§ 174):* Hinc Existentiam definio per complementum possibilitatis *[…].*

207 das Kant … nennt] Kant: Critik der praktischen Vernunft. *133 (AA V. 75), 140 (AA V. 78f.).*

208 du sollt nicht tödten] *Mt 5,21f.*

209 einen Schurken … einen Narren] *Mt 5,22.*

210 Ebenso stellt … aufhebt] *Mt 5,27f.31f.*

211 (das πληρωμα) des Gesezes] *Röm 13,10.*

212 wenn das Weib … zugewandt hat] *Mt 5,32.*

213 Σκληροις καρδιᾳ] *Mt 19,8:* σκληροκαρδία.

214 Wenn die Juden … schwuren] *Mt 5,33–36.*

215 Aug um … Zahn] *Mt 5,38.*

216 Jesus fodert … Liebe] *Mt 5,39–46.*

217 thut es … werden] *Mt 6,5f.*

218 Linke Hand … Rechte thut] *Mt 6,3.*

219 Matth. 19,15.] *recte: Mt 9,15.*

220 Zweyherrendienst] *Mt 6,24.*

221 »Thor! … reich ist.«] *Lk 12,20f.*

222 »Wie sie … Baüme.«] *Lk 3,8f.; Mt 3,11f.*

223 wer zwei Rökke … leben] *Lk 3,11–14.*

224 die Wurfschaufel … Geist] *Mt 3,11f.*

225 »richtet nicht … werden.«] *Mt 7,1f.*

226 Splitter aus dem Auge zu ziehen] *Mt 7,3–5.*

227 wie Banquo … böser Geist.] *Siehe* William Shakespeare: Macbeth. *In:* William Shakespear's Schauspiele. Neue Ausgabe. Von Joh. Joach. Eschenburg, *[…]. Bd 5. Zürich 1776. 287–400. – Banquo tritt im 1. Aufzug, 3. Auftritt (295), als yFreund Macbeths auf; im 3. Aufzug, 3. Auftritt (344), wird er auf Geheiß Macbeths ermordet; im anschließenden 4. Auftritt (346f.) setzt Banquos Geist sich beim Festmahl auf Macbeths Platz.*

228 so verlangte … verlassen] *Lk 14,26; vgl. Mt 10,37.*

229 Wer dir … Mantel] *Mt 5,40.*

230 wenn Ein Glied … haue es ab] *Mt 18,8f.*

231 Wer aber … verlieren.] *Mt 10,39.*

232 richtet nicht … gemessen] *Mt 7,1f.*

233 dir sind … vergeben] *Lk 7,48.*

234 deine Sünden sind dir vergeben] *Lk 7,48.*

235 Petrus Jesum … los seyn] *Mt 16,16–19.*

236 Luc. 7. Matth. 28.] *recte: Lk 7,36–50, Mt 26,6–13.*

237 Der rechtschaffene Simon … einlasse] *Lk 7,39.*

238 ihr sind … wenig geliebt] *Lk 7,47.*

239 das Wasser … können] *Mt 26,8f.*

240 ein schönes Werk] *Mt 26,10.*

241 »Sie hat … gesalbt.«] *Mt 26,12.*

242 »Ihr sind … gerettet.«] *Lk 7,47.50.*

243 ein neu Gebot … seyd] *Joh 13,34f.*

244 Jesus brach … Gedächtnis!] *Lk 22,19f.*

245 er zerbrach … Sünden] *Mt 26,26f.*

246 von diesem Gewächse … trinken werde] *Mt 26,29.*

247 wer mein … trinkt] *Joh 6,56.*

248 Kummer wegen … Meisters] *Lk 22,45.*

249 Unter den Evangelisten … Göttlichen] *Siehe insbesondere die häufig wiederkehrende Rede von Gott als dem Vater, etwa Joh 5,17–27.*

250 in das Himmelreich hineingehen] *Siehe etwa Mt 7,21; 19,23.*

251 ich bin die Thüre] *Joh 10,9.*

252 ich bin … Fleisch ißt] *Joh 6,53–56.*

253 nicht seine That … vom Vater gegeben] *Siehe etwa Joh 12,49.*

254 Sohn des Gottes] *Zu* Sohn des Gottes *siehe etwa Mt 16,16; zur Selbstbezeichnung Jesu als* Sohn des Menschen *siehe etwa Mt 11,19 oder Lk 9,56.58.*

255 als Petrus ... geoffenbahrt] *Mt 16,17.*

256 Im Anfang ... Leben.] *Joh 1,1.4.*

257 ἐν ἀυτῳ ... ὁ γεγονεν] *Hegel spielt an auf die seit Augustin bestehende, häufig erwähnte Differenz in der Interpunktion von Joh 1,3. Wird der Vers 1,3* καὶ χωρὶς αὐτοῦ ἐγένετο οὐδὲ ἓν ὁ γέγονεν. *gelesen, so ist das am Satzanfang von 1,4 folgende* ἐν ἀυτῳ *auf* ζωὴ *zu beziehen und zu lesen:* ἐν ἀυτῳ ζωὴ ἦν. *Wird der Punkt hingegen hinter* ἓν *gesetzt, ist zu Beginn von 1,4 zu lesen:* ὁ γέγονεν ἐν ἀυτῳ ζωὴ ἦν. *Diese Frage gilt heute als zu Gunsten der ersten Lesung entschieden. Hierdurch erklärt sich jedoch nicht, weshalb Hegel* auf das nächste οὐ δε ἐν ὁ γέγονεν *schreibt, statt:* auf das vorausgehende.

258 Leben (ζωη) ... Wahrheit] *Joh 1,4f.*

259 Der Taüfer ... von ihm] *Joh 1,8.*

260 κοσμος ... φωτιζομενος] *Joh 1,9f.*

261 ἰδιον] *Joh 1,11.*

262 ὀνομα] *Joh 1,12.*

263 Sohn Gottes ... des Menschen] *Siehe Anm. 254.*

264 ἀνθρ. ἐρχ. ἐις τ. κοσμ.] *sc.* ἀνθρωπον ἐρχομενον ἐις τον κοσμον; *Joh 1,9.*

265 wie die Araber ... bezeichnen] *Die Beni Koresch sind ein im heutigen Oberägypten lebender arabischer Stamm. Die Quelle für Hegels Kenntnis dieses Namens ist nicht bekannt; in seinen* Vorlesungen über die Philosophie der Religion *nennt er im vergleichbaren Zusammenhang den Stamm* Ababda*; siehe GW 17. 262,3.*

266 Primat der praktischen Vernunft] Kant: Critik der praktischen Vernunft. *215–219 (AA V. 119–121):* Von dem Primat der reinen praktischen Vernunft in ihrer Verbindung mit der speculativen.

267 Gott, der ... selbst habe] *Joh 5,26.*

268 er und der Vater eins] *Joh 10,30.*

269 er sey ... herabgestiegen] *Joh 6,35.38.50.*

270 σκληροι λογοι] *Joh 6,60:* σκληρος λογος.

271 Sohn des Menschen] *Siehe Anm. 254.*

272 ὑιος ἀνθρ] *sc.* ὑιος ἀνθρωπου.

273 V. 22.] *Joh 5,22.*

274 Macht zu binden und zu lösen] *Mt 16,19.*

275 der Vater ... im Vater] *Joh 14,11.*

276 wer mich ... Vater gesehen] *Joh 14,9.*

277 ich und der Vater sind [eins]] *Joh 10,30.*

278 klagten ihn … Gotteslästerung an] *Joh 10,31.*

279 den Nazareer, den ZimmermannsSohn] *Mt 13,55.*

280 Brokken, die … fallen] *Lk 16,19–21.*

281 »Gott ist … anbeten.«] *Joh 4,24.*

282 Als Jesus … geoffenbahrt.] *Mt 16,13–17.*

283 Petrus, zum … Himmels] *Mt 16,18f.*

284 Nun erst … Geistes ist.] *Mt 16,21–23.*

285 Weinstok, sie die Ranken] *Joh 15,1–8.*

286 Ich bin … glaubt] *Joh 14,6.*

287 Matth 18,1ss. … ersaüft würde] *Mt 18,2–6.*

288 19,3.] *recte: Mt 19,13–15.*

289 Sehet zu … Himmel.] *Mt 18,10.*

290 trennt Plato … dieselben seyn.] *Siehe* Plato: Phaedrus. *246a–251a.*

291 was ihr … im Himmel frei] *Mt 18,18.*

292 v. 19.] *sc. Mt 18,19.*

293 Joh. 19,5] *recte: Mt 19,5.*

294 die zwei … nicht trennen] *Mt 19,5f.*

295 Erschrekken des Petrus] *Mt 16,22.*

296 μαθητευσατε βαπτιζοντες] *sc.* μαθητευσατε παντα τα ἐθνη, βαπτιζοντες ἀυτους ἐις το ὀνομα του πατρος και του ὑιου και του ἁγιου πνευματος; *Mt 28,19.*

297 Mir ist gegeben … auf Erden] *Mt 28,18.*

298 Es ist mir … der Welt.] *Mt 28,18–20.*

299 eine Verkündigung … angekleidet seyen] *Lk 24,48f.*

300 In Markus … ächt wäre] *Siehe etwa* Johann David Michaelis: Anmerkungen für Ungelehrte, zu seiner Uebersetzung des Neuen Testaments. Erster Theil, Anmerkungen zu Matthäus, Marcus und Lucas. *Göttingen 1790. 352f., zu Mk 16:* V. 9–20. Diese Verse, die in den ersten Jahrhunderten in so vielen Handschriften mangelten, oder als verdächtig bemerkt wurden, habe ich klein drucken lassen. Wer wissen will, was wider oder für sie ist, wird es in der Auferstehungsgeschichte S. 179–186. und der Einleitung in die Schriften des neuen Bundes, S. 1059. 1060. der vierten Aus|gabe finden: zu dem was wider sie ist, ist seit dem noch etwas mehr hinzugekommen. Sie sind also sehr zweifelhaft. So viel folget hieraus offenbar, daß wir auf sie keine Glaubenslehren gründen sollen, (z.E. würden, wie doch nicht ist, man aber häuffig geglaubt hat, V. 16. alle Heiden, die nichts vom Evangelio gehört haben, verdammt, so wären wir wol nicht schuldig, diese schreckliche manchen so anstössig gewesene Lehre anzunehmen) aber auch, daß aus ihnen, ihren etwanigen Widersprüchen gegen die übrigen Evangelisten,

oder aus dem unglaublichen, was man in ihnen zu finden glaubt, keine Einwürfe gegen die christliche Religion und Wahrheit der Auferstehungsgeschichte mit Recht gemacht werden können. – *354: [...]* daß ich an der Aechtheit der gantzen zwölf klein gedruckten Veerse *[!]* sehr zweifele, ist schon oben gesagt.

301 Verkündet ... verurtheilt werden] *Mk 16,15–16.*

302 von wunderbaren Beherrschungen ... vermögen werden] *Mk 16,17f.*

303 ein neu Gebot ... Jünger seyd] *Joh 13,34f.*

304 Die Freunde Jesu ... der Weiber] *Act 2,42–47; 4,32–37. – Für die von Hegel erwähnten Vorwürfe der Gegner ist allein schon der Umstand ausreichend, daß – entgegen der damaligen Lebensform – Frauen sowohl in der überwiegend von Männern gebildeten Gesellschaft Jesu verkehrten als auch am Leben der urchristlichen Gemeinde teilnahmen.*

305 Pellew Ins. Vorr Forster!] Neuere Geschichte der See- und Landreisen. *Bd 1:* Nachrichten von den Pelew-Inseln in der Westgegend des stillen Oceans. Aus den Tagebüchern und mündlichen Nachrichten des Capitains Heinrich Wilson, und einiger Officiere, welche daselbst mit ihm im August 1783 in der Antelope, einem Postschif der englischen ostindischen Compagnie, Schiffbruch litten, zusammengetragen von Herrn Georg Keate, *[...]* und aus dem Englischen übersetzt von D. Georg Forster. *Hamburg 1789. Das Buch enthält eine* Vorrede *des Verfassers, Georg Keates ([XI]–XXVIII), sowie eine* Vorrede des Uebersetzers, *also Georg Forsters (XXIX–XLVIII). Hegel bezieht sich zwar ausdrücklich auf die* Vorrede *von Forster, doch könnte es sich hier um eine Verwechslung handeln, da sein Thema, das Erschaffen von Feindschaften, um das Bewußtsein des eigenen Glücks zu erhöhen, besonders gut zu dem folgenden Passus von Keate paßt; siehe XVIIIf.:* Im Jahr 1721 ward wieder ein Canoe mit vier und zwanzig Einwohnern der neuen Karolinen nach Guahan, einer von den Mariannen oder Diebsinseln verschlagen, wie der Brief des P. Johann Anton Cantova, von Agadna im März 1722 datirt, solches bezeigt. Diese Fremdlinge hielten sich daselbst eine geraume Zeit auf, und P. Cantova sagt, er habe sich Mühe gegeben, ihre Sprache zu erlernen, um genauere Nachrichten von ihrem Lande einzuziehen. *[Fußnote]* In der That enthält auch sein Bericht ausführlichere Nachrichten, als alle vorhergehenden. Der ganze Archipelagus soll, nach der Aussage der Insulaner, aus fünf Provinzen bestehen, wovon die Pelew-Jnseln die fünfte ausmachen. Jedoch hatten die Fremdlinge, von denen er diese Eintheilung erfuhr, kein Verkehr mit den Eingebohrnen dieser Provinz, welche nach | ihrem Zeugnisse, »unmenschlich und wild seyn sollen; Männer und Weiber sollen daselbst ganz nackend gehen, und Menschenfleisch essen; die Einwohner der Karolinen verabscheuen

sie daher als Feinde des Menschengeschlechts, mit denen es gefahrlich sey, in Gemeinschaft zu treten.« Dies ist die einzige Stelle, wo ich die Einwohner der Pelew-Inseln erwähnt finde. Das Bild, welches darin von der Lebensart der Wilden entworfen wird, ist wirklich schauderhaft. Allein, man sieht wohl, daß die Einwohner der Karolinen weiter nichts von den Pelewanern wußten, als daß sie in geraumer Entfernung vorhanden wären. Vielleicht war die Vorstellung, die sie sich von ihnen, als von Canibalen, machten, Schuld daran, daß sie kein Verkehr mit ihnen hatten *[Fußnote]. – Aus Forsters* Vorrede des Uebersetzers *wäre allein seine Beobachtung einschlägig, daß die Insulaner gegen die Fremden freundlichere Gesinnungen zeigten als gegen ihre Verwandten; siehe XXXIV:* Also dürfen überall die wechselseitigen Beziehungen zwischen Menschen und Menschen sich nicht über einen gewißen Punkt hinaus vervielfältigen, wenn das Wohlwollen ungehindert wirken und sie in einem liebenswürdigen Lichte zeigen soll. Dieselbe Eigenliebe, die zuerst so heftig anzieht, um sich im andern zu geniessen, stößt bald nachher den allzunahen Gegenstand zurück, der nur noch fordern, und nicht wieder geben kann.

306 Gemeinschaftlich ... zu machen] *Act 8,5–40; Act 14–20.*

307 ändert euch ... ist nahe] *Mt 4,17.*

308 er schikte ... umher] *Mt 10.*

309 steigende Erbitterung ... Führer des Volks] *Siehe etwa Mt 11,20–24; 23,33.*

310 Gebt dem Kaiser ... brachten] *Mt 22,17–21.*

311 als es ... bezahlen] *Mt 17,24–27.*

312 Das Reich Gottes ... Welt] *Joh 18,36.*

313 isolirte sich Jesus ... Verwandten] *Mt 12,46–50.*

314 wer Vater ... nicht würdig.] *Mt 10,37.*

315 ich kam ... Schwieger] *Mt 10,34f.*

316 der Waizen ... zertreten] *Mt 13,24–29.*

317 Aufhebung ... gemeinschaftliche Mahle] *Act 2,42–47; 4,32–37.*

318 Herkules durch den Holzstoß] *Dieser Mythos vom Tode des Herkules ist von Sophokles in der Tragödie* Die Trachinierinnen *gestaltet worden; siehe insbesondere Verse 1191–1264.*

319 Zwar umgeben ... beschäftigt] *Siehe insbesondere Lk 2,9–14.*

320 er selbst ... verklärt] *Mt 17,1f.*

321 Auferstehung des Leibes] *Siehe insbesondere 1 Kor 15.*

322 Johannes sagt ... erkannten] *Joh 12,16.*

323 Noachische Fluth] *Gen 7.*

324 keine Wasserfluth mehr] *Gen 8,21f.*

325 das Gebot ... sanktionirte] *Gen 9,2–6.*

326 »ein tollkühner ... Herrschaft«] *Siehe Anm. 37.*

327 (nach einer ... gebaut haben)] *Siehe Anm. 39.*

328 Deukalion und Pyrrha] Ovid: Metamorphosen. *I, 313–415.*

329 der Sohn ... Akker verschafte] *Dieses Verhältnis läßt sich bereits aus den Erzählungen über Abraham, Isaak und Jakob erkennen; siehe Gen 25,11 und 35,27–29.*

330 der Sohn ... erfahren] *Siehe etwa Dtn 21,18–21: Ein eigenwilliger und ungehorsamer Sohn soll gesteinigt werden.*

331 starb ihr Mann ... nehmen.] *Dtn 25,5f.*

332 unfläthigen Geseze ... saüischen Gebraüche] *Dtn 22,13–19.*

333 der Bauer ... bekennt] *Die Quelle für diese Aussage Hegels konnte nicht nachgewiesen werden.*

334 wie oben] *Wegen des fragmentarischen Zustands des Manuskripts fehlt für diesen Rückverweis die Bezugstelle.*

335 den aller Himmel ... Schooß] *Hegel zitiert die beiden ersten Verse der dritten Strophe des von Martin Luther stammenden Kirchenliedes* Gelobet seist du, Jesu Christ, *das 1524 im* Erfurter Enchiridion *unter dem Titel* Eyn deutsch hymnus oder Lobsang. *erschienen ist. Bereits dort lauten sie jedoch:* Den aller welt kreyss nye beschlos / der ligt yn Maria schoss. – *Siehe* Eyn Enchiridion oder Handbüchlein. eynem ytzlichen Christen fast nutzlich bey sich zu haben / zur stetter vbung vnd trachtung geystlicher gesenge vnd Psalmen / Rechtschaffen vnd kunstlich verteutscht. *[Erfurt] 1524.*

336 als reines Ich ... zu sezen.] *Vgl.* Johann Gottlieb Fichte: Appellation an das Publikum über die durch ein Kurf. Sächs. Confiscationsrescript ihm beigemessenen atheistischen Aeußerungen. Eine Schrift, die man erst zu lesen bittet, ehe man sie confiscirt. *Jena und Leipzig, Tübingen 1799, 109 (GA I,5. 451,16–26):* Ihr sollt euch nur zum Bewußtseyn eures reinen sittlichen Charakters erheben; und *[...]* ihr werdet finden, wer Ihr selbst seyd; und werdet finden, daß dieser Erdball mit allen den Herrlichkeiten, welcher zu bedürfen ihr in kindischer Einfalt wähntet, daß diese Sonne, und die tausendmahltausend Sonnen, die sie umgeben, daß alle die Erden, die ihr um jede der tausendmahltausend Sonnen ahnet, und die in keine Zahl zu fassenden Gegenstände alle, die ihr auf jedem dieser Weltkörper ahnet, wie ihr auf eurer Erde sie findet, daß dieses ganze unermeßliche All, vor dessen bloßem Gedanken eure sinnliche Seele bebt, und in ihren Grundfesten erzittert – daß es nichts ist, als in sterbliche Augen ein matter Abglanz eures eignen in euch verschloßnen und in alle Ewigkeiten hinaus zu entwickelnden ewigen Daseyns. – *110–112 (GA I,5. 452,3–23):* Du *[sc. das All]* bist wandelbar, nicht ich; Alle deine Verwandlungen sind nur mein Schauspiel, und ich werde stets unversehrt über den Trümmern deiner

Gestalten schweben. Daß die Kräfte schon jetzt | in Wirksamkeit sind, welche die innere Sphäre meiner Thätigkeit, die ich meinen Leib nenne, zerstören sollen, befremdet mich nicht; dieser Leib gehört zu Dir, und ist vergänglich, wie alles, was zu dir gehört; aber dieser Leib ist nicht Ich. Ich selbst werde über seinen Trümmern schweben, und seine Auflösung wird mein Schauspiel seyn. Daß die Kräfte schon in Wirksamkeit sind, welche meine äussere Sphäre, die erst jetzt angefangen hat, es in den nächsten Punkten zu werden; – welche euch, ihr leuchtenden Sonnen alle, und die tausendmaltausend Weltkörper, die euch umrollen, zerstören werden, kann mich nicht befremden; ihr seyd durch eure Geburt dem Tode geweiht. Aber wenn unter den Millionen Sonnen, die über meinem Haupte leuchten, die jüngstgeborne ihren letzten Lichtfunken längst wird ausgeströmt haben, dann werde ich noch unversehrt, und unverwandelt derselbe | seyn, der ich jetzt bin; und wenn aus euren Trümmern so vielemale neue Sonnensysteme werden zusammengeströmt seyn, als eurer alle sind, ihr über meinem Haupte leuchtende Sonnen, und die jüngste unter allen ihren letzten Lichtfunken längst wird ausgeströmt haben, dann werde ich noch seyn, unversehrt, und unverwandelt, derselbe, der ich heute bin; werde noch wollen, was ich heute will, meine Pflicht; und die Folgen meines Thuns, und Leidens werden noch seyn, aufbehalten in der Seligkeit aller.

337 Der Begriff ... entstanden] *Siehe etwa* Gotthold Ephraim Leßings theologischer Nachlaß. *Berlin 1784. 252f.:* 16. Ueber die Entstehung der geoffenbarten Religion. / *[...]* § / Das ist: man mußte aus der Religion der Natur, welche einer allgemeinen gleichartigen Ausübung unter Menschen nicht fähig war, eine positive Religion bauen: so wie man aus dem Rechte der Natur, aus der nemlichen Ursache, ein positives Recht gebauet hatte. / § / Diese positive Religion erhielt ihre Sanktion durch das Ansehen ihres Stifters, welcher vorgab, daß das Conventionelle derselben eben so gewiß von Gott komme, | nur mittelbar durch ihn, als das Wesentliche derselben unmittelbar durch eines jeden Vernunft. / § / Die Unentbehrlichkeit einer positiven Religion, vermöge welcher die natürliche Religion in jedem Staate nach dessen natürlicher und zufälliger Beschaffenheit modificirt wird, nenne ich die innere Wahrheit derselben, und diese innere Wahrheit derselben ist bey einer so groß als bey der andern. *(nicht datierbar) – Vgl.* Gotthold Ephraim Lessings sämtliche Schriften *hrsg. von Karl Lachmann, dritte, auf's neue durchgesehene und vermehrte Auflage, besorgt durch Franz Muncker. Bd 14. Leipzig 1898. 312f. – Siehe auch* Lessing: Vorrede und Abhandlungen zu Nathan dem Weisen. *Ebd. Bd 16. Leipzig 1902. 444:* Nathans Gesinnung gegen alle positive Religion ist von jeher die meinige gewesen.

338 positive Religion ... der natürlichen entgegengesezt] *Diese Entgegensetzung wird damals – gleichbedeutend – überwiegend als Entgegensetzung von natürlicher und geoffenbarter Religion formuliert; siehe etwa* Kant: Die Religion innerhalb der Grenzen der bloßen Vernunft. *Königsberg 1793. 217f. (AA VI. 154).*

339 Bestimmung des Menschen] [Johann Joachim Spalding:] Betrachtung über die Bestimmung des Menschen. *Greifswald 1748, zahlreiche weitere Auflagen; damals letzte Auflage:* [Johann Joachim Spalding:] Die Bestimmung des Menschen. *Leipzig 1794. – Hegels Wendung* man glaubte mit dem Begriff der Bestimmung des Menschen so ziemlich im Reinen zu seyn *kann als Anspielung auf die zum Jahreswechsel 1799/1800 erschienene Schrift Fichtes gelesen werden, die das Thema nicht mehr in der Weise der Aufklärung behandelt:* Die Bestimmung des Menschen. Dargestellt von Johann Gottlieb Fichte. Berlin, in der Vossischen Buchhandlung, 1800 *(GA I,6. 183–309).*

340 Die Verdorbenheit ... begriffen war] Edward Gibbon: The History of the Decline and Fall of the Roman Empire. *Vol. I. London 1776. 449–518: chap. XV:* The Progress of the Christian Religion, and the Sentiments, Manners, Numbers, and Condition, of the primitive Christians. – *519–586:* The conduct of the Roman Government towards the Christians, from the reign of Nero to that of Constantine.

341 was – noch ... gethan. –] Gotthold Ephraim Lessing: Nathan der Weise. Ein dramatisches Gedicht, in fünf Aufzügen. *Berlin 1779. Verse 82–85 (LM 3. 43).*

342 Antonius von Padua] *Antonius von Padua, geb. Fernando Martim de Bulhões e Taveira Azevedo (1195–1231). Erfolg und Mißerfolg seiner legendären Fischpredigt nahe Rimini sind volkstümlich festgehalten in dem Gedicht* Des Antonius von Padua Fischpredigt*; siehe* Des Knaben Wunderhorn. Alte deutsche Lieder. Achim v. Arnim. Clemens Brentano. Heidelberg 1806. *Nachdruck unter dem Titel* Des Knaben Wunderhorn. Alte deutsche Lieder gesammelt von Achim von Arnim und Clemens Brentano. Kritische Ausgabe. *Hrsg. und kommentiert von Heinz Rölleke. Stuttgart 2006. Bd 1. 312f. (I.347).*

343 Aufhelfung ... im Platonismus] *Hegel bezieht sich hier wahrscheinlich auf Philo von Alexandrien, dessen Denken ihm damals zumindest aus philosophiegeschichtlichen Werken vertraut gewesen sein konnte; siehe etwa* Jacob Brucker: Historia critica philosophiae a mundi incunabulis ad nostram usque aetatem deducta. *4 Bde. Lipsiae 1742–1744, hier Bd 2. 797–812: § XXXVI. Philo.*

344 Predigen des Johannes] *Mt 3,1–12.*

345 in seinem männlichen Alter] *Lk 3,23.*

346 er hält ... unreifen Menschen] *Mt 10.*

347 Sohn eines Zimmermanns] *Mt 13,55.*

348 Herrschafft der Dämonen ... Akkomodation] *Siehe etwa Mt 8,28–34; 10,1; 17,14–21 u. ö. – Hegel bezieht sich hier auf den sog. ›Zweiten Teufelsstreit‹ vor allem zwischen Henrich Martin Gottfried Köster und Johann Salomo Semler und seinem Umkreis. In seinen Schriften* Demütige Bitte um Belehrung an die großen Männer, welche keinen Teufel glauben. *3. Auflage. Gießen 1775, sowie* Ueber die Philosophie der Historie. *Gießen 1775, tritt Köster auf der Grundlage der Überzeugung von der Verbalinspiration des biblischen Textes für die buchstäbliche Wahrheit der neutestamentlichen Aussagen über die Dämonen und einen als Person vorgestellten Teufel ein; demgegenüber vertreten Hesse und Semler auf der Grundlage eines anderen Geschichtsverständnisses und einer anderen Hermeneutik die Auffassung, daß es sich bei diesen Vorstellungen um zeittypische Annahmen handle, die nicht zum Kernbestand des christlichen Glaubens zählen; siehe* [Otto Justus Basilius Hesse:] Versuch einer biblischen Dämonologie, oder Untersuchung der Lehre der heil. Schrift vom Teufel und seiner Macht. Mit einer Vorrede und einem Anhang von D. Johann Salomo Semler. *Halle im Magdeburgischen 1776. Siehe insbesondere Semlers Anhang, 329:* Wenn nun auch im neuen Testament unter Reden der Juden, oder die an sie gerichtet sind, eben diese Redensarten so und so oft, ohne alle Beurtheilung, vorkommen: so sind sie allemal im Verhältnis auf jene Personen gebraucht, welche selbst diese Meinungen und alte Unwissenheit annoch hatten. – *Siehe auch seine* Abhandlung von freier Untersuchung des Canon; nebst Antwort auf die tübingische Vertheidigung der Apocalypsis. *Halle 1771; zur jüdischen Denkungsart insbesondere 34, 63f., 85 und 121 (erste Paginierung): Einsichtsvolle Christen schon des ersten Jahrhunderts hätten gestanden,* daß die Apostel zuweilen manches hätten so lehren müssen, wie es die Fähigkeit der damaligen Zuhörer und Leser mit sich brachte: ja, daß auch die Apostel selbst nicht das vollkommenste Maas der Erkentnissen gehabt hätten. – *Siehe auch Semlers Vorrede zu* Hugo Farmers Versuch über die Dämonischen des Neuen Testamentes. Aus dem Englischen übersetzt von L. F. A. von Cölln. Nebst einer Vorrede D. Joh. Sal. Semlers. *Bremen und Leipzig 1776. 3–38.*

349 Lesung Wallensteins] Wallenstein ein dramatisches Gedicht von Schiller. *2 Bde. Tübingen 1800 (KHB 1016–1017).*

350 das eine ... das zweite] *Hegel spielt vermutlich an auf die Zweiteilung der eigentlichen Handlung (nach* Wallensteins Lager*) in* Die Piccolomini *und* Wallensteins Tod.

351 Ruhm als Feldherr ... Feinden] *Siehe insbesondere* Die Piccolomini, *1. Akt, 2. Aufzug, 7. Auftritt.*

352 fürs allgemeine ... fürs besondre] *Zu den allgemeinen Zwecken Wallensteins zählt die Rettung des Reichs als eines Ganzen und seine Stellung als Schirmherr des Reichs; siehe insbesondere* Die Piccolomini, *1. Akt, 2. Aufzug, 5. Auftritt;* Wallensteins Tod, *3. Aufzug, 15. Auftritt. – Zu seinen besonderen Zwecken – das Königreich Böhmen für sich und die Belohnung seiner Freunde, etwa Octavio Piccolominis mit den Fürstentümern Glatz und Sagan – siehe insbesondere* Die Piccolomini, *3. Akt, 5. Aufzug, 1. Auftritt.*

353 mit den größten Zwekken spielende] *Siehe insbesondere* Die Piccolomini, *1. Akt, 2. Aufzug, 5. Auftritt;* Wallensteins Tod, *1. Aufzug, 3. und 4. Auftritt.*

354 Wallenstein sucht ... Sternen;] *Siehe insbesondere* Die Piccolomini, *1. Akt, 2. Aufzug, 6. Auftritt; 2. Akt, 3. Aufzug, 1. und 4. Auftritt; 3. Akt, 5. Aufzug, 1. Auftritt;* Wallensteins Tod, *1. Aufzug, 1. Auftritt; 1. Aufzug, 7. Auftritt; 2. Aufzug, 3. Auftritt; 3. Aufzug, 8. Auftritt; 5. Aufzug, 3. Auftritt.*

355 (Max Piccolomini ... Verliebter.)] *Siehe insbesondere* Die Piccolomini, *3. Akt, 5. Aufzug, 1. Auftritt;* Wallensteins Tod, *2. Aufzug, 2. Auftritt; 3. Aufzug, 10. Auftritt.*

356 als Schattenbild ... als Produkt] *Ebd. 8:* Prolog. *zum ersten Schauspiel* Wallensteins Lager, *in dem Wallenstein selbst noch nicht auftritt:*

> Nicht Er ists, der auf dieser Bühne heut
> Erscheinen wird. Doch in den kühnen Schaaren,
> Die sein Befehl gewaltig lenkt, sein Geist
> Beseelt, wird euch sein Schattenbild begegnen,
> Bis ihn die schöne Muse selbst vor euch
> Zu stellen wagt in lebender Gestalt,
> Denn seine Macht ists, die sein Herz verführt,
> Sein Lager nur erkläret sein Verbrechen.

357 siehe Xenien] Musen-Almanach für das Jahr 1797. herausgegeben von Schiller. Tübingen. *197–302 (fehlpaginiert: 203):* Xenien. *280 (NA 1. 349; Nr 325f.):*

> Griechische und moderne Tragödie.
> *Unsre Tragödie spricht zum Verstand, drum zerreißt sie das Herz so,*
> *Jene setzt in Affekt, darum beruhigt sie so!*
>
> Entgegengesetzte Wirkung.
> *Wir modernen, wir gehn erschüttert, gerührt aus dem Schauspiel,*
> *Mit erleichterter Brust hüpfte der Grieche heraus.*

358 Advokat Cart … gestorben] *Der Verfasser Jean-Jaques Cart aus Morsee im Waadtland, ein erfolgreicher Advokat, wurde nach dem Erscheinen seiner Schrift von der Berner Regierung proskribiert und mußte nach Paris fliehen, wo er den Girondisten nahestand. Nach deren Niederlage emigrierte er in die Vereinigten Staaten von Amerika; hierauf greift bereits die Schlußwendung seines Buches vor. Zu den geschichtlich-biographischen Zusammenhängen siehe auch* Europaische Annalen. Jahrgang 1798. *Hrsg. von Ernst Ludwig Posselt. Tübingen 1798. Stück 2, 173–176. Zur Zeit der Publikation von Hegels Übersetzung lebte Cart in den Vereinigten Staaten von Amerika; er ist erst im Jahr 1817 in seinem Heimatort Morsee (Morges) in der Waadt verstorben. Es ist nicht zu entscheiden, ob Hegel hier falsch informiert gewesen ist oder absichtlich eine falsche Spur gelegt hat.*

359 Discite justiciam moniti] Vergil: Aeneis. *6, 261:* Discite iustitiam moniti, et non temnere divos!

360 Erster Brief.] *Hegels Übersetzung der Schrift Carts ist nicht Gegenstand dieser Anmerkungen; die nachzuweisende Quelle, d. h. die von ihm übersetzte Vorlage, ist in GW 2 der Übersetzung synoptisch beigegeben (GW 2. 403–581).*